29,00

21
O século da Ásia

Pepe Escobar

21
O SÉCULO DA ÁSIA

ILUMINURAS

Copyright © 1997:
Pepe Escobar

Copyright © desta edição:
Editora Iluminuras Ltda.

Capa:
Fê

Revisão:
Ana Paula Cardoso

Composição:
Iluminuras

ISBN: 85-7321-053-2

1997
EDITORA ILUMINURAS LTDA.
Rua Oscar Freire, 1233
01426-001 - São Paulo - SP
Tel.: (011)852-8284
Fax: (011)282-5317

Índice

Agradecimentos
9

Prólogo
11

1
Do outro lado do espelho
21

2
Conrad e o romance do Oriente
45

3
Ásia Inc.
59

4
Uma questão de valores
89

5
Kabuki on line
113

6
O último muro da Guerra Fria
143

7
O dote de Cléopatra
159

8
O desejo do povo é o desejo dos céus
181

9
A Internet de bambu
225

10
Nenhum homem é uma ilha?
245

11
Hardware Islã, software Microsoft
271

12
O colar de pérolas fica na família
285

13
Hallooo, mister, you wan massaaaaage?
303

14
O sorriso de Angkor
317

15
Apocalypse Trinitron
329

16
Um tigre indeciso em uma jaula virtual
345

17
Buda, Confúcio, Lao-Tsé — ou Hamlet?
361

Referências Bibliográficas
381

AGRADECIMENTOS

Este projeto — multinacional e multicultural — só pôde ser concluído graças à visão, perseverança e apoio de Luiz A. Ciocchi, empresário que se dedica ao desenvolvimento da gestão das empresas brasileiras através das pessoas, e atual Presidente da ABRH-Nacional — Associação Brasileira de Recursos Humanos. Projetos similares na Europa e Eua — envolvendo ampla pesquisa e viagens non-stop — sempre se beneficiam da iniciativa privada e do engajamento de seus líderes. Luiz A. Ciocchi, através da sua liderança e lealdade para com o projeto, demonstra que no Brasil as coisas não precisam ser tão complicadas como de costume.

Apoio cultural adicional:
Varig / Vasp

As seguintes pessoas e instituições também merecem agradecimentos especiais por seu eventual apoio estratégico, financeiro, intelectual ou emocional:

BANGKOK - Bangkok Bank, staff do Grand President Apts., Sulak Sivaraksa / BRISBANE - Yvonne Taylor / CHICAGO - Jianying Zha / CINGAPURA - Lia Brand, Rosa Koo, Mihoko Takahashi, Barbara Jean Eu, Institute of SouthEast Asian Studies, Pacific Economic Cooperation Council, National Library, Select Books / HONG KONG - Wang Gungwu, Political and Economic Risk Consultancy / HUE - Phan Dang / JACARTA - Jadiel e Rimi de Oliveira / KATHMANDU - International Campaign for Tibet / KUALA LUMPUR - Institute of International Strategic Studies, Lian Guan Eng / LONDRES - Gerald Segal, Economist Intelligence Unit, Davis e Metta Bader / LOS ANGELES - Debbie Kruck / NOVA DELHI - Pram Chopra, Indra Choudhuri / NOVA YORK - Paulo Francis, Sônia Nolasco, JETRO / PARIS - Stephanie Carron / PHNOM PENH - Sam Rainsy, Yoshinori Iwasaki / RANGOON - Aung San Suu Kyi / SAIGON - Nguyen Xuan Oanh / SANTA MÔNICA - Rand Corporation / SÃO FRANCISCO - Molly

Katz / SÃO PAULO - Wagner Carelli, Mino Carta, Fabio Ciocchi, Maria Helena Lopes, Rômulo Franca, Fernando Lohmann, Maria Cecília Marra, Antônio Pimenta Neves / SEUL - Ahn Byung Joon / TAIPE - National Museum / TÓQUIO - Takeshi Inoguchi, Kenneth Courtis / VENEZA - Fondazione Cini / WASHINGTON - Banco Mundial / XANGAI - um gentleman-scholar que prefere permanecer anônimo.

PRÓLOGO

Observando a paisagem

*"O país de nenhum lugar
é o verdadeiro lar"*
Lao-Tsé

*"Não conheço nada mais nobre
do que a contemplação do mundo"*
Flaubert, Educação Sentimental

O filme abre com uma lenta panorâmica circular do alto do templo de Gawdawpalin, na planície de Pagan, no centro de Burma. Silêncio adequado a uma epifania. Pagan, capital de Burma entre os séculos 11 e 13, é uma das mais esplêndidas relíquias arquitetônicas do planeta: ainda lhe restam 2.217 pagodes budistas, de tijolos, alguns caiados, e cerca de 2.000 templos em ruínas concentrados em apenas 42 km². No alto do Gawdawpalin — que significa "plataforma onde se presta o respeito de uma homenagem" — podemos, sob o sol de fogo sumindo atrás do rio Irrawaddy e as estrelas pontuando a espiral curvilínea do templo, atingir um perfeito equilíbrio. O único som ao crepúsculo é o vento soando pequenos gongos vendidos por camponesas budistas. De repente, acendem-se colares de lâmpadas em templos circunvizinhos. É como se observássemos o mundo do ponto de vista de uma versão baixa tecnologia — e alta magia — de *Contatos Imediatos do Terceiro Grau*. Mas iluminações, como se sabe, são relâmpagos. E é assim que os gongos e as lâmpadas no instante seguinte podem nos fazer pressentir a invasão devastadora das hordas mongóis de Kublai Khan em 1287, o mítico conquistador que fez Coleridge sonhar um dos mais belos poemas do Romantismo inglês: "Em Xanadu Kublai Khan/ decretou um imponente domo do prazer..."

Quando Coleridge acordou, só lembrava alguns versos do poema que sonhou a imagem de Pequim: um reino intramuros povoado de amantes demoníacos, rituais de fertilidade, cavernas geladas e servas abissínias — essência do paraíso poético. A sensação de Coleridge não terá sido muito diversa de abrir os olhos repentinamente e contemplar o mundo do ponto de vista de Félix — uma extravagância *Jornada nas Estrelas* característica do designer Philippe Starck, um bar/restaurante no topo do majestoso Peninsula Hotel, na península de Kowloon, em Hong Kong. A Steadicam avança através de vidros de dois andares de altura, e nos arremessa ao outro lado do porto de Victoria, onde se concentra todo o esplendor do distrito financeiro de Hong Kong — ou seja, a Ásia em sua mais futurista acepção. Esta é a vitrine do seu sucesso — que nos permite uma série de associações: o senso de humor da máquina de reciclar Philippe Starck, uma certa sofisticação parisiense, ou Los Angeles vista das colinas de Hollywood —, privilegiado ponto de vista também espacial, extraterrestre, como no Gawdawpalin. Mas não há como não pensarmos que atrás do Félix está a península de Kowloon, uma série de colinas, uma fronteira de arame farpado e, apenas sonhando o mesmo panorama, 1,2 bilhão de ávidos pares de olhos do enigma que faz tremer toda a humanidade: a República Popular da China. A câmera fecha em um enigmático par de olhos amendoados.

É possível que a fusão neste curta-metragem virtual de templo religioso e templo do epicurismo, silêncio ancestral e sonho futurista, estrelas e neons, êxtase e perigo iminente, seja capaz de condensar o segredo da sedução da Ásia.

O século 19 foi da Europa. Um longo século, de acordo com o inestimável Eric Hobsbawm: começou em 1789, com a Revolução Francesa, e terminou em 1914, com a Primeira Guerra Mundial. O século 20 foi da América. Um curto século: começou em 1914, e terminou em 1991, com a implosão da URSS e do "socialismo real". O século 21 será da Ásia-Pacífico: já começou, na verdade, em 1985 — quando a América passou de maior nação credora a nação devedora, em benefício do Japão.

É possível invocar Descartes e chegar a esta conclusão analisando Himalaias de indicadores econômicos e geopolíticos. Também é possível lembrar de um crepúsculo em junho de 85. Eu tinha acabado de chegar a Tóquio e estava pronto para atacar a noite, quando emergi pela primeira vez da estação de metrô de Shibuya. Fui fulminado por um *satori* — na verdade um *tsunami*, uma onda-monstro como aquelas de Waimea, no Havaí. Era como se a aceleração de partículas de informação orientais tivesse encontrado seu jackpot.

Não por acaso, sempre que o Ocidente imagina o futuro ele se assemelha a bairros contemporâneos de Tóquio como Shibuya ou Harajuku.

Quando atravessamos do Ocidente para o Oriente, o roteiro é cortesia de Lewis Carroll: Alice atravessa para o outro lado do espelho. Três meses depois, em setembro de 85, no Plaza em Nova York, o império americano passava de credor a devedor: aquele *satori* de Shibuya era mesmo o artigo genuíno. Os ministros econômicos e os presidentes dos Bancos Centrais dos 5 grandes — EUA, Japão, Alemanha, França e Inglaterra — reuniram-se para em essência desvalorizar o dólar e diminuir o superávit comercial japonês (na época, US$ 1 = 240 yen; a cotação chegaria a US$ 1 = 80 yen dez anos depois). Não contavam que ministérios, bancos e corporações japonesas orquestrassem um verdadeiro baile nos chamados acordos do Plaza — que terminaram servindo para a formidável expansão industrial do Japão pelo resto da Ásia. No final dos 80, o Japão despejava dinheiro em Hong Kong, Cingapura, Taiwan, Coréia do Sul, Tailândia, Malásia e Indonésia. No início dos anos 90, o ubíquo mantra já era o "milagre do Leste da Ásia".

Nos anos 90, vivi no acelerador de partículas Califórnia durante o fim do sonho dourado — antes de tumultos raciais, terremotos, Madame Heidi desmascarada e a fuga do Bronco branco de O.J. Simpson transmitida ao vivo pela CNN para todo o universo. Voltei à Ásia e a vivi on the road — esta mescla de assalto sensorial e experiência iniciática que exige ao máximo nosso intelecto e nossa sensibilidade. A Ásia on the road segue a risca o famoso aviso de Sun-Tsé: "Tão sutil que chega a ser invisível, tão misteriosa que chega a ser intangível". Percebemos, ao mesmo tempo, como a serpente Ásia deglutiu e digere sua versão do american way of life, como Marco Polos asiáticos agora partem para conquistar o Ocidente, e como a magia e pureza de correntes ancestrais de cultura pulsam no solo sem que possamos ao menos tocá-las.

Como tantos viajantes, vivi uma verdadeira Conquista do Oeste — pelo Oriente. Danças do fogo em Bali. Vulcões no arquipélago indonésio. Caçadores de cabeça em Bornéu. Intimações de Joseph Conrad na Sumatra. Ecos de Somerset Maugham na Malásia. A engenharia social de Cingapura. Os Edens da Tailândia. Mujaheddin de kalashnikov comprando maçãs nos mercados do Kashmir. A árvore sob a qual o Buda se iluminou em Bodhgaya. Rituais religiosos na Índia e Nepal. Frente a frente aos Annapurnas no Himalaia. A Manhattan Hong Kong. O frenesi alucinante de Sul e Leste da China. No inverno de Pequim peguei um trem russo pela Transiberiana e fui parar na perplexa Moscou recém-emersa da Guerra Fria. Longo intervalo — transcorrido em Paris e São Paulo. A partir de 94, voltei para viver a Ásia como residente — em um condomínio de Cingapura, hotéis de Bangkok, guest houses em Hong Kong e um bangalô na ilha de Koh Samui, no sul da Tailândia, bases de viagens mensais pelo continente.

Um dia, o *satori* se desmultiplica: percebemos nossa intuição limada e polida, revelando conexões e cortes transversais. O século 21 será mesmo da Ásia-Pacífico — ou seja, plugado na conexão Leste da Ásia/Costa Oeste dos EUA. A Europa — entre a extrema sofisticação, a nostalgia do passado e a morosidade do presente — é incapaz de admitir. Mas, depois do fim da Guerra Fria, o eixo do planeta transferiu-se de Washington/Moscou para Washington/Tóquio/Pequim. Como assinala o filósofo Massimo Cacciari, já um dos grandes teóricos da esquerda italiana, e atual prefeito de Veneza, as grandes criações do espírito europeu —

dos mitos ao Estado de Direito — já se consumaram: "A Europa só pode escutar seu próprio declínio. Para onde pode ir com sua atual linguagem mercantil-liberal? Está exangue, não tem mais estratégias, objetivos ou mitos".

A vertiginosa modernização da Ásia é a grande história do final do século e do início do próximo. É também uma das grandes histórias dos últimos 5 séculos. Até o início da era das navegações, a Ásia — de seu ponto de vista — era a civilização, e a Europa, a barbárie. Europa é uma deusa grega. Na Arcádia perdida em que reinavam deusas gregas, a Ásia não passava de Ásia Menor — uma parte do que hoje chamamos Turquia. Os turcos só vieram depois — irrompendo do que hoje chamamos Ásia Central. A Ásia Menor era dominada por cidades-Estados gregas, cultura grega e depois romana. Todo mundo a leste da Ásia Menor era considerado "oriental" — ou seja, babilônios, persas, árabes. Cristianismo e judaísmo nasceram como religiões orientais. O Islã ainda nem estava na proveta. Tudo a leste da Pérsia era considerado "Índia". As culturas hindu e chinesa já haviam acumulado pelo menos três milênios cada. Mas Índia/China e Europa viviam em absoluta ignorância mútua. Persas e árabes, vivendo entre elas, sabiam muito bem com quem estavam lidando.

Não foi a soberba ignorância de hindus e chineses, nem o conhecimento acumulado dos persas, que definiu os perímetros do que hoje chamamos de história e geografia do mundo: foi a ignorância da Europa. A ignorância erigiu-se em mito através de Marco Polo — que na imaginação popular "descobriu" a China, ficou amigo de Kublai Khan, governou uma província chinesa e povoou a Europa de histórias fabulosas. Sua *Descrição do Mundo*, de 1298 — caligrafada na verdade por um ghost-writer, Rusticello —, vendeu mais na era pré-Gutenberg do que a auto-estrada de Bill Gates na era digital. Mas o Sr. Polo é mesmo o homem que sabe porque esteve lá?

Frances Wood, chefe do departamento China na British Library, diz que não, em um livro publicado em 96. Para Miss Wood, o Sr. Polo não passou nem do Mar Negro. Ela baseia seu argumento em algumas notáveis omissões. Marco Polo não fala nada sobre chá, Muralha da China, escrita chinesa ou costumes cotidianos — todos extremamente exóticos para um europeu. Escritos históricos chineses não mencionam Marco Polo — embora haja registro de missões muito mais obscuras. Marco Polo provavelmente aprendeu tanto sobre a China de guias e livros de viagem escritos por persas e árabes habituais da Rota da Seda.

A ignorância — ou informação requentada — européia reinou suprema por tantos séculos por causa de dois fatores cruciais. Os chineses inventaram a impressão, mas os europeus inventaram a impressão em massa: uma revolução tecnológica na época, equivalente à invenção pós-moderna do microchip. Disseminou-se o poder do texto — livros, leitura, aprendizado, expansão da mente. Modificaram-se sistemas religiosos e surgiram novas formas de governo. Governos que apostaram nesta nascente auto-estrada da informação tornaram-se mais poderosos. E saíram para — literalmente — dominar o mundo através do colonialismo.

No meio milênio depois da invenção da impressão, todos os governos da Europa que jogaram seu pôquer construíram um império. Foram para a Ásia com seus navios, sua diplomacia de canhão, e sua máquina de propaganda: impressoras, livros e missionários. Os livros mostravam que a extremidade ocidental de um enorme continente chamava-se Europa. Todo o gigantesco resto chamava-se Ásia. A Europa passou meio milênio condicionada a olhar-se no espelho e enxergar-se como o Poder hegemônico. Não mais.

Nada no planeta se compara a amplitude do atual processo — a emergência da Ásia neste final de século, pulando em algumas décadas de uma agricultura praticamente imutável desde a idade da pedra para uma urbanização voraz e tentacular. Suas imprevisíveis conseqüências já modificam radicalmente o planeta. A emergência de um zoológico high tech no arco do Pacífico, simultânea à implosão do socialismo na Europa, provocou um verdadeiro terremoto intelectual ainda não assimilado por grande parte do mundo em desenvolvimento — Brasil incluso. O progresso oriental é tão vertiginoso que o Ocidente — Brasil incluso — já sofre de Ásiafobia.

A mídia na Europa, EUA e também no Brasil grita no megafone quando pode noticiar — pela enésima vez — "o fim do milagre asiático", ou que "a Ásia está crescendo menos": mas a taxas médias de 7,9% em 95, 7,1% em 96 e quase 8% projetados para 97 — de acordo com o Asian Development Bank —, a verdadeira notícia é que continua crescendo mais do que todo mundo. China, Cingapura, Malásia e Vietnã crescem acima de 8%. A Ásia está cada vez mais integrada: aumenta o comércio inter-regional, os países mais avançados investem nos aspirantes a tigres, há um enorme intercâmbio de mão-de-obra especializada, e já se coopera amplamente no desenvolvimento de infra-estrutura, recursos naturais e cuidados com o meio ambiente.

Europa, EUA e América Latina não aceitam passivamente este processo — mesmo sem terem percebido todas as suas implicações. O comportamento coletivo do planeta, assim como suas instituições, nem mesmo perceberam a amplitude da Grande Hidra pós-tudo — a globalização, que um ministro indonésio costuma qualificar de "força cega". A "força cega" coloniza o fim do milênio e o transforma em McMundo — ao qual têm acesso até mesmo caçadores de cabeças em Bornéu. Lester Thurow, guru do M.I.T., em seu best-seller *Head to Head*, de 92, previu que a Europa dominaria o século 21. Estrondoso erro. Como veremos, o mundo deixou de ser eurocêntrico: o eixo do futuro percorre a Ásia/Pacífico. A californização planetária já está gerando produtos híbridos de uma nova civilização incompreensível para grande parte do planeta. Los Angeles, Hong Kong, Cingapura — as capitais do futuro — revelam uma nova estrutura totalmente contraditória, definida pela colagem. Acabou qualquer privilégio cultural: sobram elétrons em louca rotação, reconstituindo-se em infinitas permutações. Gore Vidal já arriscou uma profecia blasé para o futuro: a Ásia dominando o mundo, a Europa como uma butique e os EUA como uma fazenda (ao Brasil estaria reservado o papel de "clorofila" — como já observou Jean Baudrillard). A profecia pode ser plausível — mas incluindo-se todas as permutações possíveis.

Em julho de 95, 10 anos depois daquele *satori* em Shibuya, eu estava em um bar inglês na praia de Koh Samui — uma espécie de pub convivial da King's Road transposto para uma choupana. Conversava-se sobre o grande acontecimento do dia: os EUA finalmente superavam sua cara feia de mau perdedor e reatavam relações diplomáticas com o Vietnã, que os venceu na guerra. De repente, no noticiário da BBC World, um flash urgente: os militares de chumbo em Burma acabavam de liberar a Prêmio Nobel da Paz Aung San Suu Kyi — a versão asiática e feminina de Nelson Mandela — de sua prisão domiciliar de seis anos. Saí correndo e dois dias depois estava tomando chá na sala da casa colonial de "tia Suu", na University Avenue de Rangoon, com um grupo de jornalistas ocidentais, e ouvindo sua proposta budista de uma política baseada na noção de *"metta"* — compaixão. Estas 48h tão eufóricas quanto uma procissão ritual em Bali me demonstraram mais uma vez na prática como a Ásia estava voando para um futuro muito mais complexo do que as cyber-highways concebidas pelo pensamento binário do Ocidente.

Em março de 96, a Ásia enterrou de vez o colonialismo. Em uma inédita, histórica e em muitos aspectos emocionante cúpula Ásia/Europa, líderes de 25 países dos dois continentes — ou, se descontarmos a ponte sobre o Bósforo em Istambul, mesmo continente — sentaram para debater o futuro como iguais. A idéia foi de Cingapura — uma ex-colônia britânica. A anfitriã foi a Tailândia — um reino milenar jamais dominado por caucasianos. A cúpula, organizada com extrema elegância, sugeriu como o Ocidente tem muito a aprender da Ásia. Pode aprender estratégias diversas para conciliar ordem e liberdade. Pode aprender como combinar desestabilizações econômicas e tecnológicas com uma relativa estabilidade social. E pode aprender como quebrar o monopólio da política de lobbies com governos enxutos, baseados em meritocracia, e focalizados em suas áreas de excelência — deixando todo o resto sob controle da sociedade.

Quando comento o tema com americanos, lhes interessa acima de tudo saber o que os EUA podem lucrar com a Ásia. Quando comento com europeus, é inevitável um debate com fartas doses de paternalismo e arrogância cultural. Quando comento com brasileiros, me olham como se fosse um OVNI. Este livro busca oferecer aos brasileiros um ponto de vista neutro — nem europeu nem americano — sobre a história e o sucesso da Ásia. A tradução da Ásia na mídia brasileira tende a ser totalmente alinhada à visão anglo-americana, que vence a batalha das idéias porque pensa e usa a língua hegemônica — inglês.

Nota-se nas elites brasileiras — especialmente em algumas esferas oficiais — uma certa arrogância institucionalizada em relação à Ásia. Pratica-se um mix de inveja e senso de superioridade cultural. Estas pessoas acham que sabem tudo, e não têm o que aprender do outro lado do mundo. A realidade global os desmente. Por uma acumulação de fatores que todos conhecemos, o Brasil levou uma goleada de Taiwan, Coréia do Sul ou Cingapura, e, em certas áreas, até mesmo da Tailândia, Malásia e Indonésia. Perdemos não só em política industrial como também na qualidade dos cartões-postais. De tudo que vi na Ásia, sempre me perguntava por que o Brasil não poderia fazer igual, ou melhor. Porque certamente não nos falta capacidade e inteligência. Estamos finalmente começando a recuperar o terreno — e o tempo — perdido. Como frisou o presidente Fernando Henrique Cardoso em sua viagem de Estado à França em maio de 96, o xis da questão é mudar a mentalidade brasileira.

Como sabemos, a mídia da era digital é uma religião secular. Cria todo o filme mental da realidade. Glorifica consumo conspícuo e ambição privada. Deportou para o limbo a noção de Bem Comum, de sacrifício, e de preocupação comunitária. Legitima qualquer comportamento — e o mais absoluto cinismo. A cultura de massa controla totalmente a política institucional. Uma das preocupações fundamentais deste livro é pensar e descrever pelo menos algo da riqueza cultural da Ásia em relação à velocidade supersônica deste processo fim-de-século de destruição do passado — em que as novas tecno-gerações se dissolvem em um presente eterno sem nenhuma conexão com os processos que forjaram o mundo em que vivem.

O roteiro da Ásia século 21 ainda não está escrito — mesmo com toda a gargantual literatura a respeito publicada na Europa e EUA, e em circulação pela Internet. Este livro se propõe a contar o argumento da história; como a Ásia está conseguindo redesenhar o mapa-múndi — até agora sempre controlado de longe, e imprimir sua própria marca; e como os asiáticos deixaram de se definir pelo que não são — não somos escravos, não somos cidadãos de segunda classe, não fomos recompensados pelo péssimo tratamento que recebemos da História — para começarem a se definir pelo que são. Este livro pode estar lotado de números — mas não é um trabalho acadêmico. E muito menos é um tratado de economia. É um mapa de viagem para quem pretende se aventurar, conhecer e se relacionar — sem preconceitos — com O Outro Lado do Espelho.

Este foi um work in progress de no mínimo quatro anos — finalizado em seis meses. Nele o autor se propôs a equilibrar — talvez pela primeira vez no Brasil — jornalismo, História, geopolítica, comentário cultural e literatura de viagem. Deve muitas de suas idéias a incontáveis quartos de hotel. Escrever em hotéis é um perverso prazer: podemos usufruir do anonimato absoluto, e ao mesmo tempo de uma incrível acumulação de memória coletiva.

É claro que não existe uma Ásia monolítica — como o poeta e pintor Henri

Michaux já advertia em seu delicioso *Um Bárbaro na Ásia*: "Malaios, javaneses, balineses, malaios de Bornéu, de Sumatra, de Flores, mesclados e casados com 100 raças insulares, *bataks*, *dayaks*, e chineses, árabes, papuas, convertidos sucessivamente às religiões das Índias (hinduísmo e budismo), e depois maometanos, tem todo o necessário para que aquele que generalize se engane". A eles podemos acrescentar tailandeses, *khmers*, *mons*, *karens*, *hmongs*, chineses dos Estreitos, cantoneses, *hakkas*, tribos dos Himalaias, *nepalis*, *gurkhas*, mongóis, manchus, tibetanos... As religiões também se interconectam. Malásia e Indonésia têm maioria muçulmana sunita. Burma, Tailândia, Laos e Camboja são budistas Theravada — fiéis às origens na Índia. A China é taoísta, confucionista e budista. O Vietnã segue um budismo influenciado por confucionismo. A Índia é um carrossel religioso. Cingapura mescla confucionistas, hinduístas e muçulmanos. Para completar, nada disso é estático: cruzamos o tempo todo com confucionistas fertilizados pelo individualismo do "Lone Ranger" americano.

 Este livro é absolutamente self-service. Digamos que seja um rio com uma forte correnteza. Pode-se remar na correnteza de capítulos — como se estivéssemos em um caiaque. Pode-se pegar um barco a motor na margem e explorar apenas um trecho — contra ou a favor da corrente. E pode-se cair na correnteza, com salva-vidas, é claro, e nadar seguindo o *Cut up* de William Burroughs: aleatoriamente, ao impulso do momento, como quem surfa na Internet. Há linhas de sombra e de fuga — selva densa, clareiras, vastas planícies: cada texto busca respeitar, inclusive, a cartografia da região a que se refere. A divisão por nações-Estado — nesta época que mastiga totalmente o papel das nações-Estado — não significa nostalgia: visa facilitar a básica localização cultural do leitor, além de tentar lhe conferir a sensação de atravessar uma fronteira. Por razões de espaço, não podemos viajar por todos os países da Ásia: a seleção privilegia os nós cruciais de um ponto de vista geopolítico, econômico ou cultural.

 O capítulo 1 nos arremessa ao turbilhão do continente. Já o capítulo 2 é um corte radical: centra-se em Joseph Conrad — responsável via literatura por uma das mais marcantes imagens da Ásia no inconsciente ocidental. Leitores poderão considerar Conrad um OVNI, interrompendo um oceano de indicadores econômicos e comparações culturais. Eu o vejo como um olhar do fim do século 19 interconectado com um olhar de fim do século 20. Vejo o olhar de Conrad como uma imagem do encontro entre o estrangeiro e a Ásia: o estrangeiro tanto pode ser o autor como o leitor deste livro. Pode ser romântico demais — mas acredito que o choque deste encontro só pode ser expresso através do universo romanesco de um grande escritor.

 Os capítulos 3 e 4 analisam os diversos — e supostos — "milagres" econômicos da Ásia, o histórico do choque de valores entre Ocidente e Oriente, e nos preparam para as "escalas" da viagem. Os capítulos 5 e 6 estão interligados: analisam os modelos do Nordeste da Ásia — Japão e Coréia do Sul. Os capítulos 7 a 10 também estão interligados: buscam compor a complexa emergência do "planeta China" — examinando, pela ordem, Hong Kong, China continental, a diáspora chinesa e Cingapura. Cingapura também interliga-se aos capítulos 11 a 15 — que viajam pelos processos em andamento nos diferentes tigres ou aspirantes no Sudeste da Ásia: Malásia, Indonésia, Tailândia, Camboja e Vietnã. O capítulo 16 examina a Índia — que está no Sul da Ásia mas interliga-se ao boom econômico característico do Leste. O capítulo final, 17, também é um corte radical: busca revelar a força da Ásia sob um perspectiva muito mais ampla — cultural e espiritual — do que meros indicadores econômicos.

Pilotar a Ásia na reta final foi como domar um Lamborghini Diablo na Rota da Seda. A tentação é acelerar ao infinito — mas ao risco de atropelar meio mundo. Por que não avançar no faroeste da China? Por que não subir — e ficar — no alto dos Himalaias? Por que não explorar templo a templo as relíquias de Angkor ou Pagan? Por que não alinhar todas as teorias e clichês que tentam explicar os segredos do "milagre asiático"? Por que não tecer uma longa elegia à formidável Gong Li, esta beleza quase religiosa cuja face é o próprio emblema da modernidade chinesa? Mesmo resistindo-se à tentação, eventuais curvas Tamburello do texto devem ser exclusivamente creditadas a erro do piloto — e não do Diablo. Não apertem os cintos. E boa viagem.

Koh Samui, Sul da Tailândia/
Saint-Tropez, Sul da França/
dezembro de 95/ junho de 96

P.S. - 6 meses depois de finalizado o livro, transcorridos na Europa, voltei à Ásia no que Henry James chamaria de "a outra volta do parafuso" — viajando por Cingapura, Malásia, Indonésia, Hong Kong e Sul da China. Ao olhar do estrangeiro, percebi não sem espanto que se sobrepunha o olhar de quem volta a casa, o que talvez configure ao texto final uma adequada dose de — como diria o Dalai Lama — impermanência. A estrada não termina jamais.

Bali, Indonésia / janeiro de 97

1

Do outro lado do espelho

*"O mundo é uma contínua transformação;
a vida não passa de uma opinião"*
Marco Aurélio, *Meditações 4.3*

Quando vivemos em exílio voluntário ou em nomadismo urbano — "cosmopolitas sem raízes", na expressão de Allen Ginsberg —, depois de algum tempo começamos a desenvolver dentro de nós uma presença invisível, um Outro por trás de nossas máscaras. Fala uma língua diferente, pensa outros pensamentos, age de acordo com outros códigos: um verdadeiro duplo. De um ponto de vista budista, esta é uma via ideal para a dissolução do ego. Aprendemos a nos dissolver neste duplo, e nos plasmar em outras dimensões — sociais, intelectuais, espirituais. É uma arte tão excitante quanto tortuosa. Se muito próximos do novo meio ambiente, perdemos a perspectiva. Se muito distantes, perdemos o detalhe significante. Como escreveu Conrad, o grande efeito da perspectiva em nossa memória é isolar os detalhes insignificantes do cotidiano — e realçar e amplificar o que é essencial. E como observaram Heráclito, Buda ou o imperador romano Marco Aurélio, tudo flui, está em constante mutação. Entre instinto e habilidade, precisamos o tempo todo afinar nosso senso de equilíbrio — e manter a pureza do olhar.

Minhas primeiras semanas de vida cotidiana em Cingapura foram pura ficção científica — comparada a familiaridade com São Paulo, Nova York, Los Angeles e as Três Graças européias, Londres, Paris e Milão. Cingapura é o maior experimento de engenharia social do século 20: uma Suíça a 100 km do equador, até "ontem" parte deste pantanoso incubo, o "Terceiro Mundo", do qual o Brasil se debate desesperadamente para escapar. Cingapura — muito mais complexa do que denota sua aparência asseptizada — afigurava-se ora como um subúrbio da Califórnia, ora como um clube inglês, ora como uma Medusa mastigando fragmentos de China, Índia e Malásia. Irrita e fascina: não é uma cidade romântica como o podem ser Florença, Paris ou mesmo Nova York. Mas seu espantoso sucesso nos permite compreender como este ex-Terceiro Mundo se emancipou — e como um continente inteiro passou de objeto a sujeito da História.

Em puro reverso do Gatsby de Scott Fitzgerald contemplando a luz verde da mansão de sua amada Daisy, a Ásia era uma princesa de olhos puxados, esquálida e sem-teto, extasiada pela luz de um príncipe ocidental do outro lado de uma baía sob o luar. Gatsby sonhava com um futuro orgiástico sempre elusivo; seu criador nos comparou a "barcos contra a corrente, retornando sem cessar ao passado". Como me recontou um businessman de Bengala em memorável jantar no Raffles de Cingapura, a Ásia era como um barco bêbado que não cessava de retornar ao passado: um continente rico cheio de gente pobre, vivendo uma autêntica Idade Média. Lutava contra as memórias da espoliação colonialista e da terrível destruição provocada pela Segunda Guerra Mundial; contra Estados, regimes e até mesmo irmãos e irmãs no lado "errado" da Guerra Fria; contra intervenções militares; e contra um determinismo histórico onde só havia espaço para pobreza e subdesenvolvimento. Era uma princesa esfacelada por cultura, língua, religião, ideologia e geografia. Meu interlocutor hindu deliciou-se com seus bigodes ao comparar como a Ásia agiu exatamente como o desejo de Gatsby, fazendo das tripas coração para um dia, finalmente, impressionar o Ocidente/Daisy.

Em seu livro *Post-Capitalist Society*, o guru administrativo Peter Drucker comenta que a cada alguns séculos acontece uma transformação crucial e o mundo atravessa um marco divisório: sociedades reviram sua cosmovisão, valores básicos, estruturas políticas e sociais, instituições-chave, daí derivando um novo mundo irreconhecível para as novas gerações. Drucker refere-se à Europa. E também ao que aconteceu na Ásia desde os anos 50.

Até os anos 50, a Ásia não passava de um apêndice. Um objeto colonial, motivo de interesse, depredação ou remodelação. Quase todos os sistemas eram quase 100% coloniais: como ouvi de uma octogenária em Hong Kong, "às vezes encontrava-se um europeu que pensava os chineses como seres humanos". Em Cingapura, sobrevivia-se de um dia para o outro em *kampungs* — aldeias rurais. A brutalidade de *sirs*, *sahibs* e *tuans* europeus ainda hoje provoca amargura nas velhas gerações. O Ocidente fantasiava, mitificava e dirimia a Ásia como nada mais do que um exótico e talvez perigoso "Extremo Oriente". Todo mundo se aproveitou do espólio; portugueses em Málaca, Goa e Timor; holandeses em Málaca, durante um século depois dos portugueses, e a seguir na Indonésia (as "Índias holandesas"); ingleses em Burma, Malásia (incluindo a hoje Cingapura), Índia e Hong Kong; franceses na Indochina — Vietnã, Laos e Camboja; americanos nas Filipinas — depois que venceram a Espanha em 1898. Apenas a Tailândia escapou do colonialismo — por sua localização estratégica de "Estado-tampão", e a capacidade de negociação de uma habilíssima elite.

Quando o Japão estabeleceu sua Grande Esfera de Co-Prosperidade do Leste da Ásia — antes de mergulhar na lógica destrutiva e suicida da Segunda Guerra Mundial —, a Ásia percebeu que os poderes coloniais eram fracos e falíveis. A vitória sobretudo americana na Segunda Guerra reforçou a percepção de que os europeus jamais seriam capazes de recuperar seu poder. O colonialismo japonês obviamente ruiu já em 1945. A independência das Filipinas veio em 1946. Índia — com maioria hindu, mas com 43 milhões de muçulmanos — e o Paquistão muçulmano — mas com 12 milhões de hindus — foram repartidos pelo Império Britânico, e alcançaram a independência em 1947, à custa de centenas de milhares de vítimas de sangrentos conflitos religiosos: uma vergonha para o maior poder colonizador da História. Burma, Ceilão (depois Sri Lanka) e Indonésia atingiram a independência em 1948. O processo na Malásia — por causa do antagonismo entre chineses e malaios — foi extremamente complexo: só se concretizou em 1957. Cingapura foi expulsa da federação da Malásia e virou uma cidade-Estado em 1965. O grande drama Vietnã conquistou sua independência apenas depois de expulsar os franceses em 1954 e ser bombardeado de volta ao pleistoceno pelos americanos, finalmente conseguindo expulsá-los em 1975.

Como o Vietnã é uma demonstração gráfica, mesmo depois da descolonização a Ásia continuou sendo objeto — desta vez do conflito entre capitalismo e comunismo, ampliado além de todas as proporções reais pelos falcões militares dos EUA. Apenas depois do final da Guerra Fria tornou-se sujeito — autor de seu próprio destino, finalmente (re)descobrindo um destino histórico já expresso no passado por grandes civilizações. Alta tecnologia, integração econômica, expansão de telecomunicações e de mobilidade pessoal terminaram transformando a princesa descamisada em um soberbo amálgama de Gatsby e Daisy. Que, ao contrário da criação de Scott Fitzgerald, não estava condenado à fatalidade.

Em Cingapura, entre *singlish* (inglês com sotaque local), mandarim, malaio, tâmil e uma cacofonia de dialetos regionais, descobri as vozes deste príncipe/ princesa tão múltiplo, pródigo e andrógino como os deuses do panteão hindu. Observei como a assertividade desta nova Ásia principesca inevitavelmente provocava duas características reações no Ocidente: ódio e temor. Ódio à efêmera pretensão deste novo-rico global em ousar contradizer o savoir-faire e as instituições do Ocidente. Temor porque o sucesso do novo-rico era inexorável e o levaria a talvez dominar os impérios do homem branco. Logo me vi envolvido no jogo de caixas chinesas que constitui a discussão fundamental de Cingapura a Pequim, de Jacarta a Seul: "valores asiáticos" contra "decadência" ocidental. Até o dia, na fabulosa planície de Pagan, em Burma, no alto do Gawdawpalin poupado pela invasão de Kublai Khan no fim do século 13, em que fui acometido de um *satori* como aquele de Shibuya — e me senti "em casa", do outro lado do espelho. Ou seja: percebi que já conseguia ver o mundo pela perspectiva da Ásia.

Para os asiáticos, recém-promovidos a sujeito da História, é uma tolice pretender que suas terras ancestrais possam reduzir a América e a Europa a objetos. O Ocidente permanece a principal fonte de tecnologia, uma das principais fontes de capital e uma destinação privilegiada das exportações asiáticas. Tem as melhores Universidades, os melhores centros de pesquisa, os melhores laboratórios e até mesmo os melhores laboratórios sociais que tentam encontrar soluções para os problemas de velhas gerações, novas gerações, alienados e excluídos do Sistema. Ao mesmo tempo, o maior comprador, vendedor, investidor e doador na Ásia é o Japão — o que não significa que seja capaz de substituir o Ocidente. Sam Rainsy, um dos mais notáveis asiáticos deste final de século, atual líder de um partido de oposição no Camboja, viveu a maior parte de sua vida na Europa, onde, segundo ele, há três minorias: africanos, árabes e asiáticos: "Existe um sentimento talvez de pena dos africanos, de desconfiança em relação aos árabes, mas de respeito — misturado com medo — em relação aos asiáticos. É o medo de que os asiáticos tenham uma espécie de dom oculto, e que o lado do trabalho duro e da competência lhes dê uma grande vantagem".

As vozes que escutei em Cingapura, Tailândia, Malásia, Hong Kong, Coréia complementaram este raciocínio. É como se dissessem: queremos continuar aprendendo de todas estas experiências ocidentais que funcionam. Mas também queremos ser ouvidos, e respeitados. Afinal, não é o Ocidente que nos ensinou a tradição do debate aberto e incansável? Não há mais primus inter pares. Agora, debatemos entre iguais.

Disraeli já escreveu que o Oriente é uma carreira. É uma vida. Talvez várias. O verniz em technicolor é a convergência da cultura pop em cada esquina. Índios *dayak* em Bornéu brotam da selva com sistemas de som berrando TLC. Nômades tibetanos de Converse querem discutir o último score da NBA. Estudantes de celular em Bangkok jogam na Bolsa depois das aulas. Um milhão de motinhos embalam-se no sábado à noite em Saigon — do hotel flutuante australiano à beira do rio aos mercados, karaokês e avenidas estocadas de falsos jeans e camisetas escritas em inglês no bairro chinês. Na parada de sucessos de Saigon, garotas de penteado bufante maltratam garotos desesperados ao som de guitarras havaianas — porque o Havaí é o Ocidente mais próximo do Vietnã. As torres mais altas do mundo sobem em Kuala Lumpur. Um pintor taiwanês diz que a Ásia tem direito a "todas as vanguardas". Nas esquinas de Shenzhen, policiais pirateiam a eletricidade de um farol vermelho para jogar no game boy. 15% das exportações de Hong Kong para a China — Mercedes, Trinitrons, motos — transitam duty-free via marinha pirata pelas noites rumorosas do mar do Sul da China.

O rei de Tonga fica horrorizado porque seu satélite Tongasat cruza na mesma órbita com um satélite pirata indonésio. Secretárias de Tóquio sexualizam-se à noite em body cons — conscientes de seu corpo — e esmagam salarimen em apoteoses sadomasoquistas. Li Ka-Shing, o chinês mais rico do mundo, faz negócios bilionários envergando um Citizen de US$ 48, sempre 8 minutos além da hora certa — porque o número, em cantonês, tem o mesmo som de "prosperidade". O Peninsula Hotel de Hong Kong passeia seus melhores clientes em 15 Rolls-Royces — verde-escuros, sua cor fetiche. Os cyber-kids asiáticos pilham à vontade o banco global de imagens. Nas festas mensais da lua cheia movidas a jungle music e "omeletes mágicos" na ilha de Koh Phangan, na Tailândia, todo o Ocidente desempregado e na faixa dos 20 faz suas oferendas à Deusa da Globalização.

Mas ao som de "Hotel California", dos Eagles — o perene hino transnacional asiático —, as idéias políticas e econômicas do Ocidente vivem submetidas a uma constante, implacável barragem crítica. Enquanto Europa e EUA ainda compram a aura sensual do exotismo do Oriente, passaram a ser vistos como modelos de decadência, libertinismo e preguiça do ponto de vista de certas elites de Japão, Coréia, China, Cingapura e Malásia. O Ocidente afigura-se como um playboy entediado, rico, mimado, glamouroso, desejável — mas também autodestrutivo e indisciplinado. Conceitos para nós auto-evidentes — liberdade de expressão, imprensa livre, direitos humanos — são revirados de ponta-cabeça na Ásia. Políticos, scholars, universitários e a liderança empresarial não mais se ajoelham à hegemonia de ciência e tecnologia ocidentais: desafiam nosso modelo de civilização e elegem parâmetros totalmente diversos. Os parâmetros intrínsecos — e não importados — sempre foram diversos: a diferença é que hoje — porque dá certo e porque aprendeu a usar a mídia — a Ásia tem voz na arena global.

O Ocidente judaico-cristão tende a se entrincheirar em sua suprema tentação: moralismo. Scholars, banqueiros, economistas, diplomatas, consultores, planejadores, jornalistas e futuristas compilam Himalaias de estatísticas e modelos matemáticos para entender o que se convencionou chamar de "milagre" asiático. Hoje, até o reino mineral já conhece a composição do combustível que moveu as turbinas para o vôo do Jumbo: governos fortes, estáveis e dirigistas, agressiva iniciativa privada, altíssimo investimento em educação, muito trabalho, ênfase em exportações, alta poupança e autodisciplina — elementos cultivados em sociedades sob forte influência confucionista.

A Ásia não vê seu espetacular boom econômico apenas como um boom econômico — mas acima de tudo como uma grande transformação política que marca o fim de 5 séculos de eurocentrismo. O "Reino do Meio" — a China — e seus tributários asiáticos passaram séculos como o farol da raça humana nas artes e nas ciências. De repente, do século 16 ao 17, desabam os europeus para revolucionar este status quo e, em essência, dominarem a Ásia na ponta do fuzil e superioridade tecnológica. Europeus redesenharam o mapa-múndi, desestabilizaram culturas antiqüíssimas, impuseram suas próprias línguas, e instalaram um sistema global baseado estritamente em sua lógica, seu código moral e sua Lei. O Ocidente vitorioso — com sua arrogância imperial e sua capacidade de atenção de adolescente televisivo — pode ter deportado a memória do colonialismo para o limbo. Não a Ásia. A memória do que muitos consideram um estupro político, econômico e cultural transmutou-se em uma determinação infinitamente poderosa que alimenta esta volúpia coletiva asiática de tornar-se mais rica, mais forte e nunca mais sujeita à dominação de poderes externos.

Nós, ocidentais, não temos como avaliar a amplitude do impacto do progresso social e tecnológico da Europa e América na Ásia. Foi como a aparição de um fantasma. Japão e Coréia foram obrigados a acabar com suas divisões de classe. O Japão redirecionou a ética do samurai para os negócios. A China acabou com o confucionismo político e todo o sistema imperial. As culturas religiosas da Ásia pela primeira vez compreenderam o que significava um método científico: como conquistar progressivamente a Natureza através da experimentação. Não por acaso as primeiras sociedades chinesas a se industrializarem — Hong Kong, Cingapura e Taiwan — pertenciam à órbita de influência da Inglaterra ou dos EUA.

Com sabemos, o boom da Ásia começou no campo — e imposto por governos autoritários, entre os quais se inclui a ocupação americana no Japão pós-guerra. Em Taiwan, um agrônomo russo saiu pela ilha dividindo arrozais, plantações de abacaxi e fazendas produtoras de verduras entre novos pequenos proprietários. A compensação para os latifundiários incluía ações em indústrias estatais — na época valendo uma miséria, anos depois verdadeiras minas de platina. A reforma agrária enriqueceu o campo no Japão, Coréia e Taiwan — e gerou mercados para suas indústrias antes mesmo de elas começarem a exportar. Na Malásia e na Tailândia, quem plantava virou, ao mesmo tempo, não só exportador como consumidor. O cataclísmico "socialismo de mercado" inventado por Deng Xiaoping começou com a introdução na China campestre da pequena propriedade privada.

Chris Patten, o último governador inglês de Hong Kong, observou como a Inglaterra precisou de 60 anos — desde o início da Revolução Industrial — para dobrar sua renda per capita. Os EUA precisaram de 50 anos — durante o século 19. O Japão, de 33 anos — até o início do século 20. E a China, de apenas 10 anos, entre 78 e 88. Poderíamos acrescentar Tailândia e Malásia — de 85 a 95. Em toda a Ásia, em pouco mais de uma geração, passou-se da criação de peixes à criação de microchips. Explodiram megametrópoles. Expandiram-se novas tecnologias. Estourou a indústria da informação. Mas economias ancoradas em linhas de montagem de microchips só puderam disparar para desenhar circuitos por causa de um fator mágico: educação. A Indonésia — um gigantesco arquipélago multirracial, multicultural e multilíngüe — não só enfrentou o problema básico asiático de educar populações agrícolas para empregos industriais, como antes teve que educar todo mundo na língua nacional — Bahasa Indonésia. Daí o fato de desenvolver uma das redes mais avançadas no mundo de TV educativa. Uma geração depois de inundar o planeta com tecidos e sapatos baratíssimos, a roda kármica da Ásia completa seu giro: centenas de milhares de graduados em Harvard, Berkeley, UCLA, Oxford e Cambridge — economistas cambojanos, desenhistas de chip taiwaneses, arquitetos cingapurianos — voltam para casa amplamente capacitados, conectados e motivados a construir um futuro regional centrado em alta tecnologia e serviços sofisticados.

Emergiu na Ásia uma gigantesca classe média — praticamente inexistente em 75, quando o famoso helicóptero Vietcong pousou na embaixada americana em Saigon e Mao ainda era o lunático Timoneiro chinês. As pré-estréias do renascimento da Ásia foram o fim da guerra do Vietnã (75), e o dia em que Mao foi conversar com Marx (76). Quando o herético comunista Deng Xiaoping lançou em 78 seu lendário lema "ficar rico e glorioso" — com ou sem Marx —, não fez menos do que sancionar a criação de uma classe média na China (para os padrões locais, mais de 100 milhões de pessoas que ganham cerca de US$ 1 mil por ano). Os atuais 45 milhões de sul-coreanos, com renda média anual de US$ 10 mil, são uma superclasse média (na definição do gigante corporativo Samsung, quem possui em casa TV, geladeira, máquina de lavar, microondas e videocassete). A renda média familiar mensal em Hong Kong já é de US$ 1.700, e em Cingapura US$ 1.900. Na Índia, com 930 milhões de pessoas e uma renda média anual de apenas US$ 300, a classe média já chega a no mínimo 200 milhões de pessoas — mais do que toda a população brasileira e dez vezes a população da Malásia, um país 60% de classe média. Como se sabe, a classe média tem dois imperativos: crescimento econômico e estabilidade política. Uma classe média global pode ser o fator básico da tranqüilidade geopolítica do século 21.

Todos os números que concernem a Ásia são assombrosos. Em uma geração, centenas de milhões de pessoas escaparam da pobreza terminal. Centenas de bilhões de dólares em riqueza passaram a ser criados a cada ano. Para qualquer cingapureano de menos de 30 anos, que só conhece afluência na vida, "crise" é crescer a 5% ao ano. Apenas em 95, a Indonésia recebeu US$ 40 bilhões de investimento estrangeiro. Em 1980, 60% das exportações da Tailândia eram geradas pela agricultura; em 95, 80% das exportações eram de produtos manufaturados. Qualquer trabalhador suando na linha de montagem ou qualquer empresário com carga diária de 18 horas no batente pode nos dizer que não houve mágica: houve uma confluência de muito trabalho, tino comercial, risco calculado, um pouco de sorte, e este elemento essencial — o medo de voltar a ser pobre. Muito além de ética confucionista casada com know how ocidental, o próprio tumulto histórico asiático — Revolução Cultural na China, conflitos raciais no Sudeste da Ásia, ambições nucleares da Coréia do Norte — convenceu todo mundo que a melhor defesa era ganhar muito dinheiro.

Em 75, entre o Top Ten das maiores corporações planetárias, não havia nenhuma asiática. Em 95, havia 6, entre as quais as 4 primeiras (Mitsubishi, Mitsui, Itochu e Sumitomo). Em 75, entre o Top Ten dos maiores bancos planetários, só havia 1 da Ásia, o Sumitomo, em 10º. Em 95, nada menos que os 9 primeiros eram asiáticos (Sanwa, Dai-Ichi Kangyo, Fuji, Sumitomo, Sakura, Mitsubishi, Norinchukin, Industrial Bank of Japan, Long-Term Credit Bank: em 96, o Sanwa foi ultrapassado pela fusão do Mitsubishi com o Bank of Tokyo).

Em 75, o planeta ainda não conhecia fax, caixa automático, floppy disk, videocassete, relógio digital, computador Apple, celular, videogame, walkman, IBM-PC, CD e PC com hard-disk drive. Em 75, a Ásia tinha 600 pares de salto alto de Imelda Marcos, Mao no Timão, a Gangue dos Quatro na China, os EUA expulsos do Vietnã, o Banco do Japão ajudando o yen, missões comerciais mamando na Europa e EUA, nenhum cartão de crédito, os boat people do Vietnã, a Toyota testando uma versão do "carro familiar" asiático e o Japão pegando dinheiro emprestado do Ocidente. Em 95, a Ásia tinha a conferência da mulher em Pequim, Mao como camiseta e santinho de motorista de táxi, as "Cinco Modernizações" de Deng, os EUA voltando, ávidos, ao Vietnã, o Banco do Japão ajudando o dólar, ávidas missões comerciais da Europa e EUA, dezenas de milhões de cartões de crédito, os novos milionários do Vietnã, a China testando uma versão do "carro familiar" chinês e o Japão emprestando dinheiro para o Ocidente.

Paul Krugman, eminência econômica de Stanford, comparou o boom econômico da Ásia ao da ex-URSS nos anos 50. Não é bem isso. O boom da Ásia foi "aberto". A Ásia começou produzindo mercadorias baratas e eventualmente melhores para o Ocidente — em muitos casos em joint-ventures. Logo se capacitou a importar e inclusive melhorar qualquer tecnologia recente. E finalmente passou a acompanhar em detalhes o estilo de vida ocidental através da mídia. Inglês — a língua universal de comércio e entertainment — é hoje a segunda língua oficial em todos os pontos do continente. Todos usam Levi's, comem Big Macs, alugam vídeos de Van Damme. Esta velocíssima abertura gerou maior mobilidade social, sociedades mais liberais do que as normas regionais asiáticas, e a dinâmica, complexa interpenetração de valores asiáticos e ocidentais facilmente observável nas grandes capitais. Uma Internet socioeconômica já existe na Ásia pelo menos desde a metade dos anos 80. Podemos estar em Bangkok, Kuala Lumpur, Cingapura, Jacarta, Hong Kong, Pequim, Seul, Tóquio ou Taipe: a sensação é de um absoluto frenesi comum, on line, non stop.

O boom da ex-URSS, como se sabe, foi "fechado". O PC mandava, todo mundo cumpria, e a Cortina de Ferro comprava passivamente o que lhe fosse imposto. Krugman, em um seminário em Bangkok no final de 95, afirmou em essência que o milagre asiático não passou de uma fabulosa acumulação acidental de capital, trabalho e uma Mãe-Terra mais explorada do que uma garota do Laos nos red-light districts de Bangkok. Este monte de gente, dinheiro e recursos naturais não estaria disponível para sempre. Só havia, portanto, uma saída para a manutenção do milagre: a "inovação e dinamismo de um sistema de mercado livre".

Krugman errava em vários níveis. Para começar — como veremos —, não existe apenas um, mas diversos modelos no boom asiático: laissez-faire em Hong Kong, dirigismo moderado em Cingapura, proteção a empresas familiares em Taiwan, ênfase em indústria pesada na Coréia do Sul. Para desespero dos críticos, todas estas estratégias funcionaram — e muito bem. Todas — em diversas escalas — privilegiam o bem coletivo sobre o indivíduo. É verdade que apenas agora começam a gerar mais conhecimento científico — e privilegiar a criatividade individual. Politicamente, podem chegar a ser duríssimas para minorias étnicas. Mas nenhum desses modelos seguiu a economia soviética totalmente controlada pelo Estado: todos são um mix de controle estatal e laissez-faire. Todos os melhores scholars asiáticos concordam que o Japão inaugurou um modelo de desenvolvimento absolutamente inédito — seguido, com alterações, pelo resto da Ásia, onde os objetivos cruciais não ficam à merce da "mão invisível". Os modelos, portanto, não são filhos do Iluminismo. E a idéia de mercado livre não é encarada como um fim em si mesmo. As vantagens são pensadas a longo prazo — uma visão de mundo totalmente asiática.

Estes modelos não funcionariam se aplicados em dezenas de países ocidentais. Mas funcionaram à perfeição na Ásia. Tanto assim que os países asiáticos de ponta — Japão, Taiwan, Coréia, Cingapura e mesmo Malásia — já podem seguir a "receita" Krugman de inovação e dinamismo desde o início dos anos 90. O objetivo de Cingapura é ser reconhecida como uma marca de excelência mundial. O slogan oficial de Taiwan é "O Mercado para Innovalue" — uma marca de inovação: produtos selecionados, como o satélite de comunicação em forma de guarda-chuva da Microelectronics Technology, carregam o selo "muito bem feito em Taiwan". Para estes tigres, imitar a centralização do urso soviético significaria um ostracismo equivalente ao de pregar dormentes de trem na Sibéria.

Não é à toa que Krugman — membro de carteirinha do Top 10 dos economistas globais — tenha provocado tumores cerebrais nas elites asiáticas ao comparar sua performance com as sombrias atividades da ex-URSS. Krugman disse que Cingapura "cresceu através de uma mobilização de recursos que daria orgulho a Stalin". Para os asiáticos, é como se negasse qualquer diferença entre Stalin e Lee Kwan Yew — o brilhante e autocrático arquiteto do sucesso de Cingapura. Helen Hughes, professora do Institute of Southeast Asian Studies de Cingapura, observou como ocidentais "ficam felizes quando o crescimento da Ásia pode ser apresentado como um resultado ao qual seus países contribuíram substancialmente. Mas não aceitam a emergência da Ásia como um componente relevante, independente e em crescimento da economia mundial". Hughes — como todos os scholars asiáticos — considera que os países do Leste da Ásia devem reduzir suas taxas de crescimento no futuro ao dedicar mais tempo a lazer: "Mas será uma escolha, não porque tenham sido levados a isso por modelos econômicos".

No seminário de Bangkok, Krugman acrescentou que as economias da Ásia não alcançariam tão cedo as européias. Nenhum de seus acessores o lembrou que

Cingapura já tem uma renda per capita superior à da França, Inglaterra e Itália. Ou que a Coréia do Sul já é a 11ª economia do mundo — à frente da Holanda e da Escandinávia, e membro da OCDE. Krugman tentou remendar afirmando que a Ásia vai continuar a crescer, porém mais devagar — o que até os 3 mil icebergs de pedra do Golfo de Tonkin, no neo-afluente Vietnã, já sabem, porém ignoram. Encerrou sua tour de force mudando de idéia: talvez a comparação com a URSS não fosse ideal. A melhor analogia era com o Brasil do "milagre", antes da famosa crise da dívida. Citou vários déficits atuais em conta corrente de países asiáticos. Polidos e afluentes malaios, tailandeses e indonésios se entreolharam. Sob a harmonia de seus gestos sedosos, era evidente que gostariam de confinar Mr. Krugman a uma daquelas prisões de trabalhos forçados na China.

Atordoado pelo rap de Mr. Krugman, saí ao sol úmido de Bangkok, peguei o vaporetto do rio Chao Phraya (20 cents, um dos grandes trajetos da Ásia), entre garotas de uniforme escolar azul e branco, monges de robe açafrão e sombrinhas amarelas, e de repente... novamente atravessei para o outro lado do espelho. Lembrei de fevereiro de 92, época da famosa viagem de Deng Xiaoping ao Sul da China, quando depois de quase 3 meses on the road nos Himalaias e na China, peguei o trem-bala do vertiginoso socialismo de mercado chinês para o fim do socialismo na ex-URSS, no auge de um dos mais extraordinários exercícios de capitalismo selvagem — e móvel — do final de século. Voltar nesta máquina do tempo pode ser muito instrutivo.

São 20h32 na Beijing Railway Station, a carcomida estação central de onde sai gente pelo ladrão, em trânsito de todas a províncias chinesas, e cuja cantina parece transposta de uma seqüência de *Brazil*, de Terry Gilliam. Vai partir o trem 19 da Trans-Manchúria com destino a Moscou. Frio glacial de 9 graus negativos — mais outros 9 da sinfonia de ventos do deserto de Gobi. Um bando de celerados romenos está tentando empurrar mais de 20 sacos vagamente esverdeados lotados de roupas made in China para dentro de um dos vagões. O controlador russo ruge um sonoro "*Nyet*". Romenas imergem em transilvânica histeria. A locomotiva trila o apito. Um maço de George Washington troca apressadamente de mãos no minuto final — em benefício, claro, do comissário do vagão. Quem se debruça nas janelas já contribuiu. Chineses na plataforma, incluindo soldados do Exército Popular, e varredoras com a ubíqua braçadeira vermelha com os dizeres "Servir o Povo" observam impassíveis a feliz conclusão do drama.

A cacofonia de russos, poloneses, romenos, tchecos e mongóis é infernal — para não falar do suor instantâneo liquidificando os compartimentos. Todos carregam dezenas de sacos, e os sacos entopem todos os corredores. 300 quilos de sapatos. 500 quilos de casacos. 200 quilos de camisetas. Milhares de tubos de creme de beleza que farão furor em Bucareste e na Cracóvia. Há quem logo entorne uma garrafa de vodca e comece a preparar sua "cama" — uma concavidade em cima de um dos sacos. Será assim durante 6 dias non-stop, em 9 mil quilômetros nevados cortando a ex-URSS, agora Rússia, de leste a oeste.

Na própria minicabine do controlador, mais sacos — cujo conteúdo será vendido na rua em Moscou. Ele e sua assistente não falam uma palavra de inglês. Mas com tantos George Washington o sucesso do bazar está garantido: deverá incluir paradas além dos 5 minutos regulamentares em cada cidade, e livre comércio nas plataformas. Toda a Europa Oriental está lotada de muamba e louca para faturar. Durante a fase chinesa da viagem, nada acontece — ao contrário da década de 30, quando o Japão ocupava a Manchúria, instalava no trono o fantoche Pu Yi e preparava-se para engolir toda a Ásia. A ação Terminator começa para valer em Zabaikalsk, fronteira Rússia/China — depois de passarmos sob um enorme Arco do Triunfo de cimento, com lema leninista e foice e martelo (ainda não derrubados). A alfândega dos dois lados está totalmente deserta. O trem muda de configuração para se adaptar aos novos trilhos. Antecipa-se acima de tudo a substituição do vagão-restaurante: sai o chinês, que só oferecia um lamentável porco com molho de soja, e entra o russo, coalhado de goulash, sopa, salame, peixe, caviar negro, champagne da Criméia, café, ovos, até mesmo queijo — tudo no câmbio negro e pago em dólares idem.

A partir da fronteira, estoura o bazar agogô. Todo mundo entra em parafuso, porque muda-se instantaneamente da hora de Pequim para a hora de Moscou. Amanhece à 1 e meia da manhã. O câmbio negro está a US$ 1 = 110 rublos — e despenca a cada dia que se avança a 120 quilômetros horários pelo sublime, nevado, infinito deserto da tundra siberiana, onde cada espetacular nascer do sol sob um ligeiro fog ártico é uma epifania devidamente comemorada com mais champagne da Criméia. Ocasionalmente avistamos corças, ou até mesmo huskies puxando um trenó. A taiga — as fabulosas florestas do Sul da Sibéria, cobiçadas por Japão, Coréia e EUA — está coberta de neve. Além, estão os fantasmas dos 20 milhões de cadáveres produzidos pelos gulags de Stalin, os caçadores do raríssimo tigre de Amur (restam menos de 200) e, mais acima, o sinistro complexo de Norilsk, despejando 2 milhões de toneladas de ácido sulfúrico e outros metais pesados na atmosfera a cada ano — a causa do citado "fog ártico" e maior fonte de poluição do planeta.

As paradas começam a durar até mesmo 15 minutos — atingindo o paroxismo em Novosibirsk e Perm — já sede de um notório gulag. Cada vez que o trem pára na estação, hordas de russos com síndrome de Genghis Khan o atacam com sacolinhas de plástico. O melhor negócio da Transiberiana é definitivamente o comércio de anoraks e casacos de couro. Jao, uma chinesa de Pequim, vende 50 em 3 dias, por US$ 35 a US$ 50 cada; pagou US$ 20 cada uma no atacado, nos *hutongs* — becos — de Pequim. Os russos os compram a rodo e vendem rublos — despencando ainda mais para US$ 1 = 160 rublos —, vodca, cerveja, salame, champagne, e garrafinhas locais de Pepsi a US$ 1. Alguns pagam mais comissão aos controladores e sobem nos vagões para continuar o business — especialmente estudantes, doidos para trocar uma parafernália inútil de souvenirs comunistas por cruciais tapes de heavy metal.

Um verdadeiro microcosmo da Europa Oriental está no trem 19. Os romenos pós-Ceasescu são os mais carnavalescos. Incluem um boxeador, duas gêmeas sexy, e um gângster ensebado em agasalho de corrida que espalha por todo o trem suas tórridas 2 horas com uma fulana russa por US$ 10 (o normal é US$ 20 a hora). Há um contingente albanês, um contingente de jovens poloneses, nômades mongóis sem camisa febrilmente contabilizando a decuplicação de seus lucros, *babushkas* entediadas à morte e até mesmo um dandy chinês que matraqueia sem parar — em amplo contraste com o silêncio oriental de rigor. No vagão-restaurante, "Kapitan", o único garçom, faz o que pode para vender seus cintos e quepes do Exército Vermelho. Os vagões russos, já elegantes em outras épocas, estão um traste: ar viciado, fumaça de cigarro, suor, banheiros entupidos de sacos. Lá fora, a Sibéria entulhada de neve. É o cenário ideal para devorar quase mil páginas de Norman Mailer, *Harlot's Ghost*, uma história da CIA.

O trem é um bazar e também uma Ágora móvel e multinacional. Jovens russos elaboram como a perversidade quase genial do sistema soviético o levou a amplificar ao limite todos os problemas de modernas sociedades industriais — sem oferecer praticamente nenhum dos seus benefícios. Os europeus orientais concordam que não foi a Guerra Fria que acabou com o socialismo: foi a invasão da economia capitalista combinada com a ineficiência e "estupidez" (copyright de um universitário polonês) da economia socialista. Os russos dizem que a *glasnost* acabou com a autoridade e a *perestroika* acabou com a economia — e não havia nada para colocar no lugar. Deu nisso: graduados em física transformados em pingentes de trem, vendendo latinhas de caviar. Ninguém chega ao ponto de sonhar com a moleza da era Brejnev. Todos fazem a elegia de Gorbachev, mas, em essência, o condenam a um (curto) verbete histórico. No trem, escutei argumentos que seriam reproduzidos anos depois em livros como *O Futuro do Capitalismo*, de Lester Thurow: o comunismo faliu porque se ossificou e perdeu a motivação para criar o Homem Novo.

Todos os navegadores da Transiberiana exibem uma solidariedade de fazer inveja à ONU: operam o câmbio, trocam endereços, emprestam dinheiro e as indispensáveis calculadoras, ajudam a carregar e descarregar a muamba, aceitam sacos em seu compartimento, oferecem seus lugares por uma meia hora a quem só tem o corredor para dormir, e fazem piadas com as minicédulas de *yuan* do Banco da China. Todos são ardentes defensores desta inédita democracia direta que é o fim da Guerra Fria. A maioria já se conhece, porque parte do lucro de cada viagem é aplicado na próxima. No meio deste cassino, circula o personagem mais improvável: Lulu, bangladeshi, semi-anão, carregando uma malinha e um attaché-case, envolto em sabe Alá quais misteriosas atividades, passaporte com visto para Turquia, Arábia Saudita e África do Sul. Chineses e russos o tratam como um pequinês alérgico. Em cada parada, quando todo o trem debanda para os bazares impromptu na plataforma, ele é a figura de destaque — vestindo sete ou oito jaquetas por cima das outras, examinado como uma curiosidade de outro planeta, e até mesmo fazendo algumas vendas para uma empresária durona de Hong Kong. A comida do trem é intragável para este muçulmano que nos acorda todos os dias às 5 da manhã com suas preces: Rashid Muhammad passa os seis dias literalmente a pão e água.

"Skolka?" A quanto vende? Este é o mantra do bazar Trans-Manchúria — uma prévia do que será Moscou. Pink Floyd lançou o hoje lendário *Dark Side of the Moon* no auge da era Brejnev: os subúrbios parecem o lado escuro da lua, cinzas, fantasmagóricos, o legado lunático de Stalin só pontilhado por um solitário quiosque vendendo flores, frutas ou brandy doce da Geórgia. Chegamos como zumbis — mas com apenas algumas poucas horas de atraso — a Yaroslavlsky Vakzal, uma das 9 estações de trem de Moscou, onde um turbilhão de táxis Volga disputa as preciosas cargas das centenas de sacos de muamba chinesa. Quem prossegue para a Europa Oriental e não tem reserva está perdido; só há trens para Varsóvia e Berlim daqui a mais de 40 dias.

Em Shenzhen, Guangzhou, Xangai e Pequim eu havia constatado o sucesso espetacular do socialismo de mercado chinês pós-Tiananmen, onde a locomotiva era a economia e a política estava despachada para os vagões traseiros. Nada mais espantoso do que o contraste com Moscou, onde a locomotiva era a política puxando o trem da economia. Fico hospedado no apartamento de Dmitri, estudante de odontologia, a três paradas de metrô do Kremlin, por US$ 6 ao dia, uma pequena fortuna; ele e a namorada subdividem precariamente o apartamento de dois quartos e um só banheiro com uma família inteira, cachorro incluso, além dos visitantes ocidentais, que dormem no melhor quarto. É um estilo de vida considerado classe média alta. A espetacular arquitetura do metrô — onde a beleza de várias estações lembra o underground londrino — revela um museu kitsch do simbolismo soviético: estátuas de mármore de camponeses com as bochechas rosadas, soldados solenes, motoristas de caminhão dedicados, amas-secas de seios cataclísmicos, *babushkas* imortalizadas como a quintessência das avós da humanidade. Infiltra-se o retorno do bazar Transiberiano: vendem-se *samizdats* pornôs e políticos, roupas usadas, garrafas de qualquer líquido imaginável. Apenas ao chegar à Praça Vermelha sob a neve me "cai a ficha": nos confins dos Himalaias e na China, meu fuso ainda estava em Gorbachev. O que agora está fincado no topo do Kremlin é uma bandeira russa — assim como no centro da praça Dzerzhinsky, em frente à sede da KGB. Como um perfeito idiota vou atrás da estátua do sinistro Félix Dzerzhinsky, o carrasco-chefe de Lênin e Stalin — apenas para ser alertado por um estudante que ela foi derrubada há semanas. Gorbachev virou marca de vodca. E não é possível entrar na KGB.

Toda a cidade cristalizada diretamente das *Mil e Uma Noites* — com seus minaretes e domos dourados — está convertida em um imenso bazar turco. Depois que Ieltsin liberou as calçadas, todo mundo quer exercitar esta tal de *privatizatsiya*. Até 1990 ninguém sabia o que era um talão de cheques ou um cartão de crédito, e 1 rublo era igual a US$ 1. Há mercados de rua absolutamente espantosos na Prospekt Marka e na rua Gorki, todo mundo em fila indiana e corredor polonês exibindo silenciosamente suas mercadorias: uma boneca quebrada, um sapato solitário, empoeiradas garrafas de champagne, perfumes, café em pó, latas de sardinha, uma garrafa vazia de cerveja... As lojas — e as ruas — estão lotadas com todas as tralhas compradas em Pequim e transportadas pelos navegadores transiberianos. Mas os supermercados estão vazios. Há pouquíssimo leite, pouquíssima carne, muito peixe enlatado e filas intermináveis para não comprar nada — onde os consumidores jogam longas partidas de xadrez. A grande atração da cidade é o novo McDonald's na praça Pushkin — já um dos mais movimentados do mundo, com filas que dobram o quarteirão, refeições completas a 50 cents e caixas sorridentes e tão deslumbrantes quanto uma Eva Herzigova. Em frente ao Mac, um Gorbie de papelão posa para turistas, e mais um aluvião vende latinhas de caviar a US$ 5 e champagne a US$ 3. O Pizza Hut, dentro, só aceita moeda forte; fora, esperando no gelo, pode-se pagar em rublos. De repente, o câmbio negro tem mais um acesso de montanha-russa e dispara a US$ 1 = 67 rublos. Na GUM, a famosa loja de departamentos, pouca coisa à venda, a não ser parcos show-rooms de Sony e Honda, e uma nova vitrine da Dior.

Persiste a ineficiência comunista; é impossível telefonar para a Europa. É impossível enviar um fax do correio. É impossível fazer uma reserva de trem. É impossível fazer uma reserva de avião — pelo menos na loja da Aeroflot em Lubyanka: só no horrendo Intourist Hotel. No lúgubre térreo do Hotel Mockba, uma verdadeira cena de Ionesco: surdos e mudos congregam-se e espalham-se pelos corredores, enquanto um mercado negro de cerveja fatura em frente ao próprio bar do hotel. Um copo de champagne custa 50 cents. No Intourist Hotel — em massivo indescritível Russian modern style — Coke é US$ 2 e um copo de vodca US$ 3, salário semanal de muita gente. No bar do lendário e renovado Metropol — a grande dame de 1899 favorita de Trotski, agora com halls em homenagem a Pushkin e Dostoievski — um dry martini custa US$ 7,70. O Metropol é uma verdadeira Wall Street: dinamarqueses, italianos, americanos e chineses discutem todos os negócios possíveis no *Admirável Mundo Novo* tomando Heineken a US$ 5.

Praça Vermelha, Kremlin, Prospekt Gorki e a área do Bolshoi são interditadas no dia das Forças Armadas, um domingo: caminhões de cimento estacionados em massa, estações de metrô fechadas, ambulâncias, fileiras de policiais. Há uma demonstração comunista — reprimida com delicadeza — em frente ao Correio, com farta presença de senhoras carregando flores e bandeiras. E outra demonstração na praça em frente ao McDonald's: elas se estenderiam por todo o resto do inverno e da primavera, e pelos anos seguintes. Punks moscovitas com a bandeira negra do anarquismo protestam contra as Forças Armadas. Sonha-se — ainda hoje, anos depois — a volta do comunismo. Os mercados silenciam, a cidade está semideserta. Um pleistocênico e fumegante Volga me leva para o lúgubre aeroporto de Shremetyevo. Sinto-me em um set de B-movie dos anos 50, em plena Guerra Fria. O Volga esquenta, pára, esquenta, pára — metáfora da nova Rússia —, e quase perco o surrado Aeroflot SU 576 de volta a Paris.

Como assinalou Eric Hobsbawm, a implosão do socialismo devolveu à Rússia as reduzidas dimensões e influência internacional da era anterior ao czar Pedro, O Grande, no poder entre o fim do século 17 e início do século 18. Mas a escala Richter de potenciais catástrofes na região permanece assustadora — para terror da comunidade internacional: daí a ansiedade de FMI/Banco Mundial em entregar bilhões a Ieltsin. Para milhões de russos, a vida sob Gorbachev era boa; sob Brejnev, melhor ainda. Suas vozes são muito mais representativas do que a ênfase da mídia global em criminalidade urbana e mafiosos ostentando Kalashnikovs.

Quando URSS e Cortina de Ferro — o Segundo Mundo — implodiram, imediatamente a seguir o Terceiro Mundo se fragmentou entre vencedores — os tigres, China, bebês-tigres como Malásia, Tailândia, Indonésia e Vietnã —, perdedores — a África — e indecisos — Brasil e América Latina. A Ásia do boom econômico nunca foi seduzida pelo socialismo soviético: intuiu corretamente que nunca foi uma alternativa ao sistema capitalista, mas uma série de soluções — erradas — aplicadas em um país pobre e descomunal em uma determinada conjunção histórica.

Ainda que durmam em camas separadas, Ásia e Ocidente capitalista são amantes desde o início da Guerra Fria, quando o Leste da Ásia não perdeu tempo para adotar Capitalismo e Democracia Limitada como lema de trabalho. A Índia, fiel a sua tradição especulativa, adotou exatamente o contrário — só acordando em 1991. O comunismo só se instalou na China, Vietnã e Coréia do Norte. Todos os outros apoiaram os americanos na Guerra do Vietnã — o que, é verdade, não impediu a vitória dos descamisados de Ho e Giap. Mas a famosa "teoria do dominó" — se "caísse" o Vietnã, cairia o resto do Sudeste da Ásia — revelou-se mais uma idiotice do Pentágono.

O Sudeste da Ásia enfrentou todo tipo de revolta maoísta — culminando no famigerado Khmer Rouge. A Coréia do Sul — ainda enfrentando a bizarra Coréia do Norte — já se configura como o próximo Japão: mais cedo ou mais tarde açambarca o Norte. O comunismo praticamente virou cinzas no Sudeste da Ásia. O Vietnã é mais uma peculiar variante do socialismo de mercado. Quanto a Myanmar, ex-Burma, é uma sinistra, repressiva ditadura militar mercantilista condenada à lenta extinção. Durante a Guerra do Vietnã, o Sudeste da Ásia provou o Haagen-Dasz e gostou: o capitalismo funciona. Até Deng Xiaoping concordou

— mas só depois de visitar Cingapura em 78 e ficar de queixo caído. Comportando-se como um elefante em um banquete, Deng só sugou o que era doce: muito investimento estrangeiro, muitas exportações, muita alta tecnologia e muito lucro. Nada de democracia. Resultados práticos, de acordo com o Banco Mundial — e mesmo com grunhidos ocidentais: a China será no mínimo 82% da economia americana em 2010, e inexoravelmente a maior economia do mundo em 2020.

Nos anos 90, a "perspiração" (copyright Paul Krugman) do milagre asiático inexoravelmente começa a ser substituída por inspiração. Não se pode crescer ao infinito a 10% ao ano. Há saudades dos anos 80, quando literalmente chovia dinheiro. A *endaka* — o yen forte — multiplicou em progressão quase geométrica o poder de compra do Japão, espalhando a colônia japonesa pelo mundo em um frenesi aquisitivo, de investimentos e turismo, e incentivando suas corporações a pontilhar toda a Ásia de fábricas e promover o business inter-regional. A Honda há anos já produz mais motos na Tailândia do que em seu país de origem. Japão e nos últimos anos os NICs — acrônimo inglês para Países Recém-Industrializados — entraram com o capital e o know how para a lancinante modernização da Ásia. Quando a China abriu seu monumental mercado — imediatamente aproveitado na forma de investimento estrangeiro direto pelos 57 milhões de chineses da diáspora espalhados pelo mundo, movimentando US$ 2 trilhões em ativos — a terra, literalmente, tremeu. O maoísmo foi enterrado em alguns meses. Milhões entre 1,2 bilhão de indivíduos de repente se viram catapultados a um nível de vida e grau de liberdade pessoal, mesmo modesto, inimaginável nos anteriores 5 mil anos de História do "Reino do Meio".

Estudando, poupando, investindo e construindo para o futuro, em 2030 a Ásia-Pacífico terá 50% da riqueza mundial (não passava de 12% em 1960), frente a 26% da União Européia e 13,5% de EUA/Canadá. Esse magma até pouco tempo inimaginável deve gerar, entre outras coisas, algumas das maiores corporações planetárias e algumas de suas principais tecnologias avançadas — o que, desde já, descabela as elites dos EUA e da Europa.

Na Ásia nova-rica, as preocupações cruciais deixam de ser apenas econômicas e passam a ser também filosóficas. Com um desmesurado processo de urbanização envolvendo bilhões de indivíduos, ninguém faz a menor idéia de até que ponto o boom está destruindo o meio ambiente. As implicações sociais provocam até mesmo pânico. Em 2010, 43% de estimados 4,2 bilhões de asiáticos estarão vivendo em cidades. 30 entre elas terão mais de 5 milhões de habitantes. Xangai e Bombaim terão mais de 20 milhões, e Pequim, Tianjin, Dacca, Jacarta, Manila, Delhi e Calcutá, mais de 15 milhões. Nos próximos 25 anos, a Ásia será obrigada a construir nada menos que uma nova coleção de cidades do mesmo tamanho das atuais — para alojar adicionais 1,1 bilhão de pessoas. Em 2020, estas megametrópoles terão nada menos que 2,4 bilhões de residentes, mais da metade da população do continente. O desafio — mesmo para uma revolução industrial turbinada e pervasiva — é imenso: manter economias crescendo a mais de 7% ao ano e negócios competitivos — mas a um custo limitado para a Mãe-Terra. Asiáticos — como não se cansam de alertar os índios americanos — também sabem que a Mãe-Terra está doente. Mas para eles medidas de preservação do meio ambiente devem ser balanceadas em relação a seu Santo Graal: alcançar indiscriminadamente a qualidade de vida do Ocidente industrializado.

Não podemos esquecer o que nos disse Adam Smith — o profeta do capitalismo: riqueza e poder são a causa mais universal da corrupção de nossos sentimentos morais. Para EUA e Europa, é fácil moralizar: afinal, já "chegaram lá". Mas é inegável que Bangkok, Jacarta, Xangai, Chongqin oferecem motivos para desespero. Tailandeses demonstram absoluto descaso pelo meio ambiente. A China é a nação mais poluída do planeta. Satélites não mais "enxergam" suas grandes cidades. Tailândia e Filipinas destruíram suas florestas. A Tailândia agora destrói — por um punhado de dólares — as florestas de Camboja e Burma. A Indonésia transforma as florestas de Bornéu nos pauzinhos de comida dos restaurantes japoneses. Cingapura, eficiente, limpa, silenciosa, concebida em escala humana, e incomparável em termos de telecomunicações e transporte, é uma rara luz no fim deste túnel de gás carbônico: em 95, foi eleita pela *Fortune* como a melhor cidade do mundo para fazer negócios; em 96 os leitores de *Asia Inc.* — os principais empresários da região — a conferiram o mais alto índice de qualidade de vida.

A Índia instaurou o primeiro programa de controle de natalidade do mundo, em 59. Na China ainda prevalece a política de um filho por casal: mesmo assim ainda nasce uma Austrália de bebês por ano. A Ásia ainda não conseguiu conter seu gargantual problema demográfico. Mas, com tamanho progresso material, era inevitável que abandonasse gradativamente sua ancestral propensão a legiões de filhos, e adotasse como norma a família nuclear — que imediatamente viu-se esquartejada por divórcio, adultério, materialismo exacerbado, problemas financeiros, drogas, delinqüência juvenil e outras pragas características do fim do milênio.

A China, com 300 milhões de fumantes em uma população de 900 milhões de adultos, é responsável por 30% do consumo mundial de tabaco: mas nada pode ser feito porque a indústria é "o pilar número um do desenvolvimento", na avaliação de um funcionário do governo. Com tanta gente soltando fumaça, o PC lucrou US$ 8,6 bilhões em impostos em 95. Em 2025, 2 milhões de chineses por ano estarão morrendo por doenças relacionadas com o fumo. Também reina a perplexidade quando o continente se pergunta o que fazer com sua população de idade. No final de 95, Cingapura avançou mais um exemplo, promulgando uma lei que permite a pais de família requerer apoio financeiro de seus filhos adultos. Impossível prever uma lei semelhante no gigantesco planeta China — onde os jovens só querem saber de ganhar dinheiro nas cidades e os mais velhos recusam-se a abandonar o campo.

De acordo com um relatório de 96 da Organização Internacional do Trabalho, 1,5 milhão de asiáticas trabalhando na Ásia, Oriente Médio e Europa vivem sob exploração permanente: não têm documentos, não têm proteção de seguridade social, estão sujeitas a taxas absurdas de "agências de empregos", e sujeitas a pressões sexuais. Formam o grupo que mais cresce entre os 35 milhões de trabalhadores migrantes espalhados pelo mundo. A cada ano 800 mil asiáticas deixam seus países legalmente em busca de emprego temporário. Os principais países provedores são Indonésia, Filipinas, Tailândia e Sri Lanka. A maioria trabalha como empregada doméstica na Europa. As leis na maior parte dos países acolhedores punem apenas as vítimas — embora todos os governos afetados estejam dispostos a ratificar uma convenção da ONU de 1990 regulando os direitos de trabalhadores migrantes e suas famílias. O problema foi vagamente examinado na famosa Conferência da Mulher em Pequim, em 95 — quando o planeta aprendeu que mulheres ainda ganham menos (entre 30% e 40%) do que homens pelo mesmo trabalho, sua taxa de analfabetismo (média de 33,6%) cai mais devagar do que a masculina, e configuram a maioria absoluta dos pobres do planeta (cerca de 60%). Para complicar, a Ásia está com um déficit de cerca de 100 milhões de mulheres — já que persiste a prática rural de abortar ou mesmo assassinar bebês femininos.

A contraparte do drama são as asiáticas urbanas e afluentes no topo da pirâmide — as privilegiadas do boom econômico que começam a exibir sua mais-valia sexual. O que as mulheres querem? — perguntaria um Freud oriental. Querem lingerie sexy. Ou seja: Buda e Confúcio estão sendo derrotados pelo Wonderbra. A cultura pop ocidental está transformando totalmente a idéia de beleza da mulher oriental. Os melhores mercados são as já sofisticadas culturas urbanas de Cingapura e Hong Kong — onde tangas a US$ 75 e sutiãs push-up a US$ 150 de marcas européias, ou similares mais baratos da Wacoal japonesa, vendem mais do que arroz frito. Até Xangai e Pequim já têm suas butiques La Perla e equivalentes.

Seja como herança cultural do Ocidente, ou como decorrência inevitável do desenvolvimento socioeconômico, a Ásia finalmente começou a descobrir como a democracia ainda é a forma menos intolerável de governo. Em 75, autoritarismo e imobilismo predominavam incólumes do Paquistão à Coréia, passando por Tailândia e Indonésia. Hong Kong e Taiwan não sabiam o que era uma eleição. Japão, Cingapura, Malásia e Índia, em teoria democráticos, na verdade não passavam do domínio de um só partido ou da mesma coalizão de partidos. Pouco mais de duas décadas depois, Coréia do Sul, Taiwan e Tailândia demonstram existir uma correlação direta entre afluência e democracia. Cingapura é um caso único. Lee Kwan Yew, o Confúcio deste fim de século, e defensor empedernido dos "valores asiáticos", vê sua criação suprema como uma sociedade confucionista ideal, onde o indivíduo amolda-se à sociedade — exatamente o oposto dos direitos do indivíduo impressos na Constituição americana. Em Cingapura, uma meritocracia de sábios governa com pulso firme, cortando pela raiz o individualismo cowboy e os lobbies que infernizam as democracias ocidentais. O coração do problema é saber se o que funciona em uma ilha rica e disciplinada, com menos de 3 milhões de habitantes, pode ser replicado em latitudes e heranças culturais infinitamente mais voláteis.

Anwar Ibrahim, provável futuro primeiro-ministro da Malásia, alerta que desigualdade social, corrupção, negação de liberdades básicas e opressão pura e simples não desapareceram da Ásia. Muito pelo contrário. China, Vietnã e Myanmar, ex-Burma, liberalizam sua economia. Mas a mão de ferro do poder central permanece ameaçadora — mesmo com satélites e cable TV eliminando o monopólio estatal da informação. Mais de 30 satélites de comunição sobrevoam a Ásia. Outros 40 serão lançados até o ano 2000. Cobrem os picos do Himalaia, o deserto de Gobi, as selvas do Triângulo do Ópio. Emitem filmes em *tagalog*, programas de culinária em mandarim, musicais em hindi, aeróbica em *tai*, ou *Melrose* em malaio em mais de 100 canais. A Ásia tem 8 dos 10 países com maior taxa de aumento de telefonemas internacionais. Entrou na Internet com voracidade de tubarão. É o mercado digital que mais cresce no mundo.

PCs — computadores pessoais — estão acabando com PCs — Partidos Comunistas. Pesquisadores do Instituto de Estudos Estratégicos e Internacionais de Kuala Lumpur são enfáticos: o poder político de PCs ou militares no continente é inversamente proporcional à evolução da privatização econômica. O Politburo pequinês derruba suas xícaras de chá ao se dar conta de que o neomaterialismo "erodiu a fibra moral" da Nação. Dois dos Prêmios Nobel da Paz de maior repercussão global nas últimas décadas foram justamente para 2 asiáticos que lutam contra a opressão e o terror: o Dalai Lama, líder espiritual e temporal do Tibet (1989), e Aung San Suu Kyi, a burmesa amplamente considerada a Nelson Mandela da Ásia (1991).

Vivendo e viajando pela Ásia, conversei com pescadores, diplomatas, presidentes de bancos, condutores de riquixá, magnatas de joint ventures, aeromoças, brokers de commodities, professores universitários, agentes high tech, funcionários de governo e vendedores de bugigangas. Notei o orgulho de japoneses, chineses, coreanos ou cingapurianos quando frisam como diversos modelos de desenvolvimento asiático passaram a ser admirados e emulados no resto do mundo. Senti o pervasivo orgulho coletivo dos que finalmente são levados a sério na arena global: daí já se autodefinirem "asiáticos" — assim como é normal na Europa dizer "sou europeu" (e é, ainda, anormal, na América Latina, especialmente Brasil, dizer "sou latino-americano"). Senti também como todos são extremamente sensíveis a esta irremovível obsessão americana e européia de que constituem uma ameaça intransponível à hegemonia do Ocidente.

Não há tecla de rewind na História. Apenas play. E hoje, acima de tudo, fast forward. O centro de gravidade geoeconômica do planeta inexoravelmente estará transferido para a Ásia até o início do século 21. Pequim, Tóquio e até mesmo Cingapura debatem com Washington de igual para igual. Isso não significa que uma confrontação seja inevitável. O sonho da Ásia é uma comunidade pacífica de nações comerciantes. Não será possível até 2020 — e dificilmente será possível com menos turbulências do que, por exemplo, a consolidação da União Européia. Tudo — inevitável no que concerne à Ásia — depende da China.

Quem lidera a Ásia, China ou Japão? Em teoria, Japão e China são complementares: juntos, poderiam organizar a hegemonia da Ásia no Século do Pacífico. Mas é uma relação extremamente complexa — dilacerada por profundos traumas históricos. A cultura japonesa deriva da China. O Japão domina tecnológica e economicamente, mas ainda é um eunuco político. A China ocupa mais de dois terços do Leste da Ásia, é uma potência nuclear, tem um formidável peso político, e terá, cada vez mais, peso militar. O Japão tem uma população cada vez menor e cada vez mais idosa. A China tem uma população cada vez maior — dois terços do Leste da Ásia — e cada vez mais jovem. O Japão é um aliado-chave da superpotência americana. A China já é encarada como o grande espectro ameaçador. O Japão é mais estável a curto prazo. A China precisa do dinheiro japonês. O Japão precisa do mercado chinês — assim como de uma China estável: já é o segundo parceiro comercial da China, depois de Hong Kong.

As culturas econômicas são muito diversas: como definiu Francis Fukuyama, "cada uma é unificada no sentido literal por enormes redes baseadas em confiança social generalizada, no caso japonês, e em família e parentesco no caso chinês". A China só agora começa a criar um setor privado mais ou menos moderno. Mas precisará cada vez menos de tecnologia japonesa ao incorporar Hong Kong e aproximar-se de Taiwan. Ou seja: dependendo da perspectiva, China e Japão também podem se constituir em encarniçados rivais no século 21, cada um impulsionando o desenvolvimento da Ásia a sua maneira. Mas é importante lembrar que em 1992, quando a China ainda estava isolada internacionalmente, o imperador do Japão resolveu fazer uma visita. Foi um gesto generoso — e inédito. Pode significar décadas de paz entre China e Japão. Gestos simbólicos têm um poder descomunal na Ásia.

Em *The World in 2020*, o economista irlandês Hamish McRae aplica ao planeta nas próximas décadas uma boa dose de bom senso futurológico. A certeza fundamental é que de Micronésia a Myanmar só vale uma coisa: quanto investimento atrair, e que produtos vender. McRae enumera alguns inevitáveis desdobramentos básicos: 1) enfraquecimento da Nação-Estado; 2) emergência de organismos supranacionais, como a União Européia, a APEC, a ASEAN, o Mercosul; 3) emergência de poderes regionais em detrimento do poder central, como, por exemplo, Sul da China, Catalunha, norte da Itália, o estado de São Paulo; 4) mercados financeiros determinando política fiscal e monetária para quase todos os países do mundo; 5) limitação cada vez maior de políticas domésticas protecionistas que atrapalhem a panacéia mundial do livre comércio; 6) dominação de multinacionais que baseiam seus investimentos em isenção de impostos — o que limita a liberdade de governos de arrecadar impostos de empresas estrangeiras; 7) mobilidade cada vez maior dos talentos top em business, entertainment e serviços financeiros: ou seja, governos cada vez mais devem competir por talentos.

Nas próximas décadas, nem todas as partes da Ásia-Pacífico estarão conectadas ao boom econômico. Até agora, houve 3 condições básicas para seu sucesso: a importância da eletrônica de consumo e da indústria automobilística no comércio internacional; os mercados abertos de EUA e Europa capazes de absorver seus produtos; e a garantia de segurança militar oferecida pelos EUA — o "oxigênio", segundo o Pentágono, que permitiu a decolagem da Ásia. Estas 3 condições já se modificam. O comércio interasiático já é maior do que o comércio com os EUA ou Europa —, mesmo quando se sabe que há anos a Europa exporta mais para o Leste da Ásia do que para os EUA, e os EUA exportam mais para o Leste da Ásia do que para a Europa. A Ásia estará se concentrando cada vez mais em seu desenvolvimento interno. A porta aberta do Ocidente já não está tão escancarada. A China, por exemplo, não poderá se beneficiar das mesmas facilidades aproveitadas pelos tigres nos anos 70 e 80. Os tigres agora são obrigados a competir com EUA e Europa exportando produtos de alta tecnologia. EUA e Europa começam a exigir maior abertura dos mercados asiáticos. E o balão de oxigênio oferecido pelos EUA deixou de ser uma garantia de vida eterna.

A curto prazo, os habilíssimos planejadores taiwaneses, coreanos ou cingapurianos têm muito com o que se preocupar. A Ásia ainda é extremamente vulnerável. McRae enumera várias deficiências estruturais — embora quase todas estejam sendo remediadas: 1) exportações concentradas em uma estreita margem de produtos (no caso do Japão, praticamente indústria eletrônica e automobilística); 2) alta dependência do mercado americano (já se modifica; aumentam as exportações para a Europa e o comércio interasiático); 3) infra-estrutura precária (busca-se remediar a médio prazo, a um custo de no mínimo astronômicos US$ 1 trilhão); 4) dependência de matérias-primas importadas, incluindo energia (problema mais agudo no Japão); 5) fracasso do sistema educacional em gerar pesquisa original (porém os tigres investem cada vez mais em pesquisa); 6) fracasso em desenvolver exportação de serviços (idem); 7) dependência de proteção militar americana (mas já se desenvolve a aliança EUA-Japão para contrabalançar a emergência chinesa).

Como escutamos 24h por dia em Cingapura, a prosperidade da Ásia é tão recente, e a sensação de segurança tão inédita, que todos agora têm o dever de trabalhar o dobro para preservá-la. A Ásia há anos já trabalha muito mais do que a Europa e os EUA — para não mencionar a América Latina. E ganha muito menos pelo seu trabalho, o que não chega a ser um drama quando o confucionismo preza disciplina e trabalho duro, e segundo o budismo japonês o trabalho é um "ato de Deus". O Grande Passo à Frente agora é qualitativo: a Ásia precisa pensar criativamente e produzir idéias, conhecimento — e não apenas copiar ou adaptar idéias do Ocidente. Ou seja, agora, sim, educação é o elemento ainda mais crucial, pois é a chave para a Ásia progredir nas indústrias-chave do futuro: informação e serviços. Certamente permanecerá a aplicação e a motivação para atingir riqueza. E passada a "crise dos mísseis" envolvendo as eleições em Taiwan em março de 96, já se articula uma maior coesão política entre China, Japão, Coréia e Sudeste da Ásia. Vencendo estes próximos desafios, estarão criadas as condições para que a Ásia-Pacífico seja a supercultura do século 21.

Liberada do colonialismo da imaginação — que a considerava acima de tudo "exótica", "pitoresca" ou "romântica" —, a Ásia já figura em grande parte do planeta plasmada em uma cultura Ásia-América. O fenômeno já vem do tempo em que o Dalai Lama tomava Coca-Cola e via Tarzã em branco-e-preto na TV do Potala, em Lhasa, Tibet. Ou do tempo em que Yasujiro Ozu filmava com a câmera fixa a 50 cm do solo, prefigurando desolações minimalistas européias à la Robert Bresson.

A violência suntuosamente coreografada por Kurosawa influenciou legiões de cineastas ocidentais — a começar pelos faroestes de Sergio Leone. Hollywood importa mestres de Hong Kong que copiavam filmes de ação de Hollywood para o público asiático — e tornaram-se objeto de culto no Ocidente. O cinema falado em mandarim ou cantonês é o mais dinâmico dos anos 90. Quando um soberbo filme absolutamente malaio espanta o tédio do Festival de Cannes, descobre-se que é baseado em um conto de Faulkner. Mestres japoneses — Rei Kawakubo, Yohji Yamamoto, Issey Miyake — são imbatíveis nas passarelas de Paris. Enquanto designers ocidentais o copiam à exaustão, o kimono no Japão é usado apenas em ocasiões formais. A Índia abandona o sari e sonha em se vestir como os personagens de *Dynasty*. Lady Di vai ao Paquistão e encanta o planeta com os méritos sexy da muçulmana salwar-kameez — a longa túnica superposta a calças largas. *Vogue* lança suas edições coreana e taiwanesa.

A Lamborghini pertence a um indonésio, a Lotus a um malaio. Estudantes asiáticos são os imperadores das universidades americanas. Arquitetos cingapurianos reescrevem o pós-modernismo com nuances do Sudeste da Ásia — décadas depois de a arte japonesa influenciar o minimalismo de Frank Lloyd Wright. O octogenário I.M. Pei, chinês de Cantão — criador do Banco da China em Hong Kong e da pirâmide do Louvre — é o mais celebrado arquiteto contemporâneo. A prefeitura de Tóquio, desenhada por Kenzo Tange, lembra a catedral de Notre Dame. O Japão — Meca global do design — dá ao mundo o walkman, o gameboy, o trem-bala e o Honda Civic. Uma japonesa ganha um Oscar vestindo o Drácula de Francis Ford Coppola.

Escritores de descendência hindu organizam verdadeiros *curries* literários: Rohinton Mistry transporta Dickens para as ruas de Bombaim, Vikram Seth leva Pushkin para São Francisco, Pico Iyer viaja o planeta registrando ambigüidades. O anglo-paquistanês Hanif Kureishi escreve sobre eurasianos bissexuais em Londres. O herói de um romance do anglo-hindu Salman Rushdie é meio católico, meio judeu, e descende do Islã. Banana Yoshimoto faz a elegia dos Beatles e de amantes crioulos. *O Livro dos Segredos* — um dos best-sellers globais de 96 — é escrito por um hindu nascido em Nairobi e residente em Toronto.

Há muito tempo *karma*, *lama*, *yin* e *yang*, *tai chi*, *sushi*, *kung fu*, *shiatsu* já fazem parte do vocabulário básico do Ocidente. Muito além de processos geopolíticos, as interpenetrações culturais Ásia-América já espelham um mundo pós-colonial, pós-nacional, poliglota, promíscuo — em cujas capitais, como Hong Kong, Cingapura, Tóquio, Los Angeles, um rosto está desconectado de um sotaque, todos são passageiros desterritorializados, e já se vive, física e virtualmente, o século da Ásia-Pacífico.

2

Conrad e o romance do Oriente

*"Eu lembro da minha juventude e da sensação que
nunca mais vai voltar — a sensação de que eu
poderia durar para sempre, sobreviver ao mar,
à terra, e a todos os homens; a sensação
enganosa que nos atrai a alegrias, perigos, amor,
vão esforço — à morte; a triunfante convicção de
força, a chama de vida no punhado de pó, o brilho
no coração que a cada ano enfraquece, esfria,
diminui e expira, tão cedo, tão cedo — antes da
própria vida"*
Joseph Conrad, *Juventude*

*"Um homem deve lutar contra sua má sorte, seus
erros, sua consciência, e tudo o mais. Senão —
contra o que mais você teria que lutar?"*
Joseph Conrad, *A Linha de Sombra*

*"Um homem que nasce cai em um sonho como um homem
que cai ao mar. Se ele tenta emergir ao ar livre,
como tentam as pessoas inexperientes, ele se
afoga (...) Não! O caminho é... seguir o sonho, é
mais uma vez seguir o sonho"*
Joseph Conrad, *Lord Jim*

Em uma úmida e ensolarada manhã de julho de 1887 em Cingapura, Joseph Conrad, a.k.a. Teodor Josef Konrad Korzeniowski, 30 anos, ucraniano de pais poloneses e há apenas um ano cidadão britânico e mestre navegador, entrou no Emmerson's Tiffin, Billiard and Reading Rooms ("Estabelecidos em 1866") e pediu um sherry com bitters. Baixo, moreno, cabelos negros e barba bem aparada, ombros largos e braços curtos, o jovem oficial Conrad estava de passagem por Cingapura procedente de Samarang, em Java, à espera da viagem seguinte — que seria apenas 8 meses depois, para a Austrália.

Conrad sorveu seu drink e deu uma olhada na capa do já familiar *Straits Times*. O calor era africano. Conrad havia aportado pela primeira vez em Cingapura no "Sissie", na segunda vez no "Tilkhurst", e agora no vapor inglês "Celestial". Cingapura, colônia de Sua Majestade, a Rainha Vitória, o fascinava. Era o grande porto e empório do Oriente do fim do século 19, fervente caldeirão multirracial onde circulavam malaios de sarongue e *songkok* — os pequenos chapéus redondos e negros —, hindus de *dhoti*, *sikhs* de longas barbas brancas e turbantes cor de vinho, chineses de jaquetas de seda e rabos de cavalo, mercadores árabes em longos robes brancos, europeus de costeletas, ternos de linho e chapéus panamá, sultões javaneses, e marinheiros bugis de sarongue de algodão e seda — inseparáveis dos emblemas da masculinidade no mundo malaio: os *krisses*, punhais curvos incrustados de jóias, dotados de alma própria e sede de sangue.

Emmerson's ficava em um prédio de 2 andares, com colunas e persianas nas janelas, na Cavenagh Bridge, intersecção de Flint Street e Battery Road, dividido com um joalheiro, relojoeiro e oculista, e um misto de escritório de broker marítimo e caverna/armazém dedicado a tudo que se pode comer, beber, decorar e usar dentro de um navio (o prédio foi destruído: hoje é o Bank of China). Emmerson, o dono, era conhecido como "Coronel": um verdadeiro Raja de balcão de bar. Conhecia Deus e o mundo, contava piadas e vendia fiado. Emmerson's ficava praticamente na boca do rio Cingapura, onde atracavam juncos, *praus* malaios e *sampans* chineses — compactados em uma "confusão de mastros e velas abaixadas".

Como outros mercadores, marinheiros, timoneiros, brokers e estrangeiros de passagem, Conrad terá sido atraído ao Emmerson's pelo enorme anúncio veiculado toda semana no *Straits Times* — hoje na coleção da National Library: "Prato da Casa à Uma da Tarde ou *Tiffin* à la carte/ Jornais ingleses, coloniais e americanos/ Vinhos, cerveja, destilados, drinks americanos e charutos/ três mesas de bilhar de primeira classe (de Burroughs & Watts, Londres)". Emmerson's era o melhor ponto de downtown Cingapura para relaxar, ler e comer um *tiffin* — a refeição indiana no meio do dia servida em rechauds e constituída de uma série de *curries*, doces e frutas. Emmerson's estava a um passo de imponentes prédios coloniais plenos de potenciais fregueses — como a Capitania dos Portos, onde reinava, segundo Conrad, o "assistente de Netuno", o temível Capitão Ellis.

Na hora do almoço, lobos do mar convergiam para um salão esfumaçado e afundavam nas cadeiras de vime, tomando algum drink com gelo e enxugando o suor das faces rosadas. Enormes ventiladores de pá no teto não conseguiam enxotar a umidade brutal da ilha pantanosa. Grande parte dos fregueses já devorava os *curries* indianos e os *sambals* malaios, e alguns começavam a despejar sherry na sopa indiana de *mulligatawny*. Entre esses clientes veríamos mercadores, proprietários de escunas, agentes comerciais europeus, capitães e oficiais de barcos que acabaram de chegar da Baía de Bengala ou do Mar do Sul da China, e aventureiros que começavam a explorar rotas desconhecidas, todos eles chegando de portos de nomes fabulosos — Samarang, Surabaya, Palembang, Makassar ou Dili — que pontuavam o colar de ilhas do arquipélago — Java, Bornéu, Celebes, Sumatra, Flores, Timor. Depois de meses mergulhados no silêncio do mar — imbuídos, como escreveria Conrad, de poderes de reflexão cósmicos —, nada melhor do que uma turbulência de piadas, rumores de pirataria, navios batidos em rochedos, intrigas de árabes poderosos e traições resolvidas pelos piratas malaios na ponta do *kriss*: histórias de violência, furor e solidão dissolvidas em brandy com soda e cachimbos perfumados.

Conrad tornou-se assíduo freqüentador do Emmerson's. Era um jovem oficial, vivia contando os pennies, e jamais poderia se hospedar no Raffles (onde hoje come-se um esplêndido *tiffin* e presta-se homenagem a Conrad na Writers Room). Conrad almoçava no Emmerson's e dormia nos barcos onde trabalhava: no "Vidar", quando era primeiro-oficial, e no "Otago", o seu primeiro posto de comando. Se estivesse em terra, dormia na Casa dos Marinheiros, a US$ 1 por dia, um bangalô com varanda e jardim.

Naquele dia no Emmerson's, planando sobre as piadas, o tilintar de copos, o choque das bolas de bilhar, o odor de *curry* e charuto de Manilha, Conrad escutou uma voz — e deixou seu jornal de lado. O dono da voz era um homem de trinta e poucos anos, um oficial, "um de nós" — como se ouviu no salão. Mas sua entrada provocou um mar de sussurros. Todo mundo parou para olhar aquele homem alto vestido de branco até o colarinho, caminhando de cabeça erguida, olhos azuis denotando um caráter resoluto e absolutamente em controle da situação. Conrad o comparou a um touro pronto a carga. Alguns o chamaram de "Daddy", Papai. Outros o chamaram de Austin. Exibia um sorriso de charme, e foi tratado com um misto de reserva e temor.

"Em uma manhã ensolarada no ambiente comum de um restaurante oriental, eu vi sua forma — atraente — considerável — sob uma nuvem..." — escreveu Conrad. Ele acabava de ver, pela primeira vez, a figura mais execrada de Cingapura e de todo o universo de lobos de mar no Extremo Oriente.

A tragédia de George Augustine Podmore Williams, a.k.a. Austin, jovem oficial da marinha mercante inglesa, filho de um pastor da Cornualha, aconteceu em 1880: junto com seu capitão e seus oficiais, Austin desertou o "Jeddah", um navio com mil peregrinos à Meca, em meio a uma tempestade no Mar Vermelho. O ato de covardia foi condenado não só em Cingapura como em todos os Mares do Sul. Austin enfrentou seu destino de cabeça erguida. Não se escondeu: continuou vivendo em Cingapura, casou, teve filhos, e começou uma nova vida — eternamente sob os olhares acusatórios de seus pares. Austin fazia o possível para adquirir respeitabilidade, trabalhando para os mesmos McAllister & Co.

estabelecidos no próprio prédio do Emmerson's. A apenas alguns metros, na Battery Road, estava o escritório de Algasoff & Co., proprietários do "Jeddah", o navio emblemático de sua tragédia pessoal. Todo dia ao meio-dia Austin Williams almoçava no Emmerson's. Até que — sob o poder visionário de Conrad — - Austin Williams começou, malgré lui, a se tornar imortal, emprestando corpo e alma ao personagem de um dos maiores romances da história da literatura: Lord Jim.

Marinheiro e vidente, Joseph Conrad nos projeta com sua soberba narrativa cinematográfica ao que definiu em *A Linha de Sombra* como "o charme da experiência universal". Conrad foi o capitão de minhas primeiras viagens adolescentes à Ásia. Conrad é capaz de nos fazer sentir como o Prufrock do poema de T.S. Eliot, "um par de garras maltrapilhas, arranhando o solo de mares silenciosos". Navegando seus barcos bêbados em míticas, mornas águas asiáticas, compreendemos como "o navio, este navio, nosso navio, o navio que servimos, é o símbolo moral de nossa vida".

Durante anos de leituras conradianas, eu não fazia a menor idéia da existência de Austin Williams. Ao tentar refazer, mais de um século depois, o roteiro de Conrad em Cingapura, Bangkok e Bornéu, o vento começou a inflar as velas. Munido de biografias, mapas, a edição de sua correspondência e dois volumes preciosos, *Conrad's Eastern World*, de Norman Sherry, e *In Search of Conrad*, de Gavin Young, fui atrás do segredo de Lord Jim. Ao contrário de Kipling, raríssimos asiáticos sabem quem é Joseph Conrad. Encontrar seus traços em Cingapura — que fez de tudo para destruir seu passado — é uma auto-inflingida tortura chinesa.

À exceção da fachada colonial da prefeitura, o Parlamento, o Victoria Memorial Hall, o impecável campo de cricket ao lado do distrito financeiro, e a igreja de St. Andrew, a Cingapura de Conrad foi engolida por torres hiper high-tech. É preciso sonhar para encontrar o que Henry James qualificou de "passado visitável" nesta porta de entrada sinicizada do Mar da China e do mundo malaio. Ainda restam algumas fabulosas mansões coloniais — reformadas e alugadas pelo governo a expatriados. Tive a oportunidade de freqüentar uma delas — repleta de Budas de Angkor, sabres do Sul das Filipinas, cabeças estilizadas de leões de *bataks* da Sumatra, manuscritos javaneses, e estatuetas de Bornéu. A gata da casa chamava-se Java: parecia Cixi, a última imperatriz da China. Já na Arab Street era possível encontrar iemenitas provenientes do mesmo vale onde nasceu o clã Al Joofree, grandes negociantes muçulmanos que fretaram os primeiros cargueiros a vapor que partiram de Cingapura, e fonte de inspiração de Conrad para o Syed Abdulla de *A Loucura de Almayer* e o Syed Mohsin de *A Linha de Sombra*.

Em Little India ainda está em vigor o velho provérbio local: "Há 3 maneiras de viajar de Cingapura para a Índia: de navio, de avião, e de ônibus para Serangoon

Road". Parece que estamos em um mercado de Varanasi; só falta o Ganges. Em Chinatown pode-se encontrar um teatro do Oriente ainda revestido de conotações míticas. Toda a operação é clandestina. Um chinês provavelmente de Fujian, descalço e tatuado, nos conduz por um escadaria de mogno indonésio a uma sala sob a penumbra. Cachimbos, divãs, sonho. Apenas alguns velhos chineses fumam imperturbáveis, dissolvendo suas preocupações de negócios na monção noturna.

No meio do século 19, mais de 30% da população chinesa adulta fumava ópio, assim como em Málaca. Cingapura tinha 500 casas de ópio no final do século — contrabandeado de Hong Kong e das colônias holandesas. O ópio ("siesta definitiva", segundo Jean Cocteau) era o melhor amigo do chinês pobre: artesãos, carpinteiros, ferreiros, barbeiros, marinheiros, plantadores e coolies — os trabalhadores braçais (o termo, de origem indiana, gerou uma nova palavra no vocabulário chinês, *k'u-li*, ou seja, "força bruta"). O ópio aliviava a dor dos músculos e as dores da alma — tédio, angústia sexual, saudades de casa. Eles fumavam, deitavam-se nos divãs — e sonhavam com suas vilas natais em Fujian ou Guangdong, com as docas de Londres, com plantações de borracha na Malásia... Alguns chegavam a dissolver todas as suas economias em fumaça — e nunca mais conseguiam voltar.

Hoje, 35 gramas de heroína ou 200 gramas de haxixe em Cingapura significam pena de morte. Mas pode-se portar até 1,2 quilo de ópio. Cingapura é inglesa e chinesa no sentido de que seus mistérios estão "behind closed doors". O odor acre da shophouse em Chinatown se espalha por toda a cidade como a putrescência generosa e vital que fecunda o equador e que esta cidade-Estado modelo, estritamente regimentada e artificialmente ventilada até a neurastenia, não conseguiu banir de volta ao coração das trevas.

Quando fui ao Museu Nacional em 94 em busca de gravuras do final do século 19, me receberam delicadamente mas com certa perplexidade. "Conrad?" Pelo menos algumas gravuras reapareceram no moderníssimo Museu de Arte inaugurado em 95. Já em Bangkok, um dos restaurantes do esplêndido Oriental Hotel chama-se "Lord Jim", não sem razão: em 1888, o navio de Conrad estava atracado a apenas algumas centenas de metros do hotel, à margem do rio Chao Phraya, e Conrad almoçava no Oriental. O menu, hoje, abre com uma citação de *Lord Jim*. Nas ilhas do arquipélago indonésio, o nome Conrad é um mistério insondável.

Finalmente, na Biblioteca Nacional de Cingapura, em uma página amarelada de um *Singapore Free Press* de 1916, um pequeno anúncio informa que Austin Williams morreu de paralisia cerebral, deixando uma esposa e nove filhos. Nos Arquivos Nacionais, encontramos o seguinte item: "Augustine Podmore Williams. 64. Sexo Masculino. 32 Barker Road. Inglês. Mestre em Navegação. Paralisia de Bulbar (duração: 1 mês)". E o registro de seu túmulo no cemitério hindu de Bidadari. No cemitério, esquecida sob a grama não aparada, está a lápide:

"Augustine Podmore Williams/ Nascido 22 de maio de 1852/ Falecido 17 de abril de 1916". Ei-la, finalmente: a tumba de Lord Jim. Ou — como diria um funcionário indiano do cemitério, depois que alguns dementes ocidentais começaram a se interessar por este pedaço de Cingapura perdido no tempo — "a tumba de Peter O'Toole". Peter O'Toole, já Lawrence da Arábia e Reginald Johnston — o tutor do *Último Imperador* da China, Pu Yi —, foi um torturado, inesquecível Lord Jim no filme homônimo de Richard Brooks (1965), onde Bornéu é transferido para o Camboja, recebe uma roupagem budista, e há seqüências inteiras rodadas nos fabulosos templos de Angkor antes da sinistra emergência do Khmer Rouge.

Conrad navegou de Cingapura a Bangkok, através do Golfo do Sião, em 1888, a bordo do vapor "Melita", a caminho de seu primeiro posto de comando no "Otago", que o esperava na capital da Terra dos Sorrisos. A viagem rendeu à literatura 3 narrativas fascinantes. O Falk da narrativa homônima é um canibal, rebocador-mestre de Bangkok de cujo humor dependia guiar navios pela rasa e perigosa boca do mar onde deságua e se espalha o rio Chao Phraya. Legatt é o duplo do próprio Conrad que aborda um navio no conto "The Secret Sharer". E em *A Linha de Sombra* um capitão jovem e inexperiente — o próprio Conrad em seu primeiro comando —, literalmente prisioneiro de uma calmaria no Golfo do Sião com uma equipagem acometida de febre amarela, é testado ao limite e atravessa a "linha de sombra" entre a juventude e a maturidade.

Durante vários meses aluguei um bangalô em uma praia na ilha de Koh Samui, no Golfo do Sião. No silêncio de leituras noturnas sob a brisa do Golfo, podemos perceber como a narrativa encantatória de *A Linha de Sombra* ecoa *Hamlet* e o *Velho Marinheiro* do poema de Coleridge. Saindo de barco pelas ilhas vizinhas, marinheiros pareciam brotar de páginas de Conrad quando comentavam o Golfo traiçoeiro: terra recortada, pouco vento, águas paradas. O segredo, segundo os marinheiros do tempo de Conrad, era se manter a leste, ou seja, velejar bem longe da costa. Os pescadores tailandeses concordavam. Mas com barquinhos a motor podiam naturalmente pescar à vontade junto à costa.

À noite, na praia, mirando ao longe o colar de luzes dos barcos pescando saborosos tubarões e barracudas, era possível imaginar a noite em que Conrad é arrancado de suas reflexões solitárias no deck de seu navio por um corpo nu preso a uma corda lhe dirigindo a palavra do fundo das águas negras. Em *The Secret Sharer*, Conrad vê seu duplo, seu reflexo no espelho. Ajuda o fugitivo, lhe empresta um de seus pijamas, e escuta atentamente sua história. O oficial, Legatt, havia sido responsável pela morte de um marinheiro inepto e insolente depois de uma briga no meio de uma tempestade. Sua ação havia salvado o navio — mas o capitão parecia disposto a enforcá-lo. Legatt mergulha no mar e termina encontrando o navio de Conrad. Para Conrad, não havia dúvidas: este era um herói. Ele o acolhe secretamente, com ele divide sua cabine, e ordena que seu navio se aproxime perigosamente de Koh Ring, inspirada em uma das ilhas do Golfo do Sião. É um risco enorme. Mas Legatt é um bom nadador, e poderá chegar à margem. Ao mesmo tempo, o *Otago* encontra uma brisa miraculosa e não encalha.

Do turbo-hélice da Bangkok Airways, entre Koh Samui e Bangkok, podemos ver como realmente o sinuoso rio Chao Phraya desemboca em um traiçoeiro banco de areia e detritos de navegação quase impossível. O lamacento Chao Phraya ainda hoje é uma das grandes auto-estradas aquáticas da Ásia. Nos lembra imediatamente os versos de Eliot em "The Dry Salvages": "Não conheço muito sobre deuses/ mas acho que o rio/ é um deus forte e moreno — mal-humorado, indomável e intratável". O Chao Phraya vive congestionado de chatas que parecem arcas de Noé, cargueiros quase afundados na linha da água, ferry-boats lotados de passageiros, pirogas levando monges de robe açafrão e secretárias de tailleur negro, e speedboats multicoloridos com gigantescos e ensurdecedores motores diesel.

Conrad ficou fascinado quando entrou em Bangkok pela primeira vez, comme il faut, navegando o rio ("lá estava, a capital oriental que ainda não havia sofrido nenhum conquistador branco"). Ficou maravilhado com "o estilo vegetal de arquitetura emergindo do solo marrom às margens do rio lamacento", com o Palácio Real e os templos budistas, "belos e dilapidados, desabando sob a luz vertical, tremendos, sobrepujantes, quase palpáveis, que pareciam entrar no peito com a respiração das narinas e na pele dos membros através de cada um dos poros".

Hoje, como em Cingapura, o passado sumiu. Há pouco mais de um século, em volta do Oriental Hotel, concentrava-se toda a Bangkok: as missões estrangeiras, hotéis, principais escritórios de comércio, a Alfândega e a Capitania dos Portos. Havia arrozais, jardins de lótus e os *klongs* — canais — dispostos como um grid rigoroso em uma superfície absolutamente plana, pontilhada de casas de bambu e templos budistas de espirais douradas. Grassava álcool, febre, e cólera — não muito melhor do que a aids que hoje se espalha a partir do Red Light district de Pat Pong, a cerca de 1 km do Oriental. Os *klongs* foram quase todos aterrados, sobrevivem apenas alguns edifícios coloniais restaurados — como a antiga sede da Companhia do Leste Asiático e da Capitania dos Portos —, proliferam torres de cimento de dúbia estética dos 2 lados do rio, e a poluição gruda no cabelo como um mousse. Mesmo assim, observado da proa de um vaporetto ou do terraço do Oriental, a serpente do Chao Phraya — como o Mekong, o Ganges, o Yang-Tzé — ainda se afigura como um signo crucial da Ásia.

Quando navegamos pelas ilhas indonésias, imediatamente nos chamam a atenção os fabulosos *praus* — esbeltos e velocíssimos barcos a vela do arquipélago, malaios, de Lombok, ou Bugis, com uma construção imbatível e profusão de technicolor. Os *praus* são populados de *orang laut* — homens do mar — morenos escuríssimos, com seus *krisses* mortais, sarongues enrolados nos ombros e encharcados pelas ondas. Como há séculos, estes *praus* carregam óleo e batik de Java, madeira de Bornéu e das Celebes, sal e pimenta de Surabaya, peixe seco, coral e lava de todas as ilhas, e vime e ninhos de passarinhos do misterioso rio Berau, em Bornéu — "descoberto" por um personagem evidentemente conradiano, Tom Lingard, baseado no capitão William Lingard, o homem que pescadores, mercadores e piratas malaios reconheciam, respeitosamente, como Rajah Laut: ninguém menos do que o Rei dos Mares. O rio Berau foi o Patusan de *Lord Jim* e o Sambir em *A Loucura de Almayer*, a confluência de dois rios que fluem do coração das trevas em Bornéu, o "cemitério do homem branco", segundo Conrad, um inferno de selva, pântano e malária ainda hoje habitado apenas por tribos *dayak* só vistas por alguns funcionários de ONGs e fantasiadas pelo mundo como caçadores de cabeças — já que era prática comum entre os jovens *dayaks* coletar alguns espécimes para impressionar as namoradas antes do casamento.

Praus são veleiros absolutamente extraordinários. *Praus* bugis de 2 mastros podem chegar a pesar 300 toneladas, com uma tripulação de no mínimo 12. *Praus* a vela já desapareceram da Malásia, e desaparecem na Indonésia: ainda velejam, mas todo mundo instala motores. A vida de *orang laut* é duríssima: comem arroz todo dia e eventual peixe, e ganham uma pequena comissão nos transportes. Apenas o *nakhoda* — o capitão — ganha um salário: é o mínimo para quem é capaz de navegar de memória o Estreito de Makassar ou a traiçoeira costa das Celebes. Cada *prau* mantém um marinheiro no mastro principal que canta como um galo alertando sobre recifes, bancos de areia ou, pior ainda, troncos de madeira que escaparam de depósitos: Bornéu está sendo desmatada a uma velocidade superior à da Amazônia, em benefício sobretudo do consumo conspícuo japonês.

Praus e *phinisi* — escunas de Makassar, bojudas, hiperaerodinâmicas, geralmente bicolores em azul e branco — ainda ancoram em Sunda Kelapa, o antigo porto de Kota, a cidade murada do tempo em que Jacarta chamava-se Batávia e era controlada pelos holandeses. A hélice — por onde se inicia a construção de cada barco — ainda é de madeira, uma tecnologia de séculos, mas a fiação já é influenciada por tecnologia européia. Carregam madeira para a Sumatra e trazem especiarias das Molucas e Celebes. Trazem madeira de Bornéu e voltam carregados de cimento. O Museu Marítimo de Kota — abrigado nos velhos depósitos da Companhia Holandesa das Índias Orientais — exibe uma formidável coleção de barcos das principais ilhas do arquipélago. Velhas fotos nos permitem recriar a fabulosa odisséia marítima de Amsterdã a Jacarta através de Áden, Ceilão e Cingapura — hoje substituída por vôos da KLM...

Conrad respeitava profundamente os temíveis *bugis*. Seu código é de ferro. Envolve o respeito a *siri* — a honra defendida até o extremo da violência —, e *pacce* — a lealdade e solidariedade entre eles. Como observou Conrad, um *bugis* de sangue puro entregava-se com idêntica paixão a violência, à intriga e ao comércio. A cultura *bugis* está condenada a desaparecer com a unificação da Indonésia — dominada por javaneses, que impõem sua cultura e repopulam todas as 17 mil ilhas do arquipélago. Até Cingapura tinha a sua Bugis Street — a rua dos travestis e drag queens no século 19 e início do 20, famosa em todo o planeta, e hoje domesticada e yuppificada em versão pacote turístico.

Os *bugis* também excitavam a imaginação do lendário James Brooke, o Rajá de Sarawak (hoje parte da Malásia) — cujo espírito de aventura por sua vez tanto excitou a imaginação de Conrad que também foi incorporado à figura de Lord Jim. Brooke foi ungido rajá pelo sultão de Bornéu depois de sufocar uma rebelião, e inaugurou uma dinastia de soberanos brancos que durou mais de 1 século, até depois da Segunda Guerra Mundial. Brooke era um imitador confesso de Sir Stamford Raffles — soberbo individualista que, sozinho, conquistou Java em 1811 e fundou Cingapura em 1819. Brooke, Raffles e Jim podem ser lidos como a tentativa do Ocidente em estabelecer princípios de ordem e justiça no Oriente.

Conrad refere-se a seu personagem Tom Lingard como um homem que "tingiu de romance a região de águas rasas e ilhas selvagens no Extremo Oriente, e ainda misteriosa entre as águas profundas de dois oceanos". Na verdade, referia-se a ele próprio: "citações" de Conrad estão em todo o Sudeste da Ásia. O Coliseum, um café-restaurante de Kuala Lumpur, capital da Malásia, ainda hoje ecoa a atmosfera do Emmerson's. Os garçons hindus e malaios parecem saídos de uma gravura do fim do século 19. Na Chinatown de Penang, encontramos o Cathay Hotel, uma pérola colonial azul e branca do início do século, onde imperturbáveis cavalheiros chineses jogam um *mah jong* eterno na recepção: o Cathay foi usado como set quando John Boorman filmou *Beyond Rangoon* na Malásia — a história do massacre de civis em Burma em 1988.

Em Rangoon, Conrad se hospedou no lendário Strand, hoje a jóia da coroa de uma cadeia de hotéis de luxo. Podemos vê-lo andando pelos edifícios coloniais vizinhos ao porto: Rangoon é um fascinante museu praticamente congelado no tempo. Seus personagens mais extraordinários são burmeses com impecável educação inglesa — polidos prisioneiros entre a memória do passado colonial e a crassa realidade de uma ditadura brutal que acaba de descobrir o mercantilismo. Chamam-se Paul ou Ethel, nos levam a casas de chá — herança inglesa hoje atropelada pela proliferação de fast foods —, a gigantescos Budas reclinados e a danças de espíritos onde homens travestidos entram em transe auxiliados pelo potente rum de Mandalay. Homens e mulheres, indistintamente portando o *longyi* — o sarongue de algodão ou seda que denota uma cultura indianizada —, fazem suas oferendas em fabulosos pagodes budistas envoltos em ouro.

De Rangoon ao sonolento porto ribeirinho de Basein, a viagem de 18 horas é puro Conrad em *Coração das Trevas*: a barcaça de madeira avança em um ritmo encantatório pelo rio estreito e tortuoso; nas margens dançam as luzes de lampiões onde famílias agachadas cozinham peixe. As preces emanando dos pagodes budistas caiados de branco nas colinas revestem-se de uma aura ainda mais misteriosa ao modular o silêncio intenso. A brisa é suave, e as estrelas parecem ter se transferido para a superfície da água.

"A vida é sonho", como reconhecia Conrad. Meu sonho literário de Sudeste da Ásia permaneceu sonho: navegar até o Berau e contemplar o exato ponto em que morreu Lord Jim — e não seu simulacro cambojano de acordo com a Columbia Pictures. Em um ferry boat de Bali a Java sob uma lua espetacular, um explorador de petróleo indonésio empregado pela Bechtel me confirmou o roteiro deste Camel Trophy aquático: de Flores era possível ir de vapor — um dia de viagem, uma vez por semana — até Kota Baru. De lá, seria necessário contratar barcos ou veleiros locais para subir a costa oriental de Bornéu — trocando de barco em Balikpapan, Samarinda, até chegar à embocadura do Berau. Meu interlocutor me avisou da inevitável decepção depois de tanto tempo e paciência ao chegar a Tanjung Redeb, uma vila nada atraente à margem do Berau. Preferi o sonho — mesmo porque é possível se impregnar do espírito das viagens de Conrad e respirar seus personagens navegando em *praus* ou vapores pelas ilhas de Nusa Tenggara: Lombok (hoje candidata a míni-Bali), Sumbawa, Komodo (onde vivem os enormes lagartos pré-históricos) e Flores (onde ainda há longínquos descendentes de portugueses).

Quando o ferry enferrujado em Padangbai, a leste de Bali, sai para a ilha vizinha de Lombok, às 5 da tarde, o único alto-falante do minúsculo porto agradece e toca "Vaya con Dios", com Doris Day, em versão original. No ancoradouro, senhoras de sarongue vendem arroz frito envolto em folhas de bananeira e o ar está perfumado pelo aroma dos cigarros kretek, de cravo — ubíquos na Indonésia. Flores, onde os portugueses aportaram no século 16, quase foi destruída por um terremoto nos anos 90. Em Moni, os nativos movem-se nas sombras enrolados em *ikats* — belíssimos sarongues de algodão tingidos em padrões evocativos da Ásia Central. Seus ritmos milenares são inalteráveis ao pé do vulcão Kelimutu, três crateras tricolores que devido a alterações químicas mudam de cor a cada dois ou ou três meses. Em Maumere, onde ainda restam descendentes de portugueses, guias de turismo sonham com o futuro embarque para a Europa onde devem estudar computação e telecom, e os garotos querem treinar seu dicionário de bolso italiano-português.

Na falta de um *prau*, podemos tomar um vapor como o *Kerenci*, made in Germany, e pertencente à Pelni, a companhia de navegação indonésia. O Kerenci leva dois dias de Jacarta até Padang, na Sumatra. A partida é um espetáculo. Há poucos *orang putih* — homens brancos — o que inevitavelmente nos converte em curiosidade. A bordo, a rigidez é muçulmana — mesquita inclusa, violada quando se descobre que um membro da tripulação contrabandeou 2 garrafas de uísque. O Kerenci sai de Jacarta, entra no Mar de Java, atravessa o perigoso

Estreito de Sunda — onde dorme Anak Krakatau, o "filho" do lendário Krakatoa, o Inferno de Java — e vai subindo o que já é o Oceano Índico, pela costa ocidental da Sumatra. A chegada a Padang é puro Conrad — uma versão modernizada da chegada do barco de Martin Sheen no Camboja ocupado por Marlon Brando em *Apocalypse Now*. Golfinhos saúdam o vapor. A floresta é cerrada, a umidade brutal, as nuvens baixas, ameaçadoras. A proa de um navio naufragado emerge das águas mornas — uma coreografia surrealista próxima a uma solitária ilhota tropical absolutamente imaculada. De repente cai uma "Sumatra": um dilúvio torrencial que dura meia hora. A cozinha de Padang é esplêndida, famosa em toda a Ásia, quentíssima, digna de marinheiros e piratas, só apaziguável por uma torrente de cerveja. A sobremesa é *kung-fu* de Hong Kong com subtítulos em *bahasa indonesia* no cineplex local.

> "*By the old Moulmein Pagoda, lookin' lazy at the sea,*
> *There's a Burma girl-a-settin', and I know she thinks of me;*
> *For the wind is in the palm-trees, and the temple-bells they say:*
> "*Come you back, you British soldier; come you back to Mandalay!*"

Poucos artefatos literários como a estrofe inicial de "Mandalay", o lendário poema de Rudyard Kipling, contribuíram mais para a romantização do Oriente. Reúne todos os elementos de fascínio. É uma verdadeira promessa de Éden — completo com pagode budista, uma mulher à espera, o mar, o vento nas palmeiras, arrozais sob a bruma, e uma "terra verdejante" onde "não existem os Dez Mandamentos". Se Conrad está impresso em todo o Sudeste da Ásia, nossa percepção da Índia — assim como a de um cultura indianizada como a burmesa — está encharcada de Kipling, que nasceu na própria Índia, em Bombaim, e falava *hindustani* quando criança.

Flaubert e Henry James são possíveis pares literários de Kipling — que entretanto jamais tangencia a ironia ou a complexidade de Conrad. Mas escreveu um romance crucial, publicado quase simultaneamente a *Lord Jim*, de 1900: *Kim*, de 1901 — ano que em morreu a Rainha Victoria. O soberbo crítico de cultura palestino-americano Edward Said, professor de literatura inglesa em Columbia, já demonstrou como *Kim* é uma obra-prima do imperialismo britânico, um romance "rico e absolutamente fascinante, mas profundamente embaraçoso". Said observa como "o dispositivo inventado por Kipling, pelo qual o controle britânico sobre a Índia (O Grande Jogo) coincide em detalhe com a fantasia de Kim em se disfarçar e se misturar à Índia, é notável precisamente porque não teria ocorrido sem o imperialismo britânico". Kim é um outsider: um irlandês na Índia, discípulo de um lama itinerante. O romance é estruturado para demonstrar como um homem branco pode gozar a vida e se movimentar como um paxá em meio à luxuriante complexidade da Índia. Ao final do romance, temos um puro happy end: Kim ajudou o lama a encontrar o nirvana, os ingleses a continuar dominando o Grande

Jogo geopolítico na Ásia Central, e os indianos a continuar achando o máximo a vida sob o Império Britânico.

O processo de orientalização da Europa no século 19 levou à criação de uma Índia imaginária, imutável, absolutamente dócil, e inevitavelmente subjugada à superioridade manifesta na "carga do homem branco" (Kipling). Até Karl Marx caiu nesta armadilha — ao se referir à perene, imutável idiotia rural asiática. Mais de um século depois, uma série de axiomas — espalhada durante o século 19 para toda a Ásia hindu, muçulmana e chinesa — permeia ainda hoje todo o raciocínio europeu e americano: as raças não-brancas são incapazes de evoluir (ou preguiçosas, mentirosas, impermeáveis à lógica), e inapelavelmente inferiores à suprema civilização do homem branco. George Orwell observou como Kipling foi instrumental em perpetuar estes preconceitos. Mas um grande escritor como Kipling ao menos redime-se por seu valor estético. Já as atitudes, permanecem. Nicholas Leeson, o ambicioso yuppie suburbano inglês que quebrou o Barings Bank em Cingapura, é um Kim sem os méritos: um exemplo característico de um neocolonialista autoconfiante que vive como um paxá entre os nativos (no caso de Cingapura, ex-colônia). Sua debacle também pode ser vista como mais uma metáfora do fim do colonialismo europeu na Ásia.

Conrad vai muito além de Kipling. Seus heróis são ao mesmo tempo homens de ação vertiginosa e reflexão profunda. Podem até ser agentes imperialistas saltitando por aventuras entre os mares rasos e mornos da Ásia. Mas a questão de fundo que os atormenta é um imperativo moral: um drama de consciência, a superação da culpa, um teste de fibra, a recuperação da honra. Como observou Oscar Wilde, nasceram na sarjeta, mas sonham com as estrelas — e alcançá-las é possível, à condição de uma consciência limpa. "Vivemos como sonhamos: sós." Este é um dos grandes insights de Conrad — o fato de que o corpo-a-corpo consigo próprio é a grande batalha cósmica. Conrad está impresso nas paisagens da Ásia não só por romantizar o cenário, mas por nos demonstrar que o mais negro coração das trevas pode ser a paisagem no fundo da alma. Conrad usou as paisagens da Ásia para demonstrar a absoluta indiferença da Natureza a sua mais estranha invenção: a consciência humana. A chave desta intuição está em uma carta que escreveu aos 35 anos de idade: "Todo mundo se sente importante aos 20 anos. Mas o fato é que alguém só se torna útil quando percebe toda a amplitude da insignificância do indivíduo no arranjo do Universo".

Os grandes temas conradianos da alienação e do exílio também fertilizaram a esplêndida geração literária de Joyce, Pound, Eliot e D.H.Lawrence — assim como a geração seguinte de Hemingway, Beckett e Auden. Conrad nos revelou o mundo moderno como caos, futilidade, crueldade, vulgaridade e loucura. Mas, filho de um Apollo — nome de seu pai —, não poderia apenas submergir no pessimismo e na desilusão de um visionário romântico: vagando pela terra desolada desde seu nascimento, esteve sempre à procura de uma ética prática que tornasse suportável a "selva obscura" de Dante. Sem Conrad, não teríamos Hemingway, Faulkner e Fitzgerald. Teríamos um Borges incompleto. E não teríamos Peter O'Toole como Lord Jim...

Depois de tempestades, epidemias, cólera, piratas, naufrágios, todo o som e a fúria da literatura, o "furor, furor, contra a morte da Luz" de Dylan Thomas — Joseph Conrad está hoje enterrado em um tranqüilo cemitério na gótica Canterbury, Kent, Sul da Inglaterra. Na lápide branca de forma irregular, uma inscrição: "Sono depois de Trabalho, Porto depois de Mares Tempestuosos, Tranqüilidade depois da Guerra, Morte depois da Vida, muito nos agrada".

Lord Jim enterrou a vergonha de seu passado e seguiu até o fim o seu sonho romântico ao atravessar para o outro lado do espelho, liberando um bando de pescadores seminus do jugo de um déspota feudal em um rio no meio de Bornéu. Emergiu um novo homem, pleno de nobreza, coragem e generosidade — um herói, um verdadeiro Rajá Branco. Austin Williams engordou e envelheceu em um escritório de Cingapura, morreu de paralisia cerebral, aos 64 anos, e foi enterrado em um cemitério infestado de cobras — sempre sob a nuvem negra da vergonha. Lord Jim morreu jovem, em um flash, com um tiro no peito, no coração das trevas, prenunciando futuros anjos caídos da modernidade como James Dean ou Jim Morrison. Permanece eternamente belo, heróico, icônico, imortal. Entre a verdade e a fantasia, Joseph Conrad preferiu ouvir o sussurro de Hermes — o mensageiro dos deuses. Tingiu a História de romance — e imprimiu, inexorável, a lenda.

3

ÁSIA INC.

> *"O Extremo Oriente, este lugar exótico, não existe mais. O Leste da Ásia está no Oeste, a Oeste da América. O mundo eurocêntrico acabou, assim como o Reino do Meio. O mundo é redondo. Qualquer uma de suas partes pode ser o centro."*
> Mahathir Mohamad, primeiro-ministro da Malásia

O sucesso da Ásia só aconteceu por uma conjunção crucial de fatores: mentes abertas, paixão pelo conhecimento, vontade — e humildade — para mudar, a convicção de que nada vem de graça e, sobretudo, muito trabalho. Espera-se que nenhuma dessas virtudes seja alheia ao Brasil — eterno país do futuro que poderá um dia se comportar como o *bodhisattva* oriental que transcende a dualidade e cumpre, sereno e inelutável, seu nobre destino.

Se a Disney fosse contar em filme a história da Ásia moderna, certamente usaria a revoada de gansos — metáfora cunhada por economistas japoneses. O ganso primordial é o Japão, que puxou os gansos Hong Kong, Cingapura, Taiwan e Coréia do Sul, que puxaram os gansos Malásia, Tailândia e Indonésia, que puxaram o ganso Vietnã, que puxou os gansos Camboja, Laos e Burma. Todos, a princípio, voavam em formação, naturalmente à sombra de um ganso descomunal — a China — que uniu-se ao grupo na mesma época de Malásia e Tailândia. Com o tempo, viu-se que cada um começou a traçar suas próprias linhas de fuga. Como sabemos, o barulho da revoada — em THX e dolby spectral recording — é ensurdecedor.

Enquanto a Disney não vinha, as mesas de todos os centros de decisão que contam — de Cingapura a Washington, de Pequim a Zurique, de Hong Kong a Londres — passaram a primeira metade dos anos 90 navegando a Ásia através de sua mais conhecida bússola: o famoso *The East Asian Miracle - Economic Growth and Public Policy*, minucioso relatório do Banco Mundial publicado pela Oxford University Press em 93.

A bússola tem uma história muito curiosa. Como se sabe, FMI e Banco Mundial encarnam uma certa ortodoxia econômica anglo-americana. O relatório foi encomendado e pago pelo governo japonês. Mas não foi escrito por japoneses — e sim por jornalistas do *Economist* londrino, outro pilar do establishment anglo-americano. Com sutileza de Maquiavel, e para ter certeza de alcançar seus seletos leitores globais, os craques ghost writers do *Economist*, assim que acabaram seu trabalho, emendaram na seqüência um dossiê especial na revista sobre o próprio relatório.

Em essência, eles nos dizem que o sucesso da Ásia foi fazer a coisa certa — ou seja, de acordo com a ortodoxia FMI/Banco Mundial. Não foi bem assim. O Japão provou ao mundo que havia reinventado a roda: seu modelo de desenvolvimento econômico era totalmente diferente. E a Coréia nos anos 60 polidamente enviou de volta para Washington uma missão do FMI/Banco Mundial, embarcando em seu próprio modelo. Ainda hoje, jorra farta literatura provando que o Leste da Ásia só alcançou seu estrondoso sucesso porque quebrou todas as regras da economia neoclássica. O debate entre neoclássicos e neomercantilistas está muito longe de acabar.

É preciso, portanto, prestar muita atenção nas nuances. Isso não impede que o relatório se configure como uma mina de informações úteis. De acordo com o Banco Mundial, no ano 2000 a Ásia será responsável pela metade do crescimento da economia planetária. Usando outra projeção — esta de acordo com o FMI — ficamos sabendo que US$ 5,7 trilhões serão acrescidos ao PIB mundial nos anos 90: metade será produzido na Ásia. A Ásia terá nada menos que 1 bilhão de consumidores — pouco menos do que toda a população atual das 3 Américas e da União Européia. 400 milhões de asiáticos terão um poder aquisitivo comparável ao de franceses, holandeses ou italianos. Ou seja: para espanto absoluto de eurocêntricos, haverá mais asiáticos com um padrão de vida europeu do que europeus com um padrão de vida europeu.

O contraste é no mínimo brutal com a primeira metade do século 20 — quando a Ásia não passava de uma descomunal irrelevância agrária e rural — e com o quarto de século depois da Segunda Guerra — o túnel de horrores pós-coloniais. A Coréia despencou em guerra civil no início dos anos 50. Índia e Paquistão, depois de divididos em 1947, envolveram-se em 3 guerras. O Vietnã expulsou os franceses, derrotou o Maior Império da História e envolveu-se em seu próprio Vietnã no Camboja. A Indonésia foi dilacerada por um banho de sangue no meio dos anos 60 — quando meio milhão de chineses podem ter sido chacinados por muçulmanos. Guerrilhas comiam soltas na Malásia, Tailândia, Burma e Filipinas. Os ensandecidos Guardas Vermelhos de Mao aterrorizaram a China durante a

Revolução Cultural. Como decorrência do sinistro "Grande Passo à Frente" de Mao, mais de 20 milhões de chineses morreram de fome entre 1958 e 1960. A demência maoísta extravasou para o macabro Khmer Rouge: o holocausto comandado pelo psicopata idealista Pol Pot no meio dos anos 70 exterminou nada menos que 25% da população do Camboja.

O Japão, em 1960 já o país mais rico da Ásia, e modernizando-se há quase 1 século, tinha um PIB anual per capita de apenas US$ 380, 8 vezes menor do que o americano. A Coréia do Sul em 1962 tinha um PIB anual per capita de US$ 110, equivalente ao do Sudão: todas as riquezas naturais estavam no norte comunista. Taiwan, estourando de gente, tinha um PIB anual per capita de US$ 160, equivalente ao do Zaire. A Tailândia em 1965 era mais pobre do que Gana. Cingapura só saiu da estagnação quando se separou da Malásia em 65. Hong Kong era um porto sem futuro abarrotado de refugiados miseráveis. Taiwan, Coréia, Cingapura e Hong Kong eram dirimidos como fatias incompletas de países. Todos os futurólogos apostavam que o futuro estava na África.

Só um lunático poderia prever que, seguindo o caminho do Japão com 10 anos de atraso, os 4 gansos, ou tigres — Hong Kong, Cingapura, Taiwan e Coréia do Sul — promoveriam seu próprio "Grande Passo à Frente", dobrando seus PIBs a cada 8 anos, entre 1960 e 1985. O mesmo lunático muito menos poderia prever a repetição do padrão na Malásia, Tailândia, Indonésia e China, a partir do final dos anos 70. Nos anos 80, estes 8 países cresceram 3 vezes mais do que o mundo industrializado. Japão, os 4 tigres e mais Malásia, Tailândia e Indonésia configuram o que o Banco Mundial hoje classifica como "economias asiáticas de alta performance".

Estes turbos asiáticos cresceram 3 vezes mais do que a América Latina entre 1965 e 1990. Nos turbos, a porcentagem de pobreza absoluta caiu de 58% em 1960 para 17% em 1990 na Indonésia, e de 37% para menos de 5% na Malásia. Só para comparar, no Brasil a porcentagem caiu de 50% para ainda polpudos 21%. No que o Banco Mundial qualifica de "revolução silenciosa", a porcentagem de pobreza absoluta caiu de 33% para 10% no continente como um todo, mesmo com a população aumentando 40% no último quarto de século. Há países asiáticos que por diversas razões ficaram para trás entre 1960 e 1990 — especialmente Vietnã, Burma e Filipinas. Burma reagiu à "invasão" do Ocidente com uma paralisia autodestrutiva. As Filipinas caíram no buraco via laissez-faire até perceberem que era necessário um certo controle estatal. E o Vietnã percebeu que o controle estatal absoluto os levaria ao desastre. Hoje, pelo menos Filipinas e Vietnã já estão entre as economias que mais crescem na Ásia, e portanto no mundo.

Particularmente embaraçosa para o Brasil é uma tabela do Banco Mundial que cruza a desigualdade de renda com o crescimento do PIB, de 1965 a 1989. A desigualdade de renda é medida contrapondo-se os 20% mais ricos da população aos 20% mais pobres. O Brasil só perde — por muito pouco — para Botswana e

Zâmbia, justificando sua definição por Eric Hobsbawm como "monumento de iniqüidade social".

Com anos de superávit na balança comercial, altas taxas de poupança e políticas fiscais bastante razoáveis, os países do Leste da Ásia haviam acumulado já em 94 nada menos que US$ 250 bilhões de reservas em moeda estrangeira — o triplo das reservas japonesas. Ainda podiam contar com US$ 600 bilhões em reservas cash no balanço de suas corporações — dezenas das quais ainda continuam crescendo a ritmos frenéticos. Este deslocamento da balança do poder econômico global — equivalente em magnitude ao choque de placas tectônicas — gerou nada menos do que uma nova hegemonia chinesa, combinando China continental, Hong Kong, Taiwan, Cingapura e as economias do Sudeste da Ásia (Tailândia, Malásia, Indonésia) cujas business classes são dominadas por chineses. Apenas na metade dos anos 90 Europa e EUA acordaram para o fato de que a ameaça não vinha apenas do Japão, mas também da diáspora chinesa.

No início do século 21, o Leste da Ásia como um todo deve ultrapassar o Japão em poder de compra. Com uma poupança crescendo a mais de US$ 600 bilhões ao ano (taxa média anual de 33% nos 4 tigres e na Malásia), já está se tornando a maior fonte mundial de capital líquido. De acordo com o Citibank, só em Hong Kong — uma ilha de 1.200 Rolls-Royces onde se atravancam capitalistas vermelhos, bilionários locais da construção civil e pesos pesados chineses de todo o Sudeste da Ásia — circula mais de US$ 1 trilhão em capital utilizável para investimento.

A extraordinária concentração geográfica deste sucesso fez o Banco Mundial acreditar que não se tratava de um acaso — que estaria cotado a uma chance em 10 mil. Tampouco tratava-se de um milagre. Como explicar esta modernização que parecia ser um monopólio da Europa e dos EUA, desde que a China, a maior potência da época, embicou em meio milênio de irremediável declínio a partir de 1500?

De acordo com o relatório, os turbos cresceram porque partiram da base certa e atacaram as prioridades certas: "Investimento privado doméstico e capital humano em rápida expansão foram os principais motores do crescimento. Altos níveis de poupança doméstica mantiveram altos níveis de investimento. A agricultura, mesmo declinando em importância relativa, experimentou um rápido aumento de produtividade. Taxas de crescimento populacional decresceram mais rapidamente do que em outros países em desenvolvimento. E algumas economias ainda partiram com uma vantagem, porque tinham uma força de trabalho mais bem-educada e uma administração pública mais eficiente".

Ao Banco Mundial — e aos ghost writers do *Economist* — escapa, entretanto, uma distinção absolutamente fundamental entre Ocidente e Ásia. O modelo anglo-americano e materialista: o que interessa é o nível de vida de um consumidor individual. Os modelos asiáticos subordinam-se a um interesse político: o que interessa é o bem coletivo e uma nação auto-suficiente. Herança cultural mescla-se a um desejo plenamente compreensível de emancipação: quase todos estes países foram dominados por economias e tecnologias estrangeiras mais poderosas.

O Banco Mundial frisa como todos os turbos — ao contrário do Brasil — correram para adquirir tecnologia estendendo o tapete vermelho para investimentos estrangeiros diretos. O Estado complementava o investimento privado, sem perder de vista o objetivo básico: exportar, muito, e com o máximo de competitividade. O relatório frisa que intervenções estatais aconteciam sempre dentro de "limites muito bem definidos": preços distorcidos mas sem absurdos, controle de taxas de juros de acordo com padrões internacionais, subsídios explícitos também sob controle fiscal.

O relatório também deixa claro que entre os turbos e a América Latina, 34% da diferença entre taxas de crescimento deveu-se a níveis mais altos de investimento, e 38% à maior ênfase à educação. Ou seja: em todo o processo não houve interferência divina — judaico-cristã, budista ou hinduísta — e sim uma "acumulação superior de capital físico e humano". Vejamos como, item por item.

1) Trabalho: a partir de 1950, as taxas de mortalidade baixaram em quase todos os países da Ásia. As taxas de fertilidade também. Quando isso acontece em países pobres, desencadeia-se um processo onde aumenta a poupança em cada casa e aumenta o orçamento destinado à educação básica e compra de máquinas e equipamentos. Conseqüência inevitável: uma população jovem muito mais bem preparada e produtiva ao entrar no mercado de trabalho.

2) Capital físico: a acumulação de capital físico em um país depende principalmente de quanto poupa e depois investe. No meio dos anos 60, os países pobres do Leste da Ásia poupavam apenas 16% do PIB, menos do que a América Latina. No início dos anos 90, estes países, excluindo o Japão, já poupavam mais de 36% do PIB, o dobro da América Latina. Ou seja: graças à queda nas taxas de fertilidade, mercados de trabalho desregulados e governos pró-business, era possível pagar salários mais altos para menos trabalhadores, e deixar as reservas na mão do business para investimentos a curto e longo prazo.

Nas últimas 3 décadas, o Leste da Ásia vem investindo tanto quanto poupa: em média 35% hoje, contra 20% em 1965. Seus governos promoveram seletivamente indústrias de capital e conhecimento intensivo. Ao mesmo tempo, era imperativo formar empresas lucrativas e competitivas internacionalmente. O standard de ouro, portanto, era a performance nas exportações. O Banco Mundial frisa que "esforços para promover indústrias específicas sem troca adequada de informações e sem a disciplina dos mercados internacionais não funcionaram". Exemplifica com a ambiciosa política industrial brasileira.

3) Capital humano: em um estágio inicial de industrialização, os países do Leste da Ásia mantiveram uma política crucial: investiram com tudo em educação primária e secundária, e não universitária, como na América Latina. E educaram

garotas ao mesmo nível de garotos, em um sistema público, universal e indiferenciado. Como até o reino mineral já sabe, garotas que estudam mais não exibem tendência a reproduzir como coelhos.

No Japão, por exemplo, a cada degrau do sistema educacional a fatia pública diminui, culminando em uma mínima participação, de elite, na Universidade. A eleição, portanto, é através de uma meritocracia brutal: as universidades públicas têm uma alta taxa de garotos e garotas mais pobres — exatamente o oposto, por exemplo, do Brasil. O sistema japonês já está sendo adotado em regiões da China.

Com as prioridades corretas na educação, não é por acaso que, em 1990, 6 países asiáticos (incluindo Japão, China e Índia) produziram mais de 500 mil diplomas universitários de engenharia e ciências, comparados a 170 mil nos EUA, onde, também não por acaso, a maior parte dos diplomados é justamente asiática. A maioria absoluta destes graduados e PhDs — os chamados "agentes high tech" — volta para trabalhar "em casa". Mais de 200 mil asiáticos estudam em universidades americanas, 80% não-japoneses. A Ásia envia mais estudantes para os EUA do que Europa, África e o resto das Américas. Mas há um problema sério: 75% estuda engenharia, matemática, ciência de computação ou business. Chang-Lin Tien, chanceler da Universidade da Califórnia em Berkeley desde 1990, e nascido em Xangai, alerta que os governos asiáticos precisam incentivar o estudo de ciências humanas e sociais: "Uma apreciação comum de filmes de Batman, artes marciais e sushi não basta. Ainda existe um abismo cultural entre a Ásia e os EUA. Os líderes da bacia do Pacífico devem tirar vantagem dos interesses comuns às jovens gerações para incentivar um conhecimento mais profundo. Uma educação transcultural é a chave para a liderança no Século do Pacífico".

A América há 2 décadas educa as atuais e futuras elites do Leste da Ásia. As universidades californianas agora também educam as futuras elites dos EUA em Ásia — despachando-os para o anel do Pacífico como parte de atividades curriculares. Para Steven Sample, presidente da University of Southern California, "a Ásia é o grande dado a ser levado em conta no século 21. A porta de entrada para a Ásia é Los Angeles e o Sul da Califórnia". Stanford, no Norte da Califórnia — considerada por muitos a melhor universidade do planeta —, também faz questão de se promover como uma universidade internacional: com doações de cingapurianos, implantou um sistema de bolsas de elite baseado na Rhodes, utilizada por Bill Clinton para estudar em Oxford, Inglaterra, nos anos 60. A previsão é que em 2025 pelo menos mil cérebros de elite — líderes de governo, business e educação — estarão espalhados pela Ásia com raízes acadêmicas comuns em Stanford.

4) O xis da questão: é o que o Banco Mundial chama de "fator total de produtividade". Este fator mede com que eficiência o capital mesclou-se com o trabalho. Paul Krugman, guru econômico de Stanford, afirmou em Bangkok em 95 que este fator não passa de "um índice de nossa ignorância". É possível, mas

o resultado final não parece estar tão longe da verdade: de acordo com o Banco Mundial, mesmo que a América Latina tivesse investido tanto em máquinas e gente como o Leste da Ásia — e não investiu, é claro —, sua taxa de crescimento do "fator total de produtividade" entre 1960 e 1985 seria de 1%, comparada aos 4% asiáticos.

Por que a Ásia disparou? Em síntese, de acordo com o Banco Mundial, porque despejou torrentes de dinheiro em investimentos ambiciosos e produtivos: "Nada de elefantes brancos como Brasília ou Itaipu", na opinião de um empresário de Hong Kong. E disparou porque fez tudo para se equiparar tecnologicamente aos países industrializados.

O relatório dá todo o crédito às políticas free market asiáticas que regulam capital, trabalho e mercadorias, e ao fato de que se manteve a estabilidade macroeconômica através de inflação baixa, taxas de juros estáveis e câmbio também estável — maravilhas só introduzidas no Brasil com o plano real. E destaca um ponto crucial: todos estes países mantiveram-se abertos a influências globais — enquanto o Brasil encolhia-se em sua concha bonita por natureza. A abertura não significava apenas ênfase nas exportações. O Japão, por exemplo, não é exatamente um fã de investimento estrangeiro. Mas acompanha como um sismógrafo qualquer movimento dos mercados para os quais exporta. Além disso, licencia sem pestanejar patentes tecnológicas estrangeiras. Taiwan só deixa investimento estrangeiro direto se houver transferência de tecnologia. Ao mesmo tempo beneficia-se de um fluxo constante de milhares de nativos que chegam de Silicon Valley com as últimas novidades tecnológicas e de business.

À parte o Japão, todos os países do boom do Leste da Ásia foram colônias tanto da Inglaterra quanto do Japão por várias gerações antes da Segunda Guerra Mundial. Por mais que sejamos anticolonialistas, devemos reconhecer que a conjunção histórica de experiência colonial, a adoção de algumas instituições ocidentais e uma reinvenção seletiva da ética confucionista foram condições essenciais para o boom econômico no planeta chinês. Também ajudou o fato de que América e Europa forneceram desde o início ao Leste da Ásia condições de trabalho nada confucionistas: tecnologia baseada em ciências, crédito e mercados livres loucos para consumir produtos supérfluos.

Muito além de inescrutável astúcia japonesa, teorias econômicas e sutilezas culturais, o próprio líder do time do Banco Mundial que estudou o Leste da Ásia, John Page, pelo menos colocou os pingos nos is: "As pessoas nesses países simplesmente estudaram mais, trabalharam mais e pouparam mais do que em outros países". Depois de destrinchar o burocratês do relatório, vemos que o tão decantado milagre asiático, no fundo, pode ser resumido a uma questão de idéias. Adam Smith dizia que riqueza nasce de investimento em fazendas e fábricas. Keynes dizia que riqueza depende do crescimento do consumo. Nos anos 90, um economista de Berkeley, Paul Romer, sepulta o debate e avança o futuro: o que interessa são idéias. Inovações. Invenções. Isso não significa puro laissez-faire. Significa que políticas de governos, hoje, devem acima de tudo criar condições para acelerar o ritmo de invenções e inovações.

É o que já fazem Japão, Coréia, Taiwan, Cingapura. Um funcionário do Ministério das Finanças da Malásia resume a questão: "Nunca tivemos indigestão ideológica. De todos os ismos, só usamos o pragmatismo". O mundo rico é rico porque tem idéias e sabe como aplicá-las. Do ponto de vista de nações que desejam entrar na auto-estrada do futuro, o melhor negócio a fazer — à parte inovar — é observar onde estão as idéias, comprá-las, estudá-las e usá-las, pagando o devido preço de mercado. Xenofobia é coisa de subdesenvolvido. O Leste da Ásia cresceu a 10% e ainda cresce a 8% ao ano porque manteve e mantém a mente aberta.

Como lembrou o ministro das Finanças tailandês, Amnuay Viravan, "ninguém pode crescer 10% ao ano indefinidamente". Economistas do Nomura Research Institute japonês lembram que "existe um preço para crescer durante 1 década": déficits em conta corrente, custos mais altos do trabalho, desaceleração da produtividade. 3 anos depois do relatório do Banco Mundial, no final de 96, boa parte do Ocidente — Brasil incluso — passou a salivar com as supostas agruras dos "ex-tigres" (sic) asiáticos. Estranho comportamento. Até aquele momento, buscava-se uma explicação mística — milagre!!! — para qualificar o boom. De repente, eureka! Bastava proclamar aos 4 mornos ventos de verão que a única saída da Ásia era para baixo.

Os exultantes em questão eram todos órfãos do incontornável Paul Krugman — cujo ensaio na *Foreign Affairs* intitulado "O Mito do Milagre da Ásia" continuava reverberando em escritórios mal-informados. Foi o próprio Banco Mundial que se encarregou de recolocar os pingos nos is. Em um estudo publicado sob o sugestivo título *Acabou o "Milagre" do Leste da Ásia?* (aspas em "milagre" no original), o Banco esclarecia aos apressadinhos que a "recessão" da Ásia em 96 — crescer em torno de 7% ao ano — era temporária. Michael Walton, o economista-chefe do Banco para o Leste da Ásia, frisou que "os fundamentos ainda estão todos em pé para as economias que mais crescem no mundo". Todos estão empenhados em profundas reformas estruturais. O declínio das exportações e os aumentos de déficit em conta corrente foram "um caso único", reflexos normais de um ciclo econômico. Os eventuais déficits em conta corrente foram produzidos por um boom de investimentos produtivos — e não por dinheiro jogado pela janela. O Banco Mundial voltou a frisar que a capacidade do Leste da Ásia em manter um "crescimento rápido e sustentável não tinha precedentes na história da economia mundial". O aumento de produtividade da China — mesmo com milhares de estatais — ainda é maior do que o dos EUA tanto hoje quanto no início de sua industrialização.

A diferença brutal entre a humildade dos asiáticos e a arrogância de seus críticos pode ser amplamente constatada através da atitude diante da "recessão": os asiáticos não a consideraram apenas como um inevitável fenômeno cíclico de business, mas acima de tudo como um aviso para trabalhar mais duro e corrigir suas imperfeições. O principal fator — cíclico — que freou boa parte dos tigres foi a crise do mercado de semicondutores, de janeiro a agosto de 96, quando o preço dos chips de memória caiu em 60%, com baixíssima demanda dos países industrializados. A indústria eletrônica é uma das pedras filosofais da expansão asiática. Representa 15% do PIB de Cingapura, 35% das exportações da Coréia do Sul e quase 20% da indústria de manufaturas da Malásia.

À parte estes problemas circunstanciais, o estudo do Banco Mundial saudou efusivamente o crescimento da mais recente ninhada de tigres — como Indonésia, Tailândia, Filipinas e, em categorias especiais, Vietnã e China. E projetou o crescimento da Ásia como um todo para mais de 8% ao ano pelos próximos anos, e o crescimento das exportações, a partir de 97, para em torno de 10 a 15% ao ano.

Só este estudo já seria suficiente para desmentir a Cassandra Krugman. Mas Noordin Sopiee, diretor do Instituto de Estudos Estratégicos e Internacionais da Malásia, adicionou várias outras razões. Sopiee observou como Krugman — crítico implacável da meritocracia autocrática de Cingapura — "esqueceu" que desde os anos 80 a cidade-Estado tem taxas altíssimas de produtividade. Krugman também "esqueceu" que os países asiáticos que desaceleraram nos anos 90 — como Japão, Coréia do Sul e Taiwan — recalibraram-se ou recalibram-se para voltar ao ataque. Pode-se apostar desde já que todas as manchetes do final do milênio na imprensa anglo-americana estarão centradas na "ressurreição" do Japão. Sopiee termina reduzindo ao ridículo a afirmação de Krugman de que a Ásia não tem mais capital e trabalho para investir. Não só China, Indonésia e toda a Indochina têm um manancial inesgotável de reservas e trabalho, como até os peixes do mar de Java já sabem que o capital — especialmente japonês e da diáspora chinesa, espalhado por toda a Ásia — não tem fronteiras.

Mukul Asher, professor de economia da Universidade Nacional de Cingapura, frisa que "os países da Ásia agora precisam pensar em eficiência econômica e aperfeiçoamento de tecnologia". Tigres e congêneres já se concentram menos em exportações e mais nos mercados internos para gerar crescimento e empregos. Mahathir Mohamad, primeiro-ministro da Malásia, está impulsionando um ambicioso plano industrial que levará o país a "vantagens competitivas e crescimento puxado por produtividade", o que deve exigir "a aceleração do avanço tecnológico, recursos humanos de qualidade, infra-estrutura econômica crítica, e serviços de suporte". Ou seja: para desespero da confraria Krugman, o fator total de produtividade da Malásia deve crescer muito. No início de 97, Mahathir deu um show no coração de Silicon Valley vendendo seu supercorredor multimídia para o crème de la crème da informática global.

Assim como Cingapura, a Malásia quer ser nada menos que uma potência high tech. Investe pesadamente em educação, pesquisa e desenvolvimento — enfrentando um dos grandes fantasmas asiáticos: a falta crônica de know how. No plano do governo malaio de 96 ao ano 2000, nada menos que 15,1% do orçamento é dedicado à educação e treinamento. Em Cingapura, o governo a médio prazo quer equipar 60% da força de trabalho com uma educação superior, gastar 1,6% do orçamento em pesquisa e desenvolvimento, e aumentar o número de cientistas para 65 em cada 10 mil pessoas. Cingapura está gastando US$ 1 bilhão até o ano 2000 em programas que incentivam o pensamento crítico e criativo.

Um diplomata especialista em Oriente observa que, para o Brasil, é totalmente inócuo debater os méritos comparativos de neoliberalismo ou social-democracia: o crucial é estudar e aprender com os erros e acertos da Ásia. Caso se apliquem, as elites decisórias brasileiras vão notar que não existe apenas um modelo asiático de desenvolvimento. Há os inescapáveis fatores genéricos: devoção à educação, estabilidade macroeconômica, economias abertas, uma enorme flexibilidade de se adaptar a novas idéias. Há também um pervasivo nacionalismo subjacente a esta vontade de cada país desenvolver determinadas indústrias para evitar ser superado por outros países. Mas varia a ética de trabalho — no Japão influenciada por um mix de budismo e confucionismo, na China e Coréia por formas diversas de confucionismo. Além disso, a intervenção estatal vai da hiperatividade até o mais absoluto hands off.

No Japão, o Ministério das Finanças e o Ministério do Comércio e Indústria foram os elementos-chave que decidiram a política industrial. Na Coréia, o governo também traçou a estratégia industrial. O governo de Cingapura a promoveu ativamente como centro financeiro. Já em Taiwan — trançada por uma rede de pequenas e médias empresas familiares — e em Hong Kong — uma apoteose de laissez-faire — as intervenções de governo foram mínimas. É impossível, por exemplo, comparar o anarco-capitalismo da Tailândia — que inclui cowboy businessmen com conexões militares — e a sanitização de Cingapura, guiada por déspotas esclarecidos. Em Cingapura, a mão de titânio do governo decide quando privatizar as suas jóias — como a Singapore Telecom e a Singapore Airlines —, não dá um minuto de sossego à imprensa e à oposição, e facilita ao máximo a vida prática dos cidadãos. Na Tailândia, há um superávit de permissividade. Mas calçadas desaparecem, prédios pingam água nos pedestres, lojas pegam fogo, e a poluição e o trânsito aterrorizariam Freddie Kruger.

Pequim há muito tempo enterrou na Cidade Proibida o planejamento central stalinista. Hoje saqueia o supermercado de idéias. Está aprendendo com a Coréia como se formam gigantescos conglomerados industriais. Está aprendendo com Hong Kong como se negocia com o Ocidente. E está aprendendo com Cingapura como se administra riqueza. O dilema de Cingapura — com uma infra-estrutura já exemplar — é mais sofisticado: como e onde investir seus fabulosos bilhões em reservas. A Malásia, potencialmente explosivo caldeirão étnico de malaios, chineses e indianos, lançou há anos uma agressiva campanha de privatização, mantém um dos mais dinâmicos mercados de ações da Ásia, um orçamento razoavelmente balanceado, cortou impostos e, administrando com prudência uma poupança compulsória, encontrou muitos dos bilhões que precisa para financiar sua infra-estrutura.

Na Tailândia, a corrupção funciona: corta caminho com a burocracia. Na Indonésia, dependendo da mão que se molha, não funciona: é um caos extra ao da burocracia. A Tailândia cresceu demais nos anos 80 aproveitando-se dos salários baixos, mas investiu muito pouco em educação. Resultado: agora está nas cordas. A Malásia cresceu menos do que a Tailândia no mesmo período, mas investiu mais em educação, e agora leva enorme vantagem. Cingapura investiu pesado em capital físico e humano: o grande desafio agora é crescimento de produtividade — o que explodirá com o mito propagado pelos ocidentais dos robôs eficientes, mas sem idéias. O Vietnã, com uma das populações de melhor educação básica e mais motivadas do Sudeste da Ásia, tem tudo para esperar um boom de produtividade depois que o capital asiático passou a investir em Hanói e Saigon.

Na China, a história como sempre é muito mais complicada. Voltei a Xangai depois de um intervalo de 4 anos. Fui assaltado por um imenso e empoeirado terreno de construção, tráfico cataclísmico, uma nascente indústria pornográfica e barulhentos businessmen com conexões militares. Ou seja: uma nova Bangkok. Cingapura — com crescimento rápido, estabilidade social e partido único no Poder — pode ser a estrela dos burocratas em Pequim. Mas a turbulenta fatia da China que realmente enriquece já inventou mais um modelo asiático: sistema cingapuriano com anarquia tailandesa.

O Ocidente sempre teve tendência a jogar todo o Sudeste da Ásia em um balaio só: ou seja, como parte do bloco do yen. Errado. Japão e Coréia têm 2 modelos semelhantes no Nordeste da Ásia. O Sudeste da Ásia tem seus modelos próprios — que influenciam cada vez mais os 2 gigantes, China e Índia. Há 3 diferenças fundamentais entre os modelos do Nordeste — Japão e Coréia — e do Sudeste — Cingapura, Malásia, Tailândia: os tropicalistas estão mais abertos a receber dinheiro estrangeiro, seus governos interferem menos, e o mercado financeiro se desenvolveu mais rápido — o que permitiu a empresas conseguir mais dinheiro sem precisar ficar devendo uma fortuna aos bancos. No que concerne às interferências, há nuances: o carro nacional da Malásia — o Próton, em joint venture com a Mitsubishi — é uma iniciativa estatal. Mas ainda vai demorar a dar lucro. A Tailândia preferiu acolher as multinacionais — japonesas — com tapete vermelho: hoje já é a primeira candidata a Detroit do Sudeste da Ásia (a competição é grande). No que concerne à China e Índia, só interessa uma coisa: o Sudeste da Ásia cresce escancaradamente, portanto vale a pena estudar e se inspirar em seus diversos modelos.

Pode-se dizer que em um 100 metros nado livre, a Ásia nem chegou à metade da piscina. Neste momento, está nadando em um boom generalizado, tentacular, de consumo — além de um boom da construção civil. Até 2005, de acordo com o Asian Development Bank, a Ásia não-japonesa deve gastar nada menos que US$ 1 trilhão em monumentais projetos de infra-estrutura (estradas, aeroportos, telecomunicações, usinas elétricas). Além destes projetos, precisa de outras centenas de bilhões de dólares para montar indústrias de capital intensivo — como microeletrônica e petroquímica. Consultorias em Hong Kong projetam os investimentos em mais de US$ 2 trilhões, quase a metade engolida pela China. Em 95, de um total de US$ 90 bilhões em FDI — acrônimo em inglês para investimento estrangeiro direto — US$ 54 bilhões foram para o Leste da Ásia, US$ 38 bilhões dos quais para a China. Uma medida da absoluta integração asiática é que o FDI interasiático — ou seja, os tigres, dragões ou gansos apostando na riqueza da nova ninhada — já ultrapassou o FDI europeu e americano na Ásia.

Vive-se sob um verdadeiro vendaval de contratos — e previsões de contratos. Metrô de Taipé (US$ 17 bilhões). 30 usinas, incluindo 7 nucleares, para a Coréia do Sul (US$ 50 bilhões). Novo aeroporto hiper-high tech e um complexo sistema de transporte para Hong Kong (US$ 20 bilhões). Hidrelétricas, estradas, gasodutos, metrô, sistema de satélite e até mesmo uma nova capital para a Malásia (US$ 66 bilhões até o ano 2020). 5 milhões de linhas telefônicas para a Indonésia (US$ 7,5 bilhões). Uma nova estrada de ferro Hong Kong-Pequim (US$ 3 bilhões). TGV francês, com transferência de tecnologia, de Seul a Pusan (US$ 14 bilhões). US$ 50 bilhões para uma retífica total do Vietnã até o ano 2000. Somente Xangai pretende gastar US$ 100 bilhões até o ano 2000: metade na cidade e a outra metade do outro lado do rio Huangpu, no distrito industrial de Pudong, hoje um infernal canteiro de obras de 120 km². A maior parte destes projetos é de extrema complexidade — da montagem financeira à execução. Há enormes problemas com o metrô de Taipé. Cínicos duvidam que a construção do monumental dique e da represa de Três Gargantas, no Yang-Tzé, na China, seja finalizada algum dia — a um custo estimado entre US$ 30 e US$ 40 bilhões. Muito antes de desalojar 1 milhão de chineses e criar um gigantesco lago artificial, já é o maior canteiro de obras do planeta — e alvo preferencial de conservacionistas europeus e americanos.

A China está pulando de um caquético sistema telefônico anos 50 direto para sistemas anos 90 state of the art — digitais e com fibras óticas. O problema é que cada ministério, prefeitura ou região compra um sistema diferente. Especula-se que cabeças vão rolar quando tentarem conectar um sistema homogêneo nacional e descobrirem que o AT&T americano em Cantão não é compatível com o Alcatel francês em Chendu.

As necessidades da China são tão desmesuradas que muitos economistas asiáticos temem um efeito "buraco negro": ou seja, a China sugando toda a riqueza da região. Entre energia, telecom, refinarias, estradas de ferro, portos e aeroportos, a China precisa, até o ano 2000, de acordo com o Economist Intelligence Unit, entre US$ 295 e US$ 370 bilhões. Espera conseguir boa parte destes fundos através de soft loans do Banco Mundial, do Asian Development Bank e do Fundo Econômico de Cooperação japonês. Quando vê o que está em jogo, todo o quem-é-quem industrial do Ocidente baba nas gravatas Lanvin com as oportunidades à vista. Notáveis chineses em missões comerciais na Europa em 94 voltaram com bilhões de dólares em contratos assinados. França e Alemanha não perdem tempo. Siemens e Daimler Bez estão envolvidas no metrô de Xangai. Siemens e GEC-Alsthom engalfinharam-se pelo trem de alta velocidade Seul-Pusan: o vale-tudo incluiu uma estratégica visita de François Mitterrand levando a tiracolo a sensual Sophie Marceau, mais popular na península do que microondas da Samsung. Os franceses venceram. Boeing e o consórcio europeu Airbus engalfinharam-se em outro vale-tudo aéreo, com vitória para os americanos: mais de 100 Boeings de última geração vendidos para Singapore Airlines e Malaysia Airlines. Poucos meses depois, a Airbus recuperou-se vendendo 33 aviões para a China. Construtoras americanas tentam enfrentar as vantagens das enormes japonesas — ubíquas em todo o Sudeste da Ásia — oferecendo melhor consultoria, design e administração de projetos.

A Ásia é o mercado de aviação que mais cresce no mundo. De acordo com a IATA em Genebra, em 2010 o tráfico de passageiros na região será mais de 50% do total global. O mundo inteiro sonha com um acordo de livre comércio aéreo — através do qual empresas poderiam voar para onde quiser, quando quiser e demarcar suas tarifas de acordo com o mercado. Ninguém ainda aventou a possibilidade. Enquanto isso, quem ri à toa são Boeing, Airbus e congêneres: nos próximos 20 anos devem ser vendidos 15.900 novos aviões comerciais a cerca de US$ 1,1 trilhão — 35% deles para a Ásia, onde o tráfego aéreo em 2015 deverá ultrapassar o americano. O tráfego aéreo no mundo deve crescer a 5,1% ao ano, na Ásia a 7,1%, e na China a quase o dobro, 14%. Um consórcio europeu França/Inglaterra/Itália venceu os americanos, e com 30% em uma joint venture de US$ 2 bilhões vai desenvolver o jato comercial chinês de 100 lugares para curtas distâncias — na visão de Pequim a pedra filosofal da indústria aeronáutica asiática.

2 fatores fundamentais devem determinar até que ponto a Ásia vai continuar em disparada pelo século 21 afora: sua estabilidade política e o comércio com o Ocidente. O comércio entre os próprios asiáticos cresceu tanto que já ultrapassou o comércio com os EUA — principal parceiro de quase todos eles, individualmente. Mas boa parte deste comércio é em subunidades de produtos para os quais a demanda final está no Ocidente. O melhor exemplo é Hong Kong: a maior parte do seu vasto comércio com a China envolve processamento de mercadorias a seguir reexportadas para os EUA. Em seu best-seller *Head to Head*, de 92, Lester Thurow, o guru econômico do M.I.T., à parte a bobagem de prever a Europa dominando o século 21, frisava que para os asiáticos os EUA são um melhor

parceiro comercial do que o Japão — no sentido de ser um privilegiado mercado aberto e, ao contrário do Japão, transferir tecnologia. Thurow também frisava que, para os EUA, os asiáticos são um melhor parceiro comercial do que a América Latina — que mais uma vez vai ter que rebolar para não dançar nessa história.

A Ásia, incluindo o Japão, não foi minimamente afetada pelo anêmico crescimento do Ocidente na primeira metade da década de 90. Também não seria afetada caso Europa e EUA arreganhassem os dentes e resolvessem apostar no protecionismo ocidental. É, no entato, inimaginável que o Ocidente vá cometer tal imprudência diante de um bloco cuja fome de importações lhe renderá mais de um quarto de seu crescimento econômico total até o início do próximo século.

Mas o fato é que os pólos da relação se inverteram. Ex-colônias, confrontadas com suas economias crescendo muito mais rápido do que as dos antigos "senhores", começaram a colocar as manguinhas de fora. A Malásia criou inúmeros casos com os ingleses. Cingapura criou inúmeros casos com a mídia ocidental e berra a todo instante a superioridade dos "valores asiáticos". Especialmente em Cingapura, Taiwan, China, Malásia e Indonésia, a recessão européia e o magma de problemas sociais americanos passaram a ser interpretados como sinais cruciais do declínio do Ocidente. A recessão japonesa no meio dos 90 foi vista como apenas um hiato para uma nova arrancada do turbo. Para os asiáticos, a estabilidade social e vitalidade econômica generalizada simbolizam apenas uma coisa: o Século do Pacífico — um complexo digitalizado onde impera o livre fluxo de dados, conceitos, capital e mercadorias — já começou.

O prego talvez definitivo no caixão dos céticos foi afixado em Genebra, em 95, quando se divulgou o resultado de uma pesquisa anual do Fórum Econômico Mundial e do Institute for Management Development de Lausanne entre 1.500 executivos Top globais. Solicitados a apontar as economias mais competitivas no ano 2030, os capitães da indústria elegeram os EUA, seguidos por nada menos que 7 países asiáticos e apenas 2 europeus.

O Japão ficou em segundo lugar, seguido por China, Alemanha, Cingapura, Coréia, Índia, Taiwan, Malásia e Suíça. Todos os atuais tigres asiáticos estão incluídos no Top Ten: Cingapura, Taiwan (que os empresários supõem ainda não anexada à China), Coréia (supõe-se já unificada) e Hong Kong (já anexada à China).

Cingapura em quinto lugar não é uma surpresa. Malásia em nono lugar também não — pois ninguém duvida do sucesso do plano do primeiro-ministro Mahathir Mohamad em tornar o país totalmente industrializado até 2020. A ausência de outros países europeus no Top Ten apenas serviu para erguer ainda mais sobrancelhas ainda não erguidas na Inglaterra, França e Itália. Surpresa mesmo é a Índia em sétimo lugar — confirmando as esperanças do capital internacional nas reformas econômicas iniciadas apenas em 91. A ausência do Brasil — superado por vários países asiáticos em desenvolvimento — revela quanto ainda deve-se trabalhar para sair da concha.

A pesquisa suíça faz parte de um relatório sobre competitividade global compilado todos os anos, e que atrai ampla atenção nos EUA, Europa e Ásia quando é publicado, a cada mês de setembro. Atualmente, entre o Top Ten dos países mais competitivos do mundo, nada menos que 7 são da Ásia. Os EUA lideram, seguidos por Cingapura, Japão, Hong Kong, Alemanha, Suíça, Malásia, Taiwan, Tailândia e Coréia do Sul. O Japão foi número 1 durante uma década, do meio dos anos 80 ao meio dos 90. Os fatores que pesam na votação incluem peso econômico, infra-estrutura, sistema de governo, sistema financeiro e qualidades pessoais da população. Os empresários também apostam que a China será o país mais competitivo do mundo em 2010.

Os resultados destas pesquisas nada mais fazem do que espelhar o que os executivos acompanham a cada dia na Ásia entre o Chateau Margaux a bordo da Singapore Airlines e a teleconferência no business center de algum dos esplêndidos hotéis Shangri-la: a frenética competição entre grandes metrópoles já globais pelas centenas de bilhões de dólares do Ocidente — e do Oriente — que devem continuar a jorrar na região mais dinâmica do mundo. A guerra entre Hong Kong, Cingapura, Bangkok, Jacarta, Kuala Lumpur, Xangai e Taipé é absolutamente brutal.

Vejamos os prós e contras de cada uma delas.

HONG KONG

Prós: É a porta de entrada para o gigantesco mercado chinês. Está totalmente integrada com a economia da frenética província vizinha de Guangdong, que já chegou a crescer a 14% ao ano. É a Manhattan da Ásia, centro financeiro da Ásia não-japonesa. A infra-estrutura é excelente. É também o nó criativo da Ásia, centro de desenvolvimento de produtos como celulares, equipamentos de áudio, brinquedos eletrônicos montados na China. Imprensa vibrante. Altíssima qualidade de vida.

Contras: O mercado imobiliário é um pesadelo: é preciso ser acionista do Hong Kong & Shanghai Bank para alugar um apartamento ou um escritório. Ninguém sabe com absoluta certeza o que vai acontecer pós-97. Quem pode — e até quem não pode — tem um segundo passaporte: mas a evasão de cérebros de elite para EUA, Canadá, Austrália e Cingapura parou depois da indicação do armador Tung Chee-Hwa como primeiro executivo-chefe da Hong Kong chinesa.

CINGAPURA

Prós: É a porta de entrada para o Sudeste da Ásia. A infra-estrutura é excelente. É uma Meca de eficiência, estabilidade política e planejamento urbano: vence todas as pesquisas entre executivos asiáticos e ocidentais. Há incentivos fiscais para indústrias de alta tecnologia. Já é um centro de manufaturas high tech. Faz pressão total para superar Hong Kong como centro financeiro e de comunicações de toda a Ásia. Está mais relax: a qualidade de vida é uma das melhores do mundo.

Contras: A tecnoburocracia às vezes não tem muito jogo de cintura. O paternalismo titânico do governo irrita ocidentais — que não gostam de ser tratados como crianças indisciplinadas. Imprensa e TV ainda vivem sob vigilância do governo — algo impensável em um país que deseja ser uma "ilha inteligente" até o ano 2000 e pólo crucial da auto-estrada da informação. O custo de vida está cada vez mais alto.

KUALA LUMPUR

Prós: Com exceção de algumas áreas centrais, é uma cidade arborizada e tranqüila. O custo de vida é baixíssimo, comparado às extorsões de Hong Kong e Cingapura. A infra-estrutura está melhorando: novo aeroporto em 98, estradas interligando a península. O governo é totalmente pró-business.

Contras: A burocracia — islâmica soft — pode ser enervante. Há um catálogo de restrições para expatriados — situação que muda a partir de 97. Muitos chegaram a esperar até um ano e meio para conseguir um visto de trabalho. Mídia sob rígido controle. Uma perene nuvem de poluição dorme em cima de KL.

JACARTA

Prós: Mão-de-obra e custo de vida baratíssimos. Acesso a um mercado doméstico de 190 milhões de pessoas. Garantia de ótimos negócios em associação com a diáspora chinesa. Uma downtown de metrópole global, com luxo inimaginável na América Latina. Acesso a riquíssimas tradições culturais do arquipélago indonésio.

Contras: A Indonésia já foi classificada pela consultoria PERC de Hong Kong como o terceiro país mais corrupto do mundo, atrás de China e Vietnã. Não é um problema quando se cultivam as amizades certas. Trânsito caótico durante o dia. Necessidade de negociar na língua local — muito mais do que em inglês.

BANGKOK

Prós: Mão-de-obra baratíssima. Fartas vantagens para investidores estrangeiros. Para quem é do ramo, a indústria automobilística está avançadíssima — controlada em 90% pelas montadoras japonesas. Atmosfera de liberdade total. Imprensa livre e muito animada. Cozinha sublime, vida noturna agitadíssima, proximidade de praias paradisíacas.

Contras: A infra-estrutura é um verdadeiro pesadelo. O tráfego e a poluição, os mais horrendos do planeta — batendo fácil São Paulo ou as grandes cidades chinesas. O sistema legal é incompreensível.

XANGAI

Prós: Porta de entrada para o interior da China. Forte base industrial: fabrica quase tudo de que a China precisa. É também o centro financeiro do país, com a ambição desmesurada de se transformar no grande centro internacional da Ásia.

Contras: Interferência ubíqua e muitas vezes desestabilizadora do governo central. A infra-estrutura, o sistema legal e o sistema financeiro ainda são um quebra-cabeça — mas estão sendo aperfeiçoados. A moeda chinesa, o *yuan*, só será conversível no ano 2000.

TAIPÉ

Prós: Meca high tech, em franca competição com Cingapura: já é o maior produtor mundial de scanners, monitores e mouses de computador, e avança nos semicondutores. Imprensa livre. Muito dinheiro do governo para indústrias high tech. Quer construir uma Wall Street para competir com Hong Kong no mercado financeiro.

Contras: A infra-estrutura é caótica — porém melhora. A poluição, idem. O mercado financeiro é francamente protecionista. Paranóicos insistem que correm o risco de levar um míssil da China a qualquer momento — sem aviso.

Para executivos asiáticos e ocidentais, de acordo com uma pesquisa da revista *Asia Inc.*, a cidade ideal do continente teria as oportunidades de mercado de Hong Kong, a força de trabalho de Manila, os aluguéis de escritório de Jacarta, a eficiência de Cingapura e a qualidade de vida de Sidnei, Austrália. Na vida real, somando todos os prós e contras, venceu Cingapura, por larga vantagem. Mas com tamanha escolha, não é por acaso que os gigantes mundiais estejam espalhados por todas elas. AT&T, Philip Morris, Hewlett-Packard e CNN escolheram Hong Kong. Sony, Motorola, Siemens, Unisys e o entertainment eletrônico — Disney, ESPN, HBO — escolheram Cingapura. Matsushita, Canon, Intel, Nokia e McDonnell Douglas escolheram Kuala Lumpur. A indústria automobilística — Toyota, Honda, Nissan e Chrysler — escolheu Bangkok. Citibank, Alcatel e Volkswagen escolheram Xangai. Mitsubishi, Texas Instruments, Philips e Ford escolheram Taipé.

O futuro, como se sabe, mede-se em bits. Know how digital estará espalhado da Amazônia ao deserto de Gobi. Como até os *yaks* do Tibet já sabem, o planeta estará trançado, on line, non-stop, por galáxias de dados, sons e imagens nadando no cyberspace. Qualquer cidadão com um terminal de baixo custo poderá puxar a informação que quiser direto do fluxo de bits. Empresas devem buscar seus clientes on line em 4 continentes (África provavelmente exclusa). Empresas de transporte devem localizar qualquer objeto em qualquer ponto do planeta através dos GPS — sistemas de posicionamento global. Supõe-se que já no ano 2000, segundo a AT&T, estejamos todos imersos em videoconferências com tradução simultânea em qualquer língua. Qualquer sistema eletrônico caberá dentro de apenas um chip — capaz de conter 50 milhões de transistores: em 2010 podemos ter na palma da mão um monstrinho digital com a mesma capacidade de um supercomputador Cray dos anos 80. Inexoravelmente, este estado de coisas vai remodelar instituições (para melhor?), redistribuir renda (para melhor?) e revirar as corporações envolvidas nas entranhas — hardware, software, fibras óticas, microprocessadores — do mundo digital.

Até no máximo 2010, toda a indústria da informação estará completamente transformada. Ninguém, hoje, ainda sabe dizer como, nem mesmo Faustos de marketing e megafusões digitais como Bill Gates e Rupert Murdoch. A Star TV de Murdoch, a partir de Hong Kong, joga no ar via satélite *Os Simpsons*, *Baywatch*, a NBA, campeonatos de futebol ou o Coca-Cola Asian Top 20 para nada menos de dois terços da população mundial — atingindo todos com acesso a uma parabólica. Murdoch já "invadiu" a América Latina, vai instalar 100 canais digitais no Japão até 98, não descansa enquanto não satelitizar toda a China em mandarim, e quer satelitizar nada menos que o planeta inteiro.

Pesos pesados e mesmo leves fazem todas as apostas possíveis. Os EUA — Silicon Valley a frente — há muito dispararam como a Terra Prometida da tecnologia digital: lideram em ciência básica, biotecnologia, tecnologia de meio ambiente, comunicações, multimídia. Os próprios japoneses reconhecem que Silicon Valley está 10, ou até mesmo 20 anos à frente de todo o planeta (leia-se nas entrelinhas: pode ser um understatement). A Sun Microsystems provou que "the network is the computer": seu terminal Java pode revolucionar o uso da Internet e desestabilizar o domínio orwelliano da Microsoft. A Sun — acrônimo de Stanford University Network — foi fundada em 82 em uma garagem em Palo Alto por um grupo de estudantes. Hoje emprega 14 mil pessoas e movimenta US$ 7 bilhões anuais — metade fora dos EUA.

A Califórnia — cujo PIB só não é maior do que os 6 países mais ricos do planeta — mais uma vez se reinventou, depois de terremotos geológicos e raciais, hemorragia de empregos na indústria aeroespacial, e extinção de bases militares. Hoje ataca todas as indústrias-chave contemporâneas: alta tecnologia, entertainment, comércio internacional e turismo. Sob o oferecimento de Steven Spielberg, David Geffen e Jeff Katzenberg, Dreamworks configura-se como o primeiro estúdio de Hollywood em 50 anos — totalmente digital. A Ásia é o mais rentável mercado do mundo para Silicon Valley, para Hollywood, e para a aliança das duas, Siliwood. Schwarzenegger em Taiwan é "o grande demônio"; Sylvester Stallone é "o dragão" e Bruce Willis "o tigre" em Hong Kong e China; Kevin Costner, por esotéricas razões, é "o guarda-costas" em Hong Kong — mesmo debaixo d'água. Planet Hollywoods espalham-se por todas as grandes capitais asiáticas. Los Angeles e São Francisco — duas pérolas cintilantes e multiculturais à margem direita do arco do Pacífico, ambas sonhando com o Oriente — disputam a hegemonia como capital ocidental do Século do Pacífico.

Os EUA são os *Power Rangers* do neocorporativismo. A inflação está sob controle. Aumentaram os investimentos e caíram os preços de equipamentos high tech. A força de trabalho está mais eficiente. Crescem as exportações. O Dow

Jones continua subindo. Há problemas gravíssimos: gigantesco déficit comercial, salários estagnados, demissões corporativas em massa, baixíssimos standards de educação básica, estouro da criminalidade. Lester Thurow qualifica a selva capitalista americana de "sobrevivência dos mais fortes" e alerta sobre os altíssimos riscos sociais envolvidos. Mas há saídas. Os EUA têm a mais alta taxa de produtividade (10% a 20% acima de Alemanha e Japão) e a melhor taxa de criação de empregos entre os países industrializados. É por causa em grande parte da economia francamente aberta que empresas americanas estão anos-luz à frente da concorrência mundial em software, biotecnologia ou serviços on line — embora o Japão domine em hardware e manufaturas.

Europa e Japão costumavam se divertir qualificando os EUA de "economia Mickey Mouse". Finalmente acertaram. A indústria do entertainment é a força-motriz do renascimento tecnológico americano — como o foi a indústria da defesa durante a Guerra Fria. As indústrias de mídia, informática, turismo e telecomunicações — como se fossem tigres asiáticos — crescem entre 7 e 10% ao ano. Infotainment — a confluência histórica das tecnologias de TV, informática e telecomunicações — é a grande indústria americana do século 21. Não há competidores.

A revolução informática só poderia surgir na Califórnia. O individualismo exacerbado do American Dream — vastas planícies cortadas por auto-estradas percorridas por conversíveis com o rádio movido a máximo rock'n roll — exigia um computador pessoal para cada indivíduo. Venture capitalists de Silicon Valley calculam que a introdução do PC gerou a maior criação de riqueza na História da Humanidade. A tecnologia digital é o maior abracadabra na história da comunicação humana desde a invenção do transistor. John Sculley, ex-chairman da Apple, aposta que esta será uma indústria de US$ 3,5 trilhões no ano 2000. Em 96, apenas Microsoft, Intel e Compaq tinham um valor de mercado de US$ 130 bilhões. Gerald Levin, o apoplético chairman da Time Warner, maior megacorporação de mídia do planeta e a mais agressiva em multimídia, quer ver "qualquer coisa, em qualquer lugar, quando ligar minha TV". Para isso, a indústria deverá gastar quase US$ 40 bilhões para criar a infra-estrutura necessária à comunicação interativa. Não há limites para a angst dos executivos. Eles sabem que a auto-estrada da informação será movida a lazer. Mas ninguém ainda sabe como.

Outro processo crucial em todo o planeta até 2020 desenvolve-se no acostamento da auto-estrada da informação: a morte definitiva da distância como uma barreira de comunicação. Hoje, por exemplo, 5 minutos de telefone entre Nova York e Londres podem sair por apenas US$ 3. De uma ilha no Sul da Tailândia é mais barato ligar para Londres do que para a capital do país, Bangkok. Com o planeta trançado por telecom digital, poderemos escolher onde viver e trabalhar. Desaparecerá o arcaico e já periclitante conceito de "fronteira nacional". O comércio internacional evoluirá para outro paradigma. Cidades — e megacidades

— vão perder suas vantagens comparativas em relação ao campo, à praia e à montanha.

O telefone moldou o século 20. A transmissão de dados digitais moldará o século 21. O fio telefônico, o fax, o floppy disk, o pacote monstro de software e os provedores de serviço da Internet já se tornam obsoletos. A Internet — ubíqua, barata, aberta — deverá se transformar em um gigantesco bazar virtual onde qualquer cidadão em qualquer latitude poderá convergir para suas compras e diversão. Já revoluciona as indústrias de telecom e turismo. Já nos faz antecipar uma convulsão semelhante à descoberta da eletricidade.

Prevendo este *Admirável Novo Mundo*, o jogo que não ousa dizer o seu nome, hoje, em escala global, chama-se "medo da Ásia". A concorrência no século 21 será brutal. Pela estratégia americana, apenas megacorporações — daí a orgia de fusões em 95 — têm capacidade de enfrentar gigantes japoneses, coreanos ou chineses. A Ásia — fortíssima em matemática, base de todos os avanços digitais — ainda pode estar muito longe dos EUA (à exceção do Japão). Mas multiplica vorazmente seus sprints. A globalização do conhecimento não reconhece Nações-Estado: cientistas em Seul ou Taipé podem seguir e incrementar os mesmos modelos de computação de Stanford ou do M.I.T.

A Coréia do Sul quebrou a hegemonia japonesa em chips de memória e eletrônica de consumo, e agora avança na automação de fábricas. Até o meio dos anos 80, os EUA controlavam o multibilionário mercado de chips DRAM. Os japoneses tanto fizeram que quebraram o monopólio e instauraram o seu. Mas não contavam com a Samsung coreana, que em 2005, segundo a Dataquest americana, será o maior produtor mundial de todos os tipos de chips.

Taiwan em apenas 5 anos conseguiu uma brutal fatia do mercado de montagem de PCs: o Japão demorou 40 anos para conseguir a mesma posição na indústria automobilística. Para isso, usou uma fabulosa arma secreta: cerca de 150 mil "agentes high tech" da auto-estrada Chinesa — engenheiros de tecnologia da informação e PhDs em universidades americanas que já constituem a maior minoria étnica de Silicon Valley. Taiwan já exporta centenas de containers carregados de software para os próprios EUA. Agora avança para networks e telecomunicações e quer montar sua própria indústria aeroespacial.

O Japão demorou muito para entrar na era digital. Sony, Hitachi e Toshiba demoraram meio século para montar um império baseado na complexa tecnologia analógica: TVs, vídeos, eletrodomésticos. Agora chega: a Sony em 96 entrou com tudo na auto-estrada da informação, interagindo áudio-vídeo, computadores e suas prodigiosas reservas de software. O Japão deverá dominar o hardware da auto-estrada da informação. É o que lhe interessa. Software, até agora, estava em segundo plano: seu único sucesso são videogames. Empresas japonesas sempre preferiram produzir software exclusivamente para elas próprias. Não mais: vem aí uma ofensiva de software japonês.

Cingapura já é uma potência em tecnologia da informação. Agora avança para biotecnologia. A Malásia aproveita-se ao máximo da transferência de tecnologia de grandes corporações que se instalam em países com mão-de-obra barata. A Intel, por exemplo, montou um centro de design de microprocessadores em Penang. A mentalidade local é não dar descanso à competição futura: investe-se sem parar em pesquisa, desenvolvimento de produtos e aumento de eficiência.

Uma torrente de software made in Asia deve invadir o planeta até o final do século — especialmente ao se aperfeiçoar o comércio via Internet. Até o Maomé digital Gates reconhece que a fatia de mercado da Microsoft na Ásia já é menor do que no resto do mundo. O Bill Gates asiático já está no forno — ou no laboratório: sairá de Bangalore (Índia), de Taipé, ou de um parque industrial high tech na zona econômica especial de Zhuhai, no Sul da China. Talvez ele atenda pelo nome de Masayoshi Son, o inventor de Pacman e Space Invaders, maior distribuidor de software e workstations do Japão, publisher da Ziff-Davis — que edita 20 revistas de informática — e dono da Comdex — o circo itinerante global que reúne o quem-é-quem das empresas de computação. Em vez de Gates, que desenvolve software, Son domina sua promoção, propaganda e vendas. Sua fortuna pessoal já está em US$ 4 bilhões.

A Ásia é o mercado de computadores que mais cresce no mundo: vende-se 3 vezes mais do que na Europa. Em 1999, a Ásia estará vendendo US$ 24 bilhões em software, 60% japonês. A Apple instalou um lab em Zhuhai onde chineses alternam com americanos na Califórnia trabalhando 24 horas por dia. O centro de design da Apple em Cingapura desenvolveu um software de reconhecimento de voz que permite ditar a um computador em mandarim — algo que a Apple jamais havia conseguido nos EUA, nem mesmo em inglês. Bangalore confia que já pode lançar um software capaz de conquistar o mercado global. O grande problema é a pirataria — fatal para pequenas empresas asiáticas: em Pequim — mesmo com o governo condenando traficantes à morte — pode-se comprar qualquer software na rua por menos de US$ 10.

O trânsito de cérebros é infernal — mimetizando a circulação industrial, onde um circuito eletrônico pode ser montado na Tailândia, testado em Cingapura e integrado a uma TV na Malásia. Não apenas os agentes high tech — chineses, coreanos, indianos, cingapurianos — voltam para casa e lotam laboratórios de computação, biotecnologia e telecom; mas americanos, ingleses e até mesmo japoneses despencam para trabalhar em Cingapura e Hong Kong. Cingapura está envolvida em uma verdadeira caça a engenheiros high tech — e abre as portas do Éden à mão-de-obra qualificada de qualquer procedência; o sucesso é garantido porque o governo oferece tudo que a indústria precisa. Taipé, Cingapura e Penang, na Malásia, já são certificados centros globais de desenvolvimento de produtos eletrônicos. Para grandes corporações — Motorola, Hewlett-Packard, Phillips — cérebros asiáticos continuam e devem continuar a ser uma mina de ouro. Um desenhista de circuitos na Califórnia pode chegar a custar US$ 100 mil por ano. Em Taiwan, transbordam a US$ 25 mil por ano. Na Índia ou na China — com PhD e tudo — não custam mais de US$ 10 mil por ano. Designers de software em Bangalore — a Silicon Valley do Sul da Índia — ganham US$ 300 por mês. A Bilingual, um pequeno lab em um subúrbio de Pequim, é capaz de produzir qualquer tipo de CD-ROM interativo por um quarto ou até mesmo um décimo do custo nos EUA.

Índia, China e Rússia seguem arfantes a corrida de Cingapura e Malásia. A Índia tem o segundo maior pool de talento científico em língua inglesa do mundo, depois dos EUA: pelo menos 100 mil engenheiros de software e técnicos. O salário médio de um engenheiro com 5 anos de experiência é US$ 800 mensais — o que na Índia significa, em neon vermelho, acesso a uma mágica "classe média". Já na China há pelo menos 350 mil engenheiros em tecnologia da informação. Salário médio: pouco mais de US$ 100 mensais. Experts são unânimes em considerar a China pronta para uma explosão high tech — já que esta força de trabalho com apenas alguns meses de treinamento pode chegar a standards globais de excelência. A Motorola concorda, e construiu uma fábrica de semicondutores em Tianjin. Um radiante executivo da AT&T aposta que Xangai logo estará configurada como um centro internacional de pesquisa e desenvolvimento, à la Cingapura ou Taipé: "Tem uma economia robusta, boas universidades, políticas pró-business e uma enorme quantidade de engenheiros". A US$ 100 por cabeça, não é à toa que as multinacionais enlouquecem. A China é o melhor exemplo global da razão pela qual ninguém vai pagar US$ 24 mil por ano ou mais por um americano recém-saído da escola com dúbias qualificações, quando pode pagar no máximo US$ 50 por mês para um chinesinho que irá trabalhar 12 horas por dia, 29 dias por mês, todos os meses, e com apenas 1 semana de férias.

Com sua obsessão de evoluir em um nanossegundo de low tech para high tech, é inimaginável a capacidade de expansão da Internet na China. Ao PC só resta a política de "tolerância limitada". Quem usa a Net na China deve se registrar na polícia, e não pode "transmitir segredos de Estado, informações nocivas à segurança estatal e pornografia". Os chineses estão copiando o sistema de pedágio eletrônico de Cingapura. Para o dissidente Harry Wu — que já definiu a China como uma "câmara de gás espiritual" —, a melhor maneira de acelerar a democracia no país seria instalar uma parabólica em cada casa. É mais provável que o processo possa ser conduzido por milhões de chineses afluentes plugados na Internet em 2020 — quando a China será a potência econômica número 1.

Na Ásia, a política invariavelmente sanciona o que a economia já sabe. O Século do Pacífico começou a conhecer seu DNA nos jardins do palácio presidencial de Bogor, Indonésia, em 15 de novembro de 1994, quando os príncipes dos 18 países da Cooperação Econômica Ásia-Pacífico (APEC), trajando descontraídas camisas de batik e sorvendo suco de tangerina, brindaram ao estabelecimento de total livre comércio e investimentos no arco do Pacífico até no máximo 2020. Para melancolia adicional dos eurocêntricos, coube a Paul Keating, na época primeiro-ministro australiano, fanático da "asianização", ir direto ao ponto: "É o início do Século do Pacífico".

Não havia vodca no suco. A sorte estava lançada. Nos 5 anos depois da queda do Muro de Berlim, da implosão da URSS e do fim da Guerra Fria, o mundo vivia o tortuoso interregno já enunciado por Gramsci: a velha ordem havia caído, mas a nova ainda não havia nascido. Anulado o grande conflito ideológico, só restou um Deus: o onisciente Mercado, mais poderoso que Jesus, Buda, Maomé — ou Marx. Marte morreu com as bombas e blindados da URSS. Mercúrio — o mensageiro dos deuses — passou a ser o novo árbitro entre os povos. A guerra passou a ser econômica, cultural, tecnológica, até mesmo narcótica — já que o tráfico de drogas é uma guerra do Hemisfério Sul contra o Hemisfério Norte. As novas potências são definidas por redes digitais — e não toneladas de aço; pela velocidade, e não pela superfície. Pesos leves pesam mais do que pesos pesados.

Apenas nos anos 90 a impressionante modernização da Ásia colocou uma série de pesos leves no centro do palco planetário. Este turbilhão não poderia deixar de provocar um realinhamento crucial dos ávidos interesses dos EUA — em detrimento de uma Europa mergulhada em camadas de europessimismo. Até mesmo os próprios europeus — lentos como lesmas para coordenar seu pensamento estratégico — foram obrigados a acordar de seu torpor, especialmente ao constatarem que seu comércio bilateral com a Ásia havia superado o comércio com os EUA. À Ásia interessa uma presença estratégica da Europa não apenas de um ponto de vista econômico: os líderes asiáticos ficam mais à vontade com a política externa européia — baseada na negociação de interesses mútuos — do que sob o eterno moralismo americano.

A APEC é um fórum informal de 18 países criado em 1988 por iniciativa do então primeiro-ministro australiano Bob Hawke. Cresceu tanto nos últimos anos que terminou virando uma espécie de mini-ONU. Inclui, entre outros, as 3 maiores potências econômicas planetárias (EUA, Japão e China), a região que mais cresce (o Leste da Ásia, povoado de tigres, dragões e aspirantes) e os cangurus e kiwis de Austrália e Nova Zelândia, loucos para não serem atropelados. Já representa metade da população mundial, mais de 50% da produção e mais de 50% do comércio. É um clube em teoria tão poderoso que passou a ser discutido como o vetor de uma futura mutação nada acidental: a incorporação do NAFTA (EUA, Canadá, México) a uma futura APFTA — ou seja, a verdadeira, gigantesca área de livre comércio Ásia-Pacífico. A data-limite para o trilionário casamento é 2020.

Fred Bergsten, diretor de um think tank econômico em Washington e consultor da APEC, diz que o clube tem 3 objetivos básicos: resistir a pressões protecionistas, lutar contra o regionalismo que privilegia o próprio umbigo — na Europa e também nos EUA — e evitar conflitos econômicos. Estas sutilezas encobrem uma agenda oculta que desestabiliza profundamente os asiáticos — embora não o admitam publicamente. Quando o *Economist* londrino criticou a APEC como um organismo inócuo, Mr. Bergsten encarregou-se de sua defesa. Frisou que a APEC "mantém o envolvimento americano na vida econômica do Leste da Ásia". E frisou que "a América precisa da liberalização do comércio, especialmente nos grandes mercados da Ásia, onde as barreiras ainda são muito altas".

A estratégia Ásia-Pacífico dos EUA, a longo prazo, de acordo com a Rand Corporation, baseia-se teoricamente em 4 pontos. 1) Manter as alianças tradicionais: Japão, Coréia, Austrália, Filipinas e Tailândia. 2) Promover o "engajamento" dos comunistas remanescentes — China, Vietnã e Coréia do Norte (no caso da China, "contenção" — política jamais admitida oficialmente). 3) Construir uma "arquitetura regional" baseada em crescimento econômico e estabilidade política (é onde entra a APEC, cujo papel seria o de evitar que as novas potências industriais asiáticas caiam na tentação de se distanciar de Washington). 4) Defender a democracia e os direitos do homem.

A APEC interessa até certo ponto aos asiáticos. Não lhes interessa nem um pouco uma APEC dominada pelos EUA. Qual é a solução? A solução é incentivar a APEC — mas com uma sólida unidade asiática estabelecida dentro da APEC. Para isso, até agora só existe uma proposta sensata: a criação da EAEC, acrônimo em inglês para Conselho Econômico do Leste da Ásia, que seria o grupo dos asiáticos dentro da APEC. A proposta é do primeiro-ministro da Malásia, Mahathir Mohamad, visionário condutor da modernização de seu país e estrela internacional por sua defesa encarniçada dos "valores asiáticos". Até agora ninguém apostou com força na proposta de Mahathir com medo de irritar os EUA. Mas sua necessidade é premente. Os EUA têm o NAFTA. A Europa tem a União Européia. Até o Brasil tem o Mercosul. Os asiáticos ainda nem conseguiram apaziguar suas disputas internas. Ou seja: ainda não estabeleceram uma maneira de organizar seu comércio intra-regional. Só a partir daí terão o tremendo poder de negociar em bloco — onde uma EAEC estaria protegendo seus interesses básicos.

Basta observar o mapa para perceber que Leste e Sudeste da Ásia, América do Norte, Austrália e Nova Zelândia são parceiros comerciais naturais. Ásia e América vivem cada vez mais em mútua dependência. Os asiáticos precisam tanto do mercado americano quanto do dinheiro japonês para continuar crescendo. Mas a Ásia-Pacífico "maior zona de livre comércio do mundo" ainda é, dependendo do ponto de vista, uma aspiração, uma miragem ou uma quimera — como no fundo reconhecem os 11 países asiáticos entre os 18 da APEC. A diversidade econômica, política, cultural e de renda entre os membros é gargantual. Os mais ricos querem mercado livre, os mais pobres ainda precisam depender de protecionismo. O Japão é um gigante econômico, mas um anão militar; fechado em sua concha, vive imune a preocupações alheias. A China cresce desmesuradamente, mas ainda está a 7% da economia japonesa. Os tigres são pequenos e não têm peso para liderar um bloco tão diverso. Além disso, não é fácil harmonizar a visão comercial de Japão, Coréia, China e os países da ASEAN — Cingapura, Malásia, Indonésia, Tailândia, Filipinas, Brunei e Vietnã — estes, sim, já pensando em bloco. Afinal, o Leste da Ásia também compete entre si, e por fatias essenciais do gigantesco mercado americano, parceiro comercial privilegiado de todos eles.

Goh Chok Tong, primeiro-ministro de Cingapura, visualizou na cúpula da ASEAN em Bangkok no final de 95 uma região "tão desenvolvida e tão bem conectada quanto o continente europeu". Para ele, a futura ASEAN estará interligada por estradas de ferro state of the art, gasodutos, e políticas financeiras complementares. Esta integração acelerada demonstra como a ASEAN leva a sério a guerra de posições na economia global diante de seus competidores por comércio e investimentos — China, Índia e América Latina.

Há, claro, inúmeras afinidades geográficas, históricas e culturais entre as nações da Ásia. Há valores comuns — como a primazia da família, a tolerância cultivada como virtude suprema, a aversão à confrontação, e até mesmo o fato de serem em grande parte sociedades pós-coloniais de sucesso. Há a Internet de bambu — a complexa network de business da diáspora chinesa, infiltrada por todo o continente. Mas a centelha definitiva que moverá a Ásia a pensar em bloco provavelmente será atribuída não a uma sigla inventada por um australiano, mas a fatores intangíveis: esta vibração, determinação, dinamismo e entusiasmo, que se sente em toda a região, e um contagiante senso coletivo de identidade.

A solução asiática no momento é cortar caminho através da estratégia dos triângulos (ou polígonos) de crescimento. 2 áreas já aceleram como Fórmulas-1: o triângulo do Sul da China (Hong Kong, Taipé, as províncias chinesas de Guangdong e Fujian), e o triângulo de Sijori entre Cingapura, Malásia e Indonésia. Já se discute o triângulo do Norte da Ásia, que deve unir províncias das Filipinas com Taiwan, Hong Kong e o Sul da China depois de 1997. O segredo do sucesso — e complementaridade econômica, vontade política, empenho do setor privado — é a construção de uma infra-estrutura adequada.

Na arena internacional, enquanto a Ásia não pensa em bloco, predomina a prática de um cuidadoso "regionalismo aberto" — conceito central à APEC. Ou seja: se a União Européia está interessada nos mercados asiáticos, que elimine suas protecionistas barreiras comerciais. Corporações européias pararam de reclamar do tempo perdido e estabeleceram cabeças-de-ponte em Cingapura, por exemplo, para vender para todo o continente. Aumenta o comércio entre a União Européia e a ASEAN, que, juntos, já têm mais de 800 milhões de consumidores. Os europeus perceberam que já faziam mais business com a Ásia — quase US$ 450 bilhões — do que com os EUA, e já ultrapassavam o comércio entre Ásia e EUA (pouco mais de US$ 330 bilhões). Também perceberam que seus investimentos na Ásia estavam muito atrás de EUA e Japão. Foi o suficiente para se engajarem em 96 em um urgente plano de consultas de alto nível entre governos da Europa e do Leste da Ásia.

A Europa batizou formalmente a emergência da Ásia quando 25 países da União Européia e do Leste da Ásia reuniram-se em Bangkok em março de 96 para um encontro histórico. A idéia original partiu de Cingapura. Apesar de concepções divergentes em relação a um código regendo investimentos estrangeiros, barreiras tarifárias, políticas antidumping da União Européia e tortuosas interpretações de direitos humanos, o encontro foi um sucesso muito além de uma photo opportunity.

Os europeus, sem dúvida, perceberam o nascimento do Século do Pacífico. Mas isso não impediu os asiáticos de especular se os Marco Polos pós-tudo — fascinados com as maravilhas do Oriente misterioso — só acordaram porque a Ásia tornou-se um sucesso tão grande que não poderia mais ser ignorada. A maior parte dos países do Leste da Ásia praticamente não tem desemprego — comparado às taxas mirabolantes da Europa. As taxas de poupança provêm uma cesta de fundos de investimento — enquanto a seguridade social européia desencoraja o trabalho e até ameaça ruir com as finanças nacionais. Impostos e gastos do governo em relação ao PIB são baixos na Ásia — em comparação com a Europa. As políticas econômicas asiáticas estão direcionadas a promover crescimento — ao contrário da Europa, onde predomina política industrial e redistribuição de renda. O fato é que as especiarias trazidas de volta à Europa pelos neo-Marco Polos foram picantes histórias de governos pró-business.

Europa e EUA passaram os anos 80 alarmados com a competição japonesa. Nos anos 90, a preocupação é com o boom do Leste da Ásia chinês e da ASEAN. Gerald Segal, do Instituto de Estudos Estratégicos de Londres, observa como "a tese de Paul Krugman sobre a ausência de um milagre asiático dá aos europeus alguma esperança de que possam competir a longo prazo". Segal também realça como "os europeus mais cínicos pensam, mas nunca o exprimem em voz alta, que uma corrida armamentista e uma tensão militar no Leste da Ásia poderiam ter suas vantagens, porque poderiam danificar a habilidade do Leste da Ásia em competir com a Europa". Mas o fato principal, no momento, é que a ASEM — acrônimo em inglês para Encontro Ásia-Europa — reuniu a União Européia com os países do EAEC proposto pela Malásia. Mr. Segal completa seu raciocínio com um sorriso: "Os americanos e australianos incentivaram a agenda da APEC justamente para se oporem à criação de um grupo sem caucasianos. Os europeus, por outro lado, não quiseram incluir Austrália e Nova Zelândia na ASEM. De fato, os asiáticos devem agradecer aos europeus por terem criado uma região do Leste da Ásia..."

A rapidez com que a ASEM se materializou a partir do nada revela como a União Européia ficou perturbada pela parceria dos protagonistas do Século do Pacífico — Ásia-EUA — na APEC. Por que a ASEM parece funcionar melhor do que a APEC nos revela as diferenças de percepção cultural entre os 3 continentes. A tradição cultural e filosófica da Europa a leva a discutir suas diversidades a portas fechadas, antes de atingir um consenso — o que é plenamente compreensível pela cultura asiática. Os EUA vão pela estrada cartesiana e missionária — ainda acreditando na sua superioridade intrínseca —, o que não faz o menor sucesso em uma Ásia que há pouco livrou-se do colonialismo. Além disso, um ator crucial — o Japão, subserviente aos EUA desde o final da Segunda Guerra — sente-se mais à vontade na ASEM, especialmente agora que uma nova geração chega ao poder sem o peso mental da geração que perdeu a guerra.

Em uma visita à Nova Zelândia, Mahathir Mohamad afirmou que a História acabou de fechar um ciclo, e logo teríamos construtores de impérios asiáticos espalhando-se pelo mundo. A Ásia havia encontrado a fórmula para estabilidade política, igualdade social e um imperialismo mais benigno. Com a APEC e a ASEM, americanos e europeus estão tentando na verdade não só contrabalançar a influência destes novos "construtores de impérios", como assegurar seu lugar no boom da Ásia, e portanto sua própria saúde econômica futura. Da mesma maneira, é do maior interesse do Brasil promover o máximo de aproximação do Mercosul com ASEAN e APEC. Mas ainda não está totalmente claro para EUA e Europa que a Ásia está usando os elementos mais valiosos de suas diversas heranças culturais para desenvolver suas próprias instituições políticas. Ou seja, a Ásia vai querer jogar de igual para igual com os "grandes" — e não vai aceitar sem críticas seus sistemas de valores.

O objetivo final de todo este carrossel de acrônimos é impedir que o mundo se divida em blocos comerciais regionais mutuamente exclusivos. Como sabemos, predomina o consenso de que a globalização é uma (re)descoberta da pólvora: crescer via comércio é melhor para todos — melhor do que se envolver em guerras bilionárias. A vigilância fica a cargo da Organização Mundial do Comércio (OMC), herdeira do Acordo Geral de Tarifas e Comércio (GATT). Se todo mundo cumprir as árduas regras da OMC — ainda há uma miríade de "barreiras invisíveis" na China ou na Europa, por exemplo —, o planeta não se dividirá em blocos comerciais regionais mutuamente excludentes. E, portanto, APEC, NAFTA e congêneres poderão inclusive desaparecer no século 21.

Claro que este cenário subestima a capacidade humana de semear a discórdia. Já soam alarmes. Um estudo da Shell publicado em Londres no final de 94 previa a possibilidade de uma avalanche de protecionismo por motivos religiosos ou nacionalistas, cortes cataclísmicos de empregos, pressões para assegurar salários e generalizado caos social e econômico. A paralisação total da França em dezembro de 95 — quando o governo de Jacques Chirac anunciou com peculiar arrogância cortes em benefícios sociais — demonstrou que não se tratava de uma previsão alucinada. O mundo industrializado treme ao saber que as vantagens comparativas no futuro imediato pertencem a países em desenvolvimento que contam com redes de mão-de-obra especializada e barata. Ao mesmo tempo, percebe-se que a globalização beneficia apenas uma minoria. De acordo com o Relatório Mundial de Investimentos 96 — publicado pela Conferência da ONU de Comércio e Desenvolvimento (UNCTAD) —, todas as 100 maiores multinacionais do planeta estão baseadas em países ricos. Os EUA têm mais de 30, o Japão 19. Os chaebols da Coréia do Sul ainda não estão no Top 100, mas se aproximam velozmente. A maior parte do investimento destas multinacionais é no mundo desenvolvido: os principais receptores são EUA, Inglaterra, França e Austrália. Mas a UNCTAD não deixa de notar que para o smart money do final do milênio, as grandes oportunidades de investimento estão nos EUA e na Ásia — o eixo do Século do Pacífico.

Em termos comerciais, o final de 96 ofereceu a todo o planeta uma oportunidade de ouro — que não foi exatamente bem aproveitada. Após a cúpula anual da APEC, em Manila, Cingapura organizou a primeira conferência de ministros da OMC. Para a cidade-Estado, o sucesso de relações públicas foi como um banho de champagne. Em 5 dias, Cingapura vendeu para todo o planeta a imagem da Ásia eficiente e futurista. Delegados de todos os países em desenvolvimento e mesmo europeus ficaram absolutamente embasbacados. Não poderia haver uma demonstração mais gráfica de que a Ásia está chegando lá. A publicação do relatório anual da OMC — relativo a dados de 95 — também revelou que a Ásia está chegando lá: em 95 já era responsável por 26% do comércio mundial. 8 países asiáticos estavam entre os 25 maiores países exportadores (o Brasil em 26º). Em 95, a Ásia captou US$ 65 bilhões de investimento estrangeiro direto (US$ 27 bilhões para a América Latina).

Já no dia-a-dia da conferência, a barra foi bem mais pesada. Fred Bergsten já afirmou que a APEC será "o primeiro grande sucesso de uma instituição internacional no pós-Guerra Fria". Um cínico diria que este "sucesso" é medido apenas do ponto de vista dos EUA. Tanto a cúpula da APEC quanto a reunião da OMC foram raptadas pelo desejo dos EUA de lançar as bases do acordo de tecnologia de informação (ITA) — cujo objetivo é zerar até o ano 2000 as tarifas aduaneiras de produtos de info-tecnologia. EUA, Canadá e países da Ásia-Pacífico monopolizam mais de 80% do comércio destes produtos. A Europa tem cerca de 15%. Cingapura e Malásia, entre elas, produzem 70% dos disk drives do planeta. 75% dos semicondutores também saem da Ásia. Economistas asiáticos diziam que os países da região não precisavam assinar nenhum acordo para atrair mais investimentos. Mesmo porque reduções de tarifas automaticamente tornariam grandes exportadores — como Malásia e Filipinas — ainda mais eficientes. Como frisou um economista da Goldman Sachs em Hong Kong, "é muito mais importante ter mercados de exportação abertos do que ter o mercado doméstico protegido". Ao final, os EUA conseguiram o que queriam: a maior parte dos tigres propôs-se a assinar o acordo. A Malásia iria "pensar" e eventualmente aderir mais tarde.

Ou seja: o sucesso pode mesmo ser medido pelo ponto de vista dos EUA — que nas Filipinas queriam acabar com a retórica sobre livre comércio e colocá-la em prática a partir do início de 97; levada a Cingapura, a idéia seria oferecer cortes de tarifas a outros países que implementassem os mesmos cortes. Foi exatamente o que aconteceu — mas apenas em relação ao ITA, que rege a indústria crucial do futuro. Os desejos de inúmeros países menos favorecidos — que gostariam de já começar a rediscutir áreas sensíveis como agricultura — foram relegados à periferia. A Europa — protecionista — só discute liberalização do comércio de agricultura a partir de 99. A única vitória clara de países em desenvolvimento foi a não-inclusão da cláusula social na declaração ministerial da OMC.

O futuro da OMC depende da resolução, como sempre, do enigma China. A China saiu do GATT em 1949 quando Mao tomou o poder. EUA e Europa exigem há anos que Pequim torne transparentes suas leis comerciais e acabe com a pirataria de propriedade intelectual estrangeira. A China ao mesmo tempo não quer abandonar sua política de obrigar multinacionais a transferir tecnologia. E também não quer abrir setores estratégicos à competição estrangeira — especialmente americana. Os chineses dizem que a própria APEC deve ir devagar — senão sobram vantagens para os países ricos e problemas para os países em desenvolvimento. A estrada para o livre comércio global até 2020 será longa e tortuosa. Não basta adotar um mesmo sistema alfandegário, simplificar documentos, processá-los eletronicamente. Não pode existir livre comércio com tamanho desequilíbrio entre Norte e Sul, onde países em desenvolvimento preocupam-se em proteger frágeis indústrias nacionais, enquanto investidores estrangeiros gritam por tratamento igualitário.

Admirável ou Abominável Mundo Novo? Não é preciso ser um xamã navajo para perceber que o mundo está fora do eixo, com a Mãe-Terra vilipendiada por todo tipo de destruição. A frenética globalização do final do século está mastigando o papel de governos na condução do desenvolvimento econômico, político e social. O Leste da Ásia pode viver em plena euforia — assim como a indústria high tech nos EUA, seletas multinacionais européias e seletas regiões na América Latina. Mas, se o Santo Graal do livre comércio não for combinado com políticas sociais que aliviem as truculências desse crasso mercantilismo, estaremos a caminho de uma nova (des)ordem mundial de conseqüências devastadoras.

4

Uma questão de valores

A história da interação entre Ocidente e Oriente está saturada de desprezo racial e arrogância cultural — dos 2 lados. Com a transferência cada vez mais brutal de dinheiro e poder para a Ásia agora que mais de 3 bilhões de indivíduos empenham-se em um *sprint* coletivo, Oriente e Ocidente turbinaram a retórica em uma interface de acusações de barbarismo e proclamações de superioridade dos respectivos valores.

Para estabelecermos a base da discussão, é conveniente lembrar que "civilização" começou a ser usada na Europa como antônimo de "barbarismo" apenas no século 18. A palavra foi adotada pelo Iluminismo a partir da visão sinocêntrica do mundo, onde o "Reino do Meio" — como se autodenomina a China — vive cercado e ameaçado por "bárbaros". Os dicionários ingleses do século 18 consideravam "civilization" uma palavra derivada de uma língua estrangeira.

Se pudéssemos viajar na Máquina do Tempo de H.G. Wells e aterrissar ainda mais longe, há 1 exato milênio, veríamos que as artes, ciências e tecnologia chinesas eram as mais avançadas do mundo (e os centros de saber eram as Universidades de Bagdá, Cairo e Córdoba — todas islâmicas). Tomando uma conexão para o início do século 16, veríamos uma lamacenta Londres da época Tudor atolada em doenças incuráveis, uma Europa de cidades e províncias engalfinhadas em guerra, e as Américas vagamente povoadas por tabas indígenas.

Já atravessando para o outro lado do mundo, veríamos em Pequim o governo eficiente do mandarinato Ming presidindo sobre uma nação enorme, porém unificada. A China já dominava amplamente o poder da pena e da espada — mesmo porque inventou tanto a impressão quanto a pólvora. Inventou também o compasso — o que levou sua marinha a meio mundo: no início do século 15 o almirante Zheng He já havia chegado à Índia e à costa Leste da África. Séculos antes da Europa, a China havia inventado todas as tecnologias necessárias a uma Revolução Industrial. Criativa e industrialmente poderosa, era a essência da vida civilizada. Parecia destinada a eternamente dominar este mundo de "bárbaros".

Mas divindades iradas mudaram de idéia. O Reino do Meio encaramujou-se por trás da Grande Muralha. A História tomou outro rumo. A vencedora foi a Europa: um bando de principados irascíveis eternamente em conflito, sem a integração política e a sofisticada organização social da China, e até mesmo inferiores tecnologicamente. Pode-se argüir que a China não dominou o mundo há mais de meio milênio por causa da influência de Confúcio — um aristocrata tradicionalista avesso a mudanças: o mesmo Confúcio que hoje é promovido como o Pai dos "valores asiáticos".

A panacéia da globalização gira em torno de um tremendo paradoxo. Qualquer pessoa e qualquer empresa querem ter a possibilidade de comprar qualquer produto fabricado em qualquer lugar do planeta pelo preço mais baixo. Ao mesmo tempo, pessoas querem proteger seu emprego, empresas querem proteger seus mercados, e governos querem proteger suas fronteiras dos tentáculos predatórios de corporações mundiais.

Queira ou não o Ocidente, um relatório publicado no início de 96 pelo emérito Instituto Internacional de Estudos Estratégicos de Londres não deixou margem a dúvidas: "Todas as tendências apontam não apenas para a 'asianização da Ásia' como para a asianização da política mundial no século 21, à medida que mais decisões que afetam a ordem global são tomadas por Estados asiáticos".

A conseqüência inevitável deste processo, desde os anos 80, tem sido uma explosão ou expressão de protecionismo em diversas latitudes. Só mesmo muita naïveté para imaginar que o Ocidente não usaria todos os seus mísseis — inclusive retóricos — para conter a competição da Ásia-Pacífico. Uma avalanche de papel e sound bites tentou circunscrever o "modelo asiático de desenvolvimento" ou a "maneira asiática" de fazer as coisas. Cresceu a tensão entre um Ocidente branco e desenvolvido e economias emergentes povoadas de "amarelos" ou "moreninhos". A tensão foi elevada por certos círculos intelectuais à condição de choque de civilizações. Hoje está projetada ao centro de um dos grandes debates de idéias do final do século: "valores asiáticos" contra "decadência do Ocidente".

Foram os valores asiáticos que criaram seus estilos de governo? Ou os valores foram utilizados como uma racionalização para validar o pragmatismo político dos mesmos governos? Em outros termos: é mesmo inevitável a relação entre autoritarismo soft e progresso econômico — frisada por inúmeros governos asiáticos?

Todos conhecem a máxima de Kipling, enunciada no lendário poema "The Ballad of East and West" (1889): "O Oriente é o Oriente, o Ocidente é o Ocidente, e os 2 jamais vão se encontrar". Mesmo em pleno frenesi de globalização, cérebros de primeira acreditam que o abismo entre o Ocidente e a Ásia — em organização social, ética de trabalho e noções de solidariedade — não é um axioma intransponível.

O reconhecimento da diferença, no entanto, é fundamental. Em uma pesquisa de 96 com executivos de 10 países da Ásia, conduzida pela "Far Eastern Economic Review" e pela "Asia Business News", 80,6% dos executivos afirmaram que os valores asiáticos são diferentes dos valores ocidentais: dois terços dos expatriados ocidentais também concordam. 62,9% dos executivos também responderam que estes valores contribuíram "significativamente" para o desenvolvimento econômico da Ásia: expatriados ocidentais também concordam.

Os 2 megafones high tech dos valores asiáticos na arena global são o Confúcio pós-moderno Lee Kwan Yew — criador da moderna Cingapura, primeiro-ministro de 1959 a 1990 — e o polêmico Mahathir Mohamad — criador da Malásia moderna, primeiro-ministro desde 1981. Porque seu perfil os assemelha a déspotas esclarecidos, defendem o autoritarismo soft como essencial ao progresso econômico e social e criticam acidamente a "decadência" ocidental, provocam um turbilhão de emoções na Europa e EUA. A mídia anglo-americana os acusa de ressaca pós-colonial e tende a simplificar sua visão de mundo. A realidade, como sempre, é bem mais complexa.

Uma das mais civilizadas discussões sobre o choque de valores Ásia-Ocidente nos últimos tempos aconteceu em janeiro de 96, em um simpósio no sublime ex-monastério do século 15 que hoje abriga a Fondazione Cini, em Veneza. O simpósio foi patrocinado pela Comissão Européia e pela presidência italiana do Conselho da Europa. Objetivo: deixar as coisas bem claras entre as elites culturais e científicas das 2 regiões antes da histórica cúpula Ásia-Europa em Bangkok, em março de 96. Simpósio e cúpula no mínimo deixaram bem claro como os europeus, preocupados com sua plausível marginalização do epicentro da economia mundial, finalmente perceberam que é preciso enterrar a ressaca do pós-colonialismo, minar diferenças culturais, recuperar o terreno perdido e criar uma integração mais ampla com a Ásia renascida. Como definiu um pesquisador malaio: "Assim como a Ásia se redescobre, a Europa redescobre sua relação com a Ásia".

E foi assim que na Sereníssima Veneza de inverno — sublime monumento da "decadência" européia — intelectuais europeus e asiáticos concordaram no ponto crucial: o sucesso econômico da Ásia não tem nada a ver com a supremacia dos valores asiáticos. Esta relação entre sistema de valores e desenvolvimento econômico — expressa em um dos slogans preferenciais de Cingapura: "Valores Asiáticos, Tecnologia Ocidental" — é muito simplista.

Para um ex-secretário do Ministério das Relações Exteriores tailandês, existe uma sobreposição e uma intersecção de valores entre Ásia e Europa que já vem de 5 séculos.

Para um pesquisador malaio, líderes na Malásia e Cingapura seguem uma agenda política que tenta abrandar o impacto negativo em seus países da industrialização e da modernização — assim como o Japão politiza o tema como parte do debate doméstico sobre a tortuosa relação Japão-EUA.

Para um pesquisador cingapuriano, o Banco Mundial cometeu uma bobagem do Além ao afirmar que os valores asiáticos estavam por trás da alta taxa de poupança largamente responsável pelo sucesso do Leste da Ásia: "Nós poupamos 40% do nosso salário porque o governo manda. Isso não tem nada a ver com cultura".

Um professor de advocacia tailandês delicadamente alertou contra o "perfume" do sucesso econômico.

Um pesquisador francês demonstrou que havia limites para cruzar filosofia política com eficiência econômica, porque "os caminhos de desenvolvimento da Ásia sinicizada variam muito de um país para outro".

Um pesquisador belga demonstrou que está errado atribuir o sucesso da Ásia apenas ao confucionismo — ênfase em educação, abnegação, ordem, disciplina, liderança forte —, porque até recentemente o mesmo sistema era responsabilizado pela estagnação econômica. Para ele, os valores confucionistas foram reinterpretados e adaptados ao presente. Além disso, "muitos dos valores atribuídos à Ásia são valores arquetípicos dos protestantes calvinistas da Holanda que fizeram tanto sucesso nas fases iniciais do capitalismo".

Asiáticos e europeus aproveitaram este encontro de cérebros para jogar a última pá de cal na tumba de Max Weber — para quem, entre outras coisas, sociedades confucionistas seriam incapazes de atingir o sucesso capitalista. No século 19, Max Weber provou que havia uma correlação — não uma causa direta — entre a ética protestante do Norte da Europa e a emergência do capitalismo moderno. O historiador Fernand Braudel 1 século depois implodiu com esta tênue conexão e ressaltou fatores históricos, sociais, políticos e econômicos mais importantes.

Em *La Dynamique du Capitalisme*, Braudel nos diz que "os países protestantes do Norte apenas tomaram o lugar antes ocupado pelos velhos centros capitalistas do Mediterrâneo... Amsterdã copiou Veneza, assim como Londres depois copiou Amsterdã e Nova York copiou Londres. A cada vez, o que acontecia era o deslocamento do centro de gravidade da economia mundial por razões econômicas (...) Esta transferência definitiva, no final do século 16, do Mediterrâneo para o Mar do Norte, é o triunfo de um país novo sobre um país velho".

Lee Kwan Yew e Mahathir Mohamad certamente exultam ao reler seu Braudel. Nem precisariam invocar valores asiáticos para provar que a Ásia já é o novo centro de gravidade da economia mundial. Mas seu projeto é muito mais ambicioso. O capitalismo tem sua própria dinâmica, agora global. Cultura é algo extremamente mais sutil e impalpável: uma série de hábitos éticos herdados, produtos de diferentes sistemas sociais, fatores de consenso ou de dissenso. A Lee e Mahathir interessa demonstrar que não só o sistema econômico mas as diferentes culturas e civilizações asiáticas, seus códigos éticos que regulam o comportamento — suas "linguagens do bem e do mal", como diria Nietzsche —, podem ser mais eficazes do que o Ocidente.

Em Veneza, asiáticos e europeus concordaram ao atribuir o sucesso da Ásia à construção de Estados sólidos, a imensos esforços nacionais, à capacidade de poupar, e ao papel dos governos em planejar seriamente a longo prazo e incentivar o investimento público — ao mesmo tempo promovendo o setor privado. Também concordaram que a excessiva politização do debate sobre valores — por causa de "considerações domésticas" ou "resistência a pressões externas" — não interessa para a vida cotidiana dos asiáticos. Para eles — assim como para diplomatas ocidentais e orientais — o mais premente é tentar encontrar respostas para uma série de problemas práticos:

— Em todas as partes da Ásia sente-se que uma massa de europeus e ocidentais em geral nem mesmo compreende ou se interessa em compreender os costumes e valores básicos das culturas asiáticas — o que está gerando um ressentimento cada vez mais explícito. Não é porque comem Big Mac e escutam Michael Jackson que os asiáticos devem exibir o mesmo comportamento crasso da "middle America".

— A globalização frenética pressiona valores tradicionais em todo o mundo. Será cada vez mais difícil a sociedades de países emergentes asiáticos manterem uma coesão social e cultural à medida que se modernizam. Um exemplo é a Índia, onde a avalanche de infidelidade televisiva americana de *Santa Barbara* a *Melrose* introduziu-se como o anjo do Apocalipse em uma cultura onde a maior parte dos casamentos ainda é arranjada.

— A Ásia critica abertamente o welfare system europeu — férias de 5 ou 6 semanas, 14º salário, seguro-desemprego que repõe 80% da renda. Mesmo porque empresas e corporações européias já votam via Airbus e transferem-se para a Ásia evitando todos estes custos adicionais. Mas a Ásia também deverá desenvolver e expandir suas próprias redes de seguridade social. A demografia não perdoa: o Japão, no século 21, será uma sociedade majoritariamente de anciãos.

— O futuro da Ásia dependeria de um projeto apenas material, despido de História e de valores espirituais, onde o meio — construir, construir, construir — é a única mensagem?

Praticamente não existe diferença entre a ênfase islâmica em solidariedade social, a ênfase confucionista em solidariedade familiar e a noção européia de seguridade social. Mas perde-se de vista no debate Oriente/Ocidente o fato de que sistemas de valores são relativos, não trans-históricos. Confúcio é hoje considerado por chineses, japoneses, coreanos e cingapurianos como o arquiteto da nova Ásia. O confucionismo não é uma religião: é um sistema ético. Em vez de "direitos do Homem", estabelece deveres, imperativos morais. Para chegar ao status ideal — o de gentleman scholar — uma pessoa deve cumprir estes deveres. Nesse aspecto, o virtuoso confucionista não é muito diverso do virtuoso da filosofia política clássica do Ocidente: deve praticar a honra, a benevolência e a coragem, por exemplo. Para o confucionismo, o homem não pode se aperfeiçoar no isolamento: as virtudes mais altas devem ser praticadas socialmente. Nesse aspecto, Confúcio concorda com Aristóteles: o homem é um animal político.

Nos *Analetos*, do século 5 a.C., Confúcio nos diz que a harmonia social deriva da obediência à autoridade — tanto na família quanto no Estado. Mas é fundamental que o soberano seja um vivo exemplo de retidão moral para seus súditos: caso contrário, se for um tirano, perderá o "mandato do Céu". A teoria do "mandato do Céu" deve-se ao lendário duque de Zhou, que no início do século 11 a.C. derrotou a dinastia Shang, e estabeleceu o sistema feudal chinês. "O Céu vê com os olhos do seu povo e escuta com os ouvidos de seu povo." O Mandato do Céu é um imperativo moral, ao qual, para Confúcio, não só o soberano mas todo e qualquer indivíduo deveria se submeter. Confúcio diz que apenas aos 50 anos de idade conseguiu entender o que estava em jogo. Na filosofia política de Confúcio, o clímax é a "paz sob os céus" — expressa na famosa máxima *"xiushen qijia zhiguo pingtianxia"*, onde a interligação é total entre a ordem e a paz de nosso eu interior, da nossa própria casa e das relações sociais.

O PC chinês sob Mao considerava Confúcio um megarreacionário: o sábio só foi "reabilitado" — assim como o infinitamente pragmático Genghis Khan — em decorrência do boom econômico (embora Genghis não seja oficialmente promovido — ainda — como modelo de valor). O fenômeno é no mínimo curioso, quando se sabe que os discípulos de Confúcio menosprezavam mercadores — em benefício de políticos, intelectuais e camponeses, estes, sim, considerados produtivos: por esta razão a China não chegou ao capitalismo já durante a dinastia Song, no século 11, quando afluentes mercadores inclusive patrocinavam artes e literatura. O mesmo vale para a Índia, onde a casta de mercadores sempre foi obrigada a se submeter à estática e auto-indulgente casta dos *brahmins*.

Depois de 3 sakês ou conhaques, a emergência da Ásia inevitavelmente se traduz para milhares de empresários — especialmente chineses — como uma euforia sensual. Um dragão de Hong Kong, sorvendo seu Remy-Martin no Félix, o restaurante pós-mod desenhado por Philippe Starck no Peninsula Hotel, com vista para toda a ilha, expressou o fenômeno com perfeição: "Claro que nossos valores são melhores. Estamos ganhando um monte de dinheiro e indo muito bem. Portanto estamos fazendo a coisa certa".

Não há como argüir com a voz do Hong Kong dollar. Já para examinar o que pensa a elite política asiática, a melhor fonte no momento é *The Voice of Asia*, tradução em inglês — porém só à venda na Ásia — de um best-seller originalmente publicado no Japão e escrito por Mahathir Mohamad e Shintaro Ishihara. Ishihara-san é um ex-deputado nacionalista que ficou famoso no final dos anos 80 com outro polêmico best-seller, *O Japão que Diz Não*, onde demonstrava a superioridade da maneira samurai de pensar e fazer. O título original — não traduzido — do novo livro é muito significativo: *A Ásia que Diz Não*.

Ishihara tem uma mente bem mais sofisticada do que sugere sua afirmação em tempos de enfant terrible qualificando a Ásia de "franquia japonesa" — e provocando reboliços federais. Para ler e debater com estas vozes da Ásia é preciso antes de tudo se despir de qualquer preconceito — algo inimaginável na grande imprensa européia ou americana. Mahathir não está muito longe da verdade ao lamentar o "cérebro colonial" da mídia sobretudo anglo-americana. Se nossa referência é a voz do Establishment — *Wall Street Journal*, *The Economist*, Universidade de Chicago, Milton Friedman e baluartes congêneres — temos apenas o ponto de vista hegemônico. Se a referência é 7-Elevens da informação como *Time* ou *Newsweek*, pior ainda: quando seus repórteres voltam de 1 semana na Ásia com tudo pago inevitavelmente expelem oceanos de clichês que apenas reforçam preconceitos americanos já arraigados. O comportamento de barata tonta é explicável: pela primeira vez em seu curto império global os EUA são obrigados a lidar com populações de aproximado nível econômico e com uma visão de mundo absolutamente diversa.

A maior parte da opinião pública ocidental ainda pressupõe o predomínio absoluto de uma ordem moral européia/americana. A visão de mundo de intelectuais do Ocidente, suas preferências políticas e seu eixo pessoal ainda estão baseados nesta ordem moral que "mostra o caminho" a outras culturas. Kipling identificou o fenômeno como "o fardo do homem branco". Há motivos para pensar que o fardo hoje é do "homem amarelo" ao explicar que as coisas não são assim tão preto-e-branco. Chan Heng Chee, diretora do Instituto de Estudos do Sudeste da Ásia, em Cingapura, coloca as coisas em perspectiva: "Seria ótimo que o Ocidente se ajustasse ao fato de que não queremos ser admoestados. Devemos ter feito alguma coisa certa para produzir uma série de países prósperos do Japão à Indonésia. Ocidente e Oriente devem parar de falar por máscaras, um através do outro".

Em plena polêmica, sempre é necessário lembrar que o Ocidente é um mero arrivista comparado com a finesse milenar das artes, ciências e mesmo tecnologia chinesas. Os valores asiáticos têm uma precedência de milhares de anos, e são seguidos por centenas de milhões de pessoas a mais do que os valores ocidentais. A Europa só disparou quando descobriu o progresso científico, no século 15, que levou à fabricação de armas mais eficientes e finalmente à Revolução Industrial. Do ponto de vista da Ásia, a História moderna tem uma leitura completamente diversa da que estamos acostumados. Para a Ásia, europeus e americanos só puderam impor sua vontade nos últimos 5 séculos por causa de **tecnologia**. Não é que os europeus fossem mais cultos, tivessem melhores sistemas políticos, ou um comportamento que os aproximasse de Deus. Mas suas máquinas eram melhores, e seus exércitos mais poderosos. No Japão, considera-se que a Segunda Guerra Mundial foi perdida por razões **técnicas**, e não estratégicas.

Ishihara pondera que a fundamental diferença entre Ásia e Ocidente é que este último "usou poder militar e político para forçar sua cultura, vestida de 'modernização', em áreas e países que a rejeitaram". Contrapõe esta atitude ao ethos asiático, "magnânimo na sua aceitação da diversidade e da tolerância religiosa". Exemplifica com o pluralismo religioso da Malásia, onde 4 dias sagrados são feriados nacionais: o nascimento do Buda (6 de maio), o nascimento de Maomé (30 de agosto), o festival das luzes hindu (30 de novembro) e o Natal (25 de dezembro). Supõe-se que a tolerância não se aplique à China: Ishihara não saberia explicar o genocídio cultural e religioso perpetrado pelos Han chineses no Tibet.

Ishihara cita o trabalho muito respeitado no Japão do scholar Shoichi Watanabe, que demonstra como o cristianismo na Europa combinou crenças de "povos do deserto que viviam em cavernas" e povos germânicos vivendo em grandes florestas: "Vivendo amontoados, comunidades das cavernas viam o mundo em preto-e-branco — uma luta entre anjos e demônios — e desenvolveram uma doutrina escatológica da salvação. As tribos da floresta, contemplando os céus, inspiraram-se em se projetar e preencher a vastidão. Watanabe escreve que este amálgama deu a sanção religiosa ao expansionismo europeu". Joseph Campbell certamente reconheceria a validade da análise de Watanabe — uma mescla do mito da caverna de Platão com o mito do Herói devotado a sua missão.

É possível a partir desta análise contrapor Ocidente e Oriente como um conflito entre povos de arrozais e povos da floresta. Japoneses e outros povos asiáticos revelam uma inerente cooperação e espírito de grupo porque indivíduos passaram séculos na dependência um do outro. Ocidentais passaram eons zanzando pelas florestas da Europa e naturalmente absorveram o código de "cada um por si". É natural que tenham produzido modelos econômicos — e atitudes — diversas.

Qualquer asiático — intelectual, político ou vendedor de rolinho primavera — concorda que a família é a fundação espiritual da Ásia. O conceito da família estendida — um parentesco interminável — é central no universo chinês. O conceito de *wa* — "harmonia" em japonês — é entendido no Ocidente como favorecendo a coletividade em prejuízo dos indivíduos. Não é verdade: a essência de *wa* é a paz de espírito individual. Não significa um sacrifício do indivíduo ao grupo, mas uma união — como cada grão individual unido a um *sushi*. A noção de responsabilidade social está entronizada em qualquer asiático: a relação entre sua conduta e o bem comum é inescapável. É uma regra de ferro: se o indivíduo não age com responsabilidade, a sociedade sofre. E se a sociedade entra em colapso, o indivíduo não sobrevive.

Esta concepção só pode se afirmar em sociedades onde a família tem importância fundamental. De acordo com Ishihara, asiáticos sempre "assumem a priori que deve haver um equilíbrio entre o indivíduo e a sociedade. Se as sociedades ocidentais são como um edifício de tijolos, onde cada componente separado é distinto, as sociedades asiáticas são como fluidas estruturas de concreto. Nós nos vemos como partes indivisíveis do todo". É natural que esta perspectiva extravase para a ética de trabalho. O escritório e a fábrica são uma extensão da família. Não há como se espantar com jornadas de trabalho de 16h diárias.

Ishihara está certo: tudo na Ásia baseia-se em harmonia. É a partir desta norma fundamental que derivam os valores familiares, o respeito pela comunidade, a amizade com o próximo — vizinhos, colegas de trabalho —, e um princípio igualitário segundo o qual todo mundo deve ter chance de prosperar ao mesmo tempo. Claro que esta visão idílica está sendo corroída pela ganância materialista do hipercapitalismo, equipado com seus braços armados preferenciais, Hollywood e a indústria da publicidade. Mas a essência permanece: apenas está momentaneamente soterrada pela euforia natural de novos-ricos livres de tanto *karma* negativo. Asiáticos têm uma extraordinária capacidade de equilibrar filosofias contraditórias. Toda esta invasão de Ocidente compõe apenas uma entre várias camadas de sua visão de mundo.

Os melhores estudiosos europeus não-preconceituosos e a própria observação on the road nos confirmam a existência de pelo menos 4 camadas socioculturais na Ásia contemporânea: 1) a Ásia pós-colonial e em processo de modernização, industrial e pós-industrial, urbana, e em alguns casos — Tóquio, Cingapura, Hong Kong — mais sofisticada do que grande parte do Ocidente; 2) a Ásia das networks transnacionais — Internet de bambu dos chineses, diáspora indiana, conexões muçulmanas que vão dos trópicos ao Oriente Médio; 3) as sociedades agrárias que geraram os Estados atuais: todo o interior do Sudeste da Ásia — vivendo como há séculos ou se mecanizando, regiões no interior da Índia ou da China que ainda vivem como na Idade Média; e 4) as ditas "minorias" que vivem em regiões quase à margem do mundo, como as tribos *dayak* em Bornéu, tibetanos, populações dos Himalaias e nômades da Mongólia.

De Nguyen Phuoc Cong Huyen Ton, pertencente à família real vietnamita na linhagem do imperador Minh Mang, com um doutorado em Berkeley, e hoje morando no Norte da Tailândia, ouvi uma das melhores exposições sobre o verdadeiro sentido dos "valores asiáticos": "A maioria dos asiáticos tradicionalmente vivia em vilarejos. Para a maioria, nos últimos 2 mil anos, a experiência levou ao princípio, em um provérbio vietnamita, de que 'o mandato do Imperador dá preferência aos costumes do vilarejo'. No vilarejo havia voluntarismo, uma espécie de auto-organização anarquista, uma ordem social espontânea, um estado de transparência psicológico não apenas com outras pessoas mas também em relação à Terra, com os ancestrais habitando as terras comunitárias. Educavam-se os filhos em comum e não havia nem monogamia ocidental nem patriarcado da Corte. A conexão interpessoal era baseada em empatia e harmonia, não havia campo para um hierarquia de dominação/ submissão".

A base de todas as culturas asiáticas é ordem, harmonia, moderação e bom senso. Daí deriva uma visão de mundo com ampla perspectiva — enquanto no Ocidente o espectro de atenção muitas vezes não chega ao dia de amanhã. O Dalai Lama vive reafirmando que 50 anos sob dominação chinesa são uma gota de uma xícara de chá. Empresas japonesas e coreanas desenvolvem planos de trabalho que abrangem 50 anos. Em Cingapura, nos anos 80, trabalhadores aceitaram uma redução em suas contribuições para contas de aposentadoria para ajudar o país a combater uma recessão.

Quais são, portanto, as verdadeiras virtudes — e valores — asiáticos? São: tolerância, compromisso (em vez de confrontação), magnanimidade, flexibilidade, estoicismo e uma disciplina que se manifesta na capacidade de se impor limites. Budismo, confucionismo e seitas muçulmanas asiáticas convergem absolutamente neste aspecto. A disciplina de denegar ou adiar o prazer é altamente purificadora: rende benefícios não só espirituais como também materiais. Sua influência no atual sucesso econômico foi fundamental.

Nada irrita mais o Ocidente do que o argumento de líderes leste-asiáticos segundo o qual imperativos políticos devem ser separados de direitos humanos. O autoritarismo desenvolvimentista — onde o progresso econômico tem prioridade sobre absolutamente tudo — é condenado em Nova York, Londres, São Paulo ou Bogotá. Ignora-se que em sociedades influenciadas pelo confucionismo — China, Japão, os tigres — o Estado deve ser não apenas provedor material como guia moral. Europa e EUA não perdem a chance de condenar a suposta fraqueza da sociedade civil, a ausência das benesses intelectuais do Iluminismo e a suposta arrogância subjetiva de líderes asiáticos. Como se atrevem a escrever uma nova definição de democracia e decidir o que o povo realmente quer?

Para Mahathir, "os países que hoje estão dando certo são aquelas democracias não tão liberais com governos que desempenham um grande papel na economia. O sucesso do desenvolvimento depende de estabilidade política, visão a longo prazo e consistência". Em sua visita à Malásia, o presidente Fernando Henrique ficou fascinado com o credo — que derruba xícaras de chá em Washington, Londres e Paris. Não terá se fascinado com alguns detalhes do corolário: imprensa sob vigilância, cidadãos sob vigilância (é necessária permissão policial para qualquer reunião de algumas pessoas), Lei de Segurança Nacional que prevê detenção indefinida sem julgamento.

Ishihara, Mahathir, Lee Kwan Yew, Suharto e uma pletora de líderes asiáticos partidários do despotismo esclarecido não consideram a democracia anglo-saxã como a definitiva forma de governo. Para eles, a nova interação mundial necessita de novos paradigmas de "liberdade" e "democracia". Não faltam nuances. Na Ásia, "liberdade" costuma ser encarada por outros ângulos. Em Kuala Lumpur, ouvi de uma fonte nada suspeita — um ex-exilado político — que "a Ásia está se educando. Em vez de direitos humanos, pensamos em privilégios humanos. Nós estamos ganhando este privilégio e provando que não o usaremos para insultar gratuitamente os outros. As restrições do nosso sistema político não significam que fomos obrigados ao silêncio".

Para exemplificar como o Ocidente manipula conceitos a seu bel-prazer, Ishihara refere-se à concepção européia de livre comércio no século 19, quando os europeus eram "livres" — com apoio de navios de guerra — para vender o que quisessem aos nativos. Ishihara identifica corretamente a guerra do ópio (1839-1842) como a primeira disputa comercial da era moderna. Os ingleses bebiam tanto chá chinês que para reverter a hemorragia cambial obrigaram a China a comprar ópio. O sucesso lhes abriu o apetite para a expansão global do império.

A Inglaterra não construiu um fabuloso império dominando 25% do planeta vendendo altruísmo. Violou todos os princípios de livre comércio que se conhece para alcançar a hegemonia. A British Navy se impôs sobre franceses e espanhóis e passou a controlar todas as rotas comerciais importantes. Músculo britânico impediu que Portugal e Irlanda desenvolvessem uma indústria têxtil competitiva. O único e obsessivo objetivo era desenvolver uma imbatível indústria de manufaturas. Só depois de um século e meio, quando apareceu Adam Smith — e com a hegemonia garantida —, a Inglaterra passou a falar em livre comércio, ajuste de preços, e a condenar medidas protecionistas.

O desenvolvimento dos EUA seguiu o mesmo processo. Só depois de consolidar sua indústria os EUA passaram a pregar as benesses do laissez-faire. Os melhores analistas concordam que nada mudou no debate entre livre comércio e protecionismo nos últimos 2 séculos. Os americanos reclamavam da concorrência com uma montanha de capital inglês — que permitia aos britânicos crédito a longo prazo e estreitas margens de lucro. Nos anos 80, a mesma choradeira tinha por objeto o capital japonês.

Ishihara também identifica corretamente como o monoteísmo cristão incentivou o racismo. Não há como não concordar que se a tolerância budista tivesse se espalhado pela Europa, caucasianos não seriam tão racistas: "O cristianismo nunca tentou liberar os povos colonizados que eram cruelmente maltratados".

O xis conceitual de toda a questão é que as novas vozes da Ásia questionam abertamente, pela primeira vez em séculos, a hegemônica visão de mundo anglo-americana. Esta visão de mundo, como sabemos, articula-se em 3 pólos: Newton, Locke e Adam Smith. Newton estabeleceu as leis de funcionamento da Natureza. Locke — muito mais influente do que Rousseau no mundo anglo-americano — formalizou os princípios da dignidade primordial do indivíduo (é importante ressaltar que estas idéias já transitavam por budismo e confucionismo antes da Grécia clássica). Adam Smith estabeleceu as leis do laissez-faire econômico. Quando Lee Kwan Yew afirma: "Este vale-tudo, esta noção de que todas as idéias devem se chocar e haverá uma luz cegante a partir da qual veremos a verdade — Ha!", está atacando Locke, e por extensão, Rousseau. Nesse aspecto, Locke — segundo o qual o poder do Estado deriva do consentimento de quem é governado — é o oposto de Confúcio — para quem o paternalismo é a autoridade política ideal. A ética do confucionismo deriva de instituições sociais: a família, a linhagem familiar, o imperador. Todas estas instituições têm uma significação moral. Nenhum indivíduo é capaz de contestá-las. Mas o confucionismo não as transforma em abstração nem as impõe a todas as latitudes — como a crença cristã de defensores dos direitos humanos para os quais um só standard universal de conduta ética aplica-se a todo o planeta. Lee Kwan Yew é mais pragmático: para ele, nem Rousseau nem Locke são os papas da filosofia política porque sociedades funcionam melhor se prestam mais atenção no bem-estar do grupo, em vez dos direitos do indivíduo. Seu CQD: Cingapura.

Da mesma maneira, os japoneses estão atacando Adam Smith quando afirmam, como bons confucionistas, que não se pode formar uma sociedade decente e moral — ou mesmo eficiente — simplesmente baseada em mecanismos de mercado movidos pelo combustível do auto-interesse. Daí o modelo econômico completamente diverso, já definido por Eisuke Sakakibara, guru do todo-poderoso Ministério das Finanças japonês, como uma "economia de mercado não-capitalista".

Tratados a ouro e veludo por diplomatas e homens de negócios do Ocidente, líderes asiáticos chegaram à irônica conclusão de que o mundo desenvolvido não pode viver sem as economias de países em desenvolvimento. Eurocéticos até mesmo começaram a apregoar os benefícios de uma "orientalização" — para acabar com o dirigismo estatal, as ineficiências da democracia, e os falidos sistemas de seguridade social na Europa. Ecos como este reverberam ainda mais os já ensurdecedores decibéis da autoconfiança asiática. O mantra inicial de Lee Kwan Yew — a excessiva ênfase ocidental em direitos individuais sacrifica a ordem social: não pode haver liberdade pessoal no meio do caos — foi exportado com sucesso para quase todo o continente. A mais soberba ilustração individual do mantra foi oferecida por Cingapura ao mundo em 94, com o caso Michael Fay — o "vândalo teenager americano", segundo os cingapurianos, que levou 4 chibatadas por ter grafitado alguns Lexus e BMWs.

Ishihara nota que "europeus costumavam punir não-brancos com vara, mas os papéis se reverteram no caso Fay, a divertida maneira da História de fechar um ciclo". O caso Fay foi visto como uma vitória coletiva da Ásia. Até a Califórnia apoiou as chibatadas. Em todas as latitudes comentava-se que finalmente o Ocidente havia acordado para o fato de que uma outra lógica — e uma outra noção do que é bom e verdadeiro — prevalece em outras sociedades. Não faz sentido estigmatizá-las: é necessário compreendê-las e analisá-las pelos benefícios que trazem às suas populações.

Sulak Sivaraksa, crítico social tailandês, acredita que a Ásia deve superar seu complexo de inferioridade e contrapor seus melhores exemplos ao eurocentrismo. Em uma conferência sobre o "Diálogo de Civilizações" Ásia-Europa, ele frisou que o Ocidente chegou a um beco sem saída, e agora volta-se para o Oriente — de onde tem muito o que aprender, especialmente no que concerne a princípios.

Sivaraksa enfatizou a notória hipocrisia especialmente americana de criticar a China por abuso de direitos humanos enquanto despeja rios de dinheiro no país: como se sabe, os EUA são campeões mundiais de homicídio, posse de arma e encarcerados per capita. Sivaraksa demonstrou como o Dalai Lama e a líder democrática burmesa Aung San Suu Kyi praticam o princípio budista de *metta* — gentileza e amor — em vez de tentar resolver problemas via confrontação, uma estratégia cujo aprendizado poderia trazer grandes benefícios ao Ocidente. *Metta*, em *páli*, significa "gentileza". Seu ensinamento é atribuído ao próprio Buda. O *metta sutra*, recitado diariamente por budistas de todo o Sudeste da Ásia, com sua mensagem de gentileza dirigida indiscriminadamente para todos os seres, poderia ser qualificado como o hino extra-oficial para um planeta verdadeiramente civilizado.

Do ponto de vista dos governos asiáticos, pressões ocidentais sobre direitos humanos — onde Tibet, Burma, Timor e Kashmir são colocados no mesmo saco — não passam de manifestação de inveja, ou tentativas de descarrilhar o trembala de suas economias. Qualquer restrição à liberdade de expressão na Ásia é defendida como necessária para promover crescimento com estabilidade. É impossível generalizar: deve-se novamente prestar atenção nas inúmeras nuances.

Há 1 década o povo das Filipinas desafiou tanques e rifles e arremessou ao desemprego terminal o marido de Imelda Marcos — o cleptocrata e flamboyant Ferdinand. Marcos, na época, pronunciou uma frase que até hoje assombra os asiáticos: "É mais fácil administrar uma revolução do que um governo". Nos últimos 10 anos, todas as latitudes da Ásia desenvolveram sua consciência política — e aceleraram o fim de regimes corruptos, democráticos ou não, a começar pelo regime Marcos.

Como se sabe em toda a Ásia, as Filipinas passaram 300 anos em um convento e 50 anos em Hollywood. Em seu desprezo histórico pelo bem coletivo, em muitos aspectos parece o Brasil: corrupção política, absurda desigualdade social, proliferação de *haciendas*, elites que fizeram seu próprio pacto com quem mandava — ou seja, os poderes coloniais, Espanha e EUA. Apenas agora as Filipinas estão conseguindo se livrar do peso da dependência — combatendo a corrupção, profissionalizando o governo, fechando bases americanas. Finalmente começam a desmentir Marcos.

Ao mesmo tempo, cientistas sociais em Cingapura afirmam que o neo-autoritarismo — sem democracia — é o grande desafio ideológico à democracia capitalista. É possível — e neste caso o Ocidente tem muito a ganhar despindo-se de sua arrogância cultural e examinando em detalhes os méritos da engenharia social de Cingapura, já modelo privilegiado de China, Vietnã e Indonésia. O Ocidente também pode examinar os relativos sucessos da harmonia racial alcançada na Malásia — mas não precisa comprar suas idéias sobre cerceamento de livre expressão. A Malásia é um caso muito curioso: os 9 sultões da federação elegem um novo soberano a cada 5 anos, mas o primeiro-ministro — o infatigável Mahathir — sempre permanece o mesmo...

Há casos mais complexos. Na Indonésia — gigantesco arquipélago de 17 mil ilhas, quase 200 milhões de pessoas e mais de 300 grupos étnicos — o general Suharto conduz uma "democracia dirigida", na verdade uma autocracia, que o mantém no poder há 3 décadas. Isolado em Jacarta, Suharto não dá exatamente um show ao lidar com suas longínquas minorias, como a população indígena de Irian Jaya (ex-Guiné Ocidental) ou os timorenses anexados em 75. Mas os indonésios defendem a especificidade cultural de sua democracia dirigida: ela se apóia em consenso. Deputados não votam: decisão só por unanimidade. Desta maneira, não existe dominação da maioria nem tirania de minorias. Para os indonésios, conflito não leva a maior eficácia. Seu CQD: a prosperidade engendrada pelo atual boom econômico.

O Tibet foi vítima de um genocídio cultural absolutamente inominável. Mas não há como dobrar o poder central em Pequim com confrontação e humilhação — táticas favoritas dos EUA. É preciso compreender a cultura política chinesa para manobrá-los. Estados na China sempre foram absolutistas. Um Estado chinês só é ameaçado por um absolutismo rival. Só quem pede democracia representativa são minorias intelectuais influenciadas pelo Ocidente. A abordagem menos imperfeita para domar a China é a da ASEAN: "engajamento construtivo" — onde se aposta em um lento e gradual processo de democratização a longo prazo.

O caso mais pavoroso e revoltante é sem dúvida Myanmar, ex-Burma, ex-colônia britânica independente em 1948, budista, e dominada pelos carrascos do lúgubre SLORC — nome que parece saído de um episódio do *Agente 86*, acrônimo em inglês para Conselho de Restauração Estatal da Lei e da Ordem. Esta ditadura militar socialista, agora "de mercado" (restrito), explora um dos países potencialmente mais ricos da Ásia sem dar absolutamente nada em troca a sua polida, gentil, bem-educada e estóica população — a não ser balas de AK-47 em uma sanguinária repressão política em junho de 88. Ao contrário de Tiananmen, a repressão burmesa só não revoltou todo o planeta porque não foi filmada ao vivo pela CNN.

A principal voz da oposição é a Nelson Mandela da Ásia e Nobel da Paz de 1991: a formidável Aung San Suu Kyi, liberada apenas em julho de 95 de intermináveis 6 anos de prisão domiciliar. O partido de Suu Kyi, a Liga Nacional para a Democracia, venceu as eleições livres de 1990, que foram imediatamente anuladas pelo SLORC. Estes cidadãos nunca deixaram dúvidas em público quanto a seu desejo de que "Tia Suu" — como é conhecida popularmente — passe à eternidade ardendo nas chamas do domínio budista dos fantasmas famintos.

Mas os militares de Myanmar logo perceberam que não lhes convinha uma Joana d'Arc asiática. Acreditam poder miná-la através do Deus Mercado. Esta é mais uma característica tragédia da era digital. O capital internacional sabe que Myanmar é uma virtual mina de ouro. Ninguém quer perder este trem — ainda que a vapor. A França, por exemplo, considera Myanmar como "a nova fronteira em nossa diplomacia". Para empresários, é um novo Eldorado mais favorável do que Vietnã ou Camboja — com um sistema legal herdado dos ingleses, menos burocracia e condições de tornar-se rapidamente uma economia de mercado. Os franceses enfrentam a feroz competição do Japão e dos tigres — todos ávidos investidores —, mas não precisam se preocupar com pressões políticas internas como as que se abatem sobre empresas de EUA ou Inglaterra. A atmosfera do neoconservador governo Chirac é amplamente pragmática.

Burma cresceu 9,8% em 95 e 7,7% em 96 — fábulas para um país até há pouco atolado em um ubuesco "Caminho burmês para o socialismo" recheado de superstições esotéricas, como cédulas da moeda nacional, o *kyat*, múltiplas de 9 (imagine-se pagar uma conta de 1.630 *kyats* com notas de 45...). Com o salário médio à cerca de US$ 20, boa parte da população, hoje, está seduzida pela injeção de dinheiro e empregos promovidos por investimentos estrangeiros. Quer até mesmo o FMI. Mas a muitos está reservado um destino infinitamente mais trágico. Para celebrar 96 como o ano do turismo em Burma, os militares subjugaram dezenas de milhares de pessoas a deslocamentos "voluntários" e trabalhos forçados para recuperar a medieval infra-estrutura do país. A oposição, comandada por Suu Kyi, nada pôde fazer; sua Liga Nacional da Democracia é um partido fantasma.

Suu Kyi enfatiza em todos os seus semanais comícios impromptu — no portão de sua casa na University Avenue de Rangoon, assistidos por dezenas de milhares de pessoas — que não pode haver desenvolvimento sustentável sem democracia. A estratégia da ASEAN em relação a Burma é mais uma vez um jogo de paciência: seduz os militares a uma provável abertura, muito lenta, gradual e segura, promovida pelo desejo de afluência econômica. Quando a mulher do general quer comprar seus Charles Jourdan sem sair de Rangoon, algo já começa a mudar. O mesmo aplica-se às oportunidades de emprego para camareiras ou recepcionistas oferecidas por uma série de novos hotéis internacionais erguidos em Rangoon — sobretudo por cingapurianos. Uma empresária cingapuriana confessa que os militares do SLORC podem não ter o charme de Bill Clinton — mas pelo menos conhecem um pouquinho mais de economia do que Suu Kyi. A ASEAN — que deve acolher Myanmar até 98 — prega "engajamento construtivo" em vez das ácidas críticas dos EUA. Tanto a curto quanto a médio prazo, esta estratégia condena Suu Kyi à marginalização.

A voz de Suu Kyi — assim como a do Dalai Lama em seu exílio em Dharamsala, Índia — pelo menos continua a lembrar ao planeta a distância que ainda separa grande parte da nova Ásia do pleno respeito às liberdades do ser humano. O mínimo que o Ocidente bem-pensante pode fazer, por enquanto, é não investir ou não gastar suas moedas fortes em turismo no Tibet ou Burma —

já que cada dólar vai parar nas contas do PC chinês ou do SLORC. Tia Suu conta apenas com sua superioridade moral: provocou indiscriminados exames de consciência quando acusou líderes asiáticos de beneficiar meros ganhos comerciais em detrimento dos valores que levaram seus países a extinguir o colonialismo europeu.

À exceção da China, a Ásia que está dando certo tem pelo menos um grande segredo político ainda não apreciado comme il faut pelo Ocidente. O sucesso econômico está levando muitos de seus governos a se tornarem cada vez mais impermeáveis ao carnaval de favoritismos impregnado nas democracias ocidentais. Ou seja: navegam melhor do que o Ocidente em um pântano de lobbies. Como se sabe, intervenções de governos nas democracias ocidentais geram lobbies que os políticos, seduzidos por sereias de gravata e celular, não conseguem — ou não querem — combater. Hollywood jorra filmes sobre o tema, entre os quais *The American President*, de Rob Reiner, não foi o pior. Nenhuma democracia representativa está imune a se tornar uma ferramenta de vitimização de opositores ou de consolidação de influência de certos grupos — em detrimento dos interesses nacionais.

Governos asiáticos — em seu pluralismo autoritário soft — também fazem seus favores. Mas eles devem se submeter a uma regra de ferro: maior competitividade na economia global. Caso contrário, a revogação é fatal. O standard de ouro deve ser o bem comum. Especula-se na Coréia se as "doações" dos grandes conglomerados industriais aos condenados ex-presidentes Roh Tae Woo e Chun Doo Hwan serviram para o bem público: o escândalo serviu, pelo menos, para a extinção da "caixinha". A opinião pública japonesa repeliu vigorosamente a utilização de dinheiro público para resgatar falidos aproveitadores imobiliários da "bolha" econômica. Como no Ocidente — Itália, México, Colômbia —, a Ásia está farta de corrupção e "money politics". Jovens democracias como o Camboja têm que enfrentar todos os problemas ao mesmo tempo: "money politics", conflagrações dentro do próprio governo, conflitos entre liberdade pessoal e responsabilidade social. Sam Rainsy, líder do mais popular partido de oposição, define o problema: "Não é possível que estejamos condenados a viver sob uma ditadura só porque nunca aprendemos a democracia".

Em um dossiê sobre a Ásia publicado em 93, o *Economist* londrino aposentou preconceitos e colocou a questão política em seus devidos termos: "O problema é a própria democracia ocidental, que corre o risco de deixar de ser um veículo que distribui os serviços exigidos de um governo pelas pessoas normais, para se transformar em um instrumento que ajuda lobbies poderosos a pilhar o bolso dos contribuintes. Este é um perigo que a Ásia em desenvolvimento tem conseguido evitar com razoável mérito". Lee Kwan Yew terá adorado este parágrafo. O Ocidente lucraria despindo-se de sua arrogância e debatendo as diversas implicações do fenômeno. Cingapura e Malásia, acusadas de hardcore, certamente distribuem todos os serviços exigidos pelas pessoas normais. Já não se pode dizer o mesmo da Tailândia democrática, onde a corrupção ainda é uma gigantesca praga de gafanhotos. O PC chinês justifica seu controle de titânio argumentando ter produzido ordem e um boom econômico. Mas centenas de milhões de chineses ainda chafurdando na miséria rural retrucariam: "Boom???"

Anwar Ibrahim, ainda jovem (nascido em 1948), provável futuro primeiro-ministro da Malásia, e certamente no centro da política regional no século 21, é uma das vozes mais sensatas da nova Ásia. Em uma conferência em Cingapura em 94 sobre o futuro da ASEAN e da China, Anwar observou que "com toda a humildade, temos que admitir que o dito milagre do Leste asiático está muito longe do ideal. Para se manter, o progresso nas esferas sociais e políticas deve acompanhar os sucessos no front econômico". Anwar concorda com a maioria dos intelectuais asiáticos: tradições devem ser revitalizadas e purificadas de um passado opressivo, autocrático e feudalista. A nova Ásia ainda é uma criança. Neste sentido, seu raciocínio vai direto ao ponto: "O presente debate sobre democracia e direitos humanos tem sido infrutífero por causa da inflexibilidade e da sensação de arrogância cultural. Há quem considere ainda ter uma missão civilizatória na Ásia, na verdade admoestar asiáticos sobre liberdade e direitos humanos. Nós concordamos que ainda temos muito a alcançar em todos os campos da experiência humana. Mas nos permitirmos tomar aulas e sermões de liberdade e direitos humanos daqueles que participaram ou se beneficiaram de nossa subjugação, depois de 110 anos de luta para retomar nossa liberdade e dignidade humana, é sofrer uma ignomínia por vontade própria".

Com a viva vocação para o debate característica dos hindus, Kishore Mahbubani — secretário do Ministério das Relações Exteriores de Cingapura — vê as coisas sob uma perspectiva muito mais ampla: "Revertendo totalmente um padrão que durava séculos, muitas sociedades ocidentais, incluindo os EUA, estão fazendo muitas coisas fundamentalmente erradas, enquanto um número crescente de sociedades leste-asiáticas está fazendo as mesmas coisas certas". Para Mahbubani, as escolhas certas não são apenas econômicas, mas políticas e sociais. Por esta razão Cingapura é o modelo privilegiado da Ásia, em detrimento dos EUA. Na ótica da Ásia — e de grande parte do mundo em desenvolvimento — não há por que adotar os valores democráticos de um país rico mas sob uma avalanche de pragas: armas, drogas, AIDS, sem-teto, divórcio, suicídio juvenil, polarização racial, péssimo nível escolar, mães solteiras cuidando de 30% da população infantil; um país onde respeito à autoridade, a santidade da família e o sacrifício pelo bem comum não passam de figuras de retórica; um país ainda incapaz de lidar com um mundo competitivo e interdependente que não pode mais ser dominado pela retórica ou pelo fuzil.

Quando viajamos pela Ásia, encontramos o tempo todo japoneses, taiwaneses, coreanos ou cingapurianos frisando como em relação à maior parte das sociedades do mundo, as sociedades asiáticas são mais disciplinadas, coesas, e submetidas à ordem e à harmonia sociais. Todos ressaltam como nenhuma das grandes cidades asiáticas despencou na desagregação social das grandes cidades americanas. Ou, poderíamos acrescentar, São Paulo. Bangkok e São Paulo são turbinas nacionais — responsáveis por quase 40% da riqueza de Tailândia e Brasil. Têm os mesmos gargantuais problemas urbanos e a mesma disparidade absoluta entre nababos e miseráveis. Mas na Tailândia impera a tolerância budista, e não o individualismo de Dodge City. Em Bangkok — mesmo com uma formidável fatia da população envolvida em todo tipo de atividade ilícita ou informal — não existe a atmosfera paulista de guerra civil permanente junto à qual a ex-Bósnia não passava de um spa. Americanos — e paulistas — maravilham-se de como é possível sair à rua em Bangkok, Taipé, Jacarta ou Cingapura sem se sentir um extra em um faroeste urbano de Spike Lee ou John Woo.

Embora em um registro mais soft, é inevitável que Mahbubani caia em privilegiado terreno Lee Kwan Yew ao também criticar a noção ocidental de liberdade individual. Para ele, em metáfora muito apropriada, o caos social é inevitável quando uma sociedade "venera a noção de liberdade tão religiosamente quanto os hindus veneram suas vacas sagradas".

Expressar esta visão não significa um repúdio inexorável dos EUA. Pelo contrário: a elite intelectual asiática considera os EUA a mais benevolente grande potência da História. A América não carrega a hubris da História, como a Europa. Todos os eméritos PhDs — americanos — de Cingapura, Coréia do Sul ou Taiwan elogiam a essencial abertura e compaixão no coração da Idéia americana. Reconhecem que o Leste da Ásia não estaria hoje nesta posição de glória se não fosse a generosidade do espírito americano. Afinal, a América combate por uma Idéia.

Nenhum Jung de mesa de café precisa nos provar como no fundo da psique americana flutua a intuição cristalina de que todo mundo é, ou aspira a ser, americano — e só se intitula "japonês", "malaio", "brasileiro" ou "zulu" por uma infelicidade genética. O optimum, a apoteose moral e política da espécie humana, é ser Americano. Durante a Guerra Fria, americanos e aspirantes a americanos combatiam um bando de tontos ou oprimidos aos quais não foi dada a oportunidade — como John Belushi no filme *The Blues Brothers* — de "ver a luz". O problema é que o fim da Guerra Fria — débito planetário, como assinalou Eric Hobsbawm, a "trágica figura" de Mikhail Gorbachev — não significou o fim das ideologias e a ascensão aos céus do incontornável Planeta Americano. Quem ascendeu foi o foguete Ásia — carregando o satélite da histeria antiislâmica.

Mahbubani, em seu entusiasmo sem fronteiras, expressa uma opinião dominante entre intelectuais asiáticos de que a futura, possível, comunidade do Pacífico será "uma criação completamente nova na História do Homem". Nesta visão de pura harmonia, o dinamismo do Leste da Ásia representa não apenas um renascimento de ricas culturas ancestrais, mas o resultado de uma fusão amplamente bem-sucedida de Ocidente e Oriente na reconstrução de suas sociedades. Em um discurso em Haia no final de 96, o primeiro-ministro Mahathir Mohamad embalou-se e foi ainda mais longe: "Muitos acreditam que o século 21 será o século da Ásia. Eu acho que isso é uma miragem. Nós na Ásia não devemos aspirar a uma nova hegemonia. A era do imperialismo acabou. Nós devemos não trabalhar para o século da Ásia, mas para o século do mundo, um novo mundo caracterizado por 'liberté, égalité, fraternité'".

Em um fórum parlamentar Ásia-Pacífico, o indonésio Theo Sambuaga reforçou o consenso: uma fusão das diferentes culturas é mais do que possível, e as diferenças não devem ser encaradas como potencial de conflito. A busca apaixonada de união é compartilhada por Abdul Baginda, do Centro de Pesquisas Estratégicas da Malásia. Para ele, o abismo Ocidente/Oriente não é tão fundo quanto parece. A politização do debate não interessa aos objetivos da Ásia. E muito menos as especulações ocidentais: "Os intelectuais da Ásia se recusam a aceitar as profecias desafortunadas e quase bíblicas de Francis Fukuyama, segundo o qual o mundo terá apenas um só modelo".

Em 1989, Francis Fukuyama, cientista social da Rand Corporation, think tank de Santa Mônica, Califórnia, publicou em livro seu polêmico ensaio *O Fim da História*, onde demonstrava que todas as culturas do mundo estavam convergindo para o ideal da democracia liberal. O Ocidente havia vencido, e ponto final: sem mais por que brigar, instaurava-se um pervasivo McTédio.

Em 1993, Samuel Huntington, guru econômico de Harvard, publicou na revista *Foreign Affairs* o polêmico ensaio "O Choque de Civilizações", onde dizia exatamente o contrário: com o fim da Guerra Fria, a emergência de velhas divergências culturais ameaçava a hegemonia da civilização ocidental, leia-se Europa e EUA. Continuávamos, como sempre, em pé de guerra. "O Choque de Civilizações" foi ampliado e publicado em livro no final de 96, gerando amplo debate na mídia anglo-americana.

A própria História, segundo todas as evidências, encarregou-se de atropelar Fukuyama. Ele começou inclusive a se preocupar com o lado negro da revolução informática: a abolição de empregos em massa e a decorrente extensão do abismo social. Recuperou-se de vez em 95 ao publicar *Trust*, "confiança" em inglês, a seu ver o elemento fundamental para que o capitalismo democrático, única forma tolerável de vida, possa atingir seu funcionamento perfeito. Fukuyama detectou altíssima dose de confiança em 3 potências econômicas: EUA, Japão e Alemanha. O que não lhes falta é "capital social": ou seja, "a habilidade de pessoas em trabalhar juntas em grupos e organizações para atingir objetivos comuns". Fukuyama detectou falta de confiança em "sociedades familiaristas" como França, Itália, China e Coréia.

Lendo Fukuyama, observamos como confiança não gera simplesmente riqueza, mas farta livre iniciativa, associações audaciosas do nível das megafusões americanas da auto-estrada da informação, sem intervenções de uma burocracia kafkiana — como, em seus diversos níveis, China, Coréia, França e Brasil. Esta confiança das potências — que também significa autoconfiança — é explicável por outros vetores. Os EUA são movidos por um fervor missionário. O Japão é uma civilização de consenso, de inerente cooperação e espírito de grupo. E a Alemanha — depois de eons nas florestas teutônicas absorvendo um código de guerreiros — não se deixaria abater por um simples par de guerras mundiais.

Um dos méritos de Fukuyama é uma comparação muito original entre as sociedades "familiaristas" de China e Itália — o que o leva a caracterizar um "confucionismo italiano": "Nos dois casos, a família desempenha um papel central nas estruturas sociais (...) e nos dois casos a estrutura industrial consiste em negócios familiares relativamente pequenos interligados em completas redes de interdependência". Mas a divisão de Fukuyama é muito esquemática. Confiança não é produto apenas de organização tribal, social e cultural: há também um intangível fator genético, que se manifesta no perfil psicológico destas nações. A China tem um enorme complexo de superioridade — a partir do conceito de "Reino do Meio", entre o Céu e a Terra. Mas não tem uma noção de Nação: o que interessa é a família. É intrinsecamente anárquica. Precisa de uma autoridade central para colocar ordem na casa. Foi o que fez o chinês anglicizado Lee Kwan Yew em Cingapura: os cingapurianos, quase 80% chineses, tinham um tremendo complexo de inferioridade — ainda buscam sua identidade cultural —, mas encontraram o drive necessário para se superar. A Coréia tem um notório complexo de inferioridade, manifesto no conceito de *han*: também precisava de uma autoridade central orientando o caminho. O Brasil tem notório complexo de inferioridade: isola-se na concha confortável de um mito pré-fabricado "abençoado por Deus", o que exclui a necessidade de trabalho árduo. O implacável complexo de superioridade francês ameaça transformar-se em complexo de inferioridade. A França já foi o farol cultural e social do planeta: hoje está insegura porque sem hegemonia política, cultural e até mesmo lingüística não sabe qual será seu papel no século 21.

Huntington já não é tão sutil quanto Fukuyama: pensa como um tanque Sherman. Para ele, há 8 civilizações: ocidental, confucionista, japonesa, islâmica, hindu, eslava-ortodoxa, latino-americana e "talvez" africana. Requer farta imaginação encontrar pontos em comum entre Brasil e Peru nesta "civilização latino-americana". Generalizações à parte, Huntington está correto ao apontar divisões entre civilizações. Demonstra que a Cortina de Ferro, hoje, desce entre a Rússia e a Finlândia, atravessa Ucrânia e Romênia, e depois dança como uma cobra nos Bálcãs: esta nada mais é do que a antiga fossa entre o cristianismo católico e ortodoxo. O problema é que a generalização por área cultural de

Huntington não saberia explicar, por exemplo, por que os países católicos/ protestantes da Europa Oriental converteram-se mais rapidamente em democracias do que os ortodoxos: e por que os ortodoxos nunca digeriram a Reforma, uma das forças que moldaram a civilização ocidental.

Também não precisamos de Huntington para perceber que Estados confucionistas têm outras noções de liberdade individual, direitos humanos e moralidade: no caso da China, o governo deve ser a própria encarnação de desígnios celestes; portanto, reconhecer sua inépcia envolve uma traumática "cara no chão" de proporções continentais. O caso Rushdie demonstrou na prática o abismo entre uma cultura teocrática e o Ocidente — onde a religião foi totalmente relativizada e não tem peso político relevante.

A globalização — na superfície — parece apontar no sentido da tese de Fukuyama: todos ouvindo Janet Jackson e comendo Big Mac. George Steiner já sugeriu que os novos templos da liberdade são McDonald's e Kentucky Fried Chicken. Vivemos o que Benjamin Barber, professor de ciências políticas da Rutgers University, e outro autor de best-seller transcultural, qualificou de McMundo — contra o qual resiste o universo da Jihad. Barber qualifica o McMundo como um produto da cultura popular movido pelo comércio expansionista. Todos pertencemos a McMundo enquanto consumidores. Ao mesmo tempo todos buscamos uma identidade, e portanto nos afiliamos a uma tribo. Especula-se se na atomização social contemporânea ainda somos, verdadeiramente, cidadãos.

Garotos *shinjinrui* — a "nova raça" japonesa — costumam dizer que o Japão é um disk drive, e o Ocidente um disquete. É exato: porque controlam todo o software, as influências vêm todas dos EUA. O mais extraordinário neste processo é que as influências introduzem — em muitas latitudes pela primeira vez — uma espécie de síndrome do controle remoto: a idéia de que há opções, possibilidade de escolha, e possibilidade de infinitas permutações. Nada é absoluto. Até a realidade é relativa. *Vive la différence* é o verdadeiro slogan do fim do milênio — algo que não tem nada a ver com os exércitos da noite de Huntington.

O McMundo infiltra-se pela Jihad, e há bolsões de Jihad mesmo dentro do McMundo. A Rússia ganhou uma máfia antes de ter uma imprensa livre. Snipers na Bósnia praticavam tiro ao alvo escutando Metallica no walkman. O Vietnã é governado por um PC mas tem campos de golfe onde a nomenclatura pode jogar de graça. O Japão transborda de gangsters, estrelas pornôs, junkies, computer hackers, traficantes de drogas, motoqueiros, músicos de rock e viciados na vida noturna — as "speed tribes", tribos mais velozes do que a vida. O passado costumava ser definido por tribo e cultura. No futuro agora, a velocidade é a única identidade — o que já pulveriza por antecipação qualquer projeção de gabinete como a de Huntington. O professor nos diz que a globalização vai provocar uma paranóia cultural, uma intensificação de todas as diferenças. Não é o ponto. O mercado não é um conceito cultural: a globalização é um fenômeno acima de tudo econômico. Realça nuances — mas nenhuma delas vai levar a um choque nuclear.

Hanói queima vídeos pornôs americanos em praça pública e bane outdoors de multinacionais como poluição visual. Fanáticos no Sul da Índia pilham filiais da Kentucky Fried Chicken. E ao mesmo tempo todo garoto asiático é fã da NBA, toda garota sonha com Cindy Crawford, e todos querem rodar seus programas em Intel e Windows. Seria insensato considerar que a globalização vá eliminar as diferenças entre os povos. Nem todo mundo é americano ou aspirante a americano — vide China, Coréia do Norte, Argélia, Líbia, Irã ou Iraque. Devem permanecer estes conflitos internos. Japoneses vivem imensas crises de identidade cultural. Vietnamitas querem progredir na vida, mas não submergir em um oceano de lixo cultural. Qualquer malaio de menos de 50 anos de idade vive dilacerado entre o orgulho islâmico e a impotência diante da discriminação sofrida pelo Islã e muçulmanos no Ocidente. De valores asiáticos soft a islamismo hardcore, há quem ainda seja capaz de rodar a baiana au grand complet para afirmar sua diversidade sem deixar dúvidas. Como os *taleban* no Afeganistão, que apedrejam adúlteras mas não largam do celular.

Pensadores sobretudo americanos estão alarmados com os efeitos da globalização. Michael Sandel, teórico político de Harvard, argúi em *Democracy's Discontent* que as democracias ocidentais só sobrevivem se conseguirem equilibrar a impessoalidade da economia global com a expressão de identidades distintas: ou seja, além da Nação-Estado e aquém da Nação-Estado. Comércio, meio ambiente, direitos humanos são assuntos que devem ser tratados em escala global. Mas isso não significa esquecer uma democracia direta mais próxima do cidadão — em famílias, escolas, locais de trabalho, movimentos sociais: "É este exercício de democracia que confere autoridade moral às instituições governamentais que precisamos para controlar o mercado global". Sem este controle, não importa em quem se vota: o planeta é gerido por corporações. Não por acaso, quanto mais a Europa une-se economicamente, mais está sujeita a explosões de assertividade regional (Lombardia, Catalunha, Escócia, País Basco).

A análise mais interessante é sem dúvida a chinesa. Os chineses simplesmente não acreditam na globalização. Como frisou o economista Fan Gang, se ela existisse a China estaria livre para exportar força de trabalho. Os chineses temem que sob o rótulo de globalização o Ocidente lhes imponha seus conceitos de direitos humanos, relações internacionais e princípios de mercado livre — totalmente opostos às concepções chinesas. Para eles, a globalização não passa de um rótulo cômodo para indicar fluxos entrecruzados de capital e informação em vários ângulos do planeta que expressam precisas políticas industriais. Sob a forma de interesses universais, estes fluxos e estas políticas ocultam os velhos interesses nacionais.

No confronto entre Fukuyama e Huntington, os melhores cérebros da Ásia preferiram dar cartão vermelho para os dois. Uma solução verdadeiramente budista: a escolha é pelo consenso, o caminho do meio, *metta* — gentileza e amor —, a unidade na diversidade. A visão privilegiada não é de um McMundo, ou de um mundo dilacerado por Jihads — mas de uma civilização sob o signo de *wa*, harmonia, onde presta-se o máximo de atenção na educação ética e em valores espirituais. O funcionamento da imperfeita APEC tenta ilustrar esta atitude na prática — ainda que de uma maneira muito rudimentar. Só se conversa na língua oficial: inglês. O jogo que todos jogam é originalmente escocês: golfe. Mas a cultura da organização é puramente asiática. Não há confrontação direta. Ninguém fica "com a cara no chão" — anátema em toda a Ásia. Todo mundo tem que se sentir confortável. Ou seja: Oriente e Ocidente não são totalmente irreconciliáveis.

É fato que a nova riqueza da Ásia não só está lhe rendendo mais Visas e Mastercards como mais democracia. É também fato que democracia por si só não vai encher a barriga de famintos camponeses indianos ou cambojanos. O que certos regimes não concedem, a tecnologia se encarregará de concretizar. O advento do dinheiro digital — a capacidade de transferência instantânea, sem fronteiras, de bilhões de dólares, apenas apertando-se uma tecla — já gerou uma espécie de democracia via satélite. Quando um governo faz uma besteira, os mercados lhe dão uma bola preta instantânea. É inescapável: mais afluência realmente tende a coexistir com mais democracia.

Depois da expansão do e-mail, o planeta também caminha para a adoção indiscriminada, até o início do século 21, do dinheiro digital — e-money. Com e-money será possível comprar-se mundos e fundos na Internet. E com e-money teremos outra mudança fundamental. Dinheiro, em séculos passados, vinha basicamente em moedas cunhadas por prensas reais. A introdução de cédulas transferiu o poder do rei para o banco — e para os poderes legislativos autorizados a pedir dinheiro emprestado a estes bancos. E-money vai acabar de vez com o poder de governos nacionais: supõe-se que o poder passe de vez a alianças megacorporativas tipo Visa/Microsoft. Quando chegarmos a este estágio, qualquer discussão sobre "valores" nacionais ou culturais será absolutamente supérflua.

Hoje, na Europa, o debate Oriente/Ocidente reflete o medo da decadência — econômica e social. Na Ásia, reflete o medo de que a modernização desenfreada leve à ocidentalização — ou seja, a linhas de montagem de clones plastificados. No Brasil, ainda não existe: deveria tomar o lugar do inócuo debate entre neoliberalismo e social-democracia, pois o país tem tudo a ganhar ao estudar os erros e acertos da Ásia. A questão fundamental no Renascimento da Ásia é como lidar com a modernização. Também não por acaso é uma questão crucial na Europa. Só não é um problema nos EUA por razões óbvias: os EUA há anos são a primeira cultura pós-moderna — ou seja, absolutamente cínica — do planeta.

Líderes asiáticos certamente não querem construir nações que — como a

América — gastam quase 50% a mais em entretenimento do que todo o investimento público e privado em educação elementar e secundária. Também não querem sociedades dependentes de séries de TV para o embasamento emocional e intelectual que antes era fornecido pela família e pelo convívio social — ethos que a América exporta, com formidável lucro, para todo o planeta. Ao mesmo tempo, estes governos sabem que tecnologia é a única, definitiva, estética global; e que nenhum cataclismo humano ou divino poderá retirar da América sua capacidade de inovação tecnológica no século 21.

A América tem o espírito resoluto de quem se embrenha em uma aventura cujo termo pode ser o próprio apocalipse tecnológico — ao mesmo tempo que chafurda no mais absoluto primitivismo. A América se reenergiza pela violência ao mesmo tempo que se autogratifica como a terra dos bravos que trará a Luz para a humanidade do Terceiro Milênio. A geração Nintendo já está à vontade neste mundo pós-comunista, pós-industrial, pós-nacional e mesmo pós-democrático — uma realidade virtual criada por redes de informação high tech invisíveis e onipotentes, e mercados econômicos fluidos e transnacionais. Estará totalmente à vontade para viver o impacto da Ásia em total interação tecnológica e de entertainment com a América, especialmente Califórnia. Haverá um momento nesta interação — provavelmente após 2020 — em que a Ásia finalmente reconhecerá sua nova identidade. E ela estará inevitavelmente superposta à identidade da América. God bless Amerasia. Nem liberal nem conservadora. Nem primitiva nem hipermoderna. Nem crua nem virtual. E, sim, o mais bem-acabado signo do tempo futuro: perfeitamente esquizofrênica.

5

Kabuki on line

*"Mostre a sua face original,
mostre a sua face antes de nascer"*
Ditado Zen

"Nihon-wa — Ichi-ban!!!"
"Japão — Número Um!"
Exclamação de todo garoto no Sudeste
da Ásia a grupos de turistas japoneses.

No meio dos anos 80, sociólogos japoneses fizeram uma experiência extraordinária. Transplantaram 2 membros de uma tribo africana no meio do nada diretamente para o meio de Harajuku — o bairro de Tóquio que serviu de modelo para os cenários de *Blade Runner*. Seu comentário: "Mas aqui só tem uma tribo?"

Os africanos *Blade Runner* entenderam tudo na hora. Já o Ocidente perpetua o mal-entendido há mais de 7 séculos. O mal-entendido, claro, partiu do homem branco. Quando o veneziano Marco Polo "descobriu" a China no século 13, ouviu falar muito de um certo "Japão". Jamais esteve no Japão. Um livro recente de uma *scholar* inglesa prova que tampouco esteve na China. No máximo retransmitiu relatos persas e árabes. Marco Polo descreveu o Japão como uma terra de fabulosa riqueza. Os japoneses chamam a sua terra *Nihon* — a pronúncia dos ideogramas usados pelos chineses para denotar "Japão". Marco Polo a chamou de *Zippangu* — uma derivação de mandarim que significa "a fonte do sol". *Zippangu* foi anglicizada para Japan e para a forma latinizada que conhecemos, Japão.

Muito antes de Marco Polo, dos séculos 4 a 6, China, Coréia e Japão viviam em mútua efervescência. O Japão havia adotado um sistema de escrita baseado no chinês. O budismo entrou no Japão via China e através da Coréia. O Japão começou a usar estilos de arquitetura e cerâmica de China e Coréia. Mas de repente, dos séculos 9 a 12, o Japão impôs aos vizinhos um gelo total: este padrão de abrir-se ao mundo e retrair-se na toca voltaria a se repetir no próximo milênio com a precisão de um Citizen quartz. Como veremos, reflete a suprema paranóia da psique japonesa: a vulnerabilidade de suas ilhas ao mundo exterior. O destino do Japão é oscilar eternamente entre 8 ou 80: isolar-se atrás do Muro, ou tentar controlar tudo que está em volta.

No meio do século 13, os mongóis acabaram com a dinastia Song, dominaram a China e resolveram estender seu império não para o Oeste (Europa), mas para o Sul (Ásia). Genghis Khan e Kublai Khan viraram estofo de lendas — capazes de rivalizar com qualquer Júlio César ou Alexandre Magno. Kublai Khan desenvolveu um particular interesse pelo Japão. Petrificou os nativos enviando mensagens ao "rei desta terrinha", exigindo rendição imediata. Kublai tentou uma invasão em 1274. Foi derrotado por uma tempestade. Tentou outra em 1281. Foi derrotado por uma tempestade ainda maior — que entrou para a História sob o nome de *kamikaze*, "vento divino". Divindades benéficas estavam realmente dispostas a proteger o Japão dos bárbaros.

Mais isolamento na toca. 3 longos séculos se passaram até Japão e Ocidente se encontrarem face a face pela primeira vez — voltando a estabelecer o padrão de atração/repulsão. O privilégio coube a mercadores portugueses, que em 1543 aportaram — como sempre por acaso — na ilha de Tanegashima, perto de Kyushu, uma das 4 principais ilhas japonesas. Alguns anos depois, apareceu o jesuíta Francisco Xavier. Os portugueses ficaram muito impressionados. O Japão estava muito à frente da Europa. Tinha a maior produção na época de prata e cobre, dominava a manufatura de produtos de aço, e fabricava as melhores espadas do mundo. *Shoguns* — apenas teoricamente subordinados ao imperador — governavam como verdadeiros ditadores militares.

A chegada da Europa pelo mar perturbou infinitamente os japoneses. Como aqueles bárbaros eram capazes de dominar a arte da navegação transoceânica? Refletiram longamente e resolveram aprender a lição. O *daimyo* — senhor feudal — de Tanegashima não perdeu tempo: comprou as armas dos portugueses e ordenou sua cópia: logo todos os exércitos japoneses estavam armados à européia. Depois que Portugal estabeleceu entrepostos em Goa (Índia), Málaca (na península malaia), Macau (Sul da China) e Nagasaki (Japão), os japoneses passaram também a se aproveitar do comércio de navios portugueses entre China e Japão.

Os *shoguns* logo começaram a suspeitar das intenções missionárias da Igreja romana. Ficaram ainda mais alarmados quando a chegada de espanhóis — também por acaso — lhes revelou as doentias afinidades eletivas entre a cruz e a espada. Precisaram de 2 décadas para se livrar dos jesuítas. Cristãos japoneses foram atirados aos leões do Coliseu. Os que não se redimissem eram crucificados de cabeça para baixo. Expulsos os bárbaros e suas insidiosas idéias bárbaras, o Japão voltou a querer o mundo — e o querer agora. O grande *shogun* Hideyoshi considerou-se pronto para reunir um exército descomunal, invadir a Coréia e daí quem sabe passar à China. A primeira invasão deu certo. Os japoneses ocuparam Seul — trauma coreano ainda vigente — até o contra-ataque de uma "onda humana" chinesa. Hideyoshi — já megalômano e comportando-se como os imperadores romanos da decadência — tentou uma segunda invasão. A marinha coreana do lendário almirante Yi arrasou com os japoneses. Só restou ao Japão voltar a se encolher atrás do Muro.

Por mais longos 2 séculos e meio, durante o shogunato Tokugawa, o Japão viveu como um reino eremita. O única presença européia era um pequeno entreposto em uma ilhota perto de Nagasaki. O monopólio comercial foi entregue aos holandeses — que só podiam despachar 1 navio por ano. Os japoneses limitavam-se a importar livros e remédios. Livros? Claro. Para prevenir surpresas dos bárbaros, scholars estudaram holandês e passaram a acompanhar o que andava acontecendo no inóspito mundo exterior. Com a terra finalmente pacificada, os *samurais* — sem ter quem passar no fio da espada — transferiram-se em massa para o funcionalismo administrativo do shogunato.

Quando tudo acontecia para o melhor no melhor dos mundos possíveis — Bang! Boom! Kapow! — entra em cena o estabanado Batman que inferniza a psique japonesa há 1 século e meio: os Estados Unidos da América. Em uma decisão naturalmente unilateral, a terra dos bravos resolveu remover o Japão de seu esplêndido isolamento e abri-lo às benesses do livre comércio mundial — batalha da qual, como sabemos, um dia iria se arrepender. Em 8 de julho de 1853, os ameaçadores "navios negros" do comodoro Matthew Perry encostaram na baía de Tóquio (na época sob o nome de Edo, era a maior cidade do mundo). O impacto na cultura japonesa desta entrada Steven Spielberg dos "bárbaros peludos" pode ser comparado a uma aterrissagem de seres intergalácticos na Nova York atual.

Que fazer? Enxotá-los? Impossível. Copiá-los? Sem dúvida. No dia seguinte — em uma prévia das hordas atuais de Olympus e Nikon — todo mundo saiu de junco para rabiscar e desenhar as novidades, que logo passaram a vender mais do que *sushi* nas ruas de Tóquio. Os *samurais* burocráticos estavam alarmados. A América, na prática, estava obrigando o Japão a entrar no planeta contra a sua vontade. Washington, na época, já a enxergava como pouco mais do que uma nação "semibárbara". Os japoneses ruminaram seu destino. Conclusão: caíram nesta armadilha não porque sua civilização fosse inferior —— mas porque, isolados do mundo, ficaram mais pobres em tudo. Especialmente em tecnologia. Confrontados ao inevitável, mudaram o curso. E a partir da Restauração Meiji em 1868, iniciaram, vorazes, um dos mais extraordinários processos da História moderna: a "ocidentalização" do Japão.

O Japão não estava, e nunca esteve, interessado na cultura do Ocidente. Estava interessado em tecnologia. Para consegui-la, usou uma estratégia letal, baseada em 2 pólos. Com charme e astúcia, seduziu empresas ocidentais a uma transferência indolor de tecnologia; e com uma aplicação sistemática impressionante, estudou que forças sociais e intelectuais produziram seu sucesso. Japoneses aprenderam o funcionamento da indústria do algodão em Lancashire. Aprenderam com holandeses a construir estaleiros. Aprenderam com ingleses a construir ferrovias. Aprenderam a copiar qualquer produto ocidental. E passaram a copiar até mesmo instituições. Criaram uma réplica perfeita da Royal Navy britânica. Modelaram o Bank of Japan no Banco da Bélgica. Copiaram o sistema escolar do modelo francês. Em apenas 5 anos, Tóquio já tinha a maior universidade tecnológica do mundo. Copiaram edifícios da Inglaterra vitoriana — que por sua vez já eram cópias de edifícios romanos... Copiaram a estação de trem de Amsterdã — e a estação de Tóquio depois foi copiada por Seul... Passaram a adotar o calendário ocidental — e a semana de 7 dias.

Só não copiaram um elemento crucial: Adam Smith. Mão invisível do mercado? Nada disso. A elite burocrática alinhou com a escola alemã — especificamente Friedrich List e seu *O Sistema Natural da Economia Política*, escrito nos 1840. Para List, um país é capaz de crescer rapidamente sob inteligentes intervenções do Estado. Como frisa James Fallows em *Looking at the Sun*, List é a chave conceitual para entender o modelo japonês.

E foi assim que há 1 século, o mundo observou, estarrecido, o nascimento de Japan Inc. A Restauração Meiji foi um dos mais formidáveis experimentos de engenharia social da era moderna. Centralizou a política, desenvolveu a economia, reorganizou as classes sociais, projetou o Japão para o mundo, e promoveu internamente o mais absoluto conformismo como o princípio básico da lealdade à Nação. Era um sistema autoritário — para muitos críticos quase fascista. Seus efeitos perduram até hoje. Quando o planeta espanta-se com o nível médio de educação japonesa, e com sua indiscriminada devoção ao trabalho, está reconhecendo o valor da era Meiji. Quando critica a apatia política japonesa, ou sua falta de cultura cívica, também está criticando a era Meiji — durante a qual impingiu-se à população a idéia de que dissenso era equivalente a alta traição.

Havia uma motivação crucial para todo este frenesi japonês de se equiparar às grandes potências mundiais: devemos ficar fortes para nunca mais sermos controlados, invadidos ou dominados por "bárbaros estrangeiros". Esta motivação terminou extravasando para todo o resto da Ásia — até mover o atual boom econômico. Mas neste intervalo histórico entre o final do século 19 e o final do século 20, o Japão pagou um preço inominável pela obsessão com sua vulnerabilidade: a guerra do Pacífico.

Uma longa análise das causas que levaram o Japão à Segunda Guerra Mundial extravasaria as dimensões deste livro. Nos basta frisar que, do ponto de vista japonês, suas causas remetem-se à famosa linha ABCD. Praticamente ninguém nos EUA, Europa ou no Brasil lembra do que se tratava. Na ótica japonesa, no final dos anos 30, EUA, Inglaterra, China e Holanda (o acrônimo ABCD, de acordo com suas iniciais de cada país, em inglês) uniram-se para estrangular seu abastecimento de combustível e matérias-primas — e também para controlar o expansionismo japonês na China, ao Norte, e na Indochina, ao Sul. Para os japoneses, este cerco era fatal, e poderia levá-los a morrer de fome, ou morrer congelados. Até hoje, a segunda economia do planeta depende da importação de matérias-primas — e de alguns produtos que ainda é incapaz de fabricar, como aviões; o que pode fabricar, o Japão jamais importa. O Japão, psicologicamente, vive no "Leviatã" de Hobbes. Para os japoneses, dependência, em qualquer setor, leva a inevitável domínio estrangeiro. Por isso resolveram fabricar transistores há uma geração, e agora constroem um complexo aeronáutico — a única indústria high tech onde ainda estão atrás dos EUA.

Só havia, portanto, uma única — e *kamikaze* — saída contra o bloqueio de fato imposto pela "arrogância anglo-saxã" e suas pretensões de "hegemonia mundial", como rezava a retórica da época: Guerra.

Meio século depois de Pearl Harbour, 1 século depois da modernização Meiji, os japoneses voltavam a se tornar absolutamente insuportáveis para o Ocidente. As razões eram completamente diversas: perenes superávits comerciais, supremacia da organização industrial, exclusivismo dos sistemas de administração, senso inabalável de superioridade étnica, capital praticamente ilimitado. Era como se as bombas de Hiroshima e Nagasaki tivessem caído em Nova York e na Califórnia. Reunidos nos EUA sob o patrocínio da egrégia CIA, um grupo de seletos scholars revisionistas chegou a uma conclusão relativamente óbvia: o "paradigma japonês", como o definiram, representa hoje a suprema ameaça à civilização ocidental. Apenas a completa mobilização de todos os países do Ocidente seria capaz de conter um inimigo tão determinado.

O inimigo — como suspeita todo o resto do planeta — não é uma nação "normal": é uma indecifrável Esfinge. De todas as latitudes, acorre-se ao mesmo Muro das Lamentações. Os japoneses — homogêneos como grãos de arroz em um *sushi* — falam uma língua extremamente complexa. São difíceis de entender. Demoram uma eternidade para tomar qualquer decisão. São tediosos. Nos negócios, jogam apenas pelas próprias regras. Têm uma atitude diferente em relação ao que é verdadeiro ou falso. Sua polidez é suspeita: nunca dizem exatamente o que estão pensando. São todos iguais — como formigas ou robôs. Não têm individualidade. E — pior de tudo — não têm senso de humor. Seria mais fácil fingir que não existem. Mas como, com este *tsunami* de dinheiro e tecnologia?

Europeus, encharcados de arrogância étnica e cultural, os desprezam. Americanos, em sua juvenil perplexidade, os invejam. Chineses os consideram crus e provincianos. Coreanos ainda espumam com as atrocidades imperiais a que foram submetidos. O Sudeste da Ásia ainda treme com a memória da Grande

Esfera de Co-Prosperidade do Leste da Ásia: caso a História tomasse outro rumo, teríamos em 1950 no mínimo 12 milhões de colonizadores japoneses da Coréia à Nova Zelândia. Todos temem, na verdade, uma maravilha genética: esta raça pura de guerreiros mercantis produzida por casamentos em massa de mercadores de arroz com famílias de *samurais* durante o shogunato Tokugawa, no século 18.

4 anos depois do veredicto da CIA, meio século depois da chuva negra em Hiroshima e Nagasaki, por uma conjunção astral que escorria inescapável como um *koan zen* pelas mentes de analistas ocidentais, 1995 finalmente imprimiu na psique japonesa toda a amplitude do *kabuki* em jogo: uma nação que intrinsecamente sempre repudiou trabalhar junto a outras, e eternamente paranóica em relação a sua vulnerabilidade, deveria — por razões políticas e econômicas — expandir e in extremis normalizar sua presença no mundo. O problema é que no momento crítico de sua história contemporânea, esta nação invejada por todo o planeta parecia ter perdido seu senso de direção. E não sabia como tornar-se mais *intanashionaru* com tamanho problema de imagem.

No Long Bar do Raffles Hotel, em Cingapura, um atípico expatriado japonês, analista financeiro, ocidentalizado, fluente em inglês e francês, rumina em auto-imposto anonimato as razões da malaise espiritual: "O Japão moderno é autofágico. Está se destruindo para se tornar uma potência mundial. O Japão esqueceu o significado do *bushido*, o código dos guerreiros. O coração do *bushido* é o budismo. E o coração do budismo é a compaixão *ninjo*. Os japoneses devem ser humildes e se enxergar claramente no mundo. Só assim poderão experimentar compaixão, e entender outros povos. Senão vamos continuar sempre egoístas, e sofrendo muito por isso". O interlocutor internacionalista observa que o Japão hoje pode ser uma tribo global, e não mais um grupo de aldeães. Mas ainda persiste o reflexo milenar da tribo em excluir estrangeiros — historicamente considerados "cães vadios", brutos", "bárbaros", "bestas selvagens" ou "demônios". A hostilidade a americanos — imbuída durante a guerra e visível ainda hoje — lhes rende qualificações como "mercenários, imorais, inescrupulosos, arrogantes, nauseabundos, superficiais, decadentes, intolerantes, incivilizados" e — naturalmente — "bárbaros". Nenhuma atitude poderia ser mais autodestrutiva no palco global.

Em 95, o Japão percebeu que em todos os sentidos era impossível continuar flertando com o isolacionismo. A recessão mais profunda desde a Segunda Guerra Mundial — em parte resultado da bolha econômica que estourou com o fim dos anos 80 — tornou vulnerável uma constelação de corporações temidas no mundo inteiro, e desabou com o mito de Japan Inc. A elite burocrática, antes admirada pela sua capacidade de planejamento, passou a ser vista como um tremendo obstáculo. Uma acumulação de desastres revelou-se digna do enredo de *Ran*. O terremoto de Kobe derrubou mais de 180 mil edifícios, matou mais de 5 mil pessoas, destruiu o principal porto de containers do país e gerou um prejuízo —

US$ 147 bilhões — maior do que o PIB de grande parte das nações do globo. O gás venenoso injetado no metrô de Tóquio pelo alucinado culto Aum Shinrikyo — de perturbador sucesso entre estudantes de universidades de elite — matou 12 pessoas e feriu mais de 5 mil. E, no terremoto cambial, o *yen* em alguns meses avançou 18% em relação ao dólar. Durante alguns dias em abril de 95 o valor do PIB do Japão quase igualou o dos EUA. Imagine-se o significado para um conjunto de ilhas semi-inóspitas que em menos de 3 décadas reconstruiu-se das cinzas, tem menos da metade da população americana e uma área menor do que a Califórnia.

Keinichi Ohmae, guru administrativo respeitado globalmente, acredita que em 95 desabaram todos os mitos inerentes a Japan Inc., especialmente "a idéia do Japão como uma sociedade segura e a habilidade do governo em resolver problemas". Ohmae propõe para o Japão século 21 a abolição da burocracia central, substituída por uma "federação de 11 regiões autônomas de mais ou menos 10 milhões de pessoas, do tamanho de uma típica Nação-Estado". Culpa o governo central por "sufocar a liberdade dos indivíduos, regiões e corporações para interagir no sistema global": para ele, o modelo centralizado do Japão pós-guerra não é mais relevante para as economias emergentes da Ásia. E critica qualquer tipo de nacionalismo — japonês, chinês, ou coreano — como inútil contemplação do umbigo.

Em seu best-seller global *The End of the Nation State*, Ohmae celebra a fluidez sem barreiras dos "4 is — indústria, investimentos, indivíduos e informação" — através das fronteiras nacionais, e como demoliram definitivamente o modelo da Nação-Estado do século 19. O modelo mais eficaz, hoje, seria o de "regiões-Estado" — qualificadas como "unidades de business", a exemplo de Hong Kong e Sul da China, Catalunha, Norte da Itália, Silicon Valley e Bay Area de São Francisco, Pusan e Sul da Coréia, e o triângulo de Cingapura, Sul da Malásia e ilhas do arquipélago indonésio. A estes exemplos poderíamos acrescentar o estado de São Paulo. O ímpeto descentralizador de Ohmae é mais do que sensato. A ilha japonesa de Kyushu tem uma economia maior do que a Coréia ou a Holanda. A região de Kansai (Osaka, Kobe e Kyoto) tem, sozinha, o sexto PIB do mundo. Tóquio e suas 3 prefeituras vizinhas têm o terceiro PIB do mundo — atrás apenas de EUA e Alemanha.

Mesmo no auge da crise no meio dos anos 90, o Japão continuou jogando pelas próprias regras, até que a crise — como outras — se diluiu. Kenneth Courtis, guru do Deutsche Bank em Tóquio, afirma que estávamos a 2 passos de uma crise mundial semelhante à dos anos 30. Washington foi finalmente obrigada pelas circunstâncias a assinar com Tóquio o que Courtis qualifica de "acordo do Plaza ao inverso", onde os EUA na prática renunciavam à Terceira Guerra Mundial — comercial — que haviam detonado. No entretempo, a crise provocou sérios embaraços. O Japão há muito ultrapassou os EUA como o maior credor do planeta

— cerca de US$ 12 bilhões dispensados por ano. Sempre se orgulhou de seus empréstimos a juros baixíssimos. Com característico understatement, o Ministério das Relações Exteriores em Tóquio foi obrigado a dizer que "nossa assistência perdeu um pouco do seu charme" (sic). Um exemplo crucial era o aeroporto de Bali. Graças a um empréstimo japonês de 86, Bali expandiu seu aeroporto para receber mais de 6 milhões de turistas por ano e se consolidar como uma das destinações-chave do turismo global. O problema é que 9 anos depois a Indonésia estava devendo mais do quê o dobro do que recebeu originalmente em dólares. 40% dos US$ 90 bilhões da dívida externa da Indonésia são em *yen*. As moedas de todos os países do Sudeste da Ásia estão atreladas ao dólar. A cada alta recorde do *yen*, sua dívida disparava como um Concorde.

Para desespero dos EUA, quando o *yen* subiu, os superávits comerciais japoneses também subiram. Por quê? Como o Japão monopoliza cada vez mais manufaturados vitais, os EUA foram obrigados a pagar cada vez mais por componentes sofisticados e máquinas de produção de seus fornecedores japoneses. O Ocidente, mais uma vez, era batido em seu próprio jogo. O Japão é hoje o grande centro de manufatura da economia mundial. O *yen* alto também ajudou o Japão corporativo a pagar os melhores salários para os melhores cérebros ocidentais criarem os produtos do século 21 — oferecendo equipamento, fundos de pesquisa das *Mil e Uma Noites*, e paciência. Quando a NEC abriu um centro de pesquisa hiper-high tech em Princeton, carregou todos os melhores cérebros do vizinho laboratório Bell, da AT&T. A Hitachi patrocina pesquisas seriíssimas no famoso laboratório Cavendish, de Cambridge, Inglaterra, de onde já saíram mais de 80 Prêmios Nobel.

Já antes da fase mais aguda da crise, Japan Inc., liderada pelo poderoso Keidanren, pressionava o governo para tomar alguma atitude e reduzir o altíssimo custo de fazer negócio no país. Tarifas de energia custam o dobro em Tóquio do que em Los Angeles ou Hong Kong. O custo de terra, transporte e distribuição é proibitivo. Japan Inc. logo percebeu que emigrar era a solução para se manter competitiva no mercado global. Empresas japonesas hoje investem 3 vezes mais offshore do que no próprio país. A profunda transformação da paisagem industrial japonesa beneficiou sobretudo o Sudeste da Ásia — Tailândia, Malásia, Indonésia e Filipinas, além da China, mesmo sob as críticas destes aspirantes a tigres quanto à lendária relutância japonesa em transferir tecnologia avançada, renegociar dívidas em *yen*, ou abrir seu mercado interno. Não adianta chorar: o Japão só transfere tecnologia em último caso — para seduzir corporações estrangeiras a adotar componentes ou equipamentos japoneses.

Para o Japão corporativo, a *endaka* foi um negócio da China. A elite americana derrubou seus dry martínis quando descobriu que o Leste da Ásia, como um todo, era a definitiva arma secreta japonesa para vencer a guerra econômica do século 21. Para o Japão, todo o Sudeste da Ásia é uma base transnacional de mão-de-obra barata — onde pode produzir tanto para exportação (EUA, Europa) quanto para os mercados internos de Tailândia, Malásia ou Indonésia. Ganha nas 2 frentes. Em 95, pela primeira vez o Japão exportou mais para seus vizinhos asiáticos do que para Europa e EUA combinados; de acordo com o JETRO — a Organização de Comércio Exterior — os "transplantes" na Ásia ainda dependem de componentes fabricados no Japão. Ao mesmo tempo, as exportações dos "transplantes" para Europa e EUA devem aumentar — porque as tarifas européias e americanas sobre produtos asiáticos são mais baixas do que sobre produtos exportados diretamente do Japão. A estratégia é complementada com uma avalanche de capital japonês despejado na China — para mau humor de países da Europa Oriental e América Latina, para os quais investimentos do Japão são imprescindíveis.

Esta tabela compilada pela Sharp demonstra por que Sudeste da Ásia e China são um Éden japonês.

Custo comparativo. Japão = 100

	Japão	Tailândia	China
salários	100	6	4
taxas de juro a curto prazo	100	1,1	1,6
local de construção da fábrica	100	1	10
custo de construção	100	45	—
transporte	100	25	—
despesas e alfândega	100	33	130
leasing de armazéns	100	20	20
eletricidade	100	45	28
água corrente	100	100	1
custos operacionais	100	70	20
imposto corporativo	100	80	88

Os melhores estudos concordam que a transferência estratégica foi mais um em uma série interminável de "milagres japoneses". Durante os anos 80, o Japão foi o maior investidor, doador, exportador, comprador de matérias-primas e fonte de turismo de praticamente todos os países do Leste da Ásia. 4% do PNB da Malásia depende da Matsushita. Em 87, apenas 25% da produção total da Sony estava fora do Japão. Em 97, é no mínimo 60%. 8 países, a maioria asiáticos — mas Brasil incluso — são os alvos primordiais de sua estratégia *endaka*. A Sony já fabrica vídeos em Xangai e em 97 passa a produzir 1 milhão de celulares por ano em Pequim. Se a Hitachi resolve montar uma fábrica de disk-drives nas Filipinas é porque pode encontrar engenheiros treinados nos EUA por salários 10 vezes mais baixos do que em Tóquio. Há anos, todo produto japonês que se compra nos EUA é Made in Thailand ou Made in Indonesia. Lojas de departamentos japonesas controlam 70% das vendas do setor em Cingapura, Hong Kong e nas zonas econômicas especiais chinesas.

A Mitsubishi quer produzir 1 milhão de carros no ano 2000 fora do Japão. Dois terços do crescimento da indústria automobilística mundial nos anos 90 virá do Leste da Ásia: de acordo com o Industrial Bank of Japan, o país estará vendendo quase 7 milhões de carros na Ásia no ano 2000, mais do que o dobro de 1990. Terá 45% da produção automobilística global. Seu domínio já atinge 90% em diversos países asiáticos.

Todos os gigantes corporativos japoneses abandonaram a característica obsessão com crescimento de fatia de mercado — e passaram a enfatizar cash flow, lucratividade, e sinergia entre software e hardware. A Sony é um caso clássico de reviravolta corporativa japonesa. Está entrando com tudo na auto-estrada da informação. Teve estrondosos sucessos históricos — como a TV Trinitron, o walkman e os players de CD. Teve estrondosos fracassos — como o Betamax e o Minidisc. Agora aproveita a inexorável convergência de eletrônica de consumo, telefonia e computação lançando seu primeiro computador pessoal multimídia. Está mais do que bem posicionada para promover o casamento de hardware high tech com sua rede tentacular de software de entertainment — mais de 3 mil filmes, mais de 30 mil episódios de séries de TV, e mais de 500 mil gravações musicais.

Os diferenciais do PC multimídia Sony — movido por Intel e Windows, como a concorrência — são a fabulosa qualidade de imagem e som. A produção logo será barateada, deslocando-se do Japão para o resto da Ásia, onde a Sony tem 19 fábricas. A estratégia é supervisionada pela essência do executivo japonês do futuro: Nobuyuki Idei, o presidente que sucedeu a Nohrio Ohga, fluente em inglês e francês, e com passagem pelo design center da Sony — onde todos os produtos seguem o rígido minimalismo estabelecido por Akio Morita e Nohrio Ohga. Mr. Idei quer inundar o planeta com "produtos que incorporam um aspecto de entertainment", criando novas tecnologias que justapõem computadores e áudio-vídeo. O objetivo inicial é fazer com o PC multimídia o que a Sony fez com o walkman: "fabricar um instrumento móvel que pode facilmente acessar vídeo, dados e e-mail e conectar com TV, telefone, outros PCs e outros serviços eletrônicos". Todo este oceano de bits poderá ser downloaded por uma pequena quantia, ou comprimido em um DVD — o vídeo disc digital, que armazena 20 vezes mais dados do que um CD. A tecnologia do DVD também é Sony — desenvolvida em parceria com a Philips — e divide o mercado com uma tecnologia paralela desenvolvida por uma associação da Toshiba com a Time/Warner.

Como a Matsushita, a Sony sofreu um terremoto em Hollywood. A Matsushita desistiu: vendeu 80% da MCA/Universal ao herdeiro da Seagram's — perdendo mais de US$ 2 bilhões no caminho por causa da *endaka*. A Sony ficou — mesmo remetendo a um poço sem fundo espantosos US$ 3,2 bilhões em 94, perdas causadas por monumentais abusos na Columbia Pictures —, cortesia de 2 notórios escroques hollywoodianos, o rabo-de-cavalo Peter Guber (*Batman*) e o ex-cabeleireiro Jon Peters. A Sony acreditou no mito da sinergia: com mais software — os estúdios da Columbia e a Columbia Records — seria capaz de vender muito mais hardware — equipamentos áudio-vídeo. Não deu certo. Volta a fazer o que conhece melhor: caixas cinzentas high tech. Sai com atraso para competir com gigantes do PC, como a Compaq, e da telefonia celular, como a Motorola — mas com excelentes vantagens comparativas e uma inigualável imagem de marca.

O Japão cresceu no último meio século a um ritmo jamais igualado na História da Humanidade. Era apenas 3% da economia americana em 1950. Passou a 8% em 60, 20% em 70, 39% em 80, e está a mais de 70% atualmente. Tem armazenado o equivalente a US$ 10 trilhões — o que lhe permitiria comprar mais de 10 Brasis, com tudo dentro. Quando o crescimento estagnou na primeira metade dos anos 90, oráculos do clube Merrill Lynch e Co. foram unânimes ao ditar que o país precisava de uma boa crise para se redirecionar a um crescimento estável e a longo prazo. Mas, para a mídia e a opinião pública global, a grande notícia era o fim do milagre japonês. Abissal — e previsível — engano. O padrão vem de séculos. O Ocidente continua a subestimar o Japão — e sua vontade de ganhar o jogo a qualquer preço. Marx perdeu o bonde da Restauração Meiji: na segunda metade do século 19, descrevia o Japão como um feudalismo atrasado, equivalente à Idade Média européia. Os ingleses achavam que Cingapura, no início dos anos 40, era uma fortaleza inexpugnável: os japoneses a tomaram em 1 semana — e ainda por cima blefando. MacArthur, o vaidoso *shogun* militar americano que governou o Japão depois das bombas de Truman em Hiroshima e Nagasaki, após o final da Segunda Guerra, tonitruava seu definitivo enterro como potência mundial.

"Nada igual entrou em Roma desde Rômulo e Remo", suspira Marco Antônio (Richard Burton) a Rex Harrison (Júlio César), em *Cleópatra* (Fox, 1962), comentando o show triunfal de Liz Taylor. Nada igual entrou em Tóquio desde MacArthur — o conquistador que criou uma ficção hollywoodiana mais elaborada do que o roteiro de *Cleópatra*: a idéia de que o Japão aceitava o destino manifesto da eterna hegemonia americana. Até hoje os EUA não se livraram deste feitiço — o que os levou, entre outras coisas, a prever o "fim do milagre japonês" pelo menos umas 10 vezes nos últimos 20 anos. Na última e espetacular versão, o Japão cresceu nada menos que 3% no primeiro trimestre de 96 — o que, extrapolado para o resto do ano, daria a fabulosa taxa de 12,7%. Toda a imprensa planetária registrou a proverbial "surpresa dos analistas"...

Há várias razões para o eterno mal-entendido. A mais forte deve-se à própria hubris ocidental de se forçar — do alto de sua condescendência — a não aceitar que o Japão pensa e age de acordo com outros parâmetros. Este processo é do mais alto interesse dos japoneses, que, mestres em understatement, ritualizam e amplificam suas supostas deficiências como tática diversionista, não só para motivar a força de trabalho interna como para embriagar a competição externa.

Não é fácil para as elites ocidentais reconhecerem que o Japão inventou um novo sistema de estratégias econômicas, colocado em prática depois da Guerra, no final dos anos 40, e que atende pela sigla de Nova Estrutura Econômica. Já foi definido como "capitalismo comunitário" (por Lester Thurow) e até mesmo "comunismo competitivo". E uma "terceira via" confucionista-budista-shintoísta — um sistema de cartéis monopolistas tão poderosos quanto invisíveis para o Ocidente. Este mercantilismo não é nenhuma novidade: existe no Japão desde o século 17, durante o isolacionismo Tokugawa. Sua versão moderna, ou "mercantilismo científico", começou a tomar corpo há pouco mais de 1 século, durante a Restauração Meiji. A receita inicial já incorporava controle das importações, imposição de "taxas internas" sobre produtos importados, e subsídios para a indústria local concorrer com os importados. Este foi o embrião do sucesso econômico — neomercantilista — do pós-guerra.

Os principais atores da economia japonesa, como se sabe, são os *keiretsu* — grupos de corporações entrelaçadas de relações comerciais e financeiras, horizontais ou verticais. Trata-se de um sistema mais do que adequado a uma sociedade estruturada por complexas redes de obrigação e confiança mútua — incompreensíveis ao característico conflito de interesses ocidental. Os 6 principais *keiretsu* são Mitsubishi, Sumitomo, Mitsui, Fuyo, Sanwa e Ikkan. A Toyota é um exemplo de *keiretsu* vertical. A Mitsubishi é um clássico exemplo de *keiretsu* horizontal (*mitsu bishi*, em japonês, significa "3 diamantes", o símbolo do conglomerado): engloba várias empresas do mesmo nome, outras de nomes diversos — como a Nikon — e organiza-se em torno de um banco, no caso o Mitsubishi/Bank of Tokyo, maior banco do planeta depois de sua fusão em 96.

O vôo japonês de sociedade agrícola a potência industrial, a partir da Restauração Meiji de 1868, deveu-se ao crescimento dos *zaibatsu* (*zai*: "fortuna"; *batsu*: "clique"), conglomerados familiares como Mitsubishi e Sumitomo que dominaram a indústria japonesa e quase 40% da economia até a Segunda Guerra Mundial. A ocupação americana acabou com os *zaibatsu*; em puro transformismo japonês, terminaram se reconstruindo nos *keiretsu*. A concentração é brutal — à semelhança do funcionamento da burocracia corporativa e da lentidão exasperante das decisões. Por outro lado, quando os mamutes avançam, não há Robocop que os segure. Com capital e tecnologia, deram um baile nas indústrias automobilística e de semicondutores dos EUA. As 10 maiores empresas do Japão só perdem em arrecadação para as grandes dos EUA. São 20 vezes maiores do que as grandes de Hong Kong e 50 vezes maiores do que as grandes de Taiwan.

O Japão ainda não tem uma série de pequenas empresas agressivas como os EUA, ou mesmo *minikeiretsu* como em Taiwan e Hong Kong, ativas em informática ou outros setores high tech. Mas depois da crise de 95 já está reorganizando o sistema industrial para aumentar sua competitividade no século 21 — que será dominado por empresas quase artesanais altamente especializadas, com no máximo 100 ou 150 empregados. Os *keiretsu* que circundam as grandes corporações japonesas já foram amplamente adulados como a "fórmula mágica" do sucesso econômico. Agora, são vistos como fontes de componentes relativamente muito caros. Foi a rede de fornecedores e distribuidores que terminou afundando a competitividade da Mazda: a empresa praticamente foi à falência, e em 96 passou a ser a primeira corporação automobilística japonesa a ter um *gaijin* na presidência — um executivo escocês da Ford.

À semelhança do monumental *O Enigma do Poder Japonês* ou do leviano *Japanofobia*, as boas livrarias do mundo — assim como a imprensa diária e semanal — estão lotadas de analistas europeus e americanos adeptos de teorias conspiratórias, segundo as quais o objetivo central do Japão é nada menos que a total dominação planetária. Outra pilha de livros declara pela enésima vez o fim do milagre, com títulos do tipo *O Sol Também se Põe*, *O Sol que Nunca se Levantou* ou *Japão, a Frágil Superpotência*. A literatura especializada sobre o Japão preencheria a barriga de Moby Dick. Mas basta um volume para derrubar toda a competição. Em *Blindside*, o jornalista econômico inglês Eammon Fingleton oferece a melhor análise ocidental do sistema japonês no fim de século, e cumpre a promessa do subtítulo, demonstrando "como o Japão ainda está a caminho de ultrapassar os EUA no ano 2000".

O capitalismo, como sabemos, privilegia o indivíduo. O sóbrio sistema japonês privilegia o bem coletivo. Quem o decide, em puro confucionismo, é um funcionalismo público rigidamente estruturado como uma burocracia piramidal — o que é de rigor há milênios no Leste da Ásia. É uma meritocracia afiada na exigente Universidade de Tóquio. No topo encontramos o Ministério das Finanças, situado a 2 quarteirões do palácio imperial de Akihito no centro de Tóquio, e definido por Fingleton como "a mais poderosa organização econômica sobre a Terra". O poder deste superministério desafia a imaginação — e não é discutido em público. Quem precisa saber sabe. Quem não sabe não precisa saber. Ao contrário do que julga o Ocidente, controla não só o poderoso MITI — o Ministério do Comércio e Indústria — como todos os outros ministérios, e influencia à vontade figuras menores como os deputados da Dieta. Sua interação com o Keidanren — a federação das indústrias —, os diversos cartéis, e os *keiretsu* industriais costuma ser tão suave que ninguém, literalmente, precisa abrir a boca. Não há por que se espantar: estamos diante de uma situação de *aun no kokyu* — ou seja, um estado de empatia budista onde o pensamento do Outro é completado em silêncio.

As Finanças controlam tudo: impostos, gastos e a própria agência de segurança nacional japonesa. Seu objetivo absolutamente primordial é forçar os japoneses a poupar (Cingapura e Taiwan seguem a mesma orientação). Utilizam-se todos os mecanismos possíveis para desacelerar e deter o consumo — e canalizar esta imensa poupança para um leque de monopólios industriais cuidadosamente escolhidos. Este fluxo é minuciosamente controlado por cartéis financeiros guiados pelo governo. Não importa onde apareça a poupança: o que importa é que apareça em algum nó do sistema — na mão da dona de casa, no balanço de uma corporação, ou permitindo que alguém abra uma nova lojinha.

Nos últimos anos toda a mídia anglo-americana tem criticado a economia japonesa por não se "modernizar" a caminho de serviços. Mas Japan Inc. não se interessava por indústrias de serviços — porque são fáceis de entrar, o know how logo se espalha pela concorrência, e não há possibilidade de estabelecer um monopólio. Além disso, estas indústrias exacerbam o consumo. A lendária dificuldade de ligações aéreas do Japão com o mundo exterior devia-se a uma política explícita do governo — hoje já relaxada — de restringir ao máximo viagens ao exterior. A também lendária dificuldade de morar em um apartamento decente no Japão está relacionada a uma restrição do consumo: quando uma família deve depositar metade de sua renda mensal para amortizar a quitação da casa, não sobram muitos *yen* para torrar em jantares ou shopping malls.

O avançado sistema japonês de pesquisa e desenvolvimento de produtos é totalmente cartelizado: e ao contrário do capitalismo ocidental — onde novas tecnologias são imediatamente difundidas — a melhor tecnologia japonesa fica "em casa", gerando aquelas infindáveis reclamações de asiáticos porque só têm acesso a know how de segunda mão. Japan Inc. também não se interessa por monopólio de software — onde a Microsoft estabeleceu um monopólio global por acaso, devido a um erro monumental da IBM: para os japoneses, software espalha-se com velocidade supersônica, e está sujeito à reverse engineering. Já em hardware, grande parte dos principais fornecedores da crucial indústria eletrônica americana são japoneses — já se descentralizando em uma rede de fábricas orientadas à exportação em diversos países da Ásia. Todas as telas de laptop do planeta, por exemplo, são fabricadas no Japão. IBM, Apple e Compaq compram uma alta porcentagem de seus laptops do Japão. Boa parte dos produtos da Intel é manufaturada por Matshushita e Sharp. Dois terços dos componentes dos Boeings são fabricados no Japão. Chips de memória hiper-high tech são monopólio japonês: apenas Hitachi e NEC têm condições de fabricar memórias de 1 gigabyte (1 bilhão de bits de informação). Nenhum dos mirabolantes jatos de combate americanos decolaria sem know how eletrônico japonês.

Pode-se dizer que o sistema econômico japonês funciona como uma teia — com a aranha do Ministério das Finanças no controle. Mas a melhor metáfora para as atitudes de business é o jogo de *go* — onde blocos de pequenas peças brancas e negras combatem por espaço vital: o pensamento é sempre estratégico, e desiste de ganhos a curto prazo em benefício de vantagens a longo prazo. O objetivo do jogo é um clássico japonês: controlar a maior parte do território. As habilidades fundamentais do jogador devem ser visão estratégica a longo prazo e forte intuição. Deve balancear agressão, ambição e desejo de poder com prudência, paciência e harmonia. Não por acaso, jogadores de *go* batem qualquer computador. Um businessman de Taiwan oferece há 1 década US$ 1 milhão a quem fizer um programa de *go* que vença um mestre em uma série de 7 jogos. Ninguém conseguiu: computadores não são dotados de intuição, nem da capacidade humana de reconhecer formas.

O *go* surgiu na China antes do ano 2000 a.C. Diz a lenda que foi inventado pelo imperador Yao como um exercício mental para seu filho retardado. Ao lado de poesia, música e pintura a pincel, tornou-se uma das clássicas "Quatro Qualidades" chinesas. Durante séculos de guerras clânicas, jogar *go* era considerado um rigoroso treinamento moral e intelectual. Em tempos de paz, era considerado uma recreação altamente respeitável. Hoje, é um modelo para as estratégias de business japonesas.

Mas não é fácil acomodar todas as forças que intervêm no tabuleiro. Para o big business, interessa um *yen* fraco (caiu de 80 para 110 entre abril de 95 e abril de 96). Os pequenos negócios querem a manutenção de barreiras comerciais (impossível, porque o Japão pretende ter um papel de relevo na OMC). Os bancos querem compensar seu Himalaia de maus empréstimos aos especuladores dos anos 80 (possíveis 100 trilhões de *yen*, ou seja, o tamanho do orçamento anual do governo japonês). Washington quer que o Japão abra seus mercados. O grande problema atual é que o business japonês — uma cultura baseada em confiança, dinheiro vivo e estreitas relações pessoais — ainda não conseguiu entender como funciona a administração na era do comércio high tech. Como demonstrou Yasuo Hamanaka, o Nick Leeson do Sumitomo que desestabilizou o mercado mundial de cobre, um corretor solitário armado apenas com um telefone e um modem pode transformar-se em um Godzilla e provocar perdas bilionárias em complexas transações transnacionais.

Contra o Japão, guerra comercial não adianta. Em seu *condo* de Cingapura, Itoshi Takahashi, essência do banqueiro japonês transnacional, é taxativo: "Os americanos são tão... domésticos. O déficit comercial dos EUA não é só com o Japão; é com o mundo inteiro. Mesmo que o Japão importasse todos os carros de Detroit, as doenças estruturais da economia americana continuariam. Todos nós sabemos que o déficit comercial americano só pode ser eliminado através da redução de seu déficit do orçamento. Mas qualquer ameaça de guerra comercial, além de ir contra os princípios da OMC, carrega o perigo de extravasar para a indústria aeroespacial, para a tecnologia de informação, para o cinema ou a TV. Isso não é do interesse de uma economia global".

Como diversos banqueiros e executivos corporativos da diáspora japonesa, em Bangkok, Kuala Lumpur, Cingapura ou Jacarta, Mr. Takahashi reconhece que o Ministério das Finanças e o Ministério do Comércio e Indústria estruturaram uma economia voltada para a restrição do consumo interno e a expansão indiscriminada do comércio exterior — e que esta situação precisa mudar: "A população japonesa poderia viver muito melhor se o país desistisse de uma parte de seu superávit comercial e de seus investimentos estrangeiros. Mas sou um pouco pessimista. Uma reforma estrutural que expandisse o consumo interno no Japão não poderia se concretizar antes de 2010".

O Japão chegou a um estágio crucial. Sua maior fonte de empregos no momento não é mais no setor de manufaturados — mas no setor de serviços: justamente o que não era, até agora, uma prioridade para a elite financeira. Nos anos 70, manufaturas geravam mais de 30% do PIB; hoje, geram menos de 22%. Entre 14 indústrias de manufatura, o Japão historicamente concentrou o grosso de suas exportações em apenas 4: automóveis, aço, equipamentos de precisão e equipamentos elétricos. Agora, o MITI já começa a estimular as indústrias do futuro — ou "indústrias em crescimento", como as identificou o Nomura Research Institute. Elas incluem serviços informatizados — onde o Japão está muito atrás dos EUA —, construção civil, administração de lixo e uma completa reorganização do sistema de distribuição. Os japoneses inspiram-se no exemplo da Califórnia, que substituiu indústrias em decadência — defesa, aeroespacial — por novas indústrias como multimídia e comércio internacional.

Os japoneses também perceberam que setores altamente protegidos — como telecom, transporte aéreo, agricultura, construção e distribuição — há muito deixaram de servir o interesse público. Abri-los à inovação e competição significará mais empregos, mais eficiência e mais atividade econômica. Ao mesmo tempo, a elite dirigente está sendo obrigada a investigar a integração regional na Ásia como uma arma capaz de reconfigurar sua economia em casa. Todos estes vetores naturalmente estão abalando o tradicional consenso quase religioso entre governo e business. O escândalo dos *jusen* — quando se revelou a extraordinária teia de interesses e de política do dinheiro entre bancos, burocratas, big business e políticos, onde ninguém assumia responsabilidade por qualquer desmando — desabou praticamente nas costas do Ministério das Finanças. A população japonesa combateu vigorosamente o plano do governo de utilizar fundos públicos para sanear o sistema bancário. Tudo ficou muito claro: o que era bom para Japan Inc. havia deixado de ser bom para o país.

Mas outro ponto também deve ficar claro: em nenhum momento a necessidade de todas essas reformas radicais na economia japonesa significou — como pressupôs a mídia anglo-americana — que Japan Inc. tivesse virado uma sucata. Não faltam motivos para criticar a sociedade japonesa. Mas seu povo vive mais, suas instituições são mais sólidas, suas fábricas mais produtivas, sua criminalidade mais baixa e seu nível de educação mais alto do que em praticamente todo o mundo ocidental.

Não compreendemos a visão de mundo do Japão sem estudarmos como a essência da cultura japonesa derivou da cultura chinesa. O Japão é confucionista desde o século 7. Mas é um Confúcio aplicado ao Japão. Nas 2 culturas, famílias são rigidamente hierarquizadas. Mas há uma diferença fundamental entre a *jia* — família — chinesa e o *ie* — lar — japonês, transposta para o universo de business, onde empresas chinesas são — literalmente — famílias, e empresas japonesas apenas assemelham-se a famílias. Obrigações filiais, respeito e deferência aos mais velhos são virtudes comuns. No confucionismo chinês, benevolência é uma virtude crucial. E lealdade é uma virtude mais individual do que social: ou seja, deve-se lealdade mais a si mesmo do que a uma autoridade externa.

Lealdade, na China, deve ser temperada por justiça: não se pode respeitar uma autoridade externa injusta. Já no Japão, a lealdade assumiu uma importância muito maior do que na China. A lealdade e o dever ao soberano, no Japão, passaram a ser incondicionais. Todo mundo que viu um filme de Kurosawa reconhece a lealdade do *samurai* para o *daimyo* — hoje espelhada na lealdade do executivo japonês ou do salariman a sua corporação. Quem é sacrificado neste processo é justamente a família.

O confucionismo japonês é diverso do chinês também por razões políticas. Nenhuma dinastia chinesa durou mais do que alguns séculos: imperadores viviam perdendo o "Mandato do Céu". No Japão, temos uma só dinastia desde a fundação mítica nas brumas do tempo: nessas condições, obviamente não há lugar para um soberano cair em desgraça e perder o "Mandato do Céu". A China era classicamente dirigida por uma classe de gentleman-scholars — uma cesta de Confúcios. Já o Japão era dirigido por guerreiros — cujo código ético, o *bushido*, também conhecido como a ética *samurai* — privilegiava virtudes militares: honra, coragem, hierarquia e lealdade. A importação japonesa do confucionismo, portanto, foi assimilada pelo *bushido* — daí a emergência da lealdade como virtude fundamental, usada como a espada sem mácula que configura uma pervasiva ética da submissão. O mais lancinante exemplo de *bushido* no Japão moderno foi o suicídio de Yukio Mishima em 1970 — quando o torturado e byroniano herói literário cometeu *seppuku* depois de incitar militares de elite, sem sucesso, a restaurar o poder do Imperador.

A cultura e o pensamento tradicional japoneses desconhecem o que seja dualidade. Ambivalências e dicotomias são inerentes à filosofia e religião de Mesopotâmia, Pérsia, Índia, China e Ocidente. Scholars japoneses do século 18 já idealizavam "Bem" e "Mal" como indissolúveis. Hoje, teorias de "caráter nacional" afirmam taxativamente que os japoneses preferem viver em ambigüidade intelectual. Um dos gurus *zen* do Ocidente — o professor D.T. Suzuki, autor de dezenas de manuais, muito popular entre baby boomers nos anos 60 e 70 — sempre criticou a lógica dualista do Ocidente. Mas o professor Suzuki nunca explicou que a função histórica do *zen* era essencialmente política: suavizar qualquer resistência do cidadão japonês à necessidade de obediência cega.

Assim como o confucionismo, o budismo *zen* também explica o sucesso econômico. Doutrinas de monges ativos durante o shogunato Tokugawa já valorizavam atividades econômicas. Combinadas com confucionismo e elementos da tradição *shinto*, desenvolveram uma ética comercial paralela — e contemporânea — à ética de trabalho protestante, e à fé calvinista que impulsionou a hegemonia comercial da Inglaterra a partir da Revolução Industrial. A atividade destes monges mercadores também nos leva a compreender a fonte do perfeccionismo *zen*. Através da meditação interior, um artesão *zen* — muito mais do que apoiado em um domínio técnico — era capaz de manufaturar a perfeita espada ou o perfeito bordado em seda.

O perfeccionismo obsessivo — e religioso — está, como se sabe, na alma do savoir-faire japonês, e extravasa para as atividades mais mundanas. Não nos espanta, portanto, entrar na filial novaiorquina da Takashimaya — a Harrods japonesa, fundada em 1831 como uma butique de quimonos — e ser recepcionado com o seguinte texto: "Na Quinta Avenida entre Tóquio e Paris encontra-se Takashimaya Nova York, um fórum transcultural que ilumina a arte de comprar, refletindo uma singular união de estética oriental e ocidental. Uma rara e distinta seleção de mercadorias denota a singular sensibilidade dos japoneses em relação à manufatura, ao acabamento e a belas embalagens, e a sensibilidade ocidental que considera a função uma prioridade".

Não existe no Japão uma tradição intelectual forte, nem propensão ao debate de idéias. "Verdade" é um conceito maleável e negociável. "Lógica" é um conceito supérfluo. Há subserviência total a quem administra as Leis. E a celebração da amoralidade é pervasiva. É assentado nestas características que se exerce o Poder no Japão. Não existe verdade transcendental nem valor universal acima do cotidiano sociopolítico. Por esta razão, o Japão voou para a modernidade e pós-modernidade industrial antes de todas as outras culturas da Ásia. Não havia nenhuma oposição moral, intelectual ou transcendental para brecar toda a nova carga de informações necessárias ao desenvolvimento. Isso também nos leva a entender o "double standard" japonês que costuma revelar um verdadeiro Grand Canyon entre dizer e fazer.

Durante a Restauração Meiji no século 19 — quando o Japão resolveu se modernizar para alcançar o Ocidente — o confucionismo foi a ideologia-chave para sustentar a união nacional e assegurar a lealdade aos objetivos do Estado. Francis Fukuyama já apontou como esta é a mesma atitude de Lee Kwan Yew em Cingapura no final do século 20. Em decorrência, compreendemos por que o nacionalismo e a noção de cidadania são muito mais fortes no Japão do que na China. O nacionalismo exacerbado implica que a atitude japonesa será sempre *ware ware nihonjin* — nós, japoneses — contra o resto, todos outsiders, e, portanto, inconfiáveis. Os chineses são muito mais flexíveis, e, como veremos, colocam a família e a província muito acima da Nação. Esta noção do nacionalismo exclusivista japonês é o crucial bloqueio psicológico e cultural que ainda os impede de normalizar sua relação com o resto do planeta.

Um ser humano não se sente sufocado vivendo em um sistema como esse? Muito pelo contrário — pelo menos no que concerne aos japoneses. Em *Blindside*, Fingleton realça como o sistema de administração de empresas japonês segue o que é qualificado como os "3 tesouros" (*shanshu no jingi*), onde deve imperar a mais absoluta confiança entre patrões e empregados. Vejamos as características dos "3 tesouros".

1) Inovação eficiente. O sistema garante emprego vitalício, o que sedimenta a lealdade do empregado à empresa — uma mentalidade radicalmente diversa da que estamos acostumados. Trabalhadores costumam aplicar-se com entusiasmo ao treinamento necessário ao domínio de qualquer nova tecnologia — pois acreditam que vão melhorar a performance da empresa e de seu próprio trabalho. O Japão é o único lugar do mundo onde robôs são vistos como parte da família corporativa: ganham nomes de cantoras ou de estrelas de cinema.

2) Boa administração. A responsabilidade de um manager japonês é perpétua; sua decisão de hoje poderá ser cobrada daqui a 10 anos. Executivos japoneses são preparados por anos, mesmo décadas, e sabem tudo de produção, ao contrário de executivos americanos — que só entendem, se tanto, de contabilidade ou marketing.

3) Espírito de cooperação entre trabalhadores e executivos. O famoso "team management" motiva a força de trabalho e é a verdadeira chave do sucesso econômico japonês. Assegurado emprego vitalício, Honda, Sony, Matsushita, Toyota aboliram na prática o capitalismo no Japão ao diluir a propriedade empresarial entre bancos e firmas de investimento agindo em benefício do interesse nacional. Trabalhadores, mais do que acionistas, passaram a ser os "reais beneficiários da existência de uma empresa". De acordo com Fingleton, no Japão os salários são 50 vezes mais altos do que dividendos pagos a acionistas. Inexistem, portanto, aqueles descomunais executivos americanos com salários de US$ 2 milhões anuais, acrescidos de uma massa de ações corporativas.

Um estratégico Super Bonder mantém o sistema unido. A imprensa japonesa funciona como um verdadeiro departamento de relações públicas do Establishment. O Ocidente pode considerar estranhíssimo o fato de que a imprensa japonesa não contradiz as estratégicas econômicas de interesse nacional. Trata-se de puro confucionismo nacionalista. A atitude dos jornalistas é a mesma dos funcionários públicos de alto escalão: o Estado tem o direito de sonegar informação ao público. Em uma sociedade confucionista, jornalistas são insiders que ajudam outros insiders a manter a harmonia. Fontes não são questionadas. O próprio trabalho dos jornalistas é cartelizado — como, de resto, tudo na sociedade japonesa, para facilitar o controle do governo. Tudo passa pelo crivo do understatement. Isso explica como durante anos a imprensa manteve a população no escuro quanto ao custo de itens de consumo — exorbitantes no Japão em comparação ao restante do mundo desenvolvido: o controle só foi relaxado quando o Japão ultrapassou os EUA em renda per capita no meio dos anos 80. Com uma imprensa operando como um cartel confucionista, a democracia japonesa é naturalmente muito diversa de como a conhecemos no Ocidente.

Assim como os nativos podem ser mantidos no escuro, sua visão de estrangeiros também é contaminada por estereótipos filtrados pela mídia. Mas nenhum grupo se compara aos estrangeiros — que vivem na sociedade japonesa como os cegos no quadro de Brueghel. Esta cegueira exacerbada imprime-se espetacularmente na milionária imprensa sobretudo americana, especializada em vomitar toneladas de cretinices diárias sobre o Japão. Repórteres regiamente pagos em teoria devem traduzir o Japão para o resto do mundo. Em uma sociedade onde todo mundo sabe ler e escrever, o crème de la crème da imprensa global é um bando de iletrados. Desconhece a língua. Vive em uma bolha intelectual — onde os EUA continuam vendendo a si mesmos o mito de um Japão americanizado. Após meses ou anos de leituras intermináveis de *Time* e congêneres, percebemos como jamais tentam enxergar o mundo do ponto de vista japonês. E como jamais discutem a questão central; ou seja, como o modelo Japão, e seus modelos derivados, estão transferindo o eixo econômico do planeta para o Leste da Ásia.

De uma certa maneira, no final do século 20 — até a crise de 95 —, o Japão, pelo menos do ponto de vista de sua elite, voltou a viver no melhor dos mundos possíveis, muito melhor do que aquele esplêndido isolamento antes da chegada dos "navios negros" do comodoro Perry. Dispõe de um capital quase ilimitado. Só importa o que precisa — matérias-primas, jamais produtos de consumo. Controla rigidamente todas as suas tecnologias mais avançadas. Como frisa Kenneth Courtis, depois do estouro da bolha financeira, aumenta o *cash flow* das grandes corporações — mesmo sem o aumento de suas vendas; o tecido industrial está completamente reestruturado, e nunca esteve tão forte; e o investimento no Sudeste da Ásia continua brutal: para cada dólar investido pelos alemães, os americanos investem 20% a mais, e o Japão quase 600% a mais. Do ponto de vista japonês, investir nos EUA, Europa ou América Latina é uma licença para deixar de ganhar dinheiro; investir na Ásia é uma licença para imprimir dinheiro.

Especula-se como o Japão vai utilizar sua mais fabulosa arma de relações públicas: o fato de que metade da população do globo — em países asiáticos — está jogando sua sorte na economia globalizada de acordo com as regras estabelecidas pelo Japão. Muita gente pode se arrepiar ao perceber que na prática revive-se a Grande Esfera de Co-Prosperidade do Leste da Ásia pregada em 1941, pouco antes de Pearl Harbour. O que não obteve-se com o canhão, obteve-se com o mercantilismo. A hegemonia é indiscutível. Especialmente a partir dos anos 80.

Cingapura, Malásia, Tailândia, Indonésia, Índia e até mesmo a China preferem francamente o modelo japonês. Com todos os seus traumas culturais, a Coréia copia o que pode do Japão.

O inferno são os outros. E é um inferno acima de tudo político. Takashi Inoguchi, professor de política da Universidade de Tóquio, nota que "como todo o mundo desenvolvido, o Japão está sofrendo uma natural recessão no poder dos governos e do setor público. Mas é a mais avançada entre as nações desenvolvidas nesta evolução rumo a uma sociedade desiludida com o governo". Tóquio ainda está em busca da cura para vomitar mal-entendidos como game-boys. Depois de um interminável exame de consciência, finalmente expressou em 95 seu "remorso" (sic) oficial por ter infligido uma "dor insuportável" (sic) aos povos que subjugou durante a Segunda Guerra (milhões, sobretudo coreanos e chineses, foram exterminados). Mas a ambigüidade do texto, que refere-se a "colonialismo" e "atos de agressão" sem deixar claro que foram perpetrados pelo Japão, só serviu para enfurecer ainda mais os vizinhos asiáticos. Pelo menos por enquanto, a idéia da Ásia-Pacífico como uma entidade econômica liderada pelo Japão é impensável: a China está competindo justamente para ultrapassar o Japão até 2020. É uma ameaça não só econômica mas também política. Uma pesquisa de meados de 95 revelou que 44% dos japoneses julgam a China o país mais importante da Ásia; apenas 16% votaram no Japão. A consultoria econômica PERC, de Hong Kong, qualifica o Japão como a "lua" e a China como o "sol" da Ásia.

Ryutaro Hashimoto é o *samurai* que poderá fazer emergir o Japão de sua proverbial anemia política. Hashimoto é o Harrison Ford da política japonesa. Como Indiana Jones, é um lobo solitário. Tem um temperamento volátil. E faz tremendo sucesso com as mulheres. A diferença é que usa muito Gumex, o que lhe rendeu o apelido no Japão de "garoto da pomada". Também é conhecido como "Monte Fuji": lindo a distância, decepcionante de perto. Como Harrison Ford, tem fino senso de humor — e de show biz. Durante as titânicas negociações com Mickey Kantor, em Genebra, em 95, em torno da tola tentativa americana de impor cotas de importação de veículos japoneses, Kantor lhe presenteou com uma espada de *kendo*, de bambu. Mais imperial do que Toshiro Mifune, Hashimoto, expert em *kendo*, não só ensinou a Kantor como empunhar a espada como fez o americano apontá-la rente a seu pescoço. A foto saiu na capa de toda a imprensa global. Os americanos retiraram suas exigências infantis, e Hashimoto foi recebido no Japão como herói nacional.

Graduado em ciências políticas pela Keio — uma universidade de elite —, ele é tão enigmático quanto o falecido François Mitterrand. É hábil em montanhismo e artes marciais. É o próprio *samurai* pós-moderno. Críticos realçam a mesma estatura e o mesmo tipo sangüíneo — AB — de Napoleão. Não é o que interessa. Hashimoto é um conservador — porém realista. É pró-business, e pró-burocracia confuciana. Raciocina claro, decide rápido e negocia muito bem. Seus objetivos primordiais são a recuperação econômica japonesa e uma ampla reforma administrativa que sacuda a inércia política e burocrática — para a partir daí projetar para o Japão a possibilidade de crescer a no mínimo 3% no ano 2000.

Indecisões japonesas alienam completamente sua política externa. O Japão não tem amigos. Depende exclusivamente de uma relação amor-ódio, porém tolerável, com os EUA, onde um vive tentando moldar o outro a sua própria imagem. A aliança, desde o final da Segunda Guerra, é o pólo de segurança do Leste da Ásia. O professor Inoguchi realça como "falar de re-asianização do Japão é um oxímoro. Durante a maior parte da História moderna, o Japão não fez parte da Ásia, e desde o fim da Segunda Guerra, a base de sua relação com a Ásia foi obscurecida pela lógica americana da Guerra Fria".

Até 96, os EUA se comprometiam por tratado a ajudar a defender o Japão contra qualquer ataque. O tratado também referia-se vagamente a "manter a paz e a segurança no Extremo Oriente" — o que conteve a URSS, conteve a imprevisibilidade militar da Coréia do Norte, conteve o ressentimento chinês em relação ao Japão, e deixou o Japão durante meio século em uma situação muito confortável, sem precisar fazer nada, a não ser exportar furiosamente para o gigantesco mercado americano (mesma prática depois seguida pelos tigres e agora pela China, provando que é impossível para o Terceiro Mundo se desenvolver sem acesso ilimitado ao mais rico mercado do planeta). Na cúpula Clinton-Hashimoto de abril de 96, em Tóquio, o tratado foi ampliado, na prática, para toda a Ásia-Pacífico. A razão — que nenhum diplomata ou funcionário americano confirmará on the record — é "conter a China". Ou seja, os EUA permanecem totalmente engajados no Leste da Ásia.

A China é ultra-sensível tanto a uma ressurreição militar japonesa quanto à hegemonia americana. Mas o fato é que sem os EUA, haveria uma corrida nuclear na Ásia. O Japão tentaria se igualar à China. A Coréia do Sul — já invadida por China e Japão — iria atrás, assim como os tigres. Depois do mais rápido progresso no bem-estar humano em toda a História, o Leste da Ásia poderia instantaneamente regressar à Idade da Pedra.

A grande ameaça à aliança EUA-Japão é justamente o "mercantilismo cientifico". Se o *yen*, por um conjunto de circunstâncias, volta a se desvalorizar ainda mais em relação ao dólar, Japan Inc. voltará a exportar ainda mais para o Ocidente. E a maior parte da Ásia estará arrastada para futuros vale-tudo comerciais entre Japão e EUA. Americanos — e europeus — já ficam carecas com o próximo cenário: capital, tecnologia, e sistemas de administração japoneses alinhados com mão-de-obra e populações educadas e extremamente energéticas da Ásia provocando o que seu eufemismo qualifica de "tensões comerciais". É um cenário mais do que plausível pelo século 21 afora. O Japão parece condenado ao que americanos qualificam de "win-win situation": ou seja, não tem como sair perdendo. Em *The Future of Capitalism*, Lester Thurow comentou como nada deverá mudar no front enquanto o déficit comercial americano for superior ao superávit comercial japonês — o que permite a todo o resto do mundo continuar pagando suas contas japonesas com seus lucros americanos. Thurow, no entanto, prevê um inevitável terremoto, a partir da tese de que a economia japonesa já é tão gigantesca que não mais pode funcionar com sucesso voltada apenas à exportação.

O Japão muda — mas a um ritmo de teatro *no*. É verdade que ainda é capaz de absorver perdas bilionárias em suas propriedades estrangeiras — como no caso da Sony — e de exportar produtos por preços mais baixos do que são vendidos em casa: ou seja, permanece o mesmo animal econômico. Mas por trás do enganoso balé de máscaras, ambigüidades e crises, tenta, sinceramente, amadurecer sua relação com o mundo exterior. Podemos também usar a metáfora da roda para definir o funcionamento da sociedade japonesa. No centro, os instintos conformistas são poderosos, e as mudanças, lentas — mesmo porque o controle político é totalmente difuso. Ocidentais manifestam eterna surpresa com um sistema absolutamente coeso que neutraliza qualquer potencial desestabilização. Em essência, todos os japoneses são moldados para um comportamento disciplinado e previsível. Nossa impressão é que obedecem à voz etérea de um Grande Irmão: daí o fato de que nada os perturba mais do que o imprevisível — como as crises acumuladas do ano de 95.

No centro da roda, o neoconfucionismo da burocracia zela pela manutenção da hierarquia sociopolítica — de acordo com uma suposta e irremovível "lei natural". Pouquíssimos japoneses contestam o poder dos burocratas — que, como vimos, não têm base legal. Nas extremidades da roda encontramos os inovadores e empresários que forçam as mudanças: os hoje míticos Akio Morita, Soichiro Honda e Konosuke Matsushita começaram pequenos e impuseram sua visão ao centro. Criadores como o músico Ryuichi Sakamoto e designers de elite como Issey Miyake, Rei Kawakubo e Yohji Yamamoto também estão nas extremidades da roda. Para o público externo, o Japão já busca vender uma outra imagem. Ser estrangeiro na cultura japonesa ainda é ser o definitivo OVNI. Mas nota-se uma outra atitude na visão mais global dos executivos das grandes multinacionais. Um escocês chegou até mesmo a executivo-chefe da Mazda. Nota-se uma outra atitude no próprio MITI, que suavizou seu monomaníaco mercantilismo hardcore e incentiva novas indústrias e inovações tecnológicas como o diferencial que manterá a indústria japonesa imbatível pela competição no século 21.

No fundo, é como se o Japão tivesse aplicado um elaborado golpe de *jiu-jitsu* em todo o planeta, simultaneamente. Tem os 3 componentes principais de uma estratégia a longo prazo: capital, pesquisa avançada de novas tecnologias e acesso a mercados mundiais. Capital é o que não falta: o Japão tem US$ 200 bilhões em reservas, exporta US$ 500 bilhões por ano, tem um superávit de quase US$ 110 bilhões em conta corrente, e poupa 34% de um fenomenal PIB de US$ 5,1 trilhões.

A maioria absoluta das novas tecnologias — especialmente eletrônicas — está em indústrias lideradas pelo Japão corporativo. O Sudeste da Ásia é sua arma secreta. Está imune a boicotes comerciais, porque com tantos monopólios nenhum país ou bloco comercial pode excluí-lo sem prejuízo de sua economia. E, como se não bastasse, está financiando o déficit americano.

Projetados a longo prazo, os números compilados por Kenneth Courtis, em Tóquio, são implacáveis. O Japão em 2050 pode estar produzindo 3 vezes mais do que os EUA: ou seja, cada japonês será 6 vezes mais produtivo do que um americano. E o Japão será responsável por quase metade da produção mundial. Nos 5 séculos e meio em que o Ocidente tenta persuadir o Japão da superioridade de seus métodos, caíram pelo menos 6 impérios — todos europeus: Portugal, Espanha, Holanda, França, Inglaterra e URSS. Os japoneses têm todos os motivos para pensar até quando vai durar o sétimo. Roma só se tornou um grande império por 2 razões: habilidade de organização, e vocação de domínio. Podemos pensar em seu impecável sistema de comunicação, comando e controle como uma referência básica da máquina militar americana. E podemos pensar na sua disciplina e capacidade de organização como uma característica básica da máquina econômica japonesa.

Depois da lição histórica da Segunda Guerra Mundial, o Japão nem mesmo precisou construir um império. Expandiu seu mercantilismo científico usando as redes forjadas pelo império anglo-americano — mercados abertos, Boeings, telefones e computadores. Está aberto à discussão se o sucesso deve-se a expertise japonesa, generosidade americana, ou uma conjunção dos 2 fatores. O scholar californiano Joel Kotkin demonstrou como os japoneses "reciclaram e expandiram suas redes pré-guerra, administradas por grupos rotativos de managers corporativos em períodos de 3 a 5 anos". Kotkin qualifica esta expansão — completamente diversa da caótica diáspora chinesa — como "diáspora por design", e "um dos mais notáveis acontecimentos da história econômica mundial. Em pouco mais de 3 décadas, estes *samurais* corporativos construíram um império econômico global mais poderoso do que o desenvolvido pelos judeus em 2 milênios, e mais espalhado do que os chineses ou indianos". A diáspora por design atualmente conta com nada menos que 600 mil executivos japoneses — *samurais* de terno escuro muito bem instalados nas principais capitais do planeta. Como a Inglaterra, o Japão é uma ilha que se transformou em uma tribo global. E, como a Inglaterra, cultiva com máximo zelo à intrínseca superioridade de sua história e cultura.

Oscilando mais uma vez entre atração/repulsão, o Japão tenta redescobrir — pragmático — suas raízes na Ásia. Muitos perceberam que se permanece o etnocentrismo exacerbado, jamais haverá qualquer solidariedade entre japoneses e asiáticos — o que é contraproducente em business. Quando o país emergiu dos 2 séculos e meio de isolamento auto-infligido, no meio do século 19, a palavra de ordem era *Datsu-ah, Nyuu-oh*, ou seja: "Deixar a Ásia e entrar no Ocidente". Hoje, é exatamente o oposto: *Datsu-oh, Nyuu-ah*, "Deixar o Ocidente e entrar na Ásia". Ao contrário das hordas de Instamatic em pacotes turísticos, japoneses jovens quando viajam pela Ásia já se interessam pelas culturas locais. Em 94, a Ásia tornou-se o principal parceiro comercial do Japão (43%), a um volume fabuloso de US$ 252 bilhões. *A Ásia que Diz Não*, um best-seller co-escrito pelo primeiro-ministro da Malásia, Mahathir Mohammad, e o polêmico nacionalista Shintaro Ishihara, pregava a volta do Japão às suas raízes no continente.

O malaio Mahathir e o Confúcio moderno, Lee Kuan Yew, primeiro-ministro de Cingapura, por 31 anos, até 1990, são os 2 políticos asiáticos mais admirados no Japão. Sem dúvida porque sua ousadia, visão do futuro e capacidade de liderança são inimagináveis em qualquer político japonês — à exceção, talvez, de Hashimoto. Em 92, em Kyoto, Lee administrou à elite econômica do país o mesmo diagnóstico da reunião da CIA em 91: o Japão é a "grande ameaça" contemporânea aos EUA. Todos concordaram, embora fossem muito circunspectos para admiti-lo publicamente. Em um simpósio sobre "O Futuro da Ásia", em maio de 95, em Tóquio, Lee e Mahathir deram um show. Ambos são a favor de uma cadeira permanente para o Japão no Conselho de Segurança da ONU. Ambos voltaram a insistir na superioridade dos "valores asiáticos" — trabalho, disciplina, lealdade, hierarquia, etiqueta, educação, primazia da família e das relações pessoais — em relação ao que consideram anarquia ocidental.

Lee e Mahathir reconhecem que graças ao esforço japonês, pela primeira vez desde o início da revolução industrial a emergência de uma forma de capitalismo asiática demoliu o mito da superioridade dos padrões ocidentais de organização, produção e desenvolvimento de tecnologia. O Japão mesclou seu próprio confucionismo com budismo *zen* e crenças shintoístas, assimilou as melhores idéias, ciência e tecnologia ocidentais, e terminou gerando uma nova, altamente desenvolvida, e até mesmo iluminada sociedade asiática. Potencialmente, o Japão tem tudo para ser o farol de Alexandria da era digital. Coloca também em aberto a grande questão para o mundo em desenvolvimento: a alternativa entre o capitalismo anglo-americano e o que o diretor do Institute of Developing Economies em Tóquio, Shigekazu Matsumoto, qualifica de "economia de mercado desenvolvimentista conduzida pelo Governo", ou seja, o modelo japonês.

A Ásia, como vimos, já fez sua escolha. O Brasil só tem a ganhar focalizando sua atenção. Toshiro Kobayashi, ex-presidente do Banco de Tóquio no Brasil, alerta que o Brasil deve olhar com muito cuidado para a Ásia — ou não passará de um pingente de trem-bala. O MITI, dezenas de banqueiros e executivos de trading companies japonesas na Ásia espantam-se com a notória síndrome de avestruz brasileira quando, por exemplo, Argentina e Peru vivem enviando missões quase mensais. O Brasil deve combater não só a síndrome de avestruz mas também o fato de que ao Japão hoje interessa acima de tudo os mercados asiáticos, e que empresas japonesas não estão exatamente dispostas a inundar o país de investimentos depois dos traumas pelos quais passaram nos anos 80.

O monopólio japonês da indústria eletrônica global é absolutamente inacreditável. O Japão lidera em CDs e drives de CD-ROM, painéis de cristal líquido, semicondutores, diodos a laser, capacitores, laptops, supercomputadores, fornalhas de oxidação/difusão, telefones celulares, pagers, reconhecimento de caracteres ópticos, baterias de nidrido de níquel, printers a laser, fax e eletrônica militar. Vai dominar o futuro mercado de sistemas de compressão em vídeo e vai fabricar todo o hardware principal da auto-estrada da informação. Além disso, está na frente nas indústrias de robótica (fabrica 80% dos robôs do mundo; a indústria foi inventada pelos EUA no início dos 60), microengenharia, peças de automóveis, maquinário para indústria automobilística, moldes de metal, micromotores, rolamentos, câmeras, copiadoras, instrumentos médicos e científicos, lâmpadas high tech, relógios de pulso (a Citizen faz 20% dos relógios do planeta), instrumentos musicais, equipamentos de geração de energia elétrica, navios, equipamentos de controle de poluição, fibra de carbono, titânio, equipamentos de construção civil, e componentes eletrônicos para a indústria aeronáutica.

Até 2020, o Japão deve surpreender o planeta com uma série de inovações cruciais. Entre elas:
— microrobôs programáveis que trabalham como formigas, sob qualquer temperatura, em terra, no oceano e até no espaço sideral;
— casas high tech com teto solar e "zero consumo de energia";
— reatores nucleares de aluguel, funcionando a bordo de navios estacionados ao largo dos portos de Cingapura e Jacarta;
— fábricas na Tailândia e Malásia totalmente operadas por controle remoto;
— órgãos artificiais imunes à rejeição do corpo humano;
— biochips que permitem a comunicação de seres humanos com plantas e animais;
— produção de medicamentos no espaço sideral — o que inclui a criação de novos materiais impossíveis na Terra por causa de distorções provocadas pela força de gravidade;
— um reator comercial a laser capaz de produzir tanta energia quanto 3 usinas nucleares, o que deve permitir, entre outras coisas, a colonização da Lua.

"Small is beautiful" será o mantra do Japão Terceiro Milênio, uma nação trançada de pequenas empresas hiperespecializadas e de alta tecnologia — independentes dos grandes *keiretsu* industriais, funcionando como a Internet de bambu chinesa. Até os gigantes vão se enxugar. Em 2015, de acordo com analistas do diário econômico *Nihon Keizai Shimbun*, a Sony, por exemplo, será uma empresa de milhares de unidades com no máximo 50 empregados cada, e extensos poderes de decisão. Executivos-chefe terão o papel de Budas visionários.

Até 2010, a Nippon Telegraph and Telephone terá construído a auto-estrada digital japonesa a um custo de US$ 500 bilhões. O mercado de multimídia estará avaliado em estratosféricos US$ 1 trilhão. Tóquio, megalópole asfixiada, será deserdada em benefício de uma constelação de cidades menores, cada uma com sua própria cultura urbana, a exemplo de Sendai — 2 horas da capital por trembala. Uma nova capital deverá ser construída de 2001 a 2011, entre 100 e 300 km do centro de Tóquio, em uma região rica em água, e a menos de 40 minutos de um aeroporto internacional. Abrigará os principais centros de decisão políticos e administrativos. Tóquio permanecerá a capital econômica e cultural. De acordo com o professor Yoshinosuke Yasoshima, "o Japão precisa de um projeto de sociedade para o século 21. Mudar a capital será um ótimo símbolo".

Mesclando indicadores japoneses, da consultoria PERC de Hong Kong, do Economist Intelligence Unit, e do Banco Mundial, emerge um quadro bastante razoável do Japão futuro. No ano 2000, para certo alívio do Ocidente, o superávit japonês em conta corrente estará em US$ 75 bilhões, 40% mais baixo do que hoje. O Ministério das Finanças finalmente terá autorizado a abertura — não escancarada — do mercado interno para importações. A Ásia deve lucrar bilhões, especialmente a China. Katsuya Okada, um atípico político japonês pleno de idéias, nota que "Ginza estará lotada de neons anunciando produtos asiáticos, assim como hoje Times Square está inundada de neons de marcas japonesas". Em algum ponto entre 2005 (Deutsche Bank) e 2025 (Nomura Institute), a Ásia inteira fará parte do bloco do *yen*, e a China terá ultrapassado os EUA como o maior mercado do mundo para produtos japoneses. Com a economia mais desregulada e o aumento do consumo, o Japão estará criando pelo menos um Canadá novo de riqueza a cada ano.

Haverá problemas, como o envelhecimento da população, uma taxa de desemprego equivalente ao dobro da atual e a emergência dos tecno-*yakuza*, gangues que vagam pelo cyberspace em uma rede sem fronteiras de pornografia, jogo, extorsão e pilhagem de bancos de dados.

Em 2020 o Japão talvez não seja a sociedade mais rica e sofisticada do planeta. Mas estará perto. As mudanças serão menos dramáticas, o crescimento mais lento. O materialismo ocidental será questionado. Aumentará o interesse sobre seu passado histórico e cultural. O país viverá da renda de suas incontáveis subsidiárias espalhadas pelo globo e de uma rede de investimentos internacionais em corporações européias e americanas. Será um império vastíssimo, que rentabiliza experiência e inteligência mais do que mera produção de mercadorias.

Nenhum japonês nos admitirá, a não ser de uma maneira extremamente oblíqua. Mas o fato é que o Japão ainda vê o mundo como um choque de 2 culturas, em última análise, incompatíveis. Os EUA representam o Ocidente, e o Japão representa a Ásia. Sob a ampla perspectiva histórica dos últimos 5 milênios, as culturas orientais foram mais sofisticadas e significativas. Seu Renascimento — depois de quase 5 séculos de eclipse e estagnação tecnológica — deve-se, fundamentalmente, ao Japão. O Japão não se ocidentalizou — a não ser em termos econômicos e tecnológicos; o Japão se modernizou. Agora tem o direito de traçar suas próprias regras, e não seguir as regras traçadas pelo Ocidente para seu benefício. Este é um fato que EUA e Europa ainda se recusam a aceitar. Ao mesmo tempo, depois de integrar todas as nações do Leste da Ásia com comércio, investimento e tecnologia, e inspirá-los como modelo de desenvolvimento, o Japão precisa aprender a liderar pelo magnetismo de sua cultura — e ser mais flexível e tolerante em suas atitudes sociais.

Nenhum japonês também nos admitirá publicamente. Mas há um consenso de que a longo prazo todo o Ocidente será forçado a reconhecer a essencial superioridade moral e ética do seu modelo — atualmente apenas em processo de recalibragem. Não podemos esquecer que, mesmo derivando de diversas raízes chinesas, coreanas e polinésias, de acordo com a tradição shintoísta os japoneses se consideram uma raça não só especial — ou "escolhida", como os judeus — mas a semente dos próprios deuses, que forma "a raiz do mundo". Este etnocentrismo, como vimos, está em baixa. Mas não se pode prever o grau de profundidade que devem atingir as atuais mudanças de atitude. Japanologistas insistem em que tanto os baby boomers quanto os *shinjinrui* — a "nova raça", quem hoje tem de 20 a 30 anos — não são substancialmente diversos, psicologicamente, da geração que viveu a Segunda Guerra. Mas o fato é que os *samurais* corporativos hardcore dos anos 80 lentamente se transformam nos consumidores e turistas soft dos anos 90.

Ao contrário de seus pais — para quem o mantra era trabalho e obediência —, os *shinjinrui* privilegiam consumo e mobilidade. Enquanto estão na escola ou universidade, vivem de "beits" — metade do termo alemão "arbeit", trabalho. Um "beit" é um meio-período inevitavelmente bem pago — trata-se do Japão —, que complementa a mesada paterna e permite o acesso a superconsumo e viagens. "Beits" podem se prolongar por toda a eternidade — daí a classe à parte dos "part times" — os hippies de luxo japoneses que passam a vida viajando para Bali, Paris ou Austrália. Todos eles são naturalmente "free people": trabalham quando querem, viajam, consomem, adoram a vida noturna e o underground de Tóquio. Na Swingin' Tokyo dos anos 90 — um alucinante acelerador de partículas de subculturas pop — todo o planeta é reciclado e consumido. Encontra-se qualquer coisa — de um disco pirata de Yma Sumac às obras completas de obscuros fotógrafos da ex-Alemanha Oriental. "Bodi-cons" (as "conscientes de seu corpo") — secretárias reprogramadas em minivestidos ultrasexy — excitam exércitos de salarimen do alto de passarelas: as garotas ganham seus 15 minutos de fama, os garotos sua sessão de voyeurismo sem riscos, e à meia-noite todo mundo volta para casa.

O Japão está submerso em *tsunamis* de pornografia soft: pêlos à mostra são vedados, daí a proliferação orgiástica de calcinhas e estupros ritualizados.

Dominatrix carregam agendas lotadas de escravos obedientes: o homem japonês é tradicionalmente inibido, e vê a mulher como uma criança submissa ou uma Domina implacável. Os tímidos terminais viram *otakus* — personagens que consomem magmas de informação sobre seu hobby, mania, obsessão ou tara: um famoso *otaku* colecionou tantos vídeos de Lolitas que terminou virando serial killer. Há *otakus* que ficam malucos e viram *osotos* — ou seja, um *otaku* que resolve se comunicar. Para a "nova raça" japonesa, todo o Ocidente é um diskette, e eles são o disk drive.

De acordo com um relatório governamental, as mulheres japonesas casam cada vez mais tarde, têm filhos cada vez mais tarde, e trabalham muito mais — com maridos totalmente ineptos nas tarefas de casa. A mulher de Hasmimoto já declarou publicamente que em casa subordina-se a ele como a um verdadeiro *daimyo*. Em uma versão Sony classic de Puccini, dirigida pelo sobrinho de François Mitterrand, *Madame Butterfly*, apropriadamente, é interpretada por uma voluntariosa chinesa de Xangai: as butterflies urbanas e contemporâneas cada vez mais se candidatam a voar por conta própria.

A insatisfação da geração na faixa dos 60 anos é vocal. Protesta contra a influência política de "interesses especiais", e contra os privilégios absurdos de latifundiários. Em um raio de 50 km de Tóquio, 65% da terra mais cara do planeta está tomada por uma agricultura totalmente ineficaz. Keinichi Ohmae prediz que se um quarto desta terra fosse vendida para a construção privada, milhões de pessoas poderiam viver em no mínimo 120 m², em vez da média atual de 88 m². Não se fez nada para não antagonizar os privilégios da burocracia.

A geração dos 30 a 40 anos é a "geração perdida", passiva, que nunca teve experiência em contestar autoridade ou questionar o status quo. Vivem como salarimen e donas de casa. A geração dos 20 a 30 anos sem o jogo de cintura dos *shinjinrui* constitui os "angry young men" japoneses. Critica a covardia da geração anterior, e não a considera qualificada para liderar criativamente o país. Mas seu caminho está bloqueado. Sua possibilidade de manter uma boa qualidade de vida é remota: aspira no máximo a um apartamento de 50 m² a 1 hora de trem do trabalho — o que não é exatamente paradisíaco. Só participa da afluência japonesa via escapismo — viajando uma vez por ano pela Ásia ou para os EUA e Europa. Só se pode mesmo esperar uma radical mudança de mentalidade a partir dos *shinjinrui* multimídia de 15 a 25 anos, globalizados via inglês, Internet, CNN, MTV e séries da Fox, capazes de reprogramação interminável e de em última análise estraçalhar o determinismo e a passividade inerentes à sociedade japonesa.

O etnocentrismo japonês pelo menos é mais honesto do que a hipocrisia americana. Para os EUA, todas as nações são iguais. Mas, na prática, algumas são mais iguais do que as outras, e nenhuma é igual aos EUA. Já o mundo confucionista sempre professou abertamente a hierarquia. Até o século 18, a China estava no topo: Japão, Vietnã, Coréia e os outros lhe prestavam tributo. Hoje, o

Japão está no topo — enquanto a China re-emerge. Não é absurdo para todo o planeta esperar no mínimo que o Japão abandone sua obsessão com vulnerabilidade e hegemonia e use o seu fabuloso poder financeiro para ajudar outros países a aprender algumas das lições que ensinou a si mesmo, com tanto sacrifício, nestes primeiros 50 anos de Renascimento.

Ao Japão, no meio dos anos 90, restavam 2 opções. Podia ligar o turbo para uma hiperindustrialização sufocante e impor uma espécie de hegemonia econômica global, enfrentando uma hostilidade brutal tanto no Ocidente quanto no Oriente. Ou podia tentar encontrar uma maneira de normalizar suas relações com o mundo, aceitando um papel importante e respeitável, mas muito longe de dominante na economia e na política globais. Está na verdade em uma terceira via, mesclando as 2 opções, escrevendo suas próprias regras. Esta é uma das grandes loterias contemporâneas: até que ponto o Japão está interessado em ser "normal"? Com suas esplêndidas tradições artesanais e insuperáveis redes industriais, o Japão será um ator crucial do Século do Pacífico — mesmo com a frenética emergência de 1,3 bilhão de chineses espalhados entre a Mãe-Terra e a diáspora. O planeta inteiro só terá a ganhar se o ministro, o banqueiro, o *samurai* corporativo, o designer de laser disc e o *sushi* man finalmente se revelarem tão cristalinos quanto o Daruma diante de uma parede no limiar do *satori*.

6

O último muro da Guerra Fria

Kim Myong-hwan, PhD em Berkeley, está fumando um Lucky Strike no alto de uma torre de vidro em Myongdong — a contraparte em Seul de Ginza em Tóquio e da Orchard Road em Cingapura. Kim comenta como trocou a vida mansa de designer de software na Califórnia para se matar 14 horas por dia na LG Electronics. A Coréia tem o maior número de PhDs per capita do mundo. Kim nada difere de outros milhares de engenheiros de sistemas ou managers de tecnologia que voltam do Ocidente para pegar no pesado em corporações, institutos financeiros, universidades e centros de pesquisa coreanos.

Nossa conversa não transcorre em uma genérica torre de vidro e aço: esta vem equipada com mísseis antiaéreos. Tampouco é uma réplica de set de filme de Stallone: os mísseis são reais. Kim aponta para a linha do horizonte fuliginoso, além das colinas nevadas que circundam a megametrópole, e comenta como a 50 km ao norte encontra-se a mais militarizada fronteira do planeta, onde 1,2 milhão de soldados norte-coreanos teoricamente mais hostis do que as hordas mongóis esperam um sinal de um insondável líder supremo para desencadear o que a retórica stalinista identifica como "mar de fogo".

Esta suposta segunda guerra da Coréia não vai acontecer. Como sugere Kim Myong Chol, ex-editor de uma verdadeira pérola dadaísta — um jornal em inglês pró-Pyongyang publicado em Tóquio — a segunda guerra da Coréia produziria dezenas de Chernobils, já que a Coréia do Norte, como suspeita o Ocidente, é uma potência nuclear. A chuva radioativa decorrente arruinaria todas as economias da Ásia-Pacífico.

A verdadeira segunda guerra da Coréia já está em andamento: consiste em como desfilar na passarela do sucesso depois de se qualificar como 11ª potência econômica planetária — à frente, entre outros, de Holanda, Suécia e Austrália —, com PIB de quase US$ 530 bilhões e renda per capita (por paridade de poder de compra) de quase US$ 12 mil, e passar a fazer parte do clube dos ricos, sediado no Bois de Boulogne em Paris: a Organização para Cooperação e Desenvolvimento

Econômico (OCDE). Com tal currículo, envolver-se em uma guerra seria a mesma coisa que introduzir calção e sandália havaiana em um desfile de Givenchy.

É neste ponto que o PhD Kim franze o supercílio, e esboça em sua face toda a carga de melancolia inerente ao conceito de *han* — a chave do mistério da identidade coreana. Como explicar *han*? Ressentimento? Frustração? Revolta contra injustiças históricas? Desejo de transcendência? Aspiração ao Absoluto? Em *The Korean Art: Essay on the Culture of Han*, Yi O Ryong nos diz que *han* é a expressão mais cristalina de uma "cultura torturada, mas que visa estabelecer um mundo de beleza e tranqüilidade, um mundo espiritual que poderá sempre estar fora do alcance". É como se *han* fosse uma interface de *karma* e *nirvana*: a liberação absoluta só existe na cultura coreana quando se transcende o *han*.

Em função de *han*, é praticamente impossível encontrar no planeta uma cultura mais insegura, introspectiva e autocrítica — em suma, com tamanho complexo de inferioridade. Um paradoxo, tendo em vista seu supersônico sucesso econômico. No início dos anos 60 a Coréia ainda era um país pobre e feudal, com uma renda per capita anual de US$ 62, inferior à da maior parte dos países africanos. Diante da Ferrari de sua arrancada econômica — que a levou a ser conhecida na Ásia como "O milagre no rio Han" —, a Inglaterra pós-revolução industrial, os EUA da corrida do ouro da Califórnia e o Japão pós-guerra progrediram a ritmo de carro-de-boi.

A Coréia é provavelmente o definitivo exemplo asiático de boom econômico promovido por autoritarismo, herança cultural confucionista e mérito tecnocrático — além de um consenso nacional de horror a pobreza e uma vontade sobre-humana de superar um notório complexo de inferioridade. A Coréia saiu do zero ao sucesso em menos de 3 décadas, e passando por no mínimo 3 fases. 1) Adaptou o modelo de desenvolvimento japonês e evoluiu seu próprio modelo, onde governos militares se entrelaçavam com os *chaebol* — os conglomerados industriais; os *chaebol* são deliberadamente baseados na estrutura dos *keiretsu* japoneses, uma rede de diversas grandes empresas com propriedade cruzada e um banco ao centro. 2) Já na auto-estrada do sucesso econômico, a pressão popular removeu a ditadura militar e forçou a criação de uma democracia constitucional. 3) O governo agora desregula setores-chave — como indústria automobilística, telecomunicações e finanças — do que se afigurava como um dos mercados mais protecionistas e nacionalistas do mundo.

Na Coréia a caminho do século 21, governo e *chaebol* começam a seguir rotas paralelas. As decisões dos grupos industriais passam a ser mais autônomas de interesses políticos, e os grupos usam capital internacional para sua expansão global. A Coréia está a ponto de se tornar uma Alemanha ou uma França asiática — mesmo não crescendo a já bombásticos 10%, mas em torno de 7% ao ano até o ano 2000.

O corolário do pervasivo complexo de inferioridade coreano, e da neurose quase paranóica por causa da vitimização histórica, é a valorização da ética do mais fraco. No tênis do sucesso econômico, a Coréia é o desconhecido, pleno de handicaps negativos, que, no quinto set, ameaça quebrar o serviço de Pete Sampras, ou seja, o Japão. A motivação básica para que uma economia de mão-de-obra barata, fabricando tecidos, sapatos, TVs, toca-fitas e carros baratos, conseguisse metamorfosear-se em uma potência high tech é que, subjacente, está o desejo obsessivo de se igualar e superar a qualquer preço o inimigo histórico. É inevitável: todos os dramas do *han* envolvem o Japão.

5 mil anos de História rica em cultura não tiveram nenhuma leniência geopolítica com a península coreana — espremida entre 3 grandes potências como China, Rússia e Japão. A sobrevivência da Coréia deveu-se sempre em grande parte à boa vontade da China. Era difícil conter a voracidade das vizinhas China e Mongólia — mas nada se comparou aos acessos de truculência japoneses. Quase todos os prédios históricos de Seul são reconstruções: todos eles, especialmente templos budistas, têm uma plaquinha avisando como o edifício original foi destruído pelas hordas do general japonês Toyotomi Hideyoshi em 1592. O que os japoneses não destruíram na sua invasão de 1592 ou na sua ocupação de 1910 foi reduzido a cinzas durante a guerra da Coréia.

Houve estranhas alianças na história da Coréia — como no final do século 19, quando chineses e japoneses ajudaram o governo coreano a aplastrar uma revolta camponesa inspirada em um sincretismo religioso popular que mesclava budismo, taoísmo e confucionismo. Esta revolta é considerada até hoje na Ásia como mais importante do que a Revolução Francesa. No século 20, o objetivo do colonialismo japonês — mix inigualável de brutalidade militarista e missão civilizatória — era elevar a Coréia de uma sociedade agrícola a um modelo de modernização econômica, mas como uma colônia de segunda classe. Todo mundo foi despido de sua preciosa identidade coreana — e obrigado a aprender a língua japonesa, adotar nomes japoneses, inclinar-se diante do imperador, e rezar em santuários *shinto*. Para as elites locais — manipuladas pelos japoneses — até que não foi um mau negócio. Para a alma nacional, foi um trauma cataclísmico.

A Coréia passou séculos e séculos tentando ser a mais pura derivação da civilização chinesa — muito mais cristalina e evidentemente superior à cultura japonesa. Scholars consideram que a Coréia nasceu aproximadamente em 2333 a.C. através do divino homem-urso Tangun, "lendário, porém baseado em fatos" — como dizem os compêndios históricos. O problema é que a primeira documentação sobre Tangun só apareceu no século 13 de nossa era, e ainda por cima em mandarim. Outros scholars simplificam o problema, e afirmam taxativamente: a própria cultura japonesa deriva da cultura coreana. Imagine-se o trauma de se subjugar a uma cultura "inferior".

Hoje a Coréia está muito menos suscetível. É uma diferença brutal em relação ao século 19, quando o Japão estava querendo alcançar o Ocidente, e a Coréia só queria o isolamento total. Quando os chamados "navios negros" americanos encostaram na baía de Edo no século 19, a primeira coisa que os japoneses notaram foram os canhões. Depois de um período de dúvidas hamletianas, perceberam que o melhor a fazer era se modernizar e tentar se equiparar aos "bárbaros". Quando um navio mercante americano encostou no Norte da Coréia alguns anos depois, nada de *Hamlet*: foi sumariamente incendiado. Uma missão enviada logo depois foi impiedosamente bombardeada.

Para a moderna Coréia, "liberdade" só significou alguma coisa com a fim da Segunda Guerra, em 1945 — apenas para se metamorfosear em guerra civil. A guerra da Coréia, de 1950 a 1953, foi também a primeira guerra perdida pelo Império Americano na Ásia, antes do desastre no Vietnã: provocou centenas de milhares de mortes, e não levou a absolutamente nada, a não ser 250 km de bunkers, canhões e arame farpado que ainda servem de fronteira provisória entre as duas Coréias ao longo do Paralelo 38. O stalinismo continuou entrincheirado em uma Pyongyang que parece saída de um pesadelo de ficção científica. É um imenso motivo de orgulho para o atual presidente sul-coreano Kim Young Sam lembrar que, após uma destruição quase total e amplo auxílio tanto dos EUA quanto da ONU, hoje a Coréia pode finalmente retribuir ajudando países em desenvolvimento. A filosofia da Coréia pós-guerra era "Não confie em ninguém". Hoje é "Vamos viver em confiança mútua".

Confúcio ficaria orgulhoso: a Coréia é a usina nuclear do turbo-confucionismo. É mais confucionista do que o Japão e, para alguns fanáticos, do que a própria China. No Japão, o confucionismo é influente desde o século 7, mas sujeito a farta turbulência. Na Coréia, é ideologia de Estado desde a dinastia Yi (1392-1910). Raras culturas no mundo têm tamanha devoção ao conhecimento e ao saber — considerados fonte de todas as benesses sociais e morais. Entre as grandes capitais do mundo, Seul é a que tem a maior concentração de universidades, academias e colégios. Estudantes universitários não são apenas a geração que vai forjar o futuro: são considerados verdadeiros guardiões morais da Nação. A devoção ao saber explica por que o boom econômico e agora high tech coreano é um verdadeiro consenso nacional.

Os porta-aviões do boom são os 4 grandes chaebol — conglomerados industriais: Samsung, Hyundai, Lucky-Goldstar — rebatizada LG — e Daewoo, responsáveis por quase metade da riqueza do país. Os mísseis são os 45 milhões de cidadãos que a própria Samsung define como de classe média. São eles que colocam em prática a política oficial dos "5 mais" imposta nos anos 60: trabalhar mais, poupar mais, exportar mais, produzir mais e viver com mais austeridade (este último item agora totalmente derretido em consumo conspícuo). Os 30 principais conglomerados da Coréia representam 75% da produção industrial. Para a cultura coreana, o sucesso é indissociável de 4 fatores: cérebros de primeira qualidade, a energia da juventude, muito trabalho e muito capital de investimento. Qualquer coreano é capaz de recitar a equação segundo a qual crescimento econômico se traduz em domínio tecnológico que gera vantagens indiscriminadas para toda a Nação.

Apesar de seu gigantismo, os *chaebol* mais parecem empresas familiares chinesas do que conglomerados japoneses. É como se fossem negócios familiares chineses inflados ao limite — gerenciados de um modo autoritário, centralizado e hierárquico. As redes internas ainda se baseiam em famílias — e apenas agora começam a se acostumar com o divórcio entre propriedade e administração, cotação em Bolsa, ou executivos corporativos organizados em uma escala impessoal. O estilo é muito diferente do consenso corporativo japonês ou da descentralização de autoridade americana. Os *chaebol* só existem desta maneira em uma cultura tão sinificada quanto a Coréia porque o Estado interveio para deliberadamente imitar o modelo japonês — distribuindo subsídios e protecionismo a grandes conglomerados. Por "Estado" leia-se a figura do hipernacionalista, hiperautoritário, mas excelente líder econômico Park Chung Hee, o Super-Homem coreano desde sua posse como presidente em 61 até seu assassinato em 79.

Korea Inc. hoje privilegia 5 áreas high tech através de um Projeto Nacional Altamente Avançado: semicondutores, processamento de informação, telecomunicações, indústria automobilística e energia nuclear. A competição já se espalhou pela Ásia — onde a indústria coreana construiu novas bases de manufatura na China, Vietnã e Indonésia — e pelo resto do planeta. Hyundai, Daewoo, LG, Kia, Asia Motors e outras 2 dezenas de grupos coreanos pretendem investir bilhões de dólares no Brasil até o ano 2000. A Samsung comprou quase metade da AST — quinta maior fabricante de computadores nos EUA. Já está instalada na Inglaterra. A Daewoo já tem 7 fábricas na Europa — e virou estrela máxima da globalização no final de 96 quando sua proposta de compra da Thomson multimídia, que incluía a criação de 5 mil empregos na França, finalmente foi rejeitada pelo governo francês. O épico conteve todos os elementos da guerra industrial do século 21 — de "racismo" (segundo os coreanos) francês ao mais amplo temor europeu pela "invasão asiática". A Coréia também investe pesado na indústria de PCs pessoais não exatamente para fazer figuração ao lado das revoadas de Toshibas e Compaqs. Ao lado de França e Japão, é um dos maiores centros mundiais de desenvolvimento de energia nuclear para fins civis.

Há 30 anos simplesmente não havia indústria automobilística na Coréia: hoje já é a quinta do planeta, terror de Fiats, Renaults e GMs. O próximo objetivo é pelo menos duplicar a capacidade de produção até o ano 2000. A Hyundai quer transformar o Vietnã em uma mini-Detroit e a Índia em uma maxi-Detroit para garantir confortavelmente um lugar no Top 10 da indústria. Vai lançar veículos exclusivamente desenhados para o mirabolante mercado asiático — como uma picape e uma minivan. A Samsung está gastando pelo menos US$ 5 bilhões para entrar no jogo, construindo uma fábrica state of the art com colaboração da japonesa Nissan. Vai vender seus carros em Cingapura, na Arábia Saudita e, a partir de 98, para toda a América Latina a partir do Chile. A Daewoo, depois de abandonar uma parceria com a GM — que a seu ver atrasava sua expansão global —, avança na Índia e está pronta para invadir a Europa, produzindo pelo menos 600 mil carros por ano na Europa Oriental a partir do ano 2000.

A Samsung é um exemplo clássico da filosofia de um *chaebol*. De acordo com o figurino standard na Ásia atual — segundo o qual cidades-satélites com meio milhão de pessoas podem surgir de um dia para outro em cima de antigos arrozais —, a Samsung montou uma fábrica hiper-high tech de semicondutores onde havia uma fazenda, povoada por um exército de PhDs, e instaurou uma jornada de trabalho standard não de 9 às 6, mas das 7 às 4. Desta maneira sobra mais tempo para atividades de auto-aperfeiçoamento: inglês, técnicas de informática, administração e, claro, golfe — o esporte preferido do businessman asiático. Mas não há descanso para os grupos de elite — que chegam a trabalhar até 13 horas por dia, 6 dias por semana, com apenas 7 dias de férias por ano: são eles que levaram o conglomerado a líder mundial na fabricação de chips de 4 megabytes. O objetivo próximo é permanecer líder na fabricação de chips de 16 megabytes e de 64 megabytes. E a seguir atacar com tudo o mercado altamente rentável de circuitos integrados para aplicações específicas.

Para um grupo como a Samsung, também é fundamental apresentar ao mundo uma face filantrópica. 6 monges, 10 professores e 40 técnicos da Samsung trabalharam durante 2 anos e meio para colocar o *Tripitaka Koreana* — a maior compilação de textos budistas em caracteres chineses do mundo — em CD-ROM. O *Tripitaka* é um tesouro protegido pela Unesco. Sobreviveu miraculosamente na biblioteca de um templo no alto de uma montanha desde 1251. Os monges do século 13 passaram 16 anos para esculpi-lo em mais de 80 mil tabuinhas de madeira. O *Tripitaka* da Coréia agora faz companhia digital ao tailandês e ao tibetano.

As estratégias variam entre os conglomerados. Só não varia o avassalador volume de trabalho. A Daewoo criou um Instituto de Engenharia Avançada com orçamento de US$ 100 milhões anuais e 400 especialistas de diversas áreas trabalhando juntos. O objetivo é cruzar tecnologias e inovar — um estágio muito além de apenas comprar e aplicar tecnologia estrangeira, e fundamental para o contínuo crescimento da Ásia.

A LG Electronics — sofisticado braço de US$ 6,5 bilhões da megacorporação Lucky-Goldstar — montou um centro de pesquisas com orçamento de mais de US$ 50 milhões anuais e 300 pesquisadores. A LG lidera mercados de chips de memória, LCDs de computador e CD-ROMs de alta velocidade. Tem parcerias com AT&T, Motorola e Microsoft. Comprou a Zenith americana e avança em multimídia e TV de alta definição. Vai gastar mais de US$ 2,5 bilhões até o ano

2000 em multimídia e tecnologias de transmissão de informação. Já desenha seus próprios algoritmos e modelos para compressão e descompressão de sinais: ou seja, o xis da questão nos DVDs — videodiscos digitais — e nos receptores de transmissões via satélite. Só mesmo este pé no turbo explica como se modificou a relação da LG com as empresas high tech americanas. Antes, a moçada de Silicon Valley ou da Texas Instruments ditava todas as regras para os coreanos. Hoje, os coreanos podem exigir a qualquer momento dos americanos um chip desenhado rigorosamente de acordo com suas próprias especificações.

A Nêmesis da Coréia é comum a toda a Ásia: problemas de infra-estrutura. O signo mais trágico e visível foi o desabamento de uma loja de departamentos em Seul em 95. O mais absurdo é que a indústria da construção civil coreana tem reconhecimento global — mas não aplica os mesmos standards nos edifícios erguidos dentro de casa. Mesmo assim, o boom continua. Investem-se US$ 17 bilhões em um novo aeroporto — acoplado a uma zona franca internacional — a ser completado em 2020 e capaz de administrar um vôo a cada 30 segundos. Constrói-se uma linha semelhante à do TGV francês entre Seul e Pusan, com assistência técnica de França e EUA e transferência de tecnologia.

A dominação total dos *chaebol* é responsável pelo mais grave problema industrial ainda não resolvido pela Coréia: a dificuldade de pequenas e médias empresas em conseguir capital. Os bancos coreanos são virtuais braços armados do governo. Basta uma palavrinha estratégica de um funcionário ministerial para um presidente de banco emprestar dinheiro a um determinado favorecido. Não é o consumo conspícuo — causado por uma maior liberalização das importações — nem o custo da mão-de-obra trabalhista que será capaz de emperrar a Coréia: é o sistema bancário, que privilegia totalmente os *chaebol* e está anos atrás da economia em termos de liberalização. Este sistema impede a criação de novas PMEs competitivas como em Hong Kong ou Taiwan: as cerca de 20 mil PMEs coreanas são acima de tudo fornecedoras dos *chaebol*. E para complicar os *chaebol* ainda costumam colocar todos os seus principais ovos na mesma cesta: carros e semicondutores. Se um desses mercados se desestabiliza — como aconteceu na crise dos semicondutores de 96 — o país sofre um abalo sísmico. Além de necessitar liberalizar e diversificar este fluxo de capital, a Coréia também precisará manter o fluxo ininterrupto de capital humano: ou seja, os futuros exércitos de PhDs, grande parte estudando na Califórnia. 70% dos gerentes de pequenas lojinhas coreanas em Los Angeles têm diploma universitário, a metade proveniente de Seul.

O processo de trabalho coreano é o mesmo há 4 décadas: adquirir tecnologias cruciais de Japão, EUA ou Europa, adaptá-las, e evoluí-las. Tendo em vista a paixão nacional pelo conhecimento, o resultado inevitável é que a Coréia termina se transformando em competidora. Mas em suas alianças tecnológicas os coreanos sempre oferecem algo em troca — seja tecnologia de produção de chips, telas de computador, ou, em inúmeros casos, uma montanha de capital. Nas indústrias de aço e construção de navios, os coreanos já afundaram o barco da hegemonia japonesa: a Pohang Uron and Steel Co. é a segunda maior fabricante de aço do planeta, e o estaleiro da Hyundai em Ulsan é o maior fabricante de navios. Em fabricação de chips DRAM, drives de CD-ROM e LCDs para computador, os coreanos saíram em poucos anos do zero para quase 5% do mercado mundial. Os japoneses ainda estão perplexos: acreditavam que os coreanos jamais seriam capazes de dominar a tecnologia de semicondutores.

É impossível a Coréia livrar-se do retorno do reprimido — o Japão. No que concerne à indústria, o país ainda depende do Japão em bens de capital e peças. A balança comercial explode a favor de Tóquio. Quando o *yen* dispara, empresas japonesas podem comprar componentes a baixo preço na Coréia e manter sua competitividade internacional.

O Japão também emerge quando observamos a cultura e o organização urbana. O Exército, a polícia e a burocracia coreanas são heranças do Japão antes da Segunda Guerra. Para os coreanos, a cultura japonesa tem franco apelo de massa, enquanto a cultura ocidental tem apelo de elite: esta é uma das razões por que temos soberbos regentes e virtuosos coreanos de música clássica. Mas o grosso da cultura ocidental — o pop pós-tudo de talk shows, música fast food, moda, esporte e café society — chega filtrado pelo Japão: é como se estivéssemos em Tóquio ou Osaka. A própria Seul cada vez mais se parece com Tóquio — um mix de casernas high tech e anarquia urbana de Ásia ancestral. O imperialismo pop americano é menos visível em Seul do que nas outras grandes capitais asiáticas; o que realça é a japanização — um caso clássico de dormir com o inimigo. O comportamento social também é similar. De manhã, os empregados e diretores de lojas cantam o hino nacional e inclinam-se aos clientes que esperam a abertura das portas. Depois de cursar a universidade, quem não conseguiu notas que permitam um emprego de alto nível sofre uma frustração tão irremediável que chega a contemplar o suicídio.

Estas japanizações não significam que a Coréia será um novo Japão. Para começar, a segunda língua da elite tecnológica e intelectual é inglês, e não japonês — como na geração de seus pais. O retorno de um aluvião de PhDs configura uma nação com os olhos no planeta, e não a imagem de um "reino eremita", isolado e contemplando seu umbigo — como na geração de seus pais. Aos poucos quebram-se as resistências de um dos mercados mais protecionistas do globo — onde comprar um carro estrangeiro era considerado não-patriótico, além de custar uma fortuna. Uma nova meritocracia — composta de executivos com experiência internacional — está acabando com o nepotismo dos mandarins na administração dos *chaebols*. E o radicalismo estudantil praticamente acabou.

Há protestos estudantis na Coréia desde o século 15 — quando os estudantes apoiavam a moral pública do confucionismo em detrimento do mérito religioso do budismo. 5 séculos depois, nos anos 80, ainda não havia semana na CNN sem o balé medieval milimetricamente ritualizado dos choques de estudantes com as armaduras da polícia coreana. Os estudantes sempre começavam seus cânticos exortando uma Idéia Pura: Democracia, ou Justiça. Poderiam enveredar para algo mais específico — como a reunificação das Coréias, o fim da corrupção, o fim do governo militar. Mas o ritual permanecia, acima de tudo, um exercício de pureza moral. Quando acabava a cerimônia — pontuada de pedras, bombas e algum sangue — tudo voltava à normalidade.

A principal influência ideológica do movimento estudantil não era de um Marcuse coreano, ou mesmo da "teoria da dependência" tão em voga nos anos 70; vinha de textos marxistas japoneses dos anos 30 e do agressivo movimento estudantil japonês dos anos 60. Ou seja: mais *han* — e mais interferência estrangeira. E tudo isso com o objetivo de instalar outro conceito absolutamente estrangeiro: democracia. Mas ao menos este conceito era um ideal nobre. Assim que os estudantes o adotaram, estava fora de questão comprometer a pureza moral que os legitima como a consciência da Nação. Lutaram até o fim. Foi este verdadeiro triunfo do espírito humano — a pureza moral dos estudantes coreanos — que finalmente forçou o governo a convocar eleições presidenciais em 87.

Hoje, os estudantes podem se concentrar em idéias mais prosaicas como o PhD que os levará a um ótimo emprego e amplo acesso a bens de consumo. De acordo com uma tradicional piada coreana, os estudantes passam seu primeiro ano de universidade namorando, o segundo perseguindo os calouros, o terceiro brigando nas ruas com a polícia, e o quarto estudando para passar nos exames que garantem um bom emprego em um *chaebol*.

A Coréia finalmente começou a se livrar da influência militar que a dominou do meio dos anos 50 ao final dos anos 80. Um humilhado ex-presidente Roh Tae Woo entrando em uma corte sul-coreana para ser julgado por corrupção, usando o quimono branco 1.437 de prisioneiro, sandálias de borracha, e rodeado de centenas de policiais, foi o soberbo espetáculo oferecido ao mundo pela jovem democracia coreana. A imagem envergonhou até a medula esta orgulhosa nação confucionista; mas em absoluto espírito coreano, a vergonha tingiu-se de chauvinismo, porque finalmente decretava-se a falência da cópula política/ economia vigente desde que Park Chung-Hee estabeleceu nos anos 70 um Estado desenvolvimentista com a ajuda dos militares e dos *chaebol* — em nome da segurança nacional e do sucesso econômico.

Os 2 ex-presidentes corruptos — Roh Tae Woo e Chun Doo Hwan — devem sentir o gosto do xilindró por anos a fio: 17 para Roh e a vida inteira para Chun. Enormes responsabilidades foram apuradas e punidas — mesmo casos tabu como o golpe militar em 79 e o massacre de estudantes rebeldes em Kwangju, em 80, ordenado por Chun, o mesmo presidente militar que em 88 celebrou a definitiva orgia do nacionalismo coreano ao sediar com pleno sucesso os Jogos Olímpicos.

Em todo o processo, o grande mérito do presidente Kim Young-Sam foi demonstrar a Oriente e Ocidente que também em um tigre asiático lugar de corrupto é na cadeia.

Ahn Byung Joon, professor de ciências políticas na Universidade de Yonsei, define este processo político como a "revolução da honra": "Caso a Coréia consiga emergir com instituições de governo e administração mais honradas, responsáveis e efetivas, poderá oferecer ao mundo um modelo leste-asiático de democracia e capitalismo extremamente viável". Por enquanto, o modelo está em franca turbulência. Para Park Ung Suh, diretor do Samsung Economic Research Institute, uma drástica reestruturação econômica e social é imprescindível: caso contrário a décima-segunda economia exportadora do planeta não terá como competir no darwiniano mercado global.

A *shinsedae* — nova geração —, que inclui tanto estudantes antes de enfrentarem a polícia quanto neo-yuppies já empregados, pode dar-se ao luxo de gozar a dolce vita nas butiques de Myongdong. Mas a elite dirigente não pode dar-se ao luxo de uma sobrevida ao sistema de Park Chung-Hee. O cômodo triângulo de benefícios envolvendo bancos, business e burocratas de governo podia funcionar enquanto a corrupção subjacente não fosse danosa às políticas industriais do país. Não é mais o caso. Os *chaebol* dominaram totalmente a vida da Coréia por mais de 2 décadas. Todo mundo usava terno Samsung, dirigia um carro Daewoo, falava em telefone Sunkyong, torcia pelo time de basebol Lotte, tomava cerveja OB, usava escova de dente LG e dormia em uma cama Hyundai. Até que em 93 Kim Young-Sam começou a falar de globalização. As importações aumentaram tanto que o governo chegou a lançar uma campanha contra o consumo conspícuo — preocupado na aparência com o impacto de valores ocidentais sobre tradicionais valores coreanos, mas na verdade dizendo "Não comprem produtos importados: comprem coreanos". Quem já viveu no exterior, como Julie Lee — que voltou da Califórnia para ser manager júnior da Samsung —, é capaz de avaliar toda a complexidade da malaise de acordo com o *han*: "Fazer o milagre econômico foi fácil. Chegamos lá, mas não temos substância. Só poderemos progredir se mudarmos o nosso eu interior".

Especula-se se uma purgação política e psicológica em escala nacional poderá finalmente estabilizar a Coréia culturalmente — e curar sua secular esquizofrenia. O complexo de inferioridade da Coréia baseia-se na sua percepção de que é incapaz de se alçar a ideais abstratos importados — adquiridos de culturas estrangeiras. Não ajuda nada o fato de que o poder estabelecido está sempre comparando um pequeno país acoplado à civilização chinesa com os standards de grandes potências como os EUA e o Japão. Mas justamente porque os modelos da Coréia pertencem à liderança planetária, exorta-se o orgulho patriótico nacional, a sofisticação da cultura coreana, os 5 mil anos de História, ou o melhor e mais científico sistema de escrita do planeta — a escrita fonética Hangul. Tudo na Coréia pode ser corrompido de uma fonte original, mas é mais puro do que na própria fonte. Esta obsessão coreana de pureza ideal contaminou seu confucionismo e também o cristianismo — que como outros conceitos alterou-se quando transposto para a Coréia. A fé converteu-se em dogmatismo. O exemplo crucial é o do reverendo Moon: o Cristo coreano é o mais puro de todos, e o reverendo Moon é naturalmente o Messias.

Depois de se tornar um país avançado e sancionado pelo clube dos ricos em Paris, e sedimentar uma certa estabilidade política sob o império da Lei, a Coréia do Sul deve chegar ao início do século 21 — de acordo com o presidente Kim Young-Sam — com uma renda per capita anual de US$ 20 mil e um PNB de mais de US$ 1 trilhão. Estará investindo em toda a Ásia e será um ator de elite na auto-estrada da informação na Europa e EUA. A Coréia hoje corre o risco de ser estrangulada por altos salários e alto custo de terra e distribuição. Para o próximo passo à frente, precisa de reformas capazes de produzir mais indústrias tecno-intensivas. Estas reformas, segundo Park Ung Suh, devem se prolongar pelo menos até 2005. Digamos que a Coréia consiga aplicá-las, e seja capaz de transcender seu *han*, relaxando em uma mesa informal diante de um daqueles formidáveis barbecues coreanos. Faltará ainda cicatrizar a última grande anomalia da Guerra Fria — e conduzir a reunificação com a Coréia do Norte. Esta, sim, será a definitiva cura da esquizofrenia. Porém outra ironia — desta vez tragicômica — da história coreana é que depois de tanta injustiça e sofrimento, será preciso adentrar o teatro do absurdo e lidar com um verdadeiro personagem de Ionesco.

Topete bufante. Saltinho carrapeta. Jaquetinha (o alfaiate que criou o modelo recebeu um Mercedes zero). Bordel particular de 2 mil mulheres. 30 carros e motos — todos europeus e americanos. Cinéfilo contumaz, dono da maior coleção privada de vídeos do planeta. Produtor, em 1985, de uma versão norte-coreana de *Godzilla*, onde um monstro, Pulgasary, engole canhões e armas em geral para proteger os camponeses dos militares (cópia em vídeo encontrável no Japão a cerca de US$ 150). Títulos de domínio público: "Fenomenal Teórico da Ideologia", "Proeminente Líder de Talentos Versáteis com Conhecimento Profundo". Títulos atribuídos pelo jornal do Partido: "Grande Mestre das Tiradas Espirituosas", "Maior Homem já visto na História". Nada, absolutamente nada se compara ao epilético e enigmático Kim Jong Il.

Os Kims são a Família Addams da geopolítica global. O "Grande Líder" Kim Il Sung ao menos podia ser identificado como uma gloriosa relíquia da Guerra Fria — na mesma linha de Deng, Ho ou Sihanouk. Já Kim Jong Il é inclassificável. Quando o "Grande Líder" morreu em 94, e a mídia descobriu Kim Jong Il, uma roda de diplomatas, businessmen e jornalistas na Ásia conjecturou: é como se dessem um país inteiro, arsenal nuclear incluso, para Little Richard. Comentava-se que o jovem Kim faria o maior sucesso trocando Pyongyang por Hollywood.

Ou Las Vegas. Ainda hoje comenta-se em off que Kim filho trocaria na hora seu amor nuclear por um contrato em Hollywood de 5 filmes com final cut.

Os melhores planificadores do mundo estão na Coréia do Sul. Os piores, na Coréia do Norte. O stalinismo é um desastre: boa parte do país — soldados inclusos — literalmente morre de fome. Mesmo assim, dois terços da armada de 1,2 milhão — a quinta maior do mundo — ainda capazes de sobreviver com magras rações de arroz, estão em posição de ataque logo atrás da zona desmilitarizada entre as 2 Coréias, e prontos para transformar o Sul em um "mar de fogo". 6 milhões de reservistas em uma população de 23 milhões podem ser mobilizados em menos de 12 horas. Pyongyang — população 2 milhões — pode ser reduzida em alguns dias a apenas 100 mil pessoas, sem confusão. Ninguém — muito menos a Agência Internacional de Energia Atômica — sabe quanto plutônio os cientistas de Kim Jong Il já extraíram de seus reatores nucleares.

As duas Coréias vivem engalfinhadas em um interminável sumô retórico e simbólico para ver quem realmente detém a — o que mais? — pureza do espírito coreano. Na prática, a zona desmilitarizada na fronteira é puro Irmãos Marx. Alto-falantes do Norte berram propaganda e marchinhas militares. Soldados observam os intrusos capitalistas com potentes binóculos — e obviamente também os filmam para aqueles orwellianos arquivos stalinistas. Para quem nunca viu ou tem saudades de Checkpoint Charlie — o lendário posto entre as 2 Berlins — nada bate esta última fronteira da Guerra Fria. Há 2 cidades, uma de cada lado. A do lado comunista — alcunhada de "Vila da Propaganda" — é um set de cinema: está deserta. A do lado capitalista chama-se, em tradução, "Vila Atingindo o Sucesso", exibe uma enorme bandeira da Coréia do Sul e é povoada de fazendeiros subsidiados pelo governo. Turistas visitam a "Ponte sem Retorno" — onde trocavam-se os prisioneiros ao final da guerra — e, ao final da ponte, hoje vazio, o "Posto de Guarda mais Solitário do Mundo", já mantido pelos EUA. No vilarejo de Panmunjom, 7 barracas militares azuis estão divididas perfeitamente pela metade, e uma faixa amarela sinaliza a fronteira mesmo em seu interior. Ai de quem a ultrapassar. Soldados de Norte e Sul armados até os dentes envolvem-se em embates de machismo visual dignos de Buster Keaton, a 3 metros uns dos outros.

Elegias ao suposto "mar de fogo" não conseguem espantar o onipresente espectro da fome na Coréia do Norte. O desespero é tanto que a Coréia do Norte transformou 2 obscuros portos no Nordeste da península em zonas francas — na esperança de que evoluam como novas Cingapuras ou Hong Kongs. A idéia é que esta área próxima a Rússia e China — onde os comunistas heavy metal despachavam prisioneiros e críticos do regime para quebrar blocos de pedra — seja um magneto para o dinheiro do Ocidente, não para suas idéias venenosas. É improvável que alguém no Ocidente resolva despejar dinheiro em um país que pode afundar em minutos no pântano de um embargo econômico. Além disso

Pyongyang já deve vários bilhões de dólares, especialmente para o Japão. Esta idéia de zona franca é o máximo de "abertura" que passou até agora pela cabeça dos stalinistas.

Se não existisse, a Coréia do Norte — a sociedade mais isolada, social e politicamente, do planeta — teria sido inventada por Hollywood, provavelmente em um filme B em preto-e-branco dos anos 50. Não se acha absolutamente ninguém na rua na capital Pyongyang. Eventualmente observa-se um grupo tomando lições de ginástica e artes marciais ao ar livre — já que manter a forma física é dever de todo bom comunista. O resto da população estará seguindo cursos de formação política nas escolas estatais — onde toda sala de aula vem equipada com retratos de Kim pai e filho. O maior orgulho de Pyongyang é a — deserta — avenida principal, Chongchun: nela vemos o estádio de handebol, seguido pelos estádios de pingue-pongue, atletismo, esportes de combate, *taekwon-do*, basquete, vôlei, levantamento de peso, badminton e natação — massas todas elas fantásticas de cimento, aço e vidro. Toda a infra-estrutura industrial, educacional e cultural está — literalmente — underground, e obviamente vedada a estrangeiros. Ao contrário do frenesi genérico de qualquer cidade asiática, não há bicicletas nas ruas: foram interditadas por insondáveis "motivos de segurança".

Há estátuas de bronze a cada metro — todas, claro, do Grande Líder Kim Il Sung e do jovem Kim. Não adianta procurar uma FM tocando música pop: todos os rádios rezam pelo ímã da emissora estatal. O noticiário da TV — metade da programação — é um verdadeiro ritual religioso: uma série de clips reprisados ao desespero de Kim pai e filho dividindo o Mar Vermelho de adoradores. O máximo de infiltração ocidental é um *karaokê* no hotel, e Oil of Ulay à venda no lobby. Que brutal — e deliciosa — diferença de Pequim, já lotada de placares de ônibus patrocinados pela Pepsi, que é único lugar de onde pode-se voar para Pyongyang. Em nossa perversidade ocidental, não há como não torcer para que Pyongyang possa sobreviver como uma alternativa secreta ao materialismo de titânio contemporâneo, controlado por tecnocratas digitais.

Todo mundo sairia ganhando com um acordo entre as Coréias — a começar pelas próprias: 70 milhões de habitantes, potencial industrial no Sul, riquezas naturais no Norte, e uma determinação nacional de talvez parar para descansar 1 semana — não mais — quando finalmente ultrapassarem o Japão. É claro que tamanha potência perturbaria definitivamente o sono de Japão, China e Rússia; todas as 3 entraram em guerra no passado para controlá-la. Uma Coréia reunida seria extremamente influente na China, Japão, Sibéria e Sudeste da Ásia. Por outro lado Seul, Tóquio e mesmo Osaka poderiam finalmente dormir tranqüilas — pois desapareceriam mísseis equipados com sabe Deus o quê apontados para as suas cabeças. A China deixaria de se preocupar com milhões de possíveis refugiados caso a Coréia do Norte desabe na bancarrota terminal. E os EUA poderiam despachar seus 37 mil soldados na região para tarefas mais prementes — como por exemplo combater máfias de droga dentro da terra de Marlboro.

Uma carta no correio é a simples razão pela qual o processo não decola. Quando o "Grande Líder" Kim Il Sung voou para seu encontro com Marx em 94, o presidente sul-coreano Kim Young-Sam e seus assessores apostaram que Kim Jong Il não duraria muito. E não lhe enviaram votos formais de condolências pela morte do pai. A vingança de Pyongyang é fatal: não querem saber de conversa tão cedo. A relação vai em frente como um ioiô — incluindo retórica balística e lúgubres ameaças de generais do Norte sobre a inevitabilidade da guerra.

O incidente postal é superado por uma versão ainda mais alucinante. De acordo com o já citado Kim Myong Chol, o ex-editor de um jornal pró-Norte baseado em Tóquio, a Coréia do Norte é um valente David e os EUA um decadente Golias. Kim Myong Chol nos explica que um magnânimo marechal e Comandante Supremo Kim Jong Il já "abandonou o uso de meios militares para reunificar a península". Para ele, "o que distingue Kim Jong Il de estrategistas militares ocidentais é o fato de privilegiar liderança militar (estratégica e tática) e ideologia (fonte de motivação e moral), em vez de armamentos. A eficácia do armamento é determinada pela motivação das pessoas que o usam". Por via das dúvidas, segundo Kim Myong Chol, a motivada Coréia do Norte já teria mais de 10 mil lança-foguetes de longo alcance, e mísseis balísticos terra-terra high tech, obtidos através de reverse engineering e capazes de alcançar o Japão e boa parte da Ásia-Pacífico.

Aplicando as lições de *A Arte da Guerra*, de Sun-Tsé, o objetivo do jovem Kim é confundir o verdadeiro inimigo, os EUA, utilizando uma tática que soa como uma mistura de batalha naval e pingue-pongue. Segundo os norte-coreanos, o jovem Kim — definido como um "super Kim Il Sung" — deixa os EUA sempre no escuro, joga de acordo com suas próprias regras e em seu próprio terreno. Tem um objetivo supremo: conseguir um acordo de paz entre Coréia do Norte e EUA — sem participação da Coréia do Sul ou da China, já que o armistício que acabou a guerra da Coréia em 53 foi assinado apenas entre o Norte e os EUA. A partir daí, Kim quer forçar a Coréia do Sul a extinguir sua Lei de Segurança Nacional, e finalmente abrir um diálogo Norte-Sul que levaria à reunificação — tudo, claro, dentro de um cronograma elaborado em Pyongyang.

Mas se houver uma guerra com os EUA, salve-se quem puder: o Supremo Comandante já sabe direitinho o que fazer. Suas ordens: "matar centenas ou milhares de GIs"; "abater dezenas ou centenas de aviões americanos"; afundar algumas das jóias da Sétima Frota; "devastar totalmente bases nucleares americanas"; "assegurar a transmissão de brutais cenas de guerra" pela CNN; e lançar mísseis balísticos de longo alcance com superbombas dirigidos a alvos estratégicos no Japão e EUA, incluindo "centros metropolitanos como Washington e Nova York".

Já que o assunto é ficção científica, scholars do Sul notam que o quadro geopolítico na região em volta da península coreana é muito parecido a quando a Coréia foi anexada pelo Japão no início do século. Mas os *scholars* — e o mundo livre — não precisam temer um *replay* da História. Kim Jin Myung já tem a resposta. No final dos anos 90, as 2 Coréias, cada uma com seu programa, já serão capazes de fabricar bombas nucleares. É neste ponto que o Japão — com ajuda dos EUA — resolve invadir a Coréia do Sul para destruir sua indústria já imbatível. Seul e Pyongyang fazem uma rápida consulta. E mísseis nucleares de Norte e Sul, em operação conjunta, voam para detonar Tóquio e Osaka. Este é o argumento de *A Rosa de Sharon já Floresceu*, livro do romancista Kim Jin Myung, e grande best-seller — 4 milhões — na Coréia do Sul no meio dos anos 90. Mais um fantasma de *han*? Sem dúvida. A Coréia só descansará quando tiver — na realidade e nas fantasias do inconsciente — a última, pura, definitiva, palavra.

7

O dote de Cleópatra

São 4 da manhã no distrito financeiro, super-yuppies saem pelo ladrão, e o night club 1997 está mais tórrido do que uma divindade irada. Caixas Bose ameaçam levantar vôo e tímpanos pedem socorro ao detonar-se mais uma vez o remix rap de "Stayin' Alive". Travoltas cantoneses encharcam seus Ermenegildo Zegna com Remy Martin, enquanto as consortes encharcam seus pretinhos Versace com a maré vazante de taças de Moet. Há gente vestida de Batman e há gente vestida de Mao — recitando direto do livrinho vermelho. Um fã de Jackie Chan invade a pista em apoteose *kung fu*, vestido com o uniforme verde do Exército de Liberação Popular, dispara um AK-47 de plástico e arranca urros da galera: há poucos dias a TV mostrou as inegáveis habilidades marciais da elite hardcore chinesa treinando para ocupar seus postos de gala em Hong Kong. Soam as sirenes, rola o champagne, "Stayin' Alive" é atropelada por Barry White e pop cantonês. Todo mundo dança até desmaiar porque o apocalipse pode ser agora.

Em 96, a placa de carro mais cobiçada neste porto (Hong) de fragrâncias (Kong) — um lugar onde paga-se mais de US$ 100 mil pela placa "certa" — pertencia a um Audi preto, cujo motorista conduzia o Sr. Lu Ping. Número da placa: "1997". 6 milhões de pessoas venderiam até mesmo suas famílias não só pela posse da placa, mas para passar alguns minutos que fossem no banco traseiro do Audi. O elegante e sibilino Mr. Lu Ping em 96 era a própria encarnação pós-moderna do Imperador Amarelo — o homem que em sua Samsonite preta carregava todos os nomes, todos os cronogramas, todas as respostas e todos os segredos. Ou seja, era o Homem de Pequim encarregado de supervisionar — à meia-noite de 30 de junho de 1997 — um dos mais dramáticos acontecimentos da História contemporânea: o rito de passagem da Cinderela do colonialismo britânico à condição de Região Administrativa Especial da formidável — e volátil — República Popular da China.

Até o início dos anos 80, uma previsão semelhante seria comparada a um delírio de ópio. Na verdade, a história toda começou com um delírio de ópio. Até a metade do século 19, a ilha de Hong Kong e a península de Kowloon não passavam de alguns rochedos inóspitos: só se transformaram em jóias de jade quando arrebatadas dos chineses pelo Império Britânico nas chamadas "guerras do ópio". Ou seja: sob imperial malícia — apoiada por canhões — os chineses foram intimados a aceitar que um bando de escroques escoceses e ingleses lhes vendessem o fruto de papoulas cultivadas em Patna e Bengala, na Índia. Configurando-se como precursores dos cartéis colombianos de cocaína, os "demônios estrangeiros" poderiam desta maneira contrabalançar o consumo desenfreado de chá chinês na Inglaterra, e pagar a colonização da própria Índia. Em 5 mil anos de História, a China nunca concedeu nada — a não ser na marra. Só mesmo chumbo grosso para persuadir o decadente império Manchu de que o botim deveria ser dividido com "parceiros comerciais" estrangeiros. Lord Palmerston, o ministro britânico das Relações Exteriores na época, pronunciou Hong Kong, empedernido, como "rocha estéril, com quase nenhuma casa em cima". A China, apresentada ao capitalismo, percebeu amargamente que não era a soberana universal de Tudo Sob o Céu. Gladstone qualificou o episódio de "uma desgraça" para a Inglaterra. Para a China, foi o início de uma longa bad trip que durou mais de 100 anos.

No final do século 19, Sir Henry Blake — um governador colonial de carreira — aumentou o patrimônio britânico ao alugar da China por 99 anos uma área ao norte de Kowloon conhecida desde então como os Novos Territórios. O aluguel, de comum acordo fechado em 84 entre a Dama de Ferro Maggie Thatcher e o Imperador de Titânio Deng Xiaoping (Deng: "Quem é essa mulher boba?"), termina à meia-noite de 30 de junho de 1997 — quando uma fragata lotada de soldados de elite do Exército de Liberação Popular, escoltada por 4 navios de guerra equipados com mísseis teleguiados e farta parafernália eletrônica, e sobrevoada por uma Cavalgada das Valquírias de helicópteros, entra no congestionado porto de Hong Kong para — nas palavras de Deng — "demonstrar a soberania da China". Sob os flashes da mídia global, a vitrine da Tiffany's automaticamente torna-se a região mais rica da Mãe-Dragão — responsável por nada menos que 18% de seu PIB. Na visão de Pequim, abrem-se as cortinas e começa o espetáculo de sua configuração como maior potência econômica do planeta em 2020.

A capital do capitalismo engolida pelo único gigante comunista remanescente: É ou não é o mais original remake de *A Bela e a Fera* do final do milênio? Um gigantesco relógio digital vermelho na praça Tiananmen e outro na fronteira de Hong Kong com sua irmã menor, a chinesa Shenzhen, encarregam-se de imprimir a cronometragem regressiva na psique nacional. A excitação é de beira de altar. O noivo sabe de cor todas as medidas da noiva. Hong Kong é um privilegiado centro financeiro global — no mesmo clube de Nova York, Londres e Tóquio. Centenas de bilhões de dólares da diáspora chinesa, do Ocidente e do Japão continuam fluindo para um Leste da Ásia que ainda cresce a uma média superior a 7% ao ano: a maior parte deles costuma circular ou estacionar em Hong Kong. Estamos falando de uma verdadeira chuva de dinheiro: mais de US$ 1 trilhão em capital de investimento, segundo o Citibank. De acordo com a Heritage Foundation — um think thank conservador de Washington — Hong Kong é o mais puro livre mercado do planeta.

O PIB por paridade de poder de compra (US$ 23.892 em 96, e subindo) ultrapassa todos os principais países europeus, está ligeiramente acima de Japão e Cingapura, e só perde para Suíça e EUA. As reservas em moeda estrangeira ultrapassam US$ 60 bilhões. O Hong Kong dollar é forte, estável e atrelado ao dólar americano. Não há dívida externa. O governo provê os serviços públicos básicos gastando menos de 20% do PIB: nunca fica no vermelho. O imposto de renda máximo é 15%. Praticamente não há barreiras comerciais e controles de capital. Esta área do tamanho de alguns bairros da cidade de São Paulo chega a exportar nada menos que US$ 177 bilhões a cada 12 meses — 4 vezes mais do que as exportações do Brasil inteiro no mesmo período. Vive-se um hipermaterialismo que oferece o melhor de Oriente e Ocidente. E, em um registro mais pessoal, no coração de cada chinês espalhado pelo mundo Hong Kong é a metrópole da diáspora — o encontro da China com a Grande China, um labirinto de tradição milenar e futuro hipermoderno, refúgio seguro e sob o império da Lei para quem escapa de instabilidade política, perseguições ideológicas ou explosões de sentimento antichinês em qualquer latitude.

No papel, e sob uma lógica complementar, é um casamento celestial. Hong Kong entra com capital, administração e marketing. A China com terra, mão-de-obra e facilidades de produção. Empresas de Hong Kong empregam mais de 4 milhões de operários em 25 mil fábricas na China (16 mil delas na província sulista de Guangdong) — 6 vezes mais do que empregam na própria Hong Kong. Guangdong é o estado de São Paulo da China. Somando-se a interface de 60 milhões de habitantes de Guangdong — com mais de 20 cidades de tamanho médio —, os 20 milhões de chineses da diáspora para quem Guangdong é o solo natal e a população de Hong Kong, temos um país virtual de mais de 85 milhões de habitantes e uma das economias mais poderosas e avançadas do mundo.

A China é o maior parceiro comercial de Hong Kong. Entre 80% e 90% das mercadorias reexportadas por Hong Kong saem da China ou voltam para ela. Hong Kong é o principal investidor na China — 60% do FDI total, e a China o principal investidor em Hong Kong. Os *dakuan* — milionários chineses — compram à vista apartamentos de US$ 3 milhões em Hong Kong, enquanto os locais compram vilas em Guangdong para instalar suas confecções. Desde 91, Hong Kong tem a mais avançada estrutura de emprego do mundo: três quartos da força de trabalho em serviços — comércio, alimentação, turismo. No ano 2000,

30% de seu crescimento econômico será devido a serviços ainda mais sofisticados — financeiros e de business. Como alerta um banqueiro inglês, "serviços são negócios que envolvem pessoas. Se a China ameaçar a maneira de Hong Kong fazer negócios, e se as pessoas-chave abandonarem o barco, o impacto pode ser muito grave. Cingapura está mais do que pronta para pegar todas as sobras".

O casamento também pode ser encarado como uma fábula do elefante — de aço e cimento — e da formiga — de platina com pedras preciosas. Nunca se viu nada igual na história política da humanidade: tantas concessões de um ogro absolutista em benefício de uma sofisticada água-de-colônia. Para começar, por problemas de obesidade de um dos cônjuges, vão dormir em camas separadas: ou seja, "um país, 2 sistemas", como o enunciou Deng Xiaoping. É um casamento com separação de bens: Hong Kong, até 2047, cuida do seu próprio dinheiro, mantém a ordem dentro de casa, administra seu gigantesco porto de zona franca, continua membro à parte da OMC, e viaja com seu próprio passaporte — irrestritamente interditado a qualquer aventureiro da China (embora milhões ainda o desconheçam). O noivado incluiu um comitê preparatório que cuidou de todos os detalhes, entre eles a escolha do comitê de seleção, que escolheu o executivo-chefe, que escolheu sua equipe para administrar o casamento.

O dote da noiva é tão espetacular que já foi definido pelo governador britânico Chris Patten como "o dote de Cleópatra": os mais de US$ 60 bilhões de reservas, para não falar das reservas em ouro. Mas o noivo só pode ver, não pode tocar. O acordo estabelece que até 2047 Pequim compromete-se a manter intacto o sistema, o modo de vida e a poupança da esposa. Esta é a essência do famoso "um país, 2 sistemas" que Deng propôs a Thatcher. O braço-de-ferro entre os 2 é estofo de lenda. Thatcher teve a presunção de negociar em Pequim achando que os ingleses jamais seriam escorraçados de Hong Kong. Deng — sutilíssimo — avisou de cara que se quisesse tomava Hong Kong no ato, naquele mesmo dia. Thatcher reconheceu que não poderia fazer nada para impedir a invasão. O resultado prático foi o acordo sino-britânico que originalmente havia sido inventado em Pequim para ser aplicado a Taiwan. A própria ex-Dama de Ferro o definiu como "um golpe de gênio".

Restava o espinhoso problema de lidar com os *voyeurs*: ou seja, a população local de 6 milhões, 97% orgulhosamente transbordando de sinofilia, sem nenhuma simpatia já verbalizada pelo colonialismo, mas reconhecendo o que lhe trouxe de melhor: império da Lei, magistratura independente, funcionalismo público sem corrupção, livre fluxo de capital e informações. Uma sofisticada gerente de uma galeria de arte resume o dilema: "Precisamos de 100 anos para aprender a não cuspir na rua. E agora?" E agora Hong kongers horrorizam-se com a visita dos abóboras, facilmente reconhecíveis pelas roupas molambentas, horríveis cortes de cabelo, ar de espanto e — claro — cuspidas na rua. É impossível imaginar o que fermenta na cabeça de um genérico abóbora visitante ao se deparar com Hong kongers podres de chique gastando os tubos na Seibu — a loja de departamentos japonesa — ou nos 3 andares da HMV de Kowloon abarrotados de todos os CDs do planeta.

Precavida contra possíveis furacões provenientes da Mãe-Dragão, metade da população local tem parentes em outros países ou no mínimo um segundo passaporte. Muitos já votaram com os pés: 50 mil emigraram em 95, 100 mil em 96. Outras centenas de milhares são "astronautas", nômades transpacíficos: comutam entre Hong Kong e Vancouver, Los Angeles ou Melbourne. Mantêm os negócios — e as amantes — na ilha e vivem oficialmente em tediosos e manicurados subúrbios no Ocidente, sem pagar imposto de renda local. Businessmen querem ficar: há bilhões em negócios à espera. A classe média só não quer bagunça e invasão de corruptos. Mas há quem não tenha nenhuma opção — como pequenos funcionários, trabalhadores braçais e estudantes. De acordo com uma pesquisa no início de 96, 43% dos garotos entre 15 e 24 anos queriam emigrar. Temiam perda de liberdade e possível abuso de direitos humanos. A maioria não tem um segundo passaporte ou capital para a mudança.

O que a China quer? Em essência, uma fabulosa máquina de fazer dinheiro com rosto chinês, uma Hong Kong Inc. politicamente corretíssima — de acordo com o PC —, administrada por um sistema espantosamente parecido ao criado pelo colonialismo britânico nos últimos 150 anos: executivo-chefe assessorado por elite de líderes do business. O executivo-chefe deverá se comportar como uma mescla entre Lee Kwan Yew — o arquiteto do milagre Cingapura — e o presidente da Ford. Sua tarefa é tratar Hong Kong como uma grande corporação: lucrativa, atraente para investidores e dando muito retorno a seus donos — o PC chinês, que há muito tempo não acredita nessa história de expropriação de propriedade privada e redistribuição de renda. Por mais uma ironia da História, o que interessava aos colonialistas continua interessando aos comunistas.

E foi assim que, contrariando todo o apocalipsismo da mídia anglo-americana, o conselho de seleção aprovado pela China escolheu tranqüilamente em dezembro de 96 o milionário armador Tung Chee-Hwa, nascido em Xangai, 60 anos em maio de 97, como o Novo Imperador de Hong Kong. Para a China, foi um show de relações públicas. Ironicamente, o nome do Novo Imperador significa, em mandarim, "construir a China". Para o business local, ele é o "cavalo lépido". Tung tem o emprego mais difícil da Ásia do fim do milênio: deve descobrir a maneira exata de cooperar com o poder central em Pequim sem comprometer as liberdades que fizeram o sucesso de Hong Kong. De acordo com o diário *Economic Times*, de Hong Kong, vai atuar como uma espécie de conselheiro de Estado: acima de governadores de província, e da interferência de funcionários regionais.

Tung tem a seu favor conexões com todo mundo que conta em Hong Kong — e com o homem que mais conta em Pequim: o presidente Jiang Zemin, seu conterrâneo de Xangai. Conheceram-se em 89, quando Jiang era secretário do PC em Xangai. Logo depois, Tung montou uma fábrica de sodas na cidade, e fechou com outro aliado crucial: Lu Ping, o homem do Audi preto. Tung é um legítimo produto da diáspora chinesa — a Internet de bambu. Estudou na Liverpool University e viveu e trabalhou por quase uma década nos EUA. É assessor do Council on Foreign Relations e tem amigos de peso em Washington. É considerado um administrador com a mão na massa. Seu estilo é produzir consenso. Encarna boa parte das virtudes confucionistas básicas — como modéstia, paciência e trabalho duro. Ao contrário de inúmeros *tycoons* locais, privilegia um perfil discreto. Acorda todo dia às 7h e pratica uma hora de *tai chi*. Segundo assessores, "sempre trabalhou 7 dias por semana". Mora em um apartamento que no Brasil seria considerado apenas de classe média alta.

O *South China Morning Post*, mais importante jornal em língua inglesa de Hong Kong e um dos grandes jornais da Ásia (já pertenceu a Rupert Murdoch), saudou Tung como "o homem certo para este trabalho". EUA, Inglaterra e mesmo Taiwan o apóiam — demonstrando como a liderança coletiva chinesa sabe o curso que deve tomar no século 21. Mas o definitivo ás no pôquer de Tung foi o apoio de Li Ka-Shing, o maior e mais famoso bilionário chinês, sexto homem mais rico do mundo segundo a *Forbes* (vale US$ 10,8 bilhões). Li foi o Maquiavel por trás da eleição de Tung.

Tung logo se tornou popular até mesmo entre as formidáveis anciãs cantonesas — que o chamam de "Tio Tung". O Ocidente não se cansou de criticar esta eleição indireta. Mas o comitê de seleção bombardeou os candidatos durante 3 dias sobre o conteúdo de suas plataformas — tudo transmitido ao vivo pelas TVs chinesas. A população também teve sua chance de participar através de perguntas em programas de rádio e diversos encontros. Chan Wai Yee, editor de política do cotidiano *Apple Daily*, frisou que "dessa maneira a população ficou sabendo o que os candidatos pensavam, e através de nossas reportagens os candidatos ficaram sabendo se as pessoas concordavam". Pode-se dizer que na atual configuração do universo chinês, esse processo é o que mais se aproxima de uma democracia.

Jiang Zemin, o primus inter pares chinês, deixou claro: Hong Kong é apenas o primeiro passo para a reunificação nacional, e deve servir de "exemplo" para a anexação de Macau, em 1999, e Taiwan, no início do século 21. Ou seja: uma Hong Kong autônoma, administrada por gente de Hong Kong, não será necessariamente uma Hong Kong sob os padrões da democracia ocidental. Na ótica de Pequim, Hong Kong foi espoliada à força por *gweilos* — literalmente "demônios brancos" — na primeira de uma série de humilhações que a China está determinada a reverter. Poderá ficar em bilionária paz com seus altos altos, Rolls-Royces e Cartiers — com a condição de ninguém sair à rua pedindo aquele famoso ópio do povo.

O que vai realmente acontecer após a retomada chinesa do que demônios britânicos conseguiram com um par de bazucas? As regras do jogo estão delimitadas por Pequim desde 96.

O QUE MUDA

Vai aumentar a influência de empresas chinesas na economia. Teremos torpedeiros no porto e eventualmente tropas do Exército do Povo na Wall Street local. A imprensa livre viverá sob inapelável vigilância. O Conselho Legislativo será substituído por um Conselho pró-Pequim. O mandarim deve predominar no funcionalismo público — em detrimento de inglês (a primeira língua da maioria absoluta da população é cantonês, um denso dialeto de nada menos 9 tons).

O QUE NÃO MUDA

Hong Kong continua como um centro financeiro global. A moeda continua alinhada ao dólar. Os 50 km da fronteira Hong Kong/China, perto de Shenzhen, continuam sob vigilância absoluta. Permanece a restrição quase absoluta à entrada de chineses — embora as centenas de milhões de interessados não estejam a par. Assuntos de defesa e relações exteriores passam a ser discutidos em Pequim — e não Londres.

O Ocidente tem outras preocupações.

O QUE PODE MUDAR

Crime — organizado ou não —, corrupção — oficial ou não — e poluição podem desembestar. A magistratura pode perder sua independência. Os impostos podem aumentar. Por causa das famosas *guanxi* — as conexões do universo chinês —, os melhores contratos devem ser açambarcados por empresas da Mãe-Terra. Currículos escolares devem ser alterados. Não se sabe quando e se a população poderá eleger algum dia seu governador e sua Assembléia legislativa.

Mas o que acham os principais interessados de tudo isso, ou seja, a população local que será a vanguarda da China século 21? Vejamos uma amostra da opinião pública.

— "Hong Kong será muito mais cosmopolita. Atualmente tem um forte tom britânico. Em 1999, será mais influenciada por americanos, canadenses, japoneses, sudeste-asiáticos, além de chineses. Será a Nova York da China — o centro financeiro, cultural, social e artístico do país." (David Li, executivo-chefe de um banco.)

— "Será uma cidade mais chinesa, muito menos cosmopolita." (Paul Cheng, executivo-chefe de uma trading company inglesa.)

— "Pequim vai querer mostrar que pode tornar Hong Kong ainda mais próspera do que sob os ingleses. Se a China pode provar que 'um país, 2 sistemas' pode funcionar, vai convencer Taiwan que 'um país, 3 sistemas' também funciona." (Henry Tang, líder do Partido Liberal, pró-business.)

— "Meu maior medo não é que não tenhamos todas as leis no lugar, mas que muita gente não as observe." (C.H. Leong, médico.)

— "Nossos estudos concluíram que no próximo século Hong Kong será a principal cidade comercial da China, a capital de serviços do país e sua janela para o mundo. Temos a infra-estrutura e temos o software — nosso povo. A China precisa dele para se tornar um gigante econômico e o mundo precisa dele para se plugar no mercado chinês." (Vincent Lo, *tycoon* da construção civil.)

— "1997 não é problema. Há forças mais potentes que vão mudar Hong Kong. Elas incluem a sinergia com o Sul da China, a chegada do século da Ásia, a integração das economias da região e a dependência cada vez menor de EUA e Europa para comércio, investimento e know how." (William Fung, chairman da Câmara de Comércio local.)

— "Há 75% de chance de a devolução dar certo. Hong Kong vai entrar em uma nova fase, ultrapassando tudo que já experimentou." (Mark Mobius, diretor do Templeton Emerging Markets Fund, Inc.)

— Hong Kong ainda será uma colônia livre. Tudo que aconteceu é que os fat cats mudaram de cor — de branco para amarelo." (Tsui Tsin-Tong, businessman.)

À China não interessa nenhuma turbulência na vitrine — inevitavelmente transmutável em um terremoto capaz de devastar o ritmo do boom asiático. De acordo com um executivo da Hong Kong & Shanghai Banking Corp. (HSBC) — o banco mais lucrativo do mundo —, a liderança política em Pequim tem um plano secreto com a liderança empresarial da ilha para manter a confiança no Hong Kong dollar caso algum personagem à la George Soros decida levar a especulação a níveis estratosféricos. Valor do fundo de resgate: nada menos que US$ 160 bilhões. Ao mesmo tempo, os magnatas do mercado imobiliário já começaram a investir nada menos que US$ 80 bilhões até o ano 2000 em novos projetos residenciais e comerciais — grande parte financiada por empresas de investimentos de Pequim. Estes imperativos, interligados, tangenciam um processo já em andamento desde 94, onde o pós-Deng — esta liderança coletiva de burocratas pragmáticos à la Jiang Zemin — reorienta totalmente a máquina chinesa.

Toda a estratégia de Deng era baseada deliberadamente no capitalismo agogô de Hong Kong: as zonas econômicas especiais criadas no costa Sul da China, entrelaçadas ao principal eixo do Leste da Ásia, deveriam enriquecer rapidamente com os dólares arrecadados pela exportação desenfreada, e levantar o resto do país. Mas este faroeste gerou, ente outras mazelas, uma migração interna desenfreada (120 milhões de camponeses), o estouro da criminalidade urbana, e até mesmo uma crise nacional de produção de grãos. O novo mantra, estabelecido por economistas neo-autoritários com ilimitado trânsito palaciano, é "estabilidade". Isso significa racionalizar o crescimento assustador, racionalizar milhões de empregos nas descalabradas estatais, dar uma mão para a indústria pesada — como no vale do Yang-Tze — e usar dinheiro das províncias costeiras para cuidar das províncias do interior. O Plano Qüinqüenal aprovado em 95 elegeu a distribuição de renda como a prioridade nacional número 1. Ou seja: do ponto de vista do PC, Hong Kong já infectou demais todo o Sul da China com capitalismo. Antes de começar a infectá-lo com democracia, deixou de ser o modelo de desenvolvimento nacional.

Por que Hong Kong deu tão certo? O indisfarçável desprezo mútuo entre ingleses e chineses sempre foi considerado como o segredo do sucesso. Nada mais British do que viver no meio de um gigantesco wok mantendo o mínimo de contato necessário — e contribuindo para criar sua aura romântica. Hoje, sorvendo seus uísques com soda nas poltronas de couro vermelho do Hong Kong Club, servidos pelo sobrenome por Terence — o garçom-chefe —, enquanto os chauffeurs os esperam em uma fila de Jaguares e Rolls-Royces, os remanescentes do orgulho de Albion exibem mofados sorrisos blasé. Em todos os bastiões do gueto, respira-se farta melancolia mesclada aos charutos Dunhill. Imperdoável romantismo exala das memórias de individualistas empedernidos recrutando suaves aventureiros nas melhores escolas inglesas para sonhos de fortuna no Extremo Oriente, inevitavelmente seguidos por uma frota de barcos pesqueiros — ou seja, inglesinhas doidas para arranjar um lucrativo marido imperialista.

Magnânimo, o Hong Kong Club desde o início dos 90 passou a aceitar membros orientais. Foi-se o tempo em que Sir William Purves, chairman do poderoso Hong Kong & Shanghai Bank — o bunker hiper-high tech, desenhado por Norman Foster, que domina o horizonte da cidadela financeira junto com o Bank of China —, acumulava as funções de presidente do Royal Jockey Club (por razões óbvias, caiu o "Royal"). Hoje o chairman é John Gray, um rude escocês: os escoceses eram e sobrevivem como os engenheiros da máquina imperial britânica. Para Mr. Gray, "o princípio de autonomia está estabelecido e é apoiado pela liderança chinesa". É verdade que as *hongs* — grandes firmas comerciais do século 19 — ainda estão em Hong Kong Central. Bem, quase todas, porque a escocesa Jardine Matheson, que ajudou a fundar a cidade para melhor contrabandear ópio para a

China, ficou com medo do pós-97 e mudou seu domicílio fiscal para Bermuda e sua listagem para a Bolsa de Cingapura. Está — mais ou menos — de volta, participando do financiamento da construção de mais um terminal de containers.

Ao repartir com a afluência chinesa o power breakfast no grill do Mandarin, o bar do Regent com vista para toda a Central, e o Felix — extravagância hiper-pós-mod de Philippe Starck no topo do Peninsula Hotel — os ingleses comentam, en petit comité, é claro, o Apocalipse. Lamentam a provável perda de valores do Establishment, da decência nos afazeres públicos, do senso de fair play. Mas os Jumbos que descem a cada minuto no frenético e congestionado aeroporto de Kai Tak, beijando as antenas de TV de Kowloon (vem aí um novo, hiper-high tech, maior do que Cingapura Changi, candidato a quarto aeroporto mais movimentado do mundo, e a um custo de US$ 20 bilhões), continuam trazendo aventureiros ingleses — ávidas contrapartes do Nicholas Leeson que afundou o Barings Bank em Cingapura. Seu lema — e de todas as diásporas globais: "Don't worry, make money". Em 96, acotovelavam-se pelo Definitivo Negócio 35 mil britânicos, 36 mil americanos, 29 mil canadenses, 24 mil japoneses e 21 mil australianos. Os jovens bucaneiros já instalados em apartamentos de 1 quarto a US$ 4 mil por mês nos Midlevels não deixam de parar no Club ou no pub Bear & Bull para tomar um gim tônica e voltar às pressas para pegar a abertura dos mercados em Wall Street (21h30 no horário de Hong Kong). Apenas alguns pensam em uma eventual transferência para — onde mais? — Cingapura.

O inarredável desprezo mútuo anglo-chinês só gerou uma potência porque havia um Super Bonder: a comunidade indiana. A maioria absoluta dos cantoneses não fala inglês fluente: fala Chinglish, uma sopa cantonesa com macarrão anglicizado. A maioria absoluta dos ingleses não fala nem "hello" em cantonês. Mas a maioria dos indianos nascidos em Hong Kong fala não só inglês e cantonês fluente como suas línguas ancestrais (*hindi*, *punjabi*, *tamil*). Menos de 0,5% da população, os indianos controlam mais de 10% do comércio. Como se sabe, os chineses de Hong Kong recebem comandas comerciais do mundo inteiro. Encomendam a manufatura barata no interior da China. As mercadorias voltam para Hong Kong. E exportadores — fundamentalmente indianos — as enviam para os clientes globais. A versão pop da diáspora comercial indiana pode ser encontrada nas indescritíveis catacumbas das Chungking Mansions — um deslabrado, tentacular edifício *Blade Runner* servido por elevadores eternamente congestionados onde se acotovelam centenas de pensões baratas, lavanderias chinesas, cambistas indianos, lojistas indianos, restaurantes indianos e exportadores indianos.

Não é naturalmente entre anglos e indianos que encontramos os verdadeiros donos do poder. Eles estão a um minuto de distância a pé do Hong Kong & Shanghai Bank, no China Club — os últimos 3 andares do antigo prédio do Bank of China. O estilo é Xangai chique anos 30. Associar-se custa uma fortuna. No restaurante — reservado por semanas —, socialites em tailleurs Chanel de US$ 4 mil discutem seus bailes beneficentes, enquanto seus apartamentos são polidos por um exército de empregadas filipinas — as mesmas filipinas (120 mil em Hong Kong, 80 mil em Cingapura) que no domingo à tarde reúnem-se para piqueniques ao ar livre à sombra das torres do distrito financeiro, como se estivessem na pracinha de sua ilha natal. No China Club circulam os cantoneses do dinheiro pesado — que em Hong Kong é mais ostentatório do que qualquer Texas ou emirado árabe. Esta terra onde há meio século todo mundo era refugiado, sem um tostão, hoje é o melhor mercado do mundo para a Cartier. Exibe a maior porcentagem de Rolls Royces por metro quadrado (1.200, e subindo). Um Rolls, usado, sai no mínimo por US$ 300 mil. Jaguar é carro de pobre.

O China Club reúne todos que mantêm *guanxi* — conexões — especiais com a burocracia de Pequim, como Li Ka-Shing, o mais famoso bilionário local: seu filho teve a quem sair, pois vendeu a rede via satélite Star TV para o míssil de mídia Rupert Murdoch por US$ 800 milhões em 93. "Príncipes vermelhos" que vão ao China Club costumam estender a noite no Club BBoss, cujas hostesses levam à loucura os businessmen da Mãe-Dragão. Nada de lap dancing escola Las Vegas: elas só sentam, conversam com os clientes, e os ajudam a esvaziar garrafas de Johnny Walker Black Label 12 anos. Os exercícios de retórica etílica não saem por menos de US$ 4 mil.

Quem detém o cash flow em Hong Kong goza há anos da absoluta intimidade de Pequim. Em conseqüência, nunca deu a menor bola para o pobre Chris Patten, luminária do Partido Conservador britânico e governador em exercício até abandonar a ilha na madrugada de 1º de julho de 97 no iate da Rainha Elizabeth com destino a Cingapura (ou, segundo as víboras, volta a Londres de British Airways classe econômica). Patten desembarcou da Inglaterra em 1992 propondo uma reforma eleitoral que provocou ataque geral de apoplexia em Pequim. Não sem razão as cobras do PC o tacharam de "pirata", "criminoso por 10 mil anos" ou — acinte supremo — "puta de carne de jade". Ao contrário dos *tycoons*, jamais Patten foi convidado para jantar com o emissário do Imperador Amarelo, o Sr. Lu Ping, em algumas de suas incursões a Hong Kong; acesso a estas "Últimas Ceias" significava realmente participar das decisões sobre o futuro da ex-colônia. Patten foi acusado por Pequim de inúmeros "crimes". Sempre foi a favor de um ambicioso programa social com altos investimentos em educação e hospitais. Sempre foi contra censura e restrições à imprensa livre. E sempre privilegiou o legislativo em vez do executivo.

O beautiful people local, naturalmente, sempre achou toda esta história um horror. Principalmente porque afeta a Bolsa. Em Hong Kong — onde qualquer vendedor de sopa *won ton* é um expert do índice Hang Seng — qualquer coisa que afete a Bolsa é considerada uma praga milenar de uma divindade irada. Mas boa parte da população tomou gosto pela incipiente democracia local: o Partido Democrata venceu as legislativas de 95, o que imediatamente legou aos horrorizados comunistas uma dissidência ready-made em plena jóia da Coroa. A nova ofensiva retórica só se aplacou com a indicação de Tung Chee-Hwa como o primeiro executivo-chefe da Hong Kong chinesa.

O povo de Hong Kong teria todos os motivos para exigir sua independência há muito tempo. Não exigiu porque o sentimento corrente na ilha é que não seria adequado a um território arrancado à China na ponta do fuzil separar-se não apenas da Inglaterra colonial mas também da própria China. No último meio século, Hong Kong foi uma colônia excepcionalmente dócil em termos políticos — o que na verdade demonstra como a burguesia chinesa prefere se acomodar a qualquer governo a se envolver diretamente na arena política. O mesmo padrão repete-se em todo o Sudeste da Ásia.

O diálogo entre as partes costumava transcorrer em código. Quando um assessor de Chris Patten comparava Hong Kong a "um fino clarete que vai ser transferido do barril para a garrafa", avisava que "vinhos finos são vulneráveis ao manuseio durante o transporte e a condições de armazenamento inviáveis". Respondia um consultor de Pequim; "Também gosto de vinhos franceses, porém meus favoritos são chineses. E a safra de 97 será a melhor de todas". Enologia à parte, Pequim não resistia ao estilo Genghis Khan. Menos de 500 dias antes da transição, adotou os procedimentos necessários para jogar o parlamento de Hong Kong — *Legco*, Conselho Legislativo — no lixo, assim que tomar o Poder. E soltou a artilharia pesada para mudar leis, reorganizar o governo, controlar a mídia e livrar-se de juízes dissidentes. Hong Kong passou o primeiro semestre de 97 com mais uma maluquice histórica: 2 Legislativos, o eleito pelo povo e o sancionado por Pequim. Funcionários passavam o tempo cogitando quem fica e veste jaquetão Mao e quem pede a conta e vai usar bermuda na Austrália.

Ninguém sabe o que pode acontecer com os membros do Legco, especialmente o chairman do Partido Democrata, Martin Lee, que Pequim considera um verdadeiro Belzebu. Sério candidato a Herói da Resistência pós-97, Lee — filho de um general do Kuomintang, os nacionalistas que fugiram para Taiwan quando Mao tomou o poder em 49 — é um brilhante advogado. Não tem um segundo passaporte. Diz que só bebe água — nem café nem chá — para ir se acostumando à vida na prisão. Seu mantra: para manter a reputação de centro financeiro de primeira classe, Hong Kong deve convencer os investidores internacionais de que o império da Lei não será afetado sob o domínio chinês. Este sempre foi, em essência, o sonho de Patten. Lee, como Patten e toda a mídia anglo-americana, acha que os residentes de Hong Kong têm o direito de expressar como querem ser governados.

Mesmo exprimindo-se apenas por via indireta, Hong kongers aplaudiram a escolha de Anson Chan, a número 2 de Chris Patten, também conhecida como

"Dama de Ferro", como a número 2 de Tung. Miss Chan também nasceu em Xangai, em 1940, ano do Dragão, e é de uma competência exemplar. A princípio, pensava-se que Pequim jamais a aprovaria: ela trabalhou para o governo britânico, condenou a abolição do Legco, e era a favor de total independência para a ex-colônia. Ao contrário do que pensa o Ocidente, o centro em Pequim sabe até que ponto Hong Kong pode ser estrangulada pelos imperativos da realpolitik. Mas o verdadeiro tema shakespeariano na saga de Hong Kong é que apenas está passando de um proprietário para outro — quando teria todas as condições para se tornar a mais soberba cidade-Estado do século 21.

Entre a Lei e o dinheiro, Hong Kong sempre preferiu o dinheiro. Só em Hong Kong indivíduos como Chang podem realizar todo o seu potencial. Chang, auto-exilado da Mãe-Dragão, é um, digamos, profissional liberal. Seu instrumento de trabalho é um destroier cinzento de fibra de vidro, equipado com um motor Mercury descomunal, 3 de reserva, e um telefone celular. Tudo isso lhe custou em *yuan* — a moeda chinesa — o equivalente a US$ 14 mil, fortuna inimaginável para quem vive na República Popular. Mas Chang está conectado com as tríades de Hong Kong: paga cash e transporta qualquer produto para intermediários na China, que o repassam para Cantão, Xangai, Pequim e — via Transiberiana — Moscou e a Europa do Leste. Em cada viagem Chang lucra o dobro do que gasta.

Dizer que o contrabando está inscrito no DNA dos cantoneses pode até parecer um understatement puramente inglês. Afinal, séculos antes da colonização a ilha já vivia infestada de piratas. Comércio, contrabando e pirataria sempre coexistiram nos mares da China. E não esqueçamos que para a arrogância inglesa tudo não passou de uma simples equação: precisamos deles para vender nosso ópio. O boom econômico da China de Deng apenas realçou o flerte local com a contravenção. Juncos, *sampans* — barcaças — e sobretudo *taifés* (grandes moscas, em cantonês) infestam o mar do Sul da China, por onde ainda trafegam cargos chineses, porta-containers, petroleiros, destroiers, encouraçados cinzentos da Navy americana ou inglesa, ferry-boats para Macau, rebocadores, chatas, iates, chalupas, barcos-patrulha... No canal de Lamma — a auto-estrada marítima para entrar em Hong Kong, por onde passa a metade do comércio da China — um carnaval de nada menos 50 mil embarcações pode chegar a trafegar simultaneamente.

Um *taifé* pirata como o de Chang chega a puxar 1.500 HP, consome mais querosene do que um helicóptero, e vai a 120 km/h cortando ondas de 2 metros e meio de altura. A bordo, apenas 3 homens: piloto, navegador e mecânico. Cabine reforçada com telas de aço. Saídas apenas à noite. Direção: Sul da China. Carga: 200 vídeos, 50 Trinitrons, duas Mercedes... Em menos de 10 minutos de Hong Kong, o *taifé* está a salvo em águas internacionais. Tempo entre o roubo de uma Mercedes em Hong Kong e seu reaparecimento na China comunista: menos de 1 hora.

Navegadores singram os românticos e perigosos mares da China desde tempos imemoriais. O geógrafo Fa Xian explorou a costa de Taiwan no século 4. Yi Jing foi até as Filipinas no século 7. Na primeira metade do século 14 o navegador muçulmano Ibn Battuta deslumbrava-se com os "barcos sobrenaturais" construídos em Cantão desde o século 10 — superbem equipados até mesmo com bazar, barbearia e lavanderia. No início do século 15 as estrelas eram os "barcos-tesouro" de 9 mastros das expedições do famoso almirante Zheng He, que avançou pelo Oceano Índico até chegar ao Leste da África. Tudo isso acontecia muito antes de Fernão de Magalhães. No século 19, já tínhamos corvetas da Cochinchina, barcos de cabotagem de Manila, juncos do Sião, pesqueiros de Cantão e *sampans* de Cingapura coexistindo com a chegada dos barcos a vapor a partir de 1845. Em 1972, Hong Kong recebeu seu primeiro porta-container. Hoje é o primeiro porto do mundo em tráfego de containers (13 milhões por ano; projeta-se quase o triplo, 35 milhões, em 2010). 1 século e meio depois de sua colonização, a economia de Hong Kong ainda se articula em torno de navios carregados de mercadorias. Eles são servidos por 8 terminais (em breve 10) de um prodígio da iniciativa privada aberto 24h por dia, 365 dias por ano, informatizado até a medula, mas já sofrendo a concorrência desenfreada do também megainformatizado porto estatal de — quem mais? — Cingapura, segundo maior do mundo em tráfego de containers, seguido por Kaohsiung (Taiwan), Rotterdam (Holanda) e Pusan (Coréia do Sul), o que dá uma medida exata do frenesi comercial asiático.

E os piratas? Continuam arrasando — e alimentando fantasias. Até os anos 80, seu "ponto" principal era o estreito de Málaca, entre a Sumatra e a costa Oeste da Malásia. Os piratas pegavam no batente em famosos "navios-fantasma" roubados e com papéis falsos obtidos a peso de ouro em Bangkok e Hong Kong. Hoje, 200 navios por dia transitam no estreito protegidos por equipadíssimas patrulhas das marinhas malaia, cingapuriana e indonésia. A pirataria, agora em escala industrial, transferiu-se para o mar da China — onde membros da marinha chinesa, em glorioso uniforme da República Popular, fazem hora extra atacando navios em direção da Coréia, Japão e Rússia. Pequim nega, é claro, porque confirmar o que até os tubarões já sabem seria uma vergonha inominável.

Cheung Chau, ilhota a 10 km de ferry de Hong Kong, é um bordel e refúgio de piratas há milênios. Um labirinto de juncos e *sampans* mira um labirinto de bangalôs do amor alugáveis por trás de balcões com luzes vermelhas — onde capitães de junco descansam de meses intermináveis no mar das Filipinas. Eles podem nos contar que seus juncos são fabricados em Coloane — o melhor estaleiro da região, uma das ilhas de Macau; que seus marinheiros são contratados na bolsa da zona econômica especial de Zhuhai, muito mais baratos do que em Hong Kong; que piratas filipinos evocativos do mítico e literário Sandokan ainda podem ser encontrados ao lado de suas contrapartes chinesas high tech; e que entre os camarões com chilli e as cervejas filipinas San Miguel, tiras travestidos de peque-nos traficantes circulam pelo porto heroína pura, "ice" — uma anfetamina barra pesada —, e o incontornável ópio, ainda a privilegiada Bela Adormecida dos marinheiros.

Em gravuras de clubes ou pubs ingleses é possível imaginar Hong Kong, se não infestada de piratas, pelo menos como um porto do início do século 20 — quando a maior parte da ilha não passava de uma paisagem bucólica de colinas verdejantes e férteis campos de arroz. Via-se o porto, como sempre abarrotado de embarcações — dos juncos de pesca a transatlânticos. Viam-se manifestações inequívocas do Império Britânico; o Hong Kong Club, a igreja anglicana, a Corte Suprema, o campo de cricket. Hoje, a panorâmica de 360 graus a bordo de um dos Star ferries verde e brancos que atravessam de Kowloon para Central — por menos de 25 cents sem dúvida o cruzeiro mais barato e espetacular do planeta — não só descortina a estonteante panóplia de neons em technicolor e a verdadeira apoteose bancária, como recoloca, ironicamente, as prioridades no lugar.

O mais esplêndido cristal prismático — esguio, agressivo, anguloso — de um centro financeiro já em si hiper-high tech é a nova sede do Bank of China, inaugurada em 1990, desenhada não por um comunista mas pelo guru modernista cantonês/americano I.M. Pei. Uma perfeita metáfora — de granito, aço e vidro — para assinalar a emergência da Mãe-Dragão. O problema são os ângulos. Em Hong Kong, como na China, *feng shui* é uma espécie de religião. *Feng shui*, em resumo, é geomancia: trata da conexão entre a arquitetura — e outros objetos construídos pelo homem — com o meio ambiente. *Feng shui*, portanto, envolve uma série de regras sobre o que deve ser evitado na construção de edifícios. Ângulos muito pronunciados são considerados um enorme problema, porque amplificam a influência maligna dos espíritos negativos. O cúmulo do azar é ter um ângulo muito radical apontando exatamente para você. Como o que I.M. Pei desenhou em uma das extremidades do Bank of China. E para onde apontava o ângulo? Exatamente para a mesa do pobre governador Chris Patten, em um edifício vizinho.

Nesta Hong Kong caprichosa, cosmopolita, hipermaterialista, uma das sociedades urbanas mais sofisticadas do planeta, onde "pobreza" é não ter chofer particular, a História, na acepção que conhecemos no Ocidente, sumiu. "História" é a cotação dos mercados no fechamento de ontem. A própria população chinesa de Hong Kong — 90% de cantoneses, 10% de outras etnias — não tem história. A única história que existia — até agora — era a da Hong Kong branca e expatriada do Ocidente. Refugiados vieram de algum lugar na convulsionada Mãe-China durante o século 20 e trabalharam como alucinados porque nada mais tinham a fazer. A última legião de refugiados veio em 1949, quando os comunistas tomaram o poder. Apenas em 1971 um censo demonstrou pela primeira vez que a maior parte dos residentes de Hong Kong tinha nascido na colônia — e a maioria ainda estava brincando de boneca. Esta fluidez pode explicar a lendária rudeza da população — e também a ausência de uma cultura cívica, como a conhecemos. Os administradores coloniais — retomando o tema do desprezo mútuo anglo/chinês — não tinham a menor idéia do que deveria constituir a identidade de Hong Kong. Portanto não fizeram absolutamente nada a respeito. Estrondosa hipocrisia, esta de os ingleses esperarem mais de 1 século para se interessar — através do último governador colonial — pela saúde democrática de Hong Kong. E justamente quando estavam devolvendo a preciosa mobília para a China.

Nos últimos anos, a burocracia comunista em Pequim desenvolveu a tese de que o imperialismo inglês envenenou os corações e mentes de Hong Kong. Portanto, o PC deveria enfrentar uma situação "contra-revolucionária", o que implicava ações underground para maior eficácia. Daí a investida na guerra da informação. Há anos a embaixada não-oficial da China em Hong Kong é o escritório da Xinhua, a Agência Nova China, um balaio de gatos policiado como Fort Knox que emprega mais de 600 pessoas, a maioria não exatamente jornalistas. O grande negócio é propaganda secreta. A tática empregada é a da "frente unida", que segundo Mao representava a "ferramenta mágica" da Revolução. Mao dizia que o negócio era atrair todas as forças simpatizantes para o seu campo, isolar um inimigo bem definido, e destruí-lo. O "inimigo bem definido", no caso de Hong Kong, são os paladinos locais da democracia — especialmente mediáticos. Não consta que foram isolados nem destruídos. Muito pelo contrário.

A Xinhua mantém uma enorme lista negra onde empresas chinesas — assim como suas filiais em Hong Kong — estão proibidas de anunciar. Para a Xinhua, o mundo se divide em 3 categorias: "amigos da China", "inimigos da China", e "cooptáveis". Desde o início de 96 a Xinhua também controla todo o noticiário econômico relativo à China. A Xinhua pode ser Big Brother, mas pelo menos Big Brother é mantido sob marcação cerrada: Hong Kong é a capital de mídia da Ásia — decorrência natural de um enclave baseado no império da Lei e no livre fluxo de capital e informações. Tem a maior densidade de jornais per capita do mundo: publicam-se mais de 70 cotidianos — 3 em inglês — e mais de 620 revistas semanais e mensais. É também a imprensa mais rentável do mundo: antes de comprar a Star TV, Murdoch era proprietário de uma verdadeira máquina de imprimir dinheiro — o *South China Morning Post*, um dos melhores jornais da Ásia. Hong Kong é sede dos grandes semanários asiáticos de informação — *Asiaweek* e *Far Eastern Economic Review*, e tem escritórios estratégicos tanto do *New York Times* quanto do *Washington Post*. Jornais globais como o *Herald Tribune* e o *Financial Times* também são impressos em Hong Kong. É o QG asiático da Dow Jones, da Reuters, da CNN, e da CNN chinesa, a CTN, que emite non stop em mandarim.

Pequim e Xinhua naturalmente odeiam este campo minado mediático. Mas nem mesmo Chris Patten e Martin Lee comparam-se à ovelha mais irremediavelmente negra: Jimmy Lai. Jimmy, nascido em 1948, fugiu da China com 13 anos de idade e se estabeleceu em Hong Kong. Ficou milionário fundando a Benetton asiática — a Giordano. Em 89, doou US$ 1 milhão para o movimento estudantil em Pequim. Depois do massacre de Tiananmen, fundou o semanário *Next*, onde passou a denunciar o primeiro-ministro Li Peng como "a vergonha da China", e com o pior epíteto aplicável a qualquer chinês em quaisquer circunstâncias: "ovo de tartaruga com QI zero".

Em junho de 95, com um investimento de US$ 10 milhões, Jimmy amplificou a pedra no sapato de Golias: lançou o multicolorido cotidiano *Apple* — a partir do famoso provérbio anglo-saxão "an apple a day keeps the doctor away". O Doutor China naturalmente odeia esta maçã diária: totalmente independente, ousando escrever o que Hong Kong deseja ler, jamais praticando autocensura — ao contrário de boa parte da imprensa local — e marcando em cima todas as reações de Pequim. O sucesso é garantido: *Apple* vende 200 mil exemplares diários e subindo. Em 96 apareceu um jornal ainda mais divertido: o *Cachorro Louco Diário*, cujo editorial de estréia prometia que "vamos permanecer reacionários muito depois de 1997". O *Cachorro Louco* arrasa todo dia com a Xinhua e o primeiro-ministro Li Peng, e usa o caractere chinês que representa "cachorro" para classificar os editoriais da imprensa local: crescem em escala progressiva de um cachorrinho — "infantil" —, através de "ignorante", "idiota" e "desleal", até o máximo de 5 cachorrinhos: "sem-vergonha".

Estes jornais imediatamente encontraram sua audiência porque os habitantes de Hong Kong — como legítimos membros da diáspora — são leais à cultura chinesa, mas sem a menor ligação com a entidade política "China", igualmente irrelevante para o polpudo contingente expatriado de alta competência e alta renda. A situação muda inteiramente sob administração chinesa. Muitos desistiram há anos de sustentar um braço-de-ferro com Pequim. Quando a BBC emitiu em 94 um polêmico documentário sobre Mao, o PC ficou roxo de ódio: o todo-poderoso Murdoch imediatamente retirou o canal do pacote Star TV na China, Hong Kong e Taiwan (a BBC até abril de 96 era transmitida normalmente na Star TV das Filipinas a Dubai; agora é independente). A China ainda não se rendeu a Murdoch. O Ministério de Rádio, Cinema e Televisão chinês proíbe proprietários de mídia estrangeiros. Mas Murdoch quer, e vai, satelitizar a China inteira, em mandarim, e sem polêmica, seduzindo a liderança do PC com esporte e entertainment.

Mesmo administrada por Tung como uma grande empresa, não será fácil conservar a face Lancôme de Hong Kong. As melhores análises coincidem ao atribuir sua fabulosa riqueza a um acidente histórico. Quando a vitória comunista em 1949 fechou a China para o mundo, Xangai, seu principal centro financeiro e industrial, foi empurrada para o abismo. A única saída, literalmente, passou a ser Hong Kong — que açambarcou todo o dinheiro e a massa cinzenta que fugia das garras de Mao. O Grande Timoneiro achava que um estilo colonial de capitalismo poderia ser "tolerado" na ilha — por algum tempo. Nos anos 80, Hong Kong teve ainda mais sorte. A cúpula dirigente de Taiwan decidiu que finalmente faria alguns negócios com a Mãe-Terra — mas só através de Hong Kong. E Deng Xiaoping decidiu instalar a primeira de suas antiortodoxas Zonas Econômicas Especiais em Shenzhen, na província de Guangdong, ou seja, ao lado de Hong Kong.

Mao deve estar ainda hoje tremendo na tumba. Shenzhen, irmã de Hong Kong, é puro cyberpunk em versão cantonesa: leninismo de mercado enlouquecido em uma Disneylândia low tech. A apenas 1 hora de trem de Hong Kong, dela separada pelo rio Shenzhen ("rio Profundo", em cantonês), este Frankenstein da livre empresa foi inventado por Deng em 1981. Na época, tinha menos de 2 mil habitantes. Hoje, tem mais de 3 milhões — e subindo. Desde o meio dos anos 80 a taxa de crescimento da província de Guangdong, onde está o delta do rio da Pérola (para onde flui o rio Profundo) é a mais bombástica do planeta.

Como um legítimo "faroleste" da era da informação, Shenzhen cresceu sem a menor planificação central. É uma versão low tech de Los Angeles — com mais carros e menos bicicletas do que uma cidade chinesa genérica. A exemplo de um romance barato cyberpunk, todos os dias são úmidos e todos os dias são empoeirados. Vive-se full time em um enorme canteiro de obras. Torres de vidro brotam de armações de bambu. A apenas 500 metros da histeria urbana flui um matagal paralelo ao rio Profundo. E paralelo a ele um colar de lâmpadas de vapor de sódio e uma cerca com arame farpado de 50 km. Este é o Muro de Berlim da China. Do outro lado está a Terra Prometida, Hong Kong, pouco mais de estáticos 1.000 km^2 interditados a extremamente móveis 9 milhões e 500 mil km^2, onde se incluem não só o chinês médio ganhando US$ 50 ao mês como o chinês privilegiado que conseguiu morar e trabalhar em Shenzhen: para isso, ele precisa ser jovem, detentor de um diploma universitário, bem relacionado, e possuir uma permissão especial do PC.

Nenhum destes detalhes evidentemente deteve a formação de favelas de imigrantes ilegais. Em um típico cenário de jogo de caixas chinesas, quem está na China sonha em ir para Shenzhen, quem está em Shenzhen sonha em ir para Hong Kong, e quem está em Hong Kong sonha com um passaporte dos EUA, Canadá ou Austrália (a Inglaterra, ex-império colonial, apenas liberou o visto de entrada). Assim que conseguem seu passaporte, os afortunados voltam para Shenzhen, abrem um business e vão morar em um condomínio de luxo. Para os camponeses da China barrados na fronteira, o itinerário destes cosmopolitas saiu de *Jornada nas Estrelas*.

4 divisões policiais com 160 funcionários cada uma vigiam a fronteira com telescópios que registram calor humano e sismógrafos que captam a menor vibração. Só assustam eventuais leopardos chineses que inadvertidamente buscam um upgrade territorial. Repete-se a situação na fronteira do México com o Texas:

quem não passa hoje passa amanhã. A alfândega é mais equipada do que filme de Steven Seagal: raio X, detetor de metal, pistolas automáticas à prova d'água, olho de lince. Mas como controlar um veículo a cada 5 segundos? A moçada da Unidade Tática tem uma tarefa ainda mais inglória — em uma das ocupações mais surrealistas da História contemporânea: eles sentam em uma cadeirinha na beira da estrada, munidos de walkie-talkie, revólver e máscara cirúrgica antipoluição, colocam um espelhinho na sua frente e o miram fixamente. Cada caminhão — especialmente jamantas de vários eixos — deve passar bem devagar na frente do espelhinho. Esta caça ao chinês móvel rende pelo menos uma presa por dia. Desnecessário acrescentar que o chinês móvel volta ao local do crime até atravessar para o País das Maravilhas.

Shenzhen desafia todas as leis do surrealismo. O restaurante rotativo no topo do hotel Shangri-La corre o risco de ser multado por excesso de velocidade. Os jornais locais espirram mais sangue cantonês do que todos os seus concorrentes no Ocidente. A população local é 60% feminina — garotas submissas da China rural empregadas a 50 cents a hora. As nem um pouco submissas atacam como tubarões sexy os peixinhos de lobby de hotel. Há uma inteira Vila das Concubinas, mantidas a peso de ouro por businessmen de Hong Kong: Mao havia banido a prática como manifestação de "feudalismo". Tríades da contravenção trocam tiros com a polícia para estabelecer seus territórios. Em torno de Shenzhen, há imensos e já lendários campos de trabalho escravo — obviamente inacessíveis a estrangeiros — de onde saem todas aquelas bugigangas exportadas para todo o planeta que depois viram motivo de debate da cláusula social na OMC e derretem o mousse nos cabelos de Charlene Barshefsky, a secretária de Comércio dos EUA. Um fungo de antenas cobre a cidade: as TVs de Hong Kong alcançam mais de 20 milhões de pessoas no delta do rio da Pérola — que inclui Cantão ao Norte, Hong Kong e Shenzhen a Leste, e Macau e a zona econômica especial de Zhuhai a Oeste. Rupert Murdoch, claro, é o Rei do Pedaço, através dos canais da Star TV bombardeando futebol inglês, o Coca-Cola Asian Top 20 e séries do arco da velha diretamente de seus estúdios em Hong Kong.

Proliferam milhares de joint ventures sino-ocidentais. A mutretagem é cósmica — e reflete a realidade chinesa, onde *guanxi*, conexões, são tudo. Em decorrência, todo mundo em Shenzhen tem um pager. Até quem tem um celular tem um pager. Claro, trata-se de um celular de pobre, um CT2, que disca mas não recebe chamadas, daí o pager. Em cada esquina há um cidadão em uma mesinha na calçada com 1 ou 2 telefones ligados por uma Babel de fios a uma janela de um edifício. Na mesinha está uma lista telefônica, uma lista de preços e uma caixinha cheia de dinheiro (jamais *yuan* chinês, sempre dólares de Hong Kong). Há filas perenes para telefonar.

A "Wired" californiana, manual de bordo da era da informação, já qualificou os chineses de "nascidos para piratear". Tudo, evidentemente, é pirateado em velocidade vertiginosa: roupas, brinquedos, CDs, software de computação. Se Charlene Barshefsky visitasse Shenzhen, vetaria a entrada da China na OMC até o ano 3000. Como em todas as grandes capitais do Leste da Ásia, proliferam shopping malls da contravenção onde as pessoas passam o dia sentadas em frente de computadores baratos copiando software enquanto o cliente espera. Compra-se por uma ninharia sets de CD-ROM com as últimas novidades pirateadas — o tipo de coisa que descabela Bill Gates e cia. Em Shenzhen e arredores, o pager, o telefone celular e o Pentium já fazem parte dos implementos absolutamente fundamentais da vida cotidiana chinesa — como a bicicleta, o wok, a mobília de bambu e vime e as séries de TV com danças do dragão e carnificina non stop.

Shenzhen, prima mais esquálida — mas não por muito tempo — da auto-estrada da informação, é o caso-limite na Ásia de uma ideologia radical (maoísmo) atropelada pelo trator da cultura de consumo ocidental. Qualquer discussão sobre globalização ou "valores asiáticos" deveria incluir uma pesquisa em profundidade com seus cowboys low tech. Cientistas sociais ficariam horrorizados — ou fascinados — com a distopia: só existe sexo e comércio, e sexo como comércio. Ninguém sabe que mutação está emergindo deste *Mad Max* cantonês. E se o poder central em Pequim soubesse, a destruiria com uma bomba de nêutrons.

Hoje, todas as condições que fizeram o sucesso de Hong Kong se modificaram. Taiwan já lida diretamente com a China — não precisa de intermediários. Pode-se voar dos EUA e Europa diretamente para lúgubres terras desoladas industriais chinesas — sem a antes essencial escala em Hong Kong. Xangai, Tianjin e Dalian, por exemplo, já comerciam diretamente com os portos japoneses de Kobe e Yokohama, e com o porto coreano de Pusan. Xangai — um imenso canteiro de obras — está voando obsessivamente para tentar recuperar até 2010 sua posição pré-Mao de principal centro financeiro da Ásia. As mais de 800 corporações multinacionais estabelecidas com um QG regional em Hong Kong — incluindo AT&T, Hewlett-Packard, CNN, Siemens e Philip Morris — são capazes de se enfezar com possíveis interferências da China e com os preços absurdos do mercado imobiliário. Os cérebros de qualidade são capazes de deserdar não só a mão de titânio de Pequim como o altíssimo custo de vida. E a competição regional agora é barra pesada. Não só Xangai (forte base industrial) como também Cingapura (excelente infra-estrutura, incentivos fiscais), Taipé (ênfase high tech), Kuala Lumpur (mão-de-obra competente e barata) e Bangkok (hiperfavorável a investimentos estrangeiros) oferecem mundos e fundos para atrair o capital internacional.

Pensando em sua futura hipercompetitividade na economia global, Hong Kong já se lança em um gigantesco projeto de sofisticação de infra-estrutura — o maior em 1 século e meio de História. Até 2007, vai gastar mais de US$ 50 bilhões nos seguintes projetos:

— o novo aeroporto internacional, Chek Lap Kok, na ilha de Lantau, a um custo

de US$ 21 bilhões, com inauguração prevista para 98, além de um sistema de transporte urbano integrado;
— novas linhas de trem de curta distância e de metrô, a US$ 15 bilhões;
— uma nova estrada de ferro ligando Hong Kong a seu "estado de São Paulo", a vizinha província de Guangdong, a um custo de US$ 9,7 bilhões;
— novos terminais de containrs, a US$ 5 bilhões.

Xangai e Hong Kong devem se complementar: Xangai como centro financeiro doméstico, Hong Kong como centro financeiro internacional. Para Michael Sze, diretor do Conselho de Desenvolvimento Comercial de Hong Kong, a tentativa de confrontar os 2 centros é "ingênua": "A Europa pode ter Londres, Frankfurt e Paris como centros financeiros, e a América pode ter Nova York, Chicago e São Francisco, mas a China não pode ter Xangai e Hong Kong, e a Ásia também não pode ter Tóquio e Cingapura..." Ao mesmo tempo, Hong Kong e Shenzhen não vão perder a chance de uma aliança para juntas atacarem — e lucrarem — com o imprescindível desenvolvimento do interior da China. Mantendo-se sua autonomia, sua liberdade, e controlando-se a interferência de corrupção chinesa — trabalhos, sem dúvida, hercúleos —, nenhuma cidade asiática antes de 2010, no mínimo, será capaz de igualar Hong Kong como um nó extremamente denso de administração de fundos, capital de risco, ações e empréstimos. Sua infra-estrutura é exemplar. É um centro crucial de desenvolvimento de produtos. É a porta e a vitrine de entrada e de saída da China em relação ao mundo, a melhor maneira para o Ocidente fazer negócio com seus mercados, e um dos grandes centros internacionais de turismo (mais de 9 milhões de visitantes em 94) e consumo conspícuo (embora as melhores barganhas hoje estejam em Cingapura e Bangkok).

Como se não bastasse, Hong Kong é o que a Ásia tem de mais demencialmente criativo: da cozinha às máfias, do pop cantonês a épicos de *kung-fu*, de novelas intermináveis a uma Cantowood que produz 200 filmes por ano — a terceira maior indústria cinematográfica do planeta, atrás de Índia e EUA. Cantowood já revelou inimitáveis ases do cinema como o acrobático Jackie Chan, John Woo — o Peckinpah dos anos 90, devidamente adotado por Hollywood —, o godardiano nouvelle vague Wong War-Kai (autor de *Chungking Express* e *Os Anjos Caídos*), o flamboyant diretor/produtor Tsui Hark e o Clint Eastwood da Ásia, o imbatível Chow Yun-Fat. O inesgotável dinamismo de Hong Kong está representado à perfeição em filmes de ação vertiginosa como *Bullet in the Head* — John Woo sublime, extraindo poesia de violência extrema —, *Prison of Fire*, de Ringo Lam, e as séries *A Better Tomorrow*, em 3 episódios, e *Era uma Vez na China*, em 5 episódios, de Tsui Hark.

Há quem acredite que o futuro de Hong Kong não será perfumado como um chá de jasmim. É o caso do impiedoso e flamboyant Marc Faber, um suíço em perene rabo-de-cavalo, ex-broker em Wall Street, chairman do Iconoclastic International Fund. Dr. Doom — como é conhecido, a partir da newsletter mensal que circula entre investidores, *The Gloom, Boom and Doom report* — acha que depois de 97 Cingapura e outras capitais da Ásia têm tudo a ganhar. Hong Kong poderá sobreviver como um centro privilegiado de dados e informações financeiras. Mr. Faber acha possível um paralelo com a Veneza do século 15. Na época, Veneza era a maior cidade comercial do mundo: "Mas quando Vasco da Gama navegou pelo Cabo da Boa Esperança há 500 anos, o florescente porto de Veneza, como observou Montesquieu, foi de repente catapultado para um canto remoto do mundo. O comércio com o Oriente foi redirecionado da Rota da Seda — entre a Ásia Central e Veneza — para Lisboa, Amsterdã e Londres. A abertura da China pode trazer conseqüências similares para Hong Kong".

Caso se concretize o cenário do Dr. Doom, ainda resta uma saída a Hong Kong: abdicar de Manhattan e converter-se na Mônaco da China. O clima é agradável, o cenário espetacular rivaliza a Riviera, há praias, iates, corridas de cavalo, excelentes hotéis, restaurantes e vida noturna: só falta um Grand Prix de F-1. Seria um destino deliciosamente perverso para este ex-orgulho britânico converter-se — por mais uma ironia histórica — em um museu, sob patrocínio chinês, de uma época decadente e alucinada que glorificou a ganância crua e o ópio materialista a níveis inimagináveis na História da Humanidade: os anos 80.

Seja qual for o cenário, o champagne continuará a rolar. Desde o início de 97 os super-yuppies locais planejavam freneticamente o grande baile de núpcias. A melhor idéia era transformar a noite em 3. Abertura no Café Déco, uma jóia naturalmente art déco no alto do Victoria Peak, com vista total da baía. De lá, ferry para Macau, a 1 hora de distância, para um baile no esplêndido — apenas 8 quartos — hotel Bela Vista, colonial português. De lá, avião para Xangai. Outro baile no lendário e colonial Peace Hotel. De lá, avião de volta para Hong Kong antes da meia-noite de 30 de junho para receber um raríssimo carimbo no passaporte. Terceiro baile no Felix de Philippe Starck, a extravagância pós-mod no alto do Peninsula, com vista para toda a Cidade-Luz — enquanto, em terra firme, o major-general Liu Zhenwu entra para conquistar a ex-pérola colonial em seu jipe, perseguido por um batalhão de repórteres de redes de TV americanas que metralham "E então, general, como o senhor se sente?" Paris? Não: é o passado. O futuro é Hong Kong, e o futuro — para a China — é uma festa.

8

O desejo do povo é o desejo dos céus

*"Deixem a China dormir. Quando
acordar, o mundo vai se arrepender"*
Napoleão Bonaparte

*"O povo chinês se levantou. Reacionários
internos e externos, cuidado"*
Mao Tsé-Tung

*"Não importa que o gato seja branco
ou preto, contanto que cace ratos"*
Deng Xiaoping

*"Bárbaros, mesmo com um soberano, são
inferiores a chineses, mesmo sem um
soberano"*
Confúcio, *Analetos*, 3.5

"Confúcio nunca leu Adam Smith"
Alain Peyrefitte,
L'Empire Immobile

O que diz um nome? No caso da China, tudo. Em *pinyin*, chinês latinizado, significa *Zhong Guo*: Nação Central, o Reino do Meio — entre o Céu e a Terra. Para os chineses, trata-se do centro do Universo, *T'ien Hsia* ("tudo sob o Céu"), a civilização por excelência, intrinsecamente superior, inapelavelmente rodeada por um bando de bárbaros.

A China é um mito desmesurado inscrito no imaginário do planeta. Uma história que desafia em longevidade a própria História. Apenas no século 20 — um tumultuado grão de areia em um tumultuado percurso ininterrupto de 5 mil anos — o centro do Universo passou, até agora, por uma monarquia despótica, uma revolução, uma curta república, um salve-se-quem-puder de chefes regionais, uma sangrenta ocupação parcial (pelos japoneses), uma guerra civil, uma outra revolução, uma ditadura comunista e um socialismo de mercado. Em sua encarnação como monastério marxista-leninista, sofreu dois dos maiores desastres provocados por caprichos humanos na História da Humanidade: o Grande Passo à Frente e a Revolução Cultural, ambos idealizados pelo Grande Timoneiro e nadador Mao Tsé-Tung.

A industrialização à força do campo — nos anos 50 — e a indiscriminada caça às bruxas nas cidades — nos anos 60 — provocaram orgasmos teóricos em cafés de St. Germain e da Via Veneto, mas traumatizaram a China de volta à Idade Média e dizimaram dezenas de milhões de pessoas — sem guerra. Seriam motivos suficientes para qualquer outra nação degringolar para a anarquia terminal. Não o Reino do Meio. Economistas e observadores geopolíticos recitam o mesmo mantra: em 2020, a China será a maior economia do planeta. Do ponto de vista chinês, a equação é simples: tivemos um baixo-astral de 150 anos. Ou, pensando bem, de 500 anos. Agora estamos de volta. Reacionários internos e externos, cuidado.

Mao ainda é El Comandante entre santinhos de motorista de táxi — em Pequim, Xangai e até mesmo Cantão (*Guangzhou*), há mais de um milênio capital da que é hoje a mais rica província chinesa, Guangdong (66 milhões de pessoas, PIB regional de quase US$ 60 bilhões). No início dos anos 90, táxis — Santanas, da Volkswagen — eram OVNIs na China. Hoje, entre outras coisas, são símbolos ambulantes do que o situacionista Guy Debord qualificou nos anos 60 de "movimento autônomo da mercadoria e seu espetáculo". Chegar a Cantão desde o início dos anos 90 sempre envolvia o mesmo ritual. Quebrado o gelo com o "demônio estrangeiro", o motorista de táxi driblava o incontornável congestionamento urbano de motinhos e mobiletes contando a piada favorita da China emergente: Deng Xiaoping já morreu, mas ninguém tem coragem de dizer. Risos. Ao final, por alguns dólares de Hong Kong, o freguês pagava a corrida e ainda levava o santinho do Grande Timoneiro.

O mais extraordinário deste culto urbano ao Mao divinizado é quando percebemos encarnar justamente as virtudes do individualismo e da rejeição ao Estado — as Nêmesis do Mao histórico. O Pequeno Timoneiro Deng certamente não cogitou esta possibilidade quando intuiu que em uma língua constituída de ideogramas, nada mais simples do que criar uma realidade virtual. E foi assim que sob a superfície de um lago gelado — o comunismo — passou a fluir a água subversiva do capitalismo.

Desde 94, o planeta China acompanhou dia a dia com extrema ansiedade duas contagens regressivas cruciais: a volta ao lar da princesa Hong Kong e a lenta preparação de Deng — filho de um camponês de Sichuan, vítima de doença de Parkinson — para adentrar o Valhalla da foice e do martelo e tomar posse de um eterno trono embalsamado ao lado de Lênin, Mao, Ho e Kim Il Sung. Duas vezes deportado à desgraça, duas vezes reabilitado, sempre fiel a Mao — mesmo nas fases de delírio cósmico do "Grande Líder" — Deng é a própria, torturada, história da China no século 20.

Energético, impaciente, assertivo, tenaz, eventualmente colérico, leal aos amigos e por eles respeitado, grande teórico e estrategista político, o inveterado fumante Deng Xiaoping foi um formidável líder de visão e de ação. Se Mao pode ser considerado um personagem de tragédia shakespeariana — vítima de suas ilusões e erros de julgamento —, Deng pode ser considerado um *Ulisses* homérico seguindo o lema do *Ulisses* de James Joyce: "silêncio, exílio e astúcia". Deng sempre meditava longamente — e agia a seguir como um relâmpago. Seus mantras de trabalho: "Buscar a verdade a partir dos fatos" e "A prática é o único critério da verdade". Quando Deng era garoto, no início do século, a China ainda expiava farto *karma* negativo. Foi moldado como marxista e revolucionário profissional pela Paris dos anos 20 — onde, entre outras coisas, trabalhou como operário na Renault e desenvolveu uma longa paixão por croissants. Filiou-se à seção européia do PC chinês em 1924, três anos depois da fundação do Partido em Xangai — o que até a sua morte o elevava à condição de principal sobrevivente entre os pioneiros comunistas de carteirinha do planeta.

Deng atravessou quase toda a China na lendária Grande Marcha de 1934 que culminou com a vitória comunista sobre os nacionalistas em 1949. Suas idéias foram fundamentais para a abolição da "exploração feudal" — quando, em apenas dois anos, milhões de grandes proprietários rurais foram reduzidos a pequenos pedaços de terra e centenas de milhares foram assassinados: Sir Richard Evans, na melhor das biografias políticas de Deng, qualifica o processo de "maior revolução social em toda a história do mundo". Ao final, 18 milhões de proprietários rurais e ricos fazendeiros saíram perdendo. Mas 300 milhões de camponeses saíram ganhando. Em 1956, 11 anos antes da data prevista, a primeira fase da coletivização da agricultura na China estava completa: 110 milhões de domicílios rurais comprimidos em mais de 300 mil cooperativas. E tudo isso sem a violência e a queda vertiginosa da produção agrícola depois da coletivização soviética.

Em apenas quatro anos, Deng passou de simples chefe regional fora do Politburo a um dos seis homens mais poderosos da China. Mas o Reino do Meio não crescia no ritmo desejado por Mao — e abriu-se a caixa de Pandora. Em 57, impaciente e ávido por críticas construtivas, Mao exortou o florescimento de "100 escolas de pensamento": a resposta democrática em algumas semanas provocou no irado Timoneiro uma distinção entre "flores fragrantes" e "ervas venenosas", um violento expurgo nacional contra "elementos direitistas", a convicção — já arraigada — de que os intelectuais da China o desprezavam, e a manutenção da guerra de classes no topo da agenda política. A histeria desta segunda fase, a coletivização industrial do campo — onde camponeses imberbes se viam impelidos a montar fundições de ferro e aço de fundo de quintal — levou ao colapso da agricultura e, entre 58 e 61, uma fome generalizada que exterminou mais de 20 milhões de pessoas: mais mortes do que as causadas pela violenta coletivização da agricultura soviética e mais mortes do que as causadas por qualquer outra epidemia do século.

A partir de 66, ainda movido por uma idealização da supostamente incorruptível simplicidade camponesa, além do amargo desprezo por "intelectuais", Mao inventou a ilimitada loucura da Revolução Cultural — com o objetivo de estreitar à força o abismo material e cultural entre cidade e campo e acabar com a distinção entre trabalho manual e mental. Para o povo, Mao tornou-se o "sol vermelho". Os guardas vermelhos, garotos imberbes, humilharam e aterrorizaram a China exterminando os "quatro velhos" — velha cultura, velhas idéias, velhos costumes, velhos hábitos: invadiram casas, queimaram livros, violentaram escritores, artistas e músicos adeptos da "falsa linha burguesa" e os deportaram para "reeducação no campo". A anarquia destruiu uma geração, destruiu o sistema educacional e quase destruiu a própria China (que hoje qualifica a época de "A Calamidade dos Dez Anos"). Deng também caiu em desgraça, mas teve a sorte e as *guanxi* necessárias para ser confinado à prisão domiciliar, em Pequim, e depois em Jiangxi: passou o exílio forçado cortando madeira, cuidando da casa e lendo clássicos marxistas.

Reabilitado por Mao e de volta ao poder, Deng em 74 viveu seus próprios quatro dias que abalaram o mundo: uma visita a Nova York, quando, embasbacado, viu pela primeira vez em sua vida, depois de quase meio século, o Ocidente moderno — e percebeu os anos-luz que o separavam da China. Foi como uma aterrissagem de marcianos em um filme de Tim Burton. Deng teve a humildade e a presença de espírito de agir como um relâmpago. Conseguiu o milagre de vender ao próprio Mao — sinocêntrico e xenófobo — o ideologicamente suspeitíssimo conceito de "modernização". Desencavou e poliu o conceito das "quatro modernizações" já enunciado por Chou Enlai em 65: ou seja, como formar um poderoso país socialista modernizando — simultaneamente —, agricultura, indústria, defesa, ciência e tecnologia. Mao morreu em setembro de 76. Deng livrou-se rapidamente da famigerada e ultramaoísta Gangue dos Quatro — que pretendia banir a China de volta ao século 14 — e finalmente, já septuagenário, começou a atacar sua máxima agenda: fazer o Partido repudiar a ideologia e os expurgos da Revolução Cultural, substituir "luta de classes" por "desenvolvimento" como prioridade máxima e lançar o país em pleno experimento econômico.

Para acalmar um alarmado PC, Deng deixou claro que a modernização só poderia ser alcançada a partir de quatro pré-requisitos: o caminho socialista, a ditadura do proletariado, a liderança do PC e o respeito ao pensamento do marxismo-leninismo e de Mao Tsé-Tung. Deu certo — e como. Em 82, já no início do boom, Deng completou o fecho teórico ao introduzir o conceito de "socialismo com características chinesas": ou seja, a necessidade de trabalhar a partir das realidades chinesas para que país e partido possam desbravar seu caminho único.

Apenas por estes tópicos percebemos como o filme da vida de Deng Xiaoping renderia a Bertolucci outra enxurrada de Oscars. O Pu Yi estetizado pelo Stendhal do cinema foi um imperador-fantoche, um homem para quem todas as portas se fechavam, um prisioneiro da História que só encontrou a liberação depois de "reeducado" pelo comunismo, cultivando seu próprio jardim (a suprema felicidade, de acordo com um provérbio chinês). Já ao verdadeiro *Último Imperador* todas as portas se abriram. Deng Xiaoping morreu em 97 coberto de glória. Seu lema "ficar rico e glorioso" impera em todo o Reino do Meio. A economia da China em 94 já era quatro vezes maior do que em 78, quando elaborou o conceito básico das reformas. Será no mínimo oito vezes maior em 2002. Ao contrário do Grande Timoneiro Mao, que deixou uma câmara de horrores para Hua Gofeng, o imperador fez seu sucessor — o afável burocrata Jiang Zemin. Como um Sinatra mandarim, Deng saiu de cena cantando "My Way" — sem angst faustiana ou solilóquios melancólicos tipo *Rei Lear* para macular o roteiro.

Um estudo do Banco Mundial de 93 já demonstrava que a China foi a maior economia do mundo durante a maior parte da História da Humanidade. Se continuar crescendo a previstos 8% a 9% ao ano (já cresceu a 13% no início dos anos 90 e está em 10,5% em 97), vai ultrapassar os EUA entre 2015 e 2020. Será membro do G-8 (atualmente G-7), o grupo das grandes potências industriais; e com mais de 1,3 bilhão de habitantes — um quarto da humanidade — será seu mais cobiçado mercado consumidor. A "Grande China" se estenderá a quase todo o Sudeste da Ásia — Malásia, Tailândia, Indonésia e Filipinas, onde até 70% da iniciativa privada está sob controle da diáspora chinesa. Será o ator principal — e nuclear — do Século do Pacífico, com uma influência avassaladora: de volta ao trono que ocupava em 1500, quando começou sua longa decadência de quase 5 séculos e completando a maior transformação ocorrida no planeta desde a Revolução Industrial.

Tudo isso porque um comunista herético de apenas 1m50 conseguiu vender para 1,2 bilhão de almas sedentas a idéia de que "construir o socialismo" era "construir a economia", o que transformou este socialismo em uma versão chinesa da sociedade do espetáculo de Debord — completa com mercado, investimento estrangeiro, voracidade de lucro, tráfico de influência e proliferação de subculturas pop. 10 anos depois de proclamar o "socialismo com características chinesas", Deng fez sua famosa viagem de inspeção ao Sul no inverno de 92 — à maneira de Mao nadando no Yang-Tze antes de lançar novas políticas. Declarou o boom "irreversível". As zonas econômicas especiais — estes laboratórios de explosão econômica com uma atmosfera única de corrida do ouro — transformaram o Sul da China em uma enorme clonagem da frenética princesa Hong Kong. Transbordando de investimentos de Hong Kong, Macau e Taiwan, terminaram plasmando-se como a definitiva imagem do *yin* e *yang* de socialismo e capitalismo.

Esta bacanália só poderia acontecer longe do poder central. Cantão, por exemplo, está a 2.300 km de Pequim, trono do PC. Mas está a apenas 110 km de Hong Kong. Todo mundo e seu vizinho na província de Guangdong tem algum parente em Hong Kong que há anos vive cruzando a fronteira com todo tipo de muamba — geladeiras, Trinitrons, walkmen, celulares — e envergando roupas e cortes de cabelos copiados de revistas de Paris e Milão: há duas décadas a escolha era entre um uniforme cáqui ou azul — boné proletário incluso. O poder central fez de tudo para derrubar as parabólicas — algumas tão gargantuais que devem captar até Marte. Captam, para alegria geral, toda a cacofonia pop de Hong Kong.

Aplicando-se como ninguém a implementar as famosas "quatro modernizações" de Deng, Guangdong já está em um estágio que 80% da China só deve alcançar a partir de 2010 — se forem ultrapassados todos os obstáculos. Estes 80% — de acordo com o *China Daily Economic News* — ainda vivem com US$ 180 ao ano. Mas em 78, um em cada quatro chineses vivia em pobreza absoluta; hoje, um em doze. Em menos de uma década, milhões de km^2 da China rural emergiram da pobreza endêmica para uma modesta — e inédita — prosperidade. Pelo menos 80 milhões de chineses urbanos já consomem normalmente Big Mac, Benetton e Oil of Ulay. A cada ano, de 10 a 15 milhões transformam-se em consumidores. Não há precedente algum na História. Ninguém tinha carro nos anos 70: hoje, são mais de 300 mil. Em 96 havia mesmo 12 Ferraris, menos do que em um canyon em Malibu, mas melhor do que nada.

Em Cantão, come-se fettuccini com funghi secchi no White Swan Hotel. A alta classe média emprega arrumadeiras e babás. Mao teria uma síncope por segundo ao contemplar a enxurrada de economia informal nas calçadas — vendendo todas as contrafacções possíveis de ícones ocidentais. Nuvens de cabeleireiras e manicures — escutando pop cantonês no último volume — transformam as cantonesinhas em replicantes das atrizes de novela de Hong Kong penduradas em posters nas paredes. Todos os filhos do capitalismo vermelho querem sorriso Colgate, camisa Dior, o Nike de Michael Jordan — mais popular do que Mao — e Chanel n. 5. Querem um Audi, não um Honda. A Procter & Gamble nunca vendeu tanto xampu na vida. Quando cruzamos com casais fazendo footing ao longo do rio da Pérola, as etiquetas ainda estão grudadas em seus Ray-Bans. Quando entramos na "shophouse" de uma família nuclear — onde ainda vive-se e trabalha-se no mesmo espaço — a etiqueta "dynamic bass booster" ainda está grudada na Trinitron.

Jovens cantonesas liberadas de suas correntes proletárias, como Wu Wanlin, 25 anos, vestem Ralph Lauren, calçam Ferragamo, compram carteira Louis Vuitton em shopping center de Hong Kong, relógio Longines no duty-free de Cingapura, usam Chanel n. 5, trabalham em uma empresa de marketing americana (Cantão e Shenzhen — assim como Xangai e Pequim — estão entre as 15 cidades mais caras do mundo em aluguel de escritórios), vivem — cúmulo do luxo — em um quarto-e-sala no centro da cidade (aluguel: cerca de US$ 300, um terço do salário), ganham o triplo que seus pais — engenheiros de estatais — e os presenteiam com toda a parafernália de eletrodomésticos de marcas japonesas. Como é possível? Simples. Wu joga na Bolsa de Xangai.

Ocupar o Trono do Dragão é um emprego que, literalmente, cai do céu: tudo é permitido. Toda a mitologia chinesa é derivada de líderes políticos — pragmáticos — e não, como na Índia, de fantasias de líderes religiosos. Mao, Deng e Jiang Zemin têm ilustríssimos antecessores absolutistas, a começar pelo mítico Imperador Amarelo, Huang Ti, que já no século 26 a.C. cunhava moedas de bronze, inventava barcos, criava bichos-da-seda, incentivava a medicina, dividia seu reino em províncias e vestia sua infantaria com elmos e espadas — tudo isso 2600 anos antes das legiões romanas. No início da primeira dinastia que se conhece, Xia, em 2100 a.C., a China estava tão à frente da competição que só foi alcançada 16 séculos depois pela Grécia do Século de Péricles. No final do século 2 a.C. o brilhante e brutal Grande Unificador Qin Shihuang — que enterrava vivo quem fosse do contra — conseguiu finalmente juntar a sangue e fogo reinados, ducados, paragens remotas e vassalagem em geral e forjar um só império. O Grande Unificador também foi um personagem desmesurado. Montou sua capital em Chang'an — perto de montanhas repletas de eremitas meditadores e da moderna Xian. Construiu a vasta e lendária tumba povoada pelo exército de guerreiros de terracota. Estendeu e finalmente unificou a Grande Muralha. Mao o adorava — e se considerava um progressista como Qin ao enterrar o confucionismo feudalista para construir uma nova ordem baseada na interpretação marxista da História. Mal sabia Mao que um dia seria "corrigido" por Confúcio.

Antes do século 10 a.C. a China já possuía uma avançada indústria de bronze. No século 4 a.C. já moldava ferro. No século 3 a.C. já exportava seda para Roma. No século 2 a.C. fazia papel. No século 6 fazia porcelana. No século 7 inventou a impressão. No século 10 fabricava pólvora e armas de fogo. Mesmo com tantos avanços tecnológicos, a China não sistematizou a ciência, e não se "modernizou" — na acepção que conhecemos no Ocidente; mas dos séculos 7 a 10, durante a dinastia Tang, e 10 a 13, durante a dinastia Song, ainda continuava à frente do Ocidente, produzindo um Renascimento artístico — em pintura, escultura e poesia — muito antes de Boticcelli, Leonardo e Michelangelo. Imagens-chave do Oriente sublime nos chegam até hoje via poetas da dinastia Tang e paisagistas da dinastia Song.

Mesmo o próprio centro do Universo não foi poupado pelos bárbaros. Os mongóis entraram para a História nos séculos 13 a 14 chacinando 35 milhões de chineses e impondo ao Trono do Dragão o sábio, nobre, incorruptível e mitológico Kublai Khan. As grandes dinastias — Qin, Han, Tang — costumavam manter suas capitais no coração da China, em Xian e Luoyang, nas planícies do Rio Amarelo. Os mongóis — em um show de ironia — montaram sua capital em Pequim ("cidade do norte"), à margem das estepes onde podiam sentir o odor familiar do pó e dos ventos, mas dentro da formidável Grande Muralha que supostamente seria capaz de barrá-los.

A dinastia Ming (1368-1644) modelou-se no apogeu Tang e Song, e construiu sua capital na fabulosa Cidade Proibida, no coração de Pequim. Do meio do século

17 até 1911, os Manchus das planícies do Nordeste da Ásia (dinastia Qing) encontraram uma enorme resistência interna — que terminou gerando, entre outras coisas, mais uma grande invenção chinesa — as tríades criminais — e precipitando a república do nacionalista Sun Yat-Sen, no início do século 20. No soberbo *L'Empire Immobile*, o historiador Alain Peyrefitte relata o cataclísmico primeiro encontro entre a primeira potência da Revolução Industrial — mercantil e científica — e a mais brilhante das civilizações tradicionais, "lunar e celestial": em plena Revolução Francesa, nos anos 1790, os britânicos despacharam uma enorme expedição marítima — inclusive com uma escala no Rio de Janeiro — para "abrir" o império Qing ao comércio exterior. De acordo com Peyrefitte, "uma nação de 8 milhões de pessoas tinha tanta confiança no seu status de 'nação mais poderosa do globo' que queria lidar em base igualitária com um país de 330 milhões de pessoas, um terço da raça humana". Dois séculos depois, vivemos os efeitos prolongados desta colisão espetacular.

Diante da uma vertiginosa perspectiva de séculos e séculos de sangue e fúria e do trágico tumulto das últimas décadas, Deng Xiaoping conseguiu nada menos do que levantar a um nível inimaginável a barra do orgulho chinês. Seu neo-materialismo de Bolsas, mercados financeiros, celulares agogô e "formiguinhas azuis" transformadas em "golden boys" sepultou as mais traumáticas lembranças da colisão com o Ocidente, a dominação colonial inglesa, a invasão japonesa, o cataclisma maoísta, e encerra na prática, com chave de ouro marxista/leninista/capitalista/nacionalista, um século e meio de humilhações.

Jiang Zemin pensou com os botões de seu jaquetão Mao — ressuscitado para aparições públicas escolhidas — e percebeu que este jogo era muito pesado. Uma eventual complicação sucessória pós-Deng, ligada à lendária mentalidade de avestruz de cada chinês — para o qual interessa acima de tudo a família, depois a vila natal e a província e por último a Nação —, poderia gerar o caos, com conseqüências pavorosas para a Ásia e o resto do mundo. O caos incluía a possível intervenção sangrenta de uma ditadura militar, via um descontrolado Exército do Povo, ou a calamitosa desintegração da China em províncias guerreando entre si. Na China, quem decide, em última análise, são os militares. Foram eles que determinaram a sucessão de Mao entre 76 e 78: prenderam — ilegalmente — parte do Politburo e depois asseguraram a unção de Deng. Este estado de coisas não muda com sua sucessão. Enquanto a mídia internacional afundava nas especulações de praxe, Zemin e uma liderança coletiva — que inclui Li Peng, o carrasco visível de Tiananmen, e Zhu Rongji, o incorruptível czar da economia — começaram a arremessar o país para o pós-Deng e para o século 21.

O novo ocupante do Trono do Dragão é um homem de muitos títulos: presidente, secretário-geral do PC e chairman da Comissão Militar Central — que controla o poderoso Exército do Povo. É também um homem sem carisma. Sem brilho tecnocrático. E sem imaculadas conexões políticas. Seus adversários costumavam desprezá-lo como um bufão de karaokê — talvez porque seu filme favorito seja *Waterloo Bridge*, uma jóia burguesa britânica dos anos 40. Para complicar, costumava ser "apoiado" justamente por seus dois maiores rivais na disputa do título máximo: Zhu Rongji e o inefável Li Peng. Como este engenheiro elétrico treinado na ex-URSS conseguiu dominar o ninho de 28 cobras que é o Politburo?

Foi um verdadeiro jogo de caixas chinesas. Zemin a princípio seduziu os filhos de Deng e seu onisciente Cérbero, o general Wang Ruilin, todo-poderoso chief of staff. E até o primeiro semestre de 94, com a fundamental e praticamente inaudível bênção do patriarca (que só conseguia murmurar três ou quatro palavras para a família próxima a posições-chave), consolidou posições-chave para o que pode-se chamar de gangue de Xangai e Xandong.

Xangai, onde foi prefeito, "base eleitoral" de Zemin, está freneticamente obcecada em voltar a ser o principal centro financeiro da China, a partir de sua modernização impulsionada pelo próprio Zemin. Xandong é a província onde há mais de 2.500 anos nasceu o reabilitado Confúcio — aquele que tudo sabe. Xandong segue à risca a cristalina fórmula — também enunciada por Deng — "um centro, dois pontos fundamentais". Ou seja: 1) concentração no crescimento econômico; 2) manutenção, por um lado, dos quatro princípios cardeais (socialismo, ditadura do proletariado, domínio do PC e pensamento Marx/Lênin/Mao), e por outro, de políticas de reforma e abertura ao mundo exterior.

"Um centro, dois pontos fundamentais" é uma política que poderia ter saído da cabeça dos irmãos Marx. É absolutamente fiel ao doublethink orwelliano característico do comunismo chinês. Na época de Mao, o "Grande Passo à Frente" levou a economia 10 anos para trás. A "Revolução Cultural" não era nem revolução e muito menos cultural. Territórios anexados brutalmente como o Tibet eram "liberados das correntes do imperialismo". Deng obviamente sabia que Marx em nenhum lugar refere-se a zonas econômicas especiais liberadas para a prática desenfreada de acumulação primitiva de capital. O que lhe interessava era começar a enriquecer a China o mais rápido possível — sob qualquer contorcionismo lingüístico.

Quem saiu relativamente punido no jogo de caixas chinesas pró-Xangai e Xandong foi a sulista Guangdong, província mais rica e "rebelde", com suas zonas econômicas especiais de Shenzhen (vizinha a Hong Kong) e Zhuhai (vizinha a Macau) crescendo a ritmos alucinantes. A tensão entre governo autocrático e insubordinação provinciana é um clássico chinês há milhares de anos. Antes, eram guerreiros das províncias que contestavam o Imperador. Hoje, milionários — e aspirantes — das províncias que contestam os burocratas do PC. Eles mesmos cortejam seus próprios investidores estrangeiros, planejam suas metas econômicas e inclusive erguem barreiras comerciais contra produtos de outras províncias — sem ligar a mínima para o governo central.

Pequim não gosta nada dessa decadência burguesa do sul emergente — onde a desenfreada ambição capitalista subverteu totalmente a sagrada ideologia comunista; a corrupção é indiscriminada e a lealdade à liderança central está entregue aos ratos. Mas a balança regionalista de Jiang não pode pender para um só lado. Qualquer um dos 57 milhões de representantes da diáspora chinesa no Sudeste da Ásia — a "arma secreta" responsável por 85% do investimento estrangeiro e o conseqüente boom econômico da Mãe-Terra — alerta que os sulistas não podem de maneira nenhuma ser esnobados. Jiang e os 220 membros do Comitê Central — ou seja, quem realmente manda na China — tentam contrabalançar incitando o sul a investir no interior do país, que não tem nenhuma representação adequada no topo da pirâmide e não pode sob hipótese alguma ficar alijado da corrida do ouro.

Curiosamente, em junho de 94, no quinto aniversário do massacre de Tiananmen, enquanto Zemin urdia sua trama, o grande hit em Pequim era uma montagem pop do *Fausto*, de Goethe. O roteirista, Li Jianming, observava que este clássico da cultura ocidental era o texto definitivo sobre a China agogô dos anos 90, onde o único valor que conta é o dinheiro.

Muito antes de *Fausto*, no século 8 a.C., o lendário duque de Zhou instaurou em definitivo a idéia corrente e inarredável de que o Céu, e não Mefistófeles, confiava um mandato a soberanos virtuosos. Enquanto o Reino estivesse em paz, o Imperador retinha o mandato. A idéia central foi desenvolvida pelo filósofo Mencio e expressa em *Política dos Métodos Reais*, quase 2 mil anos antes de Locke delimitar as bases da democracia ocidental. De acordo com a ancestral filosofia política *Minben Zhengchi* — a "política baseada no povo" —, o bom governo cai, literalmente, do Céu e "o desejo do povo é o desejo dos Céus". Se o soberano não honra o compromisso, o povo tem o direito e o dever de se insurgir. Confúcio, o que tudo sabe, concorda: o povo tem precedência sobre a Nação e sobre o soberano.

O PC, tomando o Poder com Mao em 1949, naturalmente se beneficiou do conceito de Mandato do Céu. Mas promoveu uma "ligeira" alteração conceitual: o soberano — e o regime — encarnam o desejo geral da Nação e, portanto, estão automaticamente legitimados. Deng, do alto do *Walhalla* comunista, hoje pode observar de camarote se seu mandato divino — ou pacto faustiano — condenou o Reino do Meio ao Céu ou ao Inferno. Zemin e a liderança coletiva, em menos de dois anos, agiram com muita cautela para assegurar na prática a primeira opção.

Em silêncio, o Comitê Central do PC e o ex-bate-carimbo Congresso do Povo — sob o presidente Qiao Shi obcecado pelos mantras "lei" e "sistema legal" — aprovaram leis mais modernas em relação ao sistema bancário, seguros, investimento estrangeiro e impostos. Estabeleceram até mesmo um princípio de habeas corpus e de direitos de pessoas acusadas. E chacoalharam — não muito — a margem de manobra do heavy metal Exército do Povo (3 milhões de membros), que Deng havia convencido a vestir a jaqueta capitalista. O Exército do Povo — nuclear e recheado de generais com síndrome de dr. Strangelove — hoje é uma máquina de ganhar dinheiro: controla mais de 20 mil empresas e exporta de tudo — geladeiras, motos, rádios, jatos, tanques, mísseis, sempre simples, baratos e pagáveis a perder de vista com juros ínfimos. Os lucros — US$ 2 bilhões em 96, segundo estimativas de Hong Kong — são reinvestidos em novas empresas, e não no Exército. De acordo com as novas leis, será obrigado — pelo menos em teoria — a vender algumas destas empresas, o que diminuirá suas fontes de renda independentes do Estado. E será obrigado a um enxugamento à americana. 500 mil "soldados" trabalham em suas empresas. 1 milhão foi considerado absolutamente incapaz de retreinamento militar. Resultado: o PC vai reduzir o Exército para 2,5 milhões de efetivos. Sobrara intacta apenas a Polícia Armada do Povo (600 mil efetivos), encarregada de controlar distúrbios sociais. Foram eles que intervieram — com os resultados conhecidos — em Tiananmen. Retreinados a um nível de eficiência supostamente europeu, deverão bater muita bota no futuro para segurar os inevitáveis milhões de desempregados de estatais improdutivas.

O mais extraordinário neste processo em louca disparada é que os Novos Imperadores da China século 21 no fundo atrasaram o relógio do PC para o meio dos anos 50 — sancionando a volta da liderança coletiva e buscando sua própria legitimidade. Mao e Deng eram dignos do Trono do Dragão porque heróis de um evento trans-humano — a Revolução Proletária. Os novos burocratas — conservadores e sem carisma — descobriram uma nova chave para o Mandato do Céu: nacionalismo e unificação da Mãe-Terra. Este neonacionalismo — sistematizado por sub-Confúcios neoconservadores — é na verdade uma desconcertante fritura no wok de maoísmo, confucionismo e militarismo. Veste-se jaquetão Mao com colar de scholar confucionista, substituem-se retratos de Marx e Engels nas paradas pelo nacionalista Sun Yat-Sen, investe-se oportunamente na retórica balística e conclama-se a modernização do Exército do Povo.

Cínicos em todas as latitudes asiáticas especulam que este pato de Pequim vai virar um equivalente pós-tudo do sistema de tributos em vigor durante as dinastias Ming (1368-1644) e Qing (1644-1911): em vez de se prostrar na frente do Imperador e oferecer luxuosos presentes, o resto da Ásia e, porque não, do mundo, estará oferecendo alta tecnologia, investimento estrangeiro direto, crédito de pai para filho e silêncio diplomático. Uma atenta observação do noticiário revela que este já é o status quo desde o início dos anos 90.

A cúpula do PC acredita legitimar-se porque acolhe de volta Hong Kong e Macau, e parte para a definitiva unificação de Taiwan, que deixará a China inexoravelmente elevada à condição de farol do século 21. De acordo com o credo neocon, o PC, hoje, é a Nação. Não importa que Taiwan — mesmo sob bloqueio naval e diplomacia de mísseis — tenha escolhido seu presidente, em março de 96, através da primeira eleição relativamente democrática de um líder chinês em 5 mil anos de História. O PC sempre acusou o líder taiwanês Lee Teng Hui de "pecador de todos os milênios". Em mais um impagável acesso de doublethink, qualificou a eleição livre de mera "atividade consistindo em designar novos dirigentes" da ilha.

Para o PC, Taiwan está na UTI: é a roleta de aposta mais alta desde o massacre de Tiananmen e a chave do sucesso no século 21. Em 96, a retórica era balística, tangenciando o apocalipse — mas, enquanto isso, em puro pragmatismo chinês, todo mundo continuava (e continua) ganhando dinheiro. Cada um sabe que a sua prosperidade futura depende do outro: o tráfego comercial no estreito de Taiwan é frenético (US$ 21 bilhões em 95, e crescendo). Com a inevitável implementação dos "três diretos" — comércio direto, transporte direto e comunicação direta — fica definitivamente configurada a inextricável interface de suas economias. Há no mínimo 25 vôos diários entre Taipé e Hong Kong (1h30 de percurso). Comercialmente, Taipé e Hong Kong estão em sinergia total com a Mãe-Terra. Todas as zonas econômicas especiais chinesas estão grudadas em seu eixo. O porto e a sofisticação financeira de Hong Kong, uma Taiwan hiper-high tech é uma ilimitada mão-de-obra chinesa — com todo mundo falando a mesma língua, mandarim: este é o estofo dos sonhos do PC.

Taiwan — a Formosa "descoberta" por portugueses no início do século 16 — já foi dominada por portugueses e holandeses. Foi cedida ao Japão em 1895. 50 anos depois, o Japão era derrotado na Segunda Guerra. O PC diz que a China perdeu Taiwan por causa da ocupação japonesa. Fez parte da China durante apenas 3 anos: não houve tempo para a recuperação formal da ilha, porque estourou a guerra civil entre nacionalistas e comunistas. O PC argumenta que, sem a ocupação japonesa, Taiwan seria inevitavelmente parte da China e, portanto, vedada à fuga do corrupto Exército Nacionalista de Chiang Kai Shek — carregado de dinheiro e tesouros artísticos — depois de sua derrota pelos comunistas em 49. O controle de Taiwan pelos nacionalistas deixou a China — conceito impensável neste universo — de cara no chão. Portanto — na ótica do PC — a reunificação de Taiwan resolve dois problemas básicos: retifica uma injustiça histórica contra a China e restaura a imagem de Pequim como centro indiscutível da soberania chinesa. Resolve dois problemas ainda mais cruciais: acaba com o perigo de separatismo nos faroestes Tibet e Xinjiang — onde a maioria da população local nem mesmo é *Han* chinesa —, e legitima de vez, sem contestações, o PC no Poder.

Deng já em 84 proclamava que "o desejo pela reunificação pacífica da Mãe-Terra está no coração de todos os descendentes do Imperador Amarelo". Pensava em Hong Kong, Macau e, acima de tudo, Taiwan. Para os descendentes do Imperador Amarelo, tanto faz. Para o PC, não se admite quebra da banca. Deng imprimiu-se na História reconquistando Hong Kong. À liderança coletiva — Jiang à frente — só resta imprimir-se na História reconquistando Taiwan. Faz-se qualquer negócio — o que inclui desde a oferta de autonomia quase absoluta até, em desespero de causa, até uma não-improvável solução Tiananmen. E não paramos por aí: estamos em plena reversão do recente passado colonial. Depois de Taiwan, será a vez das ilhas Spratly, um colar de rochas recheadas de riquezas naturais e estrategicamente situadas nas rotas de petróleo do Oriente Médio em direção ao Japão e aos EUA. Se Pequim eventualmente reconquista as ilhas, será uma volátil vizinha imediata de quase todos os países do Sudeste da Ásia — idéia que todos abominam. E sabe-se lá o que poderia vir depois, porque toda a Mongólia, partes das ex-repúblicas soviéticas na Ásia Central, todo o Butão e todo o Nepal pertenciam ao Império Manchu no início do século 20.

Nem o espírito de Confúcio está a par do que realmente acontece por trás das nacionalistas cortinas de veludo vermelho do Zhongnanhai, o Kremlin chinês. Como legítimo membro da aristocracia Zhou, o próprio Confúcio desprezava o "povinho" devotado à caça ao lucro. Ele ficaria horrorizado com estas preocupações modernas: comércio, crescimento econômico, classes "inferiores" — inclusive mulheres — capazes de participar do governo do país. Confúcio queria recriar uma sociedade estável e profundamente desigual baseada em status hereditário. A relevância de sua filosofia política para a China contemporânea é altamente questionável — mesmo porque nos últimos séculos a única razão de um comerciante educar seu filho nos clássicos confucionistas seria para livrá-lo de sua classe social e arremessá-lo ao mandarinato. Mesmo assim, sinólogos e sinófobos concordam: a estratégia crucial do PC é modificar ligeiramente — com uma dose de neoconfucionismo — a estrutura de um Estado primitivo, baseado em lealdades pessoais, para que, no fundo, tudo continue como está: o PC eternamente no Poder e a economia dependente da política.

Acompanhar da Ásia o que acontece na China é como observar um Airbus a mil km/h carregado até o limite — comprado na França por Li Peng e pilotado pelo Politburo —, obrigado por terroristas a aterrissar em uma pista de terra no meio da selva. Todos conhecem a famosa máxima de Deng: "Não importa que o gato seja branco ou preto, contanto que cace ratos". Chen Yun, ex-ministro das Finanças de Mao, costumava alimentar a metáfora felina com sua teoria da gaiola de passarinho: "O mercado deve voar como um passarinho dentro da gaiola do planejamento estatal; sem a gaiola, o passarinho foge". Chen, na época, recusou-se a visitar as zonas econômicas especiais, que classificou, repugnado, de "capitalistas". Hoje, cairia fulminado ao ver como voa o passarinho e como o gato caça seus ratos.

A primeira impressão de quem afronta o panda chinês é qualificar a economia socialista de mercado como uma pura adoção do capitalismo. Deng não ligava a mínima para rótulos. Suas metáforas serviram efetivamente para acabar com todos os rótulos. O que lhe interessava — e interessa à atual liderança coletiva — são resultados atingidos a partir de determinadas políticas e políticas cujo objetivo é atingir determinados resultados. Capitalismo e socialismo na China coexistem em puro *yin* e *yang*. O mercado domina em quase tudo — mas sujeito a dirigismo estatal, ou franca interferência quando as coisas degringolam. Em determinados setores, o planejamento estatal complementa a confusão do mercado. Um cantonês exercitando-se de manhã no Parque Cultural nos dirá que o sistema deveria idealmente funcionar como um mestre de *tai chi*. Os braços do mestre de *tai chi* movem-se junto com os de seu oponente e não contra ele. Transformam energia negativa em energia positiva. Da mesma maneira, o sistema econômico chinês deve submeter-se à macroplanificação e macrocontrole do Estado — e não ao sistema de "checks and balances" das democracias ocidentais.

É claro que este mestre de *tai chi* também tropeça, cai e até mesmo pode fraturar o tornozelo — provavelmente em uma calçada atulhada de economia informal. Todos conhecem as principais mazelas da China. As dinâmicas províncias do Sul — como Guangdong e Fujian — chegam a dobrar sua riqueza a cada 5 anos, enquanto gigantescas regiões agrícolas no Centro e ao Norte vivem em semi-autarquia. O pantagruélico setor estatal infla em vez de diminuir: ainda na metade dos anos 90, nada menos que 70% de todo o investimento na China ia para fábricas estatais com managers indicados pelo PC. 44% deste setor público — em um total de 150 mil empresas — não só é improdutivo como amplamente deficitário. O desemprego na província mais populosa, Sichuan (60 milhões de pessoas), é 25% mais alto do que a média nacional (2,6%, muito aquém da realidade), e os salários 20% mais baixos. Para Pequim, a única maneira de evitar o estouro do vulcão — antes da atual conclamação a investir no interior, estrangeiros inclusos — era distribuir dinheiro aos camponeses e à indústria nas províncias mais atrasadas, o que só fazia alimentar a inflação. Mesmo com tanta ajuda, em 95 já havia nada menos que 80 milhões de empregos em perigo.

Ou seja: na China *yin/yang* de hoje, a macroeconomia vai bem: produção, inflação, crescimento econômico. Os abacaxis estão na microeconomia: estatais caindo aos pedaços, bancos à beira da falência, mercados ainda precários. À mídia hegemônica anglo-americana só interessam os abacaxis: os sucessos são registrados ao pé da página. Em 96, por exemplo, o PIB cresceu em torno de 10%, as Bolsas cresceram 172% e a inflação caiu para apenas 6,5% — fato ainda mais extraordinário quando se sabe que estava a 21,7% em 74 e foi controlada com antiquados extintores de incêndio.

A reforma agrária na China de Deng não foi traumática porque não colocou milhões de camponeses no olho da rua. Pelo contrário: devolveu o que a coletivização dos anos 50 lhes tinha roubado. Nos anos 80, a explosão de empresas regionais — em teoria coletivas mas na prática privadas — gerou empregos para milhões. Mas a atual reforma industrial é um longo e tortuoso período de transição — até a consolidação de dezenas de milhares de empresas lucrativas. Um plenum do PC em 93 aprovou um ambicioso plano de reformas. Teria permitido a virtual privatização de quase todas as grandes estatais. Na prática, os reformadores venceram esta batalha. Mas estão perdendo a guerra: o processo é emperrado por legiões de burocratas com medo de perder prestígio e poder. Há uma lei de falências na China desde 86. Só foi ressuscitada com vigor em 96 — e com sucesso:

processaram-se mais de 2.500 bancarrotas de estatais. Para o *Diário do Povo*, a "luta amarga" agora está sendo conduzida "tão rapidamente quanto cortar manteiga com uma faca quente". O que deve vigorar na China é um "mecanismo empresarial governado pela 'sobrevivência dos mais fortes', com a lei governando a economia de mercado".

A manteiga tem se revelado mais congelada do que a Mongólia interior no inverno — como não se cansou de comprovar o competente czar da economia Zhu Rongji, até 97 governador do Banco Central e vice-primeiro-ministro. Os bancos nadam em empréstimos-fantasmas e papagaios. Todo mundo na Ásia sabe que até 45% dos créditos estão condenados a desaparecer no mar do Sul da China — juros incluídos. Não poderia ser diferente, quando o sistema obedece às ordens de um bando de funcionários — corruptos — do Partido, cujo conhecimento de economia não bate com o de um estudante primário em Cingapura. Os bancos não só precisam combater a corrupção interna e de figurões do Exército e do Partido, como são obrigados a financiar as estatais deficitárias. Para o diretor de um banco de investimentos americano em Hong Kong, "as estatais são verdadeiras junkies. Para elas crédito é como heroína. Vão aos bancos, pedem empréstimos, os contabilizam como renda, nunca pagam, e assim o sistema vai indo".

Zhu Rongji fez o que pode para combater a hidra. Assumiu em 92 prometendo cortar a cabeça de todo banqueiro acusado de corrupção. 1.500 larápios foram — literalmente — executados, com um tiro na nuca, em estadios, para todo mundo ver. Zhu depois atacou a "desburocratização" do sistema financeiro. A barra pesou. O Banco Central da China não passa de um daqueles patinhos fulminados por espingardas em parques de diversões. Um executivo do Hong Kong & Shanghai Bank explica que incompetentes do PC são responsáveis por 70% dos fundos atribuídos aos bancos chineses; o Banco Central não tem nem mesmo como apitar em relação aos outros 30%.

O consolo temporário de Zhu Rongji foi transformar-se em herói da classe média. No final de 96, recomendou a adoção de uma taxa fixa de US$ 120 o m^2 como padrão para a construção de novos apartamentos. Toda a China urbana mora em essência em lúgubres caixotes stalinistas. Com a adoção da taxa única, um apartamento novo pode ser vendido a cerca de US$ 240 o m^2, a certo alcance de uma família classe média. Como se sabe, na China toda a terra ainda pertence ao Estado. O mercado imobiliário divide-se entre apartamentos à venda e apartamentos alocados por estatais a seu pessoal, alugados por uma miséria. Gradualmente estes apartamentos também estão sendo vendidos a seus ocupantes. Cientistas sociais concordam que a criação de uma classe média urbana proprietária de imóveis é a melhor garantia para a China de estabilidade social.

Na sua guerra contra as estatais, Zhu Rongji foi apoiado por 10 entre 10 economistas do Ocidente — para quem a solução é fechar tudo. Mesmo com 50% das 150 mil estatais operando no vermelho, o PC sabe que jamais poderia se arriscar a bancarrotas de massa. Isso significaria não só colocar milhões no olho da rua, mas ao mesmo tempo desmantelar uma vasta teia que rege alocação de casas, salários, escolas, cuidados médicos, pensões — a própria substância do que na China são considerados os direitos humanos básicos, todos embutidos no sistema. A perspectiva é totalmente oposta à do Ocidente. Para os chineses, direitos humanos é ter casa, comida, emprego e cuidados médicos — e não o dissidente Harry Wu posando de Indiana Jones na fronteira do Kazaquistão ao tentar entrar em território chinês sabendo que estava em uma lista negra. Quando questionados sobre direitos humanos sob a perspectiva ocidental, os membros mais articulados do PC invariavelmente respondem quem são os EUA para lhes dar lições — com seu currículo de conflitos raciais, apoio a ditaduras de direita e perigosas maluquices da CIA. Para o PC, a grande questão contemporânea de direitos humanos é a reforma das estatais.

Isso não impede que o PC continue sendo um caso de polícia. O PC dedicava um ódio sem limites à burocracia confucionista da era imperial — que pelo menos era meritocrática. Em outro caso histórico de "retorno do reprimido", o PC transformou-se em uma burocracia ainda mais arcaica, imobilista, imperial e, ainda por cima, corrupta. Como frisou Eric Hobsbawm, "organização, e não doutrina, foi a contribuição principal do bolchevismo de Lênin para mudar o mundo". Mao só chegou a Marx através do marxismo-leninismo de Stalin. O maoísmo pelo menos aprendeu o poder de organização leninista, e disseminou todas as suas práticas do centro para as províncias mais distantes — exatamente da maneira que um chinês médio sempre esperou de um império. Mas este chinês, no meio do século 20, também esperava que uma revolução lhe restaurasse paz, ordem e a glória de uma grande civilização tal como durante a dinastia Tang; no entanto, desabou sobre sua cabeça o vinagre da regimentação leninista temperando o misticismo coletivo da salada maoísta.

Para o Ocidente, é impossível engolir que a classe dominante da maior potência econômica do futuro próximo seja constituída, em sua maioria, de medíocres funcionários de Partido. Eles mesmos se elegem — e ninguém os policia. Controlam toda a burocracia do governo, toda a imprensa e TV, mais de 40% da produção industrial, a magistratura e o Exército do Povo — este com luvas de seda, porque pode se enfezar e querer o bolo só para si: não há dúvida de que o PC deriva seu poder "do cano de uma arma" — nas palavras do Grande Timoneiro. A China do dia-a-dia é tocada por uma máquina separada — mas subordinada a estes mandarins, que selecionam e aprovam a nomenclatura encarregada de preencher todos os postos de comando de órgãos oficiais. Por que a máquina é separada? Porque na tradição política da China o poder está divorciado da responsabilidade. A responsabilidade é considerada uma inconveniência: quem detém o poder a delega para subordinados. Este conceito poderia explicar 90% das mazelas da China.

Como se não bastasse, a enxurrada de dinheiro novo e a perda do fervor ideológico maoísta levaram este funcionalismo inepto e mal pago a cair na óbvia tentação: tráfico de influência, que realimenta continuamente o dragão da corrupção. O círculo — não exatamente desconhecido de brasileiros — é totalmente vicioso. O PC está acima da Lei — pode reformá-la, como vimos, quando bem entende. E precisa dos mamutes estatais para legitimar a parte que cabe ao "socialismo" neste mercado enlouquecido: os mamutes são defendidos oficialmente como "principal fonte de renda para o Estado" e "principal força para a estabilidade social". Qualquer ameaça a este absolutismo político é eliminada pela raiz.

Não se faz nada na China sem *guanxi* — as conexões sobretudo com família, parentes próximos, amigos e burocratas protetores. Ao mesmo tempo, não se faz nada na China sem corrupção. Quem sofre mais neste sistema são os camponeses — não as dondocas de Cantão e Xangai. Quando um burocrata regional resolve apadrinhar um investimento público que considera essencial, imediatamente inventa um imposto — prática na verdade não muito diversa de muitos países que costumam dar lições de moral à China.

Com a corrupção embutida nas *guanxi*, logo percebemos que o próprio *yin/yang* entre comunismo e capitalismo na China não seria possível sem as afinidades eletivas desta verdadeira Internet humana. As *guanxi* funcionam à perfeição sobretudo na economia informal. Os chineses são freaks de comunicação, e todo mundo tem interesse em corromper todo mundo. O resultado é que grande parte do botim é repartida entre uma rede de pessoas — da família aos protetores. É uma corrupção, portanto, "social". Está para ser escrito por algum craque de Harvard na *Foreign Affairs* o definitivo ensaio sobre o papel estabilizador da corrupção e seu efeito na redistribuição de renda na China.

A China como um todo não é uma gigantesca Dodge City — a Terra sem Lei. Guangdong percebeu o que estava em jogo. Por isso cresce mais do que as outras províncias. Guangdong tem leis que governam joint ventures, o mercado de ações, a transferência de direitos de uso da terra e o licenciamento de tecnologia. É esta relativa estabilidade que fascina os investidores estrangeiros. Para o Homem da Lei na China, Qiao Shi, Guangdong está na linha de frente da "experimentação nacional como um sistema legal". Mas a estrada é longa. Um consultor de Hong Kong confessa que "muita gente ainda usa canais informais para resolver disputas, mesmo quando já existe um resultado judicial". Funcionários do governo e empresários ainda acham muito esquisito pagar dinheiro vivo para serem defendidos por um espertinho de terno e gravata — situação que renderia fartas comédias em Hollywood.

Mergulhando na vida chinesa, percebemos que de bobas as águias do PC não têm nada: sabem que um Partido mesmo em frangalhos é justamente o único fator de unificação da China contemporânea. Se implode, irrompe o sempre invocado golpe militar, ou — fiel às oscilações da História chinesa — a anarquia total. *Luan*, o caos primordial, é a grande paranóia do Reino do Meio. É — segundo a lógica do Partido — o que se tentou prevenir com tanques esmagando estudantes em Tiananmen.

Tiananmen tem uma espécie de segredo muito pouco conhecido no Ocidente, que me foi explicado por um estudante de engenharia pequinês. Intelectuais queriam mais liberdades e anistia para prisioneiros políticos. Trabalhadores de estatais estavam insatisfeitos com os salários mais altos da iniciativa privada. Todo mundo exigia uma queda da inflação. Quando os estudantes chamaram a atenção de todo o planeta com suas reivindicações de liberdade e democracia em 89, não estavam apenas querendo acesso imediato às urnas — como se supôs. Dos 7 pontos de sua petição entregue aos líderes da China, 3 pediam liberdade de expressão e de imprensa, mais verbas para educação e melhores salários para professores e intelectuais. Como em uma prévia de Tiananmen em 86 — pouco divulgada no Ocidente — os estudantes estavam pedindo, acima de tudo, a mudança da implacável burocracia educacional/estatal que os obriga a seguir uma determinada carreira, mesmo sem aptidão — e sem a menor possibilidade de escolha. Qualquer visitante na China imediatamente percebe que a maioria absoluta das pessoas está desesperada de tédio com seus empregos. A culpa é do sistema, corrupto, inepto — e em vigor desde o início dos anos 50: para o oficialismo, até há pouco só interessava preencher uma série de rígidas quotas para cada profissão considerada "essencial", ou seja técnica. Pelo menos hoje já existe a opção de se lançar no tubaronato da iniciativa privada.

Já nesta prévia de Tiananmen em 86 — quando havia passeatas quase diárias em Pequim e Xangai, depois suprimidas — Deng Xiaoping produziu em um discurso a sua definitiva defesa do despotismo esclarecido encarnado no PC, que serve também para a compreensão de Tiananmen 89: "A luta contra a liberalização burguesa vai durar ao menos 20 anos. A democracia pode se desenvolver apenas gradualmente, e não podemos copiar sistemas ocidentais. Se o fizéssemos, seria uma enorme confusão. Nossa construção socialista só pode ser implementada sob liderança, sob a ordem, e em um meio ambiente de estabilidade e unidade. É por isso que eu tanto enfatizo altos ideais e estrita disciplina. A liberalização burguesa mergulharia o país mais uma vez no caos. Liberalização burguesa significa rejeição da liderança do partido; não haveria nada para unir nossa população de 1 bilhão de pessoas, e o próprio partido perderia todo o poder para lutar".

Deng detestou a repressão troglodita em Tiananmen, não só porque transmitida via CNN para todo o mundo, fazendo — horror inadmissível — "cair a cara" da China, mas obliterando totalmente o que seria sua glória suprema como estadista planetário: receber Gorbachev em Pequim e acabar de vez com o conflito China/URSS. Os tanques rolaram por ordem sua. Mas a operação foi conduzida por um bando de batedores de carteira. Deng agiu como qualquer líder chinês tradicional:

contestado, deu um safanão — brutal — para todo mundo entender quem mandava nessa história. Lee Kwan Yew acredita que Deng temia a expansão do movimento de Pequim para dezenas de grandes cidades chinesas — o que seria absolutamente incontrolável, e mergulharia o país em *luan*. Único consolo para o planeta: Tiananmen fez Li Peng perder na seqüência o Trono do Dragão. Li Peng — filho de um "mártir revolucionário" executado pelos nacionalistas em 1931, e "adotado" pelo casal Chou EnLai — desde Tiananmen está em ampla campanha de humanização.

Logo depois de Tiananmen, Li Peng admitiu a um grupo de japoneses, em caráter privado, que a debacle só aconteceu porque a China não possuía um equipamento high tech de controle de massa — como o que a polícia antidistúrbios japonesa utiliza contra manifestantes não-armados. Os chineses tinham apenas tropas imberbes armadas com tanques e armas letais. Hoje o mundo inteiro já esqueceu os dias negros de Li Peng. Em mais uma medida da hipocrisia ocidental, já um ano depois de Tiananmen todo mundo e seu vizinho se engalfinhava para investir na China — que desde então atrai mais investimento estrangeiro do que qualquer país do mundo à exceção dos EUA.

Mesmo sob o boom econômico, a China em qualidade de vida continua atrás de praticamente toda a Ásia. O objetivo oficial superotimista é chegar ao ano 2000 com uma renda per capita de US$ 800 (US$ 630 no início de 97) — alcançada pela Nicarágua em 1985. Do ponto de vista oficial, isso significa crescer a ideais 8% ao ano (continua crescendo a 10,5% em 97), praticamente erradicar a pobreza e prover ao povo um nível de vida "razoavelmente confortável". Objetivos ainda mais ambiciosos, delineados no nono plano qüinqüenal de 96, incluem a duplicação do PNB em 2010 em relação ao ano 2000, e o estabelecimento definitivo de uma "economia de mercado socialista mais ou menos ideal", onde todas as milhares de estatais competem no mercado, sem subsídios.

A infra-estrutura chinesa é mais precária do que a de países menores e mais pobres: porque foi usada pelo Ocidente como uma semicolônia, nenhuma das potências dominantes deu-se ao trabalho de embelezá-la — como no caso dos ingleses construindo estradas de ferro na Índia do século 19. De acordo com a estratégia formulada para os próximos 15 anos, o governo central planeja e precisa gastar nada menos que US$ 1 trilhão em infra-estrutura até 2010 — o que dá uma idéia da titânica escala da revolução econômica chinesa. Aluviões de investimento estrangeiro permanecem importantes. Mas não são essenciais: a China já chegou a poupar e investir cerca de 40% de seu PIB. O PC pretende captar seus bilhões principalmente na própria Ásia — através da diáspora chinesa — e na Europa. A pragmática Alemanha — sem bla bla blá de direitos humanos —, fechou em 96 um enorme contrato de US$ 13 bilhões para uma série de projetos. A Alemanha é o principal parceiro comercial chinês na Europa. A Matra Hachette francesa — um bazar high tech que vende desde mísseis até a revista *Elle* — vai inundar os chineses com mísseis terra-ar e anti-submarinos. Li Peng driblou as

ONGs na França em 96 para comprar 33 Airbus e fechar outros bilhões em contratos nas indústrias de aço, energia, aeronáutica e telecomunicações.

Ninguém bate a diplomacia comercial chinesa. Pequim "comanda" os investimentos estrangeiros que precisa como bem entende. Basta pronunciar as odiadas palavras mágicas "Dalai Lama" ou "direitos humanos" para o tapete vermelho ser imediatamente retirado. A China precisa desesperadamente de capital e tecnologia do Ocidente. O Ocidente baba na gravata com este imenso mercado. Estima-se que a China compre nada menos que US$ 100 bilhões em aviões até 2015. Se americanos quiserem alguma migalha, como avisou Li Peng, só existe uma saída: arquivar a retórica sobre direitos — humanos, de Taiwan, de minorias, etc. Os americanos ainda não conseguiram nem mesmo estabelecer suas prioridades: segurança, comércio, ou direitos humanos — ao contrário da União Européia, que rasgou alegremente seu catecismo e pratica uma política oficial de cooperação com a China "independentemente da visão de terceiros", leia-se EUA. A UE segue à risca o aviso de Li Peng: "Se os europeus adotarem maior cooperação com a China — não apenas na área econômica mas na área política — acho que deverão receber muito mais encomendas da China". Já as suspeitas e hostilidades mútuas entre EUA e China — sujeitas a uma eterna lei do ioiô — não podem ser subestimadas. China e Rússia até mesmo já proclamaram uma "parceria estratégica" para o século 21 — o que instaurou alerta vermelho no Pentágono e adjacências.

Megacorporações americanas ainda sonham com o mercado chinês — embora já tenham percebido que a miragem de 1 bilhão de consumidores desapareceu no deserto de Gobi. Mesmo porque ninguém notou no início dos anos 90 que centenas de milhões de camponeses não têm um Visa ou Mastercard para torrar em videogames e cremes de beleza. O Ocidente aprendeu que investir na China requer paciência budista, taoísta e confucionista. As condições são no mínimo turbulentas. Funcionários neurotizados, além de obrigados a competir com outras atraentes nações asiáticas, revelam-se totalmente desinteressados em controlar a habitual hidra de infortúnios que inferniza os homens de negócios ocidentais: corrupção generalizada, burocracia kafkiana, contratos eternamente renegociados.

Executivos das corporações não se cansam de confessar que pior do que as chinoiseries, só mesmo a tortuosa política oficial americana. A idéia de que os EUA possam mudar a China é ridícula: mongóis e manchus, que a dominaram durante séculos, tentaram e terminaram sendo sinificados. A política americana pode ser resumida em duas frentes: 1) maniqueísmo: será que a gente pode brincar com eles, ou eles são os bandidos? 2) wishful thinking: quem sabe a gente possa usar nosso comércio para criar um mundo mais rico e feliz. Cria-se por enquanto uma China se não mais feliz, pelo menos mais rica: seu superávit comercial em relação aos EUA já era de US$ 36 bilhões em 95/96, e crescendo. Juntas, China, Hong Kong e Taiwan só exportam menos do que EUA e Alemanha.

Os americanos comportam-se como verdadeiras baratas tontas. Compare-se, por exemplo, as atitudes de duas corporações de elite no Século do Pacífico: Boeing e Microsoft — ambas sediadas em Seattle. A Boeing cultiva e corteja a China há um quarto de século. É sua melhor lobista em Washington. Está ajudando a China a se transformar em uma potência aeroespacial. Mas é refém da esdrúxula política externa americana: basta Washington gritar para Pequim comprar um lote de Airbus, em vez de Boeings, e oferecer aos europeus a joint venture para a construção do primeiro avião de passageiros chinês. Já a Microsoft utiliza uma tática diversionista francamente confrontacional. Bill Gates reclama em voz alta da relutância chinesa em lutar contra a pirataria de software, e do controle do Poder central sobre a Internet. A diferença é que não existe uma Airbus do software que os chineses podem acionar para dobrar a retórica da Microsoft. Por enquanto. A gritaria da Microsoft, na verdade, é pró-forma. O fato crucial é que mais de 50 milhões de pacotes de software ilegais por ano — incluindo Windows 95 a US$ 5 vendidos a três quarteirões do QG da Microsoft em Pequim — ajudam o camarada Bill a inexoravelmente conquistar a China: até o ano 2000, o país será obrigado a gastar dezenas de bilhões de dólares para digitar a monumental papelada da burocracia de governo, setor financeiro e indústrias estatais. A Microsoft havia sido esnobada pelo governo, e acusada de inserir propaganda pró-Taiwan na plataforma em chinês simplificado do Windows 95. Mas foi reincorporada ao mercado nacional no início de 97.

O projeto de Pequim sempre foi claro: o Ocidente rico deveria investir em fábricas modernas, usar matéria-prima chinesa, e fazer produtos exportáveis para todo o mundo, com conseqüente enxurrada de moeda forte para os cofres do Povo. Wang Gungwu, vice-chanceler da Hong Kong University, e eminência máxima em diáspora chinesa, já observou que os comunistas preferem empresas grandes e poderosas sob controle estrangeiro, ou joint ventures, a uma forte burguesia chinesa capaz de flertar com mais influência política.

A Revolução Industrial chinesa não pára, e há muito tempo extravasou sedas, brinquedos e cópias de Reebok. Até o ano 2000, a China deseja exportar US$ 100 bilhões por ano em máquinas e produtos eletrônicos. Já está a caminho de se tornar um dos maiores exportadores de celulares, TVs em cores e peças de automóveis. As exigências para as multinacionais são draconianas: subsidiar institutos de pesquisa, modernizar currículos universitários, e usar a China como base para exportações — na maioria dos casos 50% ou até 70% da produção. Esta situação logo deve levar as múltis a usar suas fábricas chinesas para exportar para todo o mundo em desenvolvimento, competição absolutamente brutal para países do Sudeste da Ásia e da América Latina.

Produzir "novas gerações" de produtos e transferência "contínua" de tecnologia são condições absolutamente sine qua non para se estabelecer no mercado chinês. A Microsoft só ganhou um OK legal depois de concordar em desenvolver não só uma versão oficial em mandarim do Windows 95 como estabelecer as bases da própria indústria chinesa de software. AT&T e Alcatel estabeleceram laboratórios, enviaram pesquisadores para estudar no Ocidente e empregaram milhares de engenheiros chineses em suas linhas de desenvolvimento de produtos. Faz-se qualquer coisa para entrar na China: a GM bateu a Ford em uma concorrência para montar sedãs em Xangai oferecendo uma enxurrada de joint ventures parciais e a possibilidade de desenhar o carro na própria China.

O protecionismo chinês é lendário. Carros ou computadores importados sofrem alta taxação — acima da média de 23% (mas que o governo pretende baixar para 15% até o ano 2000). Investimentos estrangeiros na rede bancária, redes telefônicas, ou na indústria editorial são limitados ou proibidos. Multinacionais, no entanto, controlam 80% das vendas de veículos, 90% das vendas de PCs e quase 100% da venda de equipamento de telecom. A Comissão Estatal de Planejamento em Pequim está obcecada em atacar 5 "pilares industriais" até o início do século 21: eletrônico, automobilístico, petroquímico, máquinas e materiais de construção — guiando as joint ventures com partners estrangeiros e levando os locais a formar grandes grupos como os *chaebol* coreanos. Em planos econômicos que cobrem até 2010, 22 províncias, regiões especiais e cidades escolheram a indústria automobilística como pilar da economia local, 24 escolheram a indústria de informática, 17 a indústria de maquinário e 14 a indústria metalúrgica. Para quebrar monopólios, o governo está encorajando joint ventures entre províncias. Se Japão e Coréia já espantaram o mundo, nada vai se comparar ao iminente maremoto chinês de fax, PCs, celulares, carros da GM, chips, semicondutores submicron e até mesmo os aviões de 100 lugares construídos em parceria com o consórcio europeu Airbus.

A produção industrial da China cresce mas ainda é apenas 10% da dos EUA. Como vimos, o boom de Deng privilegia Pequim e as províncias do Sul e Leste. É muito pouco, quando observamos que a China é muito maior do que a Europa, tem 3 vezes mais gente, segue pelo menos cinco religiões diversas e é uma sociedade extremamente complexa, onde 92% de *Han* chineses convivem com outras 56 minorias étnicas — tibetanos, mongóis, manchus, *yis*, *miaos*, *dongs*, *uygurs*, *uzbeks*, tártaros. Apenas a partir dos anos 50 todo esse povo falando dialetos mutuamente incompreensíveis foi capaz de começar a conversar na mesma língua — o mandarim de Pequim — imposto nas escolas como a Língua Ordinária. É óbvio — mas não para o PC — que, nessas condições, "nacionalismo" para um comerciante de Fujian, no Sudeste, não significa a mesma coisa do que para um nômade da Mongólia interior.

O Reino — literalmente — do Meio tem nada menos que 20 mil km de fronteiras terrestres e praticamente todo mundo é seu vizinho na Ásia. A província de Xinjiang, o faroeste da China, maior do que quase toda a Europa Ocidental, é vagamente povoada por menos de 12 milhões de pessoas. A província de Sichuan, do tamanho da França, tem mais gente do que o Canadá, Austrália e vários países europeus. Da fantástica Kashgar, entroncamento da rota da seda em pleno faroeste, até Xangai, na boca do Yang-Tze, a Leste, são 5.200 km e quatro horas de fuso (reduzidos a zero porque na China inteira só vale a hora de Pequim). Encontramos como há milênios infinitos arrozais cor de jade e camponeses arando a terra com seus búfalos, mas dois terços da China são colinas, platôs e montanhas — culminando no Qomolangma, os 8.848 gloriosos metros de altura do Everest. A porcentagem de terra arável é muito pequena para o tamanho do país — o que está obrigando a China a importar alimentos. Além disso, os camponeses estão plantando menos grãos do que deveriam porque conseguem preços mais altos por outras colheitas.

Um poeta da dinastia Tang afirmou alguma vez que o Céu era mais perto do que Sichuan. Comprovei a imbatível sabedoria milenar chinesa quando, na tumultuada estação de Cantão, tentei comprar um bilhete para Chongqin — uma espécie de Cubatão do tamanho de 2 cidades de São Caetano do Sul em plena Sichuan. Depois da interminável tormenta lingüística de rigor, além de invocações de Marcel Marceau, sou informado que, sim, o trem 142 sai às 15h30, e custa baratíssimo — mesmo pagando-se o triplo do preço para estrangeiros. Só há um problema: demora três dias de viagem.

De Chongqin podemos navegar pelo Yang-Tze em uma barcaça semelhante às da Amazônia, lotada até a quinta classe, sem contar os desclassificados que dormem nos corredores: na China praticamente não existe privacidade. Excitados tibetanos de um enclave na província de Sichuan revolvem seus belíssimos robes — as *chubas* — dançando "I Will Survive" sob efeito de vinho de arroz em uma disco diretamente saída dos anos 70. Dois dias, e muitas cenas surrealistas e cenários espetaculares depois, percorridos em câmera lenta através dos fiordes na garganta do Yang-Tze, podemos finalmente observar até onde vai a ambição da China século 21. A represa de Três Gargantas é o maior projeto de infra-estrutura em andamento no planeta desde a construção da Grande Muralha da China. 60 mil operários, em três turnos de 8 horas cada, escavam a terra 24 horas por dia, 365 dias por ano. A um custo de US$ 17,5 bilhões até 2003, Três Gargantas estará gerando até 2010 mais de 10% das necessidades energéticas do país.

Há ampla dissidência — mas ela só aparece na BBC World, em inglês. É terminantemente proibido criticar o projeto em público — obsessão do Poder central desde Sun Yat-Sen. Historiadores lamentam que a gigantesca represa decorrente vai submergir uma riquíssima herança cultural. Geólogos afirmam que a própria barragem deverá ser demolida daqui a algumas décadas — porque se subestimou o fabuloso volume de detritos de pedra e terra carregado pelo rio. Jornalistas afirmam que as inundações provocadas pelo Yang-Tze devem continuar. 1 milhão de camponeses consideram uma catástrofe abandonar sua terra ancestral — o que é absolutamente verídico na China — mas têm medo de exprimir seu sentimento. Para os críticos, Três Gargantas — uma questão de honra e soberania nacional, supervisionada pessoalmente por Li Peng — é a definitiva megalomania de Pequim. Para Pequim, é o símbolo definitivo do poder tecnológico chinês. Não se menciona que este épico jamais poderia ser concebido ou construído sem capital e tecnologia estrangeiros.

Viajar pela China de trem, sozinho, no inverno, sem grupo ou guia, e evitando as molezas do turismo ar-condicionado, é uma temerária proposição capaz de induzir muita gente ao suicídio. É preciso uma paciência de Lao-Tsé e uma nobreza de espírito de Confúcio para ouvir pelo menos 20 vezes por dia o mantra *Mei-you*. "*Mei-you*" significa, literalmente, "não tem", e mais precisamente "não me encha o saco com seus pedidos esdrúxulos, seu demônio branco imperialista estrangeiro". Ultrapassado este teste de fibra moral e espiritual, a recompensa é se amassar com as jaquetas verdes, azuis e cinzentas das — como diria a velha propaganda comunista — "grandes massas", e ver o que não aparece na retórica do PC, na CNN, nos jornais americanos, no gabinete do guru econômico Paul Krugman e no lobby do White Swan, o cinco estrelas de Cantão que hospedou Deng em sua triunfante viagem ao Sul em 92: fiquei em um dormitório de US$ 5 a noite do outro lado da rua, onde universitários chineses matraqueavam mais histórias do arco da velha do que Reuters, AP e France Presse reunidas.

Phrase book na China não adianta: eles não entendem nossa "pronúncia figurada", nos miram, perplexos, e desabam na risada — seguida da proverbial cuspida no chão. O negócio é soltar um "*ni hao*" — alô, como vai? — a cada 10 segundos e rezar para chegar ao lugar certo. Experts na Grande Estrada Asiática confirmam que as esotéricas misérias da viagem solitária pela China até o meio dos anos 80 eram capazes de levar o próprio Sir Richard Burton ao desespero. Mesmo em 92 encontrei um casal de masoquistas franceses que estavam on the road há seis meses: pareciam extras de *A Noite dos Mortos-Vivos*.

Abacaxis não faltam: um garoto solícito se propôs a comprar um bilhete de trem e fui premiado com um Cantão-Xangai noturno em banco de madeira, e cercado de pares de olhos embasbacados: o homem da fábrica e o homem do campo têm como axioma básico que qualquer "demônio estrangeiro" é uma criatura, acima de tudo, milionária — além de caracterizada por hábitos bizarros, comportamento extravagante, e pedidos estranhíssimos. Por uma mescla de ignorância, propaganda oficial, e, agora, séries de Hollywood, 99% dos chineses encaram os ocidentais em bloco: ou seja, não-chineses, e portanto bárbaros, vivendo nas trevas irredimíveis da corrupção, depravação, drogas, doenças mortais e degradação moral — o que só faz realçar a saúde da República Popular.

Eles nos oferecem chá, bolinhos, vinho de arroz, exigem raio-X completo de nossas existências e, ao relaxar, denotam sua satisfação: estão mais bem informados, mais bem preparados e mais móveis do que nunca. Ninguém pede mais democracia, mas duas preocupações são pervasivas: corrupção e desemprego — fenômenos que o PC não poderá extinguir por decreto (a China é o país mais corrupto do mundo, de acordo com a consultoria PERC, de Hong Kong). Apenas adentrando a barriga do dragão percebemos como a China profunda não tem nada a ver com as aquarelas. Cortes de água e energia ainda paralisam regiões inteiras. Ainda não há sequer uma mísera estrada ligando Roma (Pequim) a Milão (Xangai) e ao grande bazar Cantão: pelo menos construiu-se a US$ 3 bilhões uma nova estrada de ferro Pequim/Cantão (2.380 km). Grande parte das locomotivas ainda é a vapor — ótimo apenas para freaks de trenzinho. Na maior parte das províncias, Mercedes é lombo de burro. Em diversas regiões agrícolas, excremento humano ainda é usado como fertilizante.

Em 88, as 11 províncias costeiras da China acumulavam metade da riqueza nacional, e 56% da produção industrial. Hoje, acumulam mais de 60% da riqueza nacional, e mais de 70% da produção industrial. Das 11 províncias costeiras, 9 são mais ricas do que a média nacional. Das 19 províncias e regiões internas, apenas 3 são mais ricas do que a média nacional. 200 milhões de pessoas — mais do que o Brasil inteiro — vivem em áreas urbanas. Seu salário médio, para os padrões ocidentais, é ridículo: porém mais do que o dobro da renda média anual per capita (US$ 180) de 800 milhões de pessoas que vivem no campo. Um funcionário estatal precisaria economizar durante mais de 60 anos para pagar um apartamento de 80 m² em um subúrbio de Pequim. No open market só quem compra são os chamados *dakuan* — os gastadores, entre os quais os 30 mil novos milionários chineses.

A população de Pequim, de acordo com o *China Business Times*, divide os *dakuan* em 5 categorias: "Vermelhos" são funcionários do PC ou do governo que "usam um chapéu vermelho", recebem propinas e trocam poder por dinheiro. "Amarelos" são os empresários cowboys que prosperam na indústria da pornografia. "Azuis" são os piratas marítimos que singram o mar do Sul da China com Audis e Trinitrons roubados em Hong Kong. "Brancos" são os traficantes de drogas. E "pretos" são os gangsters. É esta aquarela da contravenção que está demolindo a ideologia do igualitarismo — a mais privilegiada das heranças de Mao. Em mais uma ironia histórica que pode desembocar em tragédia, o abismo entre ricos e pobres destrói a herança de uma revolução concebida justamente para erradicá-lo. Em uma pesquisa do jornal *Beijing Youth Daily*, metade dos entrevistados declarou que quem é rico na China é corrupto.

A reação de scholars ocidentais ao fenômeno é no mínimo cômica. Experts de poltrona em Harvard, por exemplo, sugerem que para os chineses é preferível ser um pouco menos pobre, ainda que outros sejam muito mais ricos. Nada abala sua crença nas benesses da globalização. Durante as décadas de comunismo hardcore, os salários também eram ínfimos. Refletiam as quantias simbólicas pagas por moradia subsidiada — 1% do orçamento de uma família genérica. Com a moradia agora expandindo-se a preço de mercado, sobem também os salários — e portanto começa a se esvair a famosa vantagem comparativa da mão-de-obra barata chinesa. Em relação a este fenômeno, os experts de poltrona só têm a dizer que a China deve se empenhar em um tremendo processo de sofisticação tecnológica para justificar os salários mais altos.

Nem todo mundo que trabalha nas zonas do boom econômico está nadando em dinheiro. P.K. Lau, professor da Universidade de Hong Kong, enfatiza que no delta do rio da Pérola existe acima de tudo uma bolha econômica: "A maior parte da renda dos governos locais é derivada da venda de terras. Em Zhuhai, o problema é ainda mais sério. Grandes investimentos levam apenas à fabricação de produtos com baixo valor agregado. O produto doméstico bruto per capita é alto, mas a renda auferida por cada cidadão é baixa". Pode ser baixa, mas é certamente mais alta do que no resto da China, onde exércitos de operários ainda beneficiam-se do inarredável conceito socialista da "tigela de arroz de ferro": ou seja, emprego vitalício. São estas tigelas de ferro que atravancam as ineptas estatais — onde meia dúzia de vagabundos passa o dia lendo o *Diário do Povo*, tomando cerveja Tsing Tao ou dormindo, e não chega a completar o trabalho de um só profissional. Mais uma vez o sistema inibe qualquer iniciativa. Para que trabalhar se todo mundo ganha os mesmos *yuan*, tem os mesmos benefícios, mora no mesmo cubículo claustrofóbico de aluguel quase nulo, e come o mesmo broto de bambu subsidiado? Até o meio dos anos 90, protegida da competição privada, a maior coleção de fábricas e equipamentos obsoletos do planeta rendia os enormes lucros e impostos dos quais o governo depende para a maior parte de sua arrecadação. Não mais: o rolo compressor da iniciativa privada já é tão incontrolável que a fatia estatal na produção e no emprego cai cada vez mais: a cada ano, mais de 10 milhões de trabalhadores preferem trocar a tigela de arroz de ferro por uma impalpável tigela de caviar de ouro.

> "O comunismo e a cultura confucionista reforçaram o interesse mútuo em educação. Em relação a outros grandes países em desenvolvimento, como Índia, Indonésia ou Brasil, a China é mais bem educada, e em escala mais ampla. Ensinar modernas técnicas de produção a quem tem uma boa educação básica é muito mais simples do que ensinar iletrados"
> Lester Thurow, *The Future of Capitalism*

O coração e alma de todas as tradições da civilização chinesa é a família unida trabalhando no campo. Esta família unida — estendida a todos os parentes — é a base da sociedade chinesa. Toda a cultura se organizou a partir do vilarejo campestre — em torno de muitos dos quais, ainda hoje, cultiva-se a terra exatamente como há 6 mil anos. Os heróis do enigma chinês não são o Imperador Amarelo, o Grande Unificador, o Grande Timoneiro: são os camponeses, estas anônimas, resistentes e pacientes relíquias ancestrais.

O sistema clânico da família estendida, assim como as regras de uso de nomes familiares, foram estabelecidos há mais de 4.800 anos por Hao Fuh Hi — o primeiro líder de um primitivo Estado chinês. A estrutura familiar já estava pronta há muito tempo quando o infalível Confúcio, ápice do gentleman scholar e servidor público, estabeleceu há 2.500 anos as *Tábuas da Lei*, cumpridas fielmente até hoje. Mesmo o mais corrupto bandido chinês respeita os mais velhos e reverencia seus ancestrais. Quando o infalível Confúcio definiu os 5 preceitos que regem as relações entre os seres humanos, apenas 1 deles pregava obediência total ao Imperador — caso seu governo fosse razoável. Todos os outros 4 reportavam-se à família (em ordem de importância: relações entre pais e filhos, marido e mulher, irmãos e irmãs e entre amigos). Confúcio prezava ainda a bela relação especial entre professores e alunos, que na China — ao contrário do Ocidente — deve estender-se por toda a vida.

Filhos consideram um privilégio ter os pais vivendo sob o mesmo teto — mesmo em eterno congestionamento. Recém-casadas passam a pertencer à família do marido, e devem obediência à mãe do esposo: o tema dos desmandos matriarcais em cima da bela mulher do filho pródigo irriga a literatura chinesa — e hoje o cinema — há mais de 3 mil anos. A teia de aranha do sistema é de uma complexidade fantástica. Todo mundo está relacionado, o que explica a relevância das *guanxi* — conexões — como a pedra fundamental das relações de business chinesas. E também explica como a diáspora chinesa espalhada pelo mundo manteve em funcionamento sua Internet de bambu. Para os chineses, relacionamentos humanos de qualquer espécie — entre pessoas de mesma origem ou de mesmos interesses — são muito mais importantes do que no Ocidente.

Todas, absolutamente todas as relações sociais da sociedade chinesa estão definidas pelo confucionismo — mais influente, em todos os sentidos, do que taoísmo (uma filosofia chinesa) ou budismo (importado da Índia). O confucionismo não é uma religião: é uma série de princípios éticos — estabelecidos por um gentleman scholar — que, internalizados pelos indivíduos em seu processo de socialização, permitem o perfeito funcionamento desta sociedade. O Ocidente jamais poderá compreender como funciona a China criticando a ausência de constituição, sistema legal, ou sociedade civil. Tudo que interessa está contido em Confúcio.

A essência do confucionismo é uma ética pessoal. E o coração deste ensinamento ético é a família — *jia*, em mandarim — a relação social à qual todas se subordinam. A família é mais importante do que o Imperador e o próprio Céu. Existe também um confucionismo político — que o filosófo Tu Wei-Ming definiu como um sistema hierárquico de relações sociais com o Imperador no topo e uma burocracia controlada por uma classe de gentlemen-scholars: seria uma espécie de "Sagrada Família" da China.

Este sistema político sempre permitiu o progresso da meritocracia: interessados em fazer carreira deveriam sempre se submeter aos rigorosos exames imperiais de acesso à burocracia. Mas o ideal absoluto era o scholar versado nos textos confucionistas. O homem superior (*chun tzu*) era detentor de *li*: a habilidade de se comportar de acordo com elaboradíssimas regras de propriedade (Confúcio em seus textos está sempre dizendo que isso ou aquilo "não é apropriado"). Este homem superior vivia da renda de aluguéis, privilegiava o lazer em relação ao trabalho duro, e preservava a tradição: em resumo, um esteta. Mercadores eram considerados seres inferiores — ao contrário de latifundiários. Se Confúcio tivesse lido Adam Smith — desmentindo a observação de Alain Peyrefitte — ficaria horrorizado: seu ideal era de uma sociedade estável, mantendo um certo nível de excelência, jamais um bazar turco high tech. O confucionismo político revivido por China e Cingapura para legitimar seus diversos graus de autoritarismo tem um evidente caráter Disney: o confucionismo político desapareceu da China em 1911, quando aboliu-se a última dinastia e a burocracia imperial.

Tendo em vista estas características da vida familiar chinesa, imagine-se o horror quando o Grande Lunático Mao Tsé-Tung resolve implantar à força a coletivização da agricultura, no final dos anos 50. De um só golpe, Mao destrói *jia* — a fundação da sociedade chinesa, além de lançar Confúcio na fogueira. Os camponeses são obrigados a viver em comunas, adultos em dormitórios, famílias separadas, crianças enviadas para escolas "especiais". Passaram-se 3 anos até Mao acordar para o desastre. Os comunistas não conseguiram subverter a família. Nem poderiam: no confucionismo, não existe uma obrigação moral e universal para todos os seres humanos — como no cristianismo. Não existe um conceito de "China" aceito por todos como existe no poderoso apelo emocional do conceito "Japão". Do Imperador Amarelo ao Grande Timoneiro, o primordial sempre foi a família.

Milhões de pessoas pagaram o preço desta ignorância histórica maoísta morrendo de fome — e de desgosto. Deng significou o reverso da medalha: ele não só restaurou as relações sociais como a China sempre as conheceu, mas promoveu uma revolução adicional: a partir de suas reformas em 78, os camponeses poderiam, em essência, produzir e vender sua quota básica para o Estado, e também plantar o que quisessem, e vender para quem quisessem pelo melhor preço possível. Resultado: milhões de búfalos foram substituídos por milhões de tratores. O boom de Deng deu certo porque acima de tudo começou na agricultura — e não na indústria ou no comércio. Mesmo assim, é importante voltar a ressaltar que tanto sob Mao quanto sob Deng, os trabalhadores chineses recebem uma proporção muito menor pelo valor do seu trabalho do que em uma economia de mercado capitalista.

Gurus econômicos de Harvard ou Stanford podem argüir se o capitalismo seria capaz de promover uma modernização desta amplitude. Deng explicitou seu ponto em 87: "Se a China se ocidentalizasse e virasse capitalista, nossa modernização seria impossível. O problema que precisamos resolver é como permitir a 1 bilhão de pessoas livrar-se da pobreza e chegar à prosperidade. Se adotássemos o capitalismo na China, provavelmente menos de 10% da população se enriqueceria, enquanto mais de 90% continuaria em permanente estado de pobreza. Se isso acontecesse, a maioria absoluta do povo se levantaria em uma revolução. A modernização da China só pode ser conseguida pelo socialismo".

Como se tudo fosse assim tão simples. Viajando de trem pelas províncias do interior da China, vemos uma infindável monotonia de minifazendas, mercados em vilarejos, e eventuais fábricas de armas. Mas demoramos algum tempo a perceber uma correlação implacável, assinalada por um relatório do Crédit Lyonnais: quanto mais uma província depende de agricultura, menor a sua riqueza. No faroeste, onde a agricultura é responsável por mais da metade da renda, ganha-se quase 3 vezes menos do que nas províncias da costa Leste, onde a agricultura só entra com 25%.

Idealizações — ocidentais e orientais — à parte, a China profunda ainda vive em grande parte na Idade Média. 700 milhões de chineses entre uma população de 1,2 bilhão são camponeses semi-iletrados. 200 milhões são totalmente analfabetos — 70% deles mulheres, verdadeiras escravas da lavoura, da casa e das crianças, enquanto os homens têm a opção de tentar a sorte nas cidades: Confúcio era certificadamente misógino. 75% da população ainda vive em pequenas vilas camponesas. O boom ainda não mudou a visão de mundo de boa parte de uma sociedade fundamentalmente agrária e, em certas latitudes, feudal — onde crianças podem ser usadas como colateral para pedir empréstimo, e pais podem casar seus filhos mortos com outros filhos mortos para que tenham companhia no mundo dos espíritos. A classe média urbana é um fenômeno que só surgiu na China nos anos 80. Assim como o imposto de renda, cuja tímida introdução nos anos 90 gerou ampla perplexidade: afinal, ninguém pagou imposto em 5.000 anos de História...

Entre a massa de camponeses, 65 milhões sobrevivem abaixo da linha oficial de pobreza estabelecida em Pequim, ou seja, cerca de US$ 5 por semana. É fundamental notar que somavam 270 milhões em 78. Mesmo com tamanho progresso, muitos estão pior do que sob Mao no início dos anos 50 — quando comiam meio quilo de arroz por dia, bebiam 80 gramas de chá por ano e compravam um sapatinho chinês a cada 5 anos: hoje não há mais rações garantidas e subsídios médicos e escolares, como nas grandes cidades. Há 40 milhões de fazendeiros "extras". No ano 2000, serão mais de 120 milhões.

O fato de que um terço da população ainda vive na pobreza coloca muito mais do que um problema humanitário para o PC. Qualquer cidadão que recebe uma pensão estatal de US$ 50 mensais nos diz que o governo não liga mais para o povo. Se centenas de milhões têm uma qualidade de vida inimaginável há 2 décadas, outras centenas de milhões têm medo ou raiva da modernização, inveja da fortuna alheia, e temem como a morte o avanço da criminalidade ou a possibilidade de voltar a ser pobre. Neste sentido a China não é diferente de qualquer outro país em desenvolvimento: de acordo com a ONU, os 20% mais ricos do planeta agora detêm 85% do dinheiro em circulação, comparado a 70% há 3 décadas.

Que fazer com a China dos pobres? O Ministério do Comércio Interior insiste que a renda rural está subindo a cerca de 5% ao ano. Nenhum banco de dados do planeta explica como alguém sobrevive com US$ 5 por semana. Mas o fato é que sobrevive. Pode não haver fonte de renda. Mas não há fome na China. Pergunte-se a um faminto camponês de Bihar — o estado mais pobre da Índia — portador de um título de eleitor, o que ele prefere: voto ou barriga cheia (como se trata da peculiaríssima Índia, ele poderá responder nenhuma das anteriores, e votar no nirvana...). O Ocidente costuma flutuar horríveis previsões malthusianas: se a China no início do século 21 comer tanto arroz quanto a Coréia do Sul, ou tanto peixe quanto o Japão, vai sugar toda a produção mundial e não sobra mais nada para ninguém. O fato é que hoje Pequim lança o desafio ao mundo: barriga cheia para 1,2 bilhão — ainda que só de arroz a vapor — é preferível à democracia.

Buscando engordar o cardápio, um alucinante êxodo rural em massa de 120 milhões de camponeses levou grande parte a se transformar em *mangliu* — ambulantes cegos —, peregrinos por todos os terrenos de construção das províncias costeiras. Xangai e Pequim, entre elas, têm mais de 6 milhões de *mangliu*. São eles que estão construindo na prática a Renascença chinesa — o que lhes rende elogios públicos, mas não impede a execração privada: o PC acusa estes "outsiders" pelo aumento da criminalidade urbana. Como na anárquica Bangkok, os bordéis de Xangai — 1 casa em cada 12, segundo os alarmistas — estão lotados de camponesas, e gangues controlam mendigos órfãos. Prevê-se um abalo sísmico até o ano 2000, quando 30 milhões de trabalhadores de estatais, com o emprego jogado no lixo pelo pragmático PC, serão obrigados a disputar vagas na iniciativa privada com o exército de *mangliu*. A linha dura tem saudade dos tempos de Mao, onde o problema seria resolvido com passaportes internos e puro terror: na China do Renascimento, seria a receita para uma guerra civil. O PC adotou a única solução possível — a ênfase atual de abrir regiões do interior ao investimento estrangeiro: até agora eram apenas 40 cidades entre mais de 350. Jiang Zemin emitiu A Lei ao anunciar o plano qüinqüenal que vai até o ano 2000: "O sucesso desta política será crucial para o renascimento de toda a raça chinesa".

Os comunistas — demonstrando sua tortuosa sensibilidade estética — destruíram Pequim. A cidade, ricamente arborizada, mudou muito pouco nos séculos que se seguiram a Kublai Khan — enriquecendo-se de templos e palácios. Os comunistas destruíram os muros e construíram vias marginais. Destruíram os *hutongs* — os becos medievais — e construíram blocos de concreto baratos. Transformaram templos em fábricas. Mao ordenou que se cortasse toda a grama — por causa dos mosquitos. As aves sumiram — foram parar nos woks. Fiz um teste particular de chegar à Grande Muralha através do sistema de velhos ônibus amarelecidos: o sistema funciona, mas os subúrbios de Pequim me fizeram sentir em um gulag, e entender o que o dissidente Harry Wu quis dizer com "a China é uma gigantesca câmara de gás espiritual". A poluição do ar só virou prioridade quando o PC quis impressionar os inspetores do Comitê Olímpico Internacional. A China perdeu a votação para sediar os Jogos — uma vergonha para os comunistas, mas uma bênção ainda que momentânea para a população.

Sobraram apenas fragmentos em Pequim do passado "feudalista" — como a Cidade Proibida, o Templo do Céu e o Palácio de Verão. O nome original da Cidade Proibida é *Zijincheng*: "*jincheng*" significa "Cidade Proibida", e "*Zi*" significa "estrela polar". Ou seja: o Imperador, o Filho do Céu, vivia no equivalente terreno do zênite celestial. A Cidade Proibida foi desenhada para demonstrá-lo. Em um dia característico de inverno pequinês, sol claro, céu azul imaculado e frio glacial, ainda somos completamente envolvidos pela sua atmosfera Além do Tempo. O mesmo aplica-se ao Templo do Céu, construído no início da dinastia Ming. Somerset Maugham descreveu como "ano após ano, na noite do solstício de inverno, quando renasce o Céu, geração após geração veio o Filho do Céu solenemente adorar o criador original de sua casa". Bertrand Russell, quando professor em Pequim em 1921, passava todas as suas horas livres no templo, "o edifício mais belo que tive a boa fortuna de contemplar". Em um de seus *Ensaios Céticos*, Russell observou como "viver no Oriente tem talvez uma influência corruptora sobre um homem branco": ficou impressionado com o "grau de felicidade difusa, espantoso tendo em vista a pobreza de todos à exceção de uma minoria". E fez o elogio do ócio — na verdade confessando sua admiração pela capacidade chinesa de admirar um bom chá, uma boa representação teatral ou uma bela paisagem, contraposta ao frenesi ocidental. Em seu julgamento, os chineses querem gozar a vida; os ocidentais querem poder. Mesmo com o boom econômico, esta "influência corruptora" de uma das mais belas culturas do Oriente sobre o homem branco ainda permanece.

À parte estas intimações de imortalidade, Pequim é a Roma chinesa — mais conspiração por metro quadrado do que nos *Anais da Roma Imperial*, de Tácito. Xangai é a sua Milão. Pequim é forte em burocracia, Xangai em administração. Se a China tivesse uma dúzia de Xangais, o Ocidente desde já poderia se jogar na lata de lixo da História. O atual frenesi de 14 milhões de pessoas — quinta maior aglomeração humana do mundo, depois de Tóquio, Nova York, São Paulo e Cidade do México — é simplesmente alucinante.

O boom de Xangai começou apenas no início dos anos 90, quando Deng aprovou um típico pacto conspiratório romano: o governo central afrouxa taxas e impostos locais, e autoriza Xangai a voltar a ser rica, com uma condição: punho de ferro contra "subversão", leia-se democracia. A situação não é exatamente prejudicada pelo fato de que a chamada "máfia de Xangai" tomou conta do Politburo nos últimos anos, e inclui 2 ex-prefeitos locais: o czar da economia Zhu Rongji e o próprio ocupante do Trono do Dragão.

Deng passou a suspeitar profundamente de Hong Kong quando a futura ex-colônia apoiou em massa o movimento estudantil que originou o massacre de

Tiananmen. Do ponto de vista do PC, Xangai pode ser controlada mais facilmente do que aqueles sofisticados cantoneses com propensões burguesas. Enquanto o Ocidente ainda expressava seu horror, os chineses já começavam a transformar o distrito de Pudong, do outro lado do rio Huangpu, em um infernal canteiro de obras onde, até o final do século, estarão alojadas mais de 100 torres hiper high tech, parques industriais, áreas de livre comércio e shopping malls. Toda a China está despejando dinheiro em Pudong — via Hong Kong, é claro, para gozar de benefícios como "investidor estrangeiro". Talvez escape ao PC mais uma ironia da história chinesa: Hong Kong ficou rica nos anos 50 com dinheiro de Xangai. Xangai ficará rica no início do século 21 com dinheiro de Hong Kong.

O modelo ideal de Xangai, já enfatizado pelo próprio Deng, é Cingapura — paraíso da coesão social onde todo mundo é disciplinado, trabalha muito, não se interessa por política e consome como se estivesse no dia do Juízo Final. Na verdade, o modelo ideal de toda a China é Cingapura — que conseguiu chegar a um standard de vida de Ocidente sem os standards políticos do Ocidente. O software Cingapura está sendo transferido em massa para Suzhou, 110 km a Oeste de Xangai, a 2 horas de viagem de seu porto e ao lado da nova e estratégica auto-estrada Xangai-Nanquim. Suzhou, com 2.500 anos de História, era o mais sublime jardim da China. Terá um futuro de mini-Cingapura, completa com parque industrial e QGs regionais para grandes corporações, planejada para 600 mil pessoas, e desenvolvida como uma joint venture por US$ 20 bilhões. O governo local até já convidou o guru arquitetônico sino-americano I.M. Pei para reabilitar o centro da cidade antiga. 50 km adentro do vale do Yang-Tze outro parque industrial cingapuriano, Wuxi, já conhecido como "Little Shanghai", também avança para o futuro high tech. Lee Kwan Yew está pessoalmente interessado no sucesso de Suzhou. O sucesso, portanto, é inexorável, e deve gerar um colar de preciosas Cingapurinhas espalhadas pela China até 2020 — uma das armas secretas para a manutenção do boom econômico.

Em termos de máquina de propaganda, Xangai também ilustra a nova abordagem de Pequim: nada de surrados slogans comunistas — como ainda vemos estampados em ladrilhos coloridos por toda a China. As bandeiras vermelhas em caracteres brancos agora pregam o materialismo nacionalista: vamos todos trabalhar muito e ganhar muito dinheiro para a Glória suprema da Mãe-Dragão. A não ser os inevitáveis outdoors dos ícones capitalistas Johnny Walker e Remy Martin, as únicas letras ocidentais que se intrometem na cacofonia de ideogramas em neon vermelho são OK — karaokê — e KTV — karaokê com TV em salas privadas, diabólicas invenções, como se sabe, japonesas.

Xangai provoca vulcões sentimentais no PC linha dura. Seu apogeu — de 1890 a 1930 — coincidiu com o ponto mais baixo do orgulho nacional chinês. Deng lembra muito bem: nasceu em 1904. Para grande parte do PC, Xangai ainda é sinônimo de corrupção e domínio de "demônios estrangeiros" — ingleses e japoneses. Justamente em repúdio a este estado de coisas, o PC chinês foi fundado — onde mais? — em Xangai.

Em uma manhã de julho de 1921, um jovem (28 anos) professor da província de Hunan caminhou pelas ruas arborizadas da concessão francesa até 106 Rue Wantz, onde, depois de uma pausa para observar que não estava sendo seguido, subiu até o segundo andar para encontrar 12 homens em uma sala, entre eles 2 estrangeiros — 1 russo e 1 holandês. O encontro era totalmente clandestino: tratava-se nada menos do que o Primeiro Congresso do Partido Comunista Chinês. O que se resolveu naquela sala mudou o mundo. Tomaram chá de jasmim e logo se dispersaram. O nome do professor era Mao Tsé-Tung.

A casa de tijolo ainda está de pé. As fotos, desbotadas, ainda estão nas paredes do segundo andar. É um espetáculo fascinante — uma invasão de outro tempo, como nos filmes de Terry Gilliam. Imagine-se a apoplexia dos 13 eméritos heróis do comunismo se hoje pudessem contemplar a miríade de shopping centers, auto-estradas, zonas francas e cinemas com filmes do Grande Schwarzenegger — conhecido na China como "grande demônio". Pior ainda seria contemplar as fotos do sorridente marketeiro socialista Deng cortando fitas de seda inaugurais rodeado de chinesinhas cheerleaders de minissaia.

De acordo com diplomatas ocidentais, "subversão" em Xangai não inclui apenas reclamar da segurança deste ônibus enlouquecido — o socialismo de mercado. Se alguém se dispusesse, por exemplo, a organizar um sindicato para defender os direitos dos *mangliu* — em Xangai quase 3 milhões de "ambulantes cegos" que vagam em busca de emprego —, embarcaria em lúgubre viagem só de ida para a prisão número 1 de Tangshan, Norte de Pequim, onde o dissidente número 1 e candidato a Nobel da Paz Wei Jingsheng cumpre, sob risco de ataque cardíaco, uma nova sentença de 14 anos de cadeia por "subversão". Wei Jingsheng — na época editor de uma revista, *Explorations* —, foi encarcerado pela primeira vez quando Deng tomou o poder em 79, e posters em caracteres gigantes criticavam o Partido e o horror da Revolução Cultural em um "Muro da Democracia" que prefigurou Tiananmen.

Enquanto os *mangliu* constroem estoicamente o Renascimento da China, o oficialismo irado os demoniza por todas as mazelas desta Sodoma oriental. De acordo com o Banco de Tóquio, desde 94 os salários na indústria em Xangai dobram a cada ano. O governo local acabou com subsídios e privatiza como um rolo compressor. Mas para milhões entre a população de Xangai, a vida é dura, rude e barata. Cada *mangliu* vale cerca de US$ 1.000. É o preço do acerto com a polícia caso seja exterminado por um afluente BMW ao atravessar a rua. Uma garota camponesa pode ser comprada por US$ 250. Desempregados vagam pelos becos em um dickensiano século 19. Quando uma rua desaparece sob as motoniveladoras, os moradores desaparecem junto — deportados para os horrendos blocos de concreto genéricos da China suburbana. Proteção legal?

Impossível. Estamos no Templo da Paz Celestial do gangsterismo capitalista. A atual retórica de Pequim frisa a construção de um sistema legal. Mas o fato é que a face Revlon da China desenvolveu um novo Terminator asiático ainda não estudado pelos gurus econômicos de Stanford, Harvard ou M.I.T.: dirigismo cingapuriano encontra anarquismo tailandês.

Xangai no início do século era um verdadeiro museu de design europeu. Parecia Berlim, Paris ou a Manhattan dos anos 20. O famoso Bund — o boulevard colonial paralelo ao rio Huangpu — ainda esta lá, com seus clássicos dos anos 20 como o Hong Kong & Shanghai Bank e o Shanghai Club — que só aceitava membros da raça branca, do sexo masculino e, na medida do possível, ingleses: hoje é um hotel ensebado e seu mítico Long Bar virou um Kentucky Fried Chicken. Sobrevivem algumas casas com terraço, vilas européias e árvores trazidas pelos franceses para embelezar a "Paris do Oriente" — hoje sufocadas pela horrenda poluição. No bar do Cathay Hotel, hoje Peace Hotel, onde Noel Coward terminou de escrever *Vidas Privadas*, um sexteto de empedernidos septuagenários locais ainda compõe a atmosfera tocando clássicos de jazz dos anos 30 e 40.

Incontornáveis nostálgicos esperam os acordes de "Lili Marlene". Ou a súbita aparição de oleosos gigolôs eurasianos cheirando a ópio. Ou quem sabe uma Marlene Dietrich de salto alto atendendo sob o nome de Shanghai Lilly — como nas fantasias de Hollywood. Impossível: a Xangai mitológica é apenas uma memória. À exceção do Bund, a cidade antiga assemelha-se em parte a Dresden depois da Segunda Guerra, ou à atual Sarajevo. Destrói-se uma rua por semana. Para as estatísticas, isso significa que Xangai vai ficar "pronta" antes de Taipé, Bangkok e Jacarta. Outra interpretação é que a história de uma metrópole cosmopolita desaparece em delírios de cromo, aço e vidro de um bando de especuladores imobiliários de Hong Kong e Taiwan. Praticamente não há livrarias em Xangai. História? Cultura? Isso é coisa de demônios estrangeiros.

Ocidentais invariavelmente naufragam suas fantasias nostálgicas no Judy's Place — onde se acotovelam businessmen em completos Hugo Boss, chineses afluentes de todas as províncias com gigantescos Rolex de ouro, gangsters de carteirinha e "modelos" russas de US$ 200 a hora — as contrapartes contemporâneas de Marlene Dietrich. Judy's Place é um microcosmo da *guanxi* agogô: sem dúvida lembra os velhos tempos em que esta era a "puta da Ásia", uma cidade de exilados, oportunistas e táxi-girls clamando por um Balzac para imortalizá-la na literatura. A dona é uma dama de Xangai que trabalhava em um hotel, conheceu um europeu, e juntos montaram o negócio, sem problemas, porque seu pai era da polícia e o prédio pertence ao Exército do Povo. O Judy's é um verdadeiro bazar: todo mundo está tramando um negócio — sem se preocupar com leis, política, sindicatos, etc. Na China agogô, só bastam 2 coisas: dinheiro e *guanxi* — garantia de que quebra-se qualquer lei e consegue-se qualquer negócio. Os tubarões celebram em decadência total estendendo a noite no JJ Disco Square

— matadouro admirado de Fujian a Sichuan como o maior e mais barulhento night club de toda a China.

Mas foi justamente em um covil como o Judy's que encontrei um fabuloso espécime em extinção: o gentleman-scholar cosmopolita chinês fluente em inglês, me fazendo lembrar a observação de Bertrand Russell para quem nenhum homem civilizado é mais civilizado do que um chinês.

A cultura chinesa — em sua mais refinada acepção — é uma cultura literária. O *Livro das Odes*, uma coleção de baladas, já era reverenciado no século 6 a.C. de Confúcio. Livros eram tão importantes que o Grande Unificador — por via das dúvidas — não só os queimava como enterrava vivo quem os escrevia. Ao contrário do mito que prolifera no Ocidente, os chineses não são uma raça de guerreiros: a literatura os despreza. Preferem paz à conquistas. O respeito é dirigido para o poeta, o pintor, o calígrafo — para a sensibilidade estética e o conhecimento acumulados durante uma longa vida. Confúcio é considerado o Homero da literatura chinesa porque, acima de tudo, editou os famosos Cinco Clássicos: *O Livro da História, O Livro das Odes, O Livro das Mudanças, O Registro dos Ritos* e *Os Anais da Primavera e do Outono*. No século 11, o neoconfucionismo recuperou a hegemonia cultural: e aos clássicos juntaram-se os *Analetos* de Confúcio e os escritos de Mencio. Estes clássicos eram o currículo para quem se submetia aos exames do funcionalismo público. Eles representam a essência da moralidade confuciana e a principal influência sobre a cultura chinesa nos últimos milênios. Neles está a chave de todos os mistérios do enigma China.

A grande aspiração de um intelectual chinês era atingir a imortalidade através da escritura. Ou, se possível, passar a vida lendo e colecionando livros. A China inventou a impressão 1 milênio antes do Ocidente. Mesmo antes, nenhum homem educado podia viver sem sua biblioteca — que sabia citar de cor, não importa seu dialeto, todos mutuamente ininteligíveis: a língua escrita era a mesma para todos. Meu interlocutor me lembrou que o Poder, na China, não fala: escreve. Mesmo nas reuniões políticas comunistas — que não têm nada a ver com discussão ou decisão democrática — tudo já vêm por escrito: os oradores lêem suas intervenções cuidadosamente redigidas reproduzindo da maneira mais fiel a linha oficial corrente, no jargão oficial corrente. Mao era um poeta (embora medíocre). Apesar de seu ódio aos intelectuais — que ele qualificava de "fedorenta nona categoria", 9 sendo o fundo do poço na numerologia demonológica comunista — o amor à literatura sobreviveu ao maoísmo, embora pareça ter desaparecido de Xangai.

Como uma Scherazade chinesa de gravata e paletó de tweed, meu interlocutor era o próprio gentleman-scholar. Me lembrou, e citou, a famosa máxima de Yuan Mei: "No momento em que acordo, já penso em minha biblioteca, e corro para ela, rápido como um gato sedento". Há belíssimas gravuras chinesas de scholars arejando ou se deliciando com seus livros. Ele também falou de prazeres da carne — incluindo a história do notório gangster que vivia em uma mansão renascentista na concessão francesa com uma concubina em cada andar. Falou de manuais de sexo — dos quais o mais famoso não é um livro mas um lugar, o templo Lama em Pequim, com sua fabulosa coleção de estátuas eróticas. Falou dos rituais das casas de banho, das centenas de tipos de chá, da variedade das cozinhas regionais. Só um personagem como este para nos dar uma medida exata da sofisticação chinesa.

Xangai, antes da guerra do ópio, era um buraco. Só virou uma cidade de imigrantes e exilados, e cresceu a ponto de se tornar um magneto para todo o mundo, depois do contato com a — perdoe-nos o Reino do Meio — "civilização" ocidental. Como deixou claríssimo meu elegante interlocutor, sem cultura não há progresso, e esta, segundo ele, é a grande diferença entre a Xangai mitológica e a Xangai de hoje: este quebra-cabeças de massas muito pobres e novos-ricos muito insolentes, anúncios mais americanos do que na América profunda, uma profusão de motoniveladoras e calcinhas femininas marca Os Três Fuzis. Nesta Xangai, a única Lei é o darwinismo selvagem, cultura é um luxo supérfluo, e desapareceu a fermentação intelectual.

Ganhar a vida pensando, nesta China da corrida do ouro, é um inferno. Mesmo nos maoístas anos 60, o salário de um professor universitário era 10 vezes o de 1 trabalhador manual. Hoje, é no máximo equivalente. Oficialmente, na China há mais de 6 milhões de "intelectuais". O governo os corteja desde que sejam tecnocratas — e não filósofos. Mesmo assim permanece a evasão de cérebros. A maioria entre os mais de 60 mil estudantes chineses nas melhores universidades americanas não vai voltar a viver na China. De acordo com um dossiê do *Economic Daily* de Hong Kong, é praticamente impossível colocar gente jovem e de talento nos departamentos do governo chinês. Quem voltar não será por causa dos chamados do governo para construir a nação do futuro — mas pelos salários astronômicos oferecidos por bancos de investimento e firmas de corretagem em Hong Kong, Xangai ou Pequim. A futilidade do trabalho burocrático seria capaz de levar qualquer um que viveu nos EUA à loucura.

Xangai pode ser a vitrine da China no século 21. Mas, segundo meu interlocutor, sem um sistema legal, um código civil, regras rígidas para o sistema financeiro e respeito à cultura, será encarada pelo Ocidente apenas como uma Dodge City frente à Mahattan Hong Kong. Ninguém nos escutou no terremoto de decibéis do Judy's — o que certamente poupou o gentleman de uma viagem só de ida para um campo de reeducação. Quando nos despedimos, eu estava completamente transportado para uma daquelas paisagens chinesas clássicas envoltas na bruma. E não conseguia parar de pensar nesta ironia de encontrar o mais sofisticado esteta — uma reencarnação hedonista de Confúcio — em um bar. Enquanto isso, no fundo da noite, do outro lado do rio Huangpu, gruas gigantescas continuavam a erguer sem descanso as torres de sonho do neomercantilismo chinês.

Como governar um gigante em perigo de fissão nuclear? O orgulho, arrogância e autoconfiança chineses ultrapassam qualquer arroubo francês ou inglês, colonial ou pós. O nacionalismo costuma transmutar-se em isolacionismo e finalmente em xenofobia: o PC sabe quando e em quais feridas tocar (Mao era xenófobo, Deng um nacionalista/internacionalista). Apoiados nestes épicos 5 mil anos de História, os chineses têm a certeza cósmica de possuir a maneira correta de fazer qualquer coisa. Conceitos estrangeiros são impermeáveis a sua visão de mundo.

No século 19, cega de tanta autoconfiança, a China não foi capaz de avaliar sua progressiva inferioridade tecnológica em relação ao Ocidente — logo traduzida em inferioridade militar. Teria a técnica e o nível de educação suficiente para fazer o mesmo que o Japão após a Restauração Meiji de 1868: ou seja, modernizar-se à européia. Esta modernização só veio décadas depois de uma seqüência de traumas: o fim da velha ordem imperial, a revolução social, e a verdadeira revolução cultural que foi a tentativa do maoísmo de enterrar o sistema de Confúcio. Inúmeros exemplos nos reafirmam que o desmesurado orgulho cultural chinês lhes dá apenas uma vaga noção de pertencer a uma grande nação chinesa: a única experiência do mundo para a maioria absoluta da população é a família e o mercado mais próximo da vila natal.

É puro wishful thinking ocidental esperar uma voluntária descentralização política e a adoção de uma democracia parlamentar — o que ocasionaria uma fissão fatal do Estado chinês: as regiões ricas iriam para o seu lado, províncias reverteriam ao protecionismo e — horror dos horrores para o PC — Tibet, Xinjiang e a Mongólia interior aproveitariam para declarar independência. O falcão Li Peng declarou para todo o mundo ouvir em 94 que graças ao punho de ferro em Tiananmen a China teve 5 anos de paz e crescimento econômico. O preço pago, politicamente, pode ser altíssimo. Mas é fixado pelos exclusivos padrões chineses.

Um documento crucial que circulou pela China no final de 95 alertava que o crescimento da economia privada em detrimento da pública poderia eventualmente destruir as fundações do socialismo, e abrir caminho para a emergência de uma nova força política hostil ao comunismo. O documento refletia a visão dos falcões. O governo prefere uma abordagem mais gradual. Li Peng acredita que o mercado "tem um papel fundamental na alocação de recursos; mas na China, um país socialista, só pode funcionar sob o controle e a macrorregulamentação do governo". O governo vai continuar a encorajar o máximo de investimento estrangeiro direto — mas com ênfase em alta tecnologia. O frenesi não pára. Em 96, a China continuava sendo o maior receptor global de investimento direto entre países em desenvolvimento — com compromissos de mais de US$ 400 bilhões, e investimento real de mais de US$ 150 bilhões.

Depois de promover uma devastação cultural de uma brutalidade inimaginável no Tibet, Pequim também resolveu abri-lo ao capital estrangeiro, equiparado com as outras 5 zonas econômicas especiais — Shenzhen, Zhuhai, Xiamen, Shantou e Hainan. Especula-se o que fará o capital estrangeiro no Tibet — à parte entupi-lo de Holiday Inn. A Xinhua qualifica monastérios de "reservas turísticas". Pequim lançou em 96 a mais violenta campanha anti-Dalai Lama desde o início dos anos 80. O *Cotidiano do Tibet*, um jornal evidentemente subordinado ao PC, o qualifica de "charlatão" e "traidor". Jiang Zemin, referindo-se ao Dalai Lama em uma típica metáfora chinesa, diz que é preciso "cortar a cabeça da serpente". Radicaliza-se a repressão. De acordo com a International Campaign for Tibet, baseada em Washington, torturas de monges permanecem rotina. Ninguém mais pode portar fotos do Dalai Lama — que vive em exílio em Dharamsala, no Norte da Índia, desde 1959: são consideradas "material de propaganda reacionária". Ninguém mais pode portar o *sung-du* — talismã do budismo tibetano —, uma cordinha vermelha usada no pescoço ou no pulso abençoada por um lama durante uma cerimônia religiosa. Pequim quer minar não só a autoridade política como religiosa do Dalai Lama. Considera a cultura tibetana uma relíquia arcaica e reacionária. Sabe que o Ocidente apenas poderá exprimir profundo horror a esta política. E é só. Ao mesmo tempo, em toda a China, avança uma onda de neobudismo. A China durante a dinastia Tang vivia um conflito irresolúvel entre o anarquismo taoísta e o conformismo confucionista. Saiu da crise através do budismo *mahayana*, que chegou via Kashmir. Não seria impossível prever que o neobudismo atual possa acelerar uma futura acomodação do poder central com o budismo tibetano.

Por enquanto, Pequim é um desastre de relações públicas. Chegou ao cúmulo de prender em maio de 95 o garoto — filho de nômades do Norte do Tibet — escolhido pelo Dalai Lama como a encarnação do *panchen lama*, a segunda maior divindade do budismo tibetano. Só admitiu a prisão 1 ano depois. Políticos, diplomatas e ONGs do Ocidente o consideram o "mais jovem prisioneiro de consciência do mundo". Como se não bastasse, o PC vestiu uma carcaça de tibetologia e nomeou sua própria encarnação — um garoto entronizado no famoso monastério de Tashilhumpo, no Tibet, e recebido com ampla fanfarra em Pequim, em horário nobre da TV estatal, pelo próprio Jiang Zemin. O lamaísmo chique — fenômeno de comportamento veiculado por Hollywood em 97 através de uma série de grandes produções deslumbradas com a riqueza cultural do Tibet — transtornou o PC além de todos os limites.

O neomaterialismo desenfreado da nova China enriqueceu apenas alguns tibetanos. A maioria está desempregada — e alcoolizada por vinho de arroz barato. Milhares trabalham como informantes — muito bem pagos pelos chineses. Consideram que o Ocidente abandonou esta que é a maior reserva espiritual da humanidade — e a batalha pela independência está perdida. Mas a resignação é enganosa: cedo ou tarde jovens tibetanos expostos ao contato com o Ocidente poderão provocar uma nova e perturbadora explosão de ressentimento.

Na China como um todo, permanece o óbvio ululante em neon escarlate: o que fazer com tanta gente. Mesmo com a implacável política de filho único, e descontadas as garotas assassinadas no pós-parto, cada ano nascem e crescem na

China 21 milhões de bebês — 7 Cingapuras. O chinesinho número 1.300.000.000 nasce em torno do ano 2000. Do ponto de vista do PC, o fantasma de outra revolta camponesa deve ser evitado a qualquer custo. A aritmética dá calafrios: hoje há mais de 850 milhões de camponeses contra apenas 50 milhões de funcionários do Partido tentando governar o país.

Como vimos, o boom de Deng deu certo porque em essência transferiu mais dinheiro, mais poder e mais autonomia às províncias — especialmente litorâneas —, que aproveitaram ao máximo a confluência de alta poupança interna com farto investimento estrangeiro. Todas as zonas econômicas especiais foram deliberadamente criadas no Sul — grudadas com patas de caranguejo no principal eixo de crescimento da Ásia-Pacífico. Ao mesmo tempo, milhares de empresas, mesmo aos trancos e barrancos, se racionalizaram, adotaram integração vertical, e se concentraram em um determinado setor de competência, terceirizando sua produção. A turbina agora está amplamente redesenhada. A China é obrigada a partir para sua verdadeira conquista do Oeste — das planícies da Manchúria às estepes da Mongólia, dos desertos de Xianjiang ao platô tibetano, das montanhas de Yunan aos vales de Sichuan. Não há garantias de estrondoso sucesso: investidores temem a falta de infra-estrutura e as limitações logísticas. Ao mesmo tempo, a China ficará inexoravelmente mais rica com a volta de Hong Kong e Macau, a explosão de dinamismo de Xangai, e o fluxo constante dos bilhões da afluente diáspora chinesa. Assim como Che Guevara queria "1, 2, mil Vietnãs" na América Latina, o PC vai querer 1, 2, mil preciosas Cingapuras na China. E nenhum wishful thinking ocidental fará Taiwan escapar de seu encontro — espera-se não truculento — com o destino, acoplando-se à "grande causa da reunificação da Mãe-Terra".

O novo Mandato do Céu só sobreviverá se for um Mandato com os pés na Terra. Para evitar o caos, deve criar uma mínima rede de seguro social, e uma série de benefícios sociais à mão-de-obra móvel que vaga pelo país em busca da grande chance. Imagina-se quando terá a grandeza de espírito de oferecer um tratamento no mínimo decente a órfãos, dissidentes políticos, e vítimas constantes de aborto ou esterilização forçada; e quando cessarão as escabrosas detenções e execuções arbitrárias de prisioneiros — a fonte mais conveniente de órgãos para transplante. O relatório da Anistia Internacional de 96 demonstrou mais uma vez como "praticamente não existe salvaguardas que previnam a má administração da Justiça" na China.

O Mandato com os pés na Terra deve resolver a qualquer custo o quebra-cabeça de como criar empregos produtivos para milhões de migrantes rurais em milhares de estatais inapelavelmente improdutivas. O precário equilíbrio entre o crescimento econômico acelerado e a porta aberta às idéias do Ocidente vai permanecer — o que sempre estará ameaçando gerar descontentamento político, com ou sem tablóides de mexericos. Não há evidências de que o boom econômico tenha levado à maior liberdade política. Pelo contrário: hoje é muito mais difícil fazer política — criticar o PC — do que no meio da década de 80. Mas se diminuiu a liberdade política, aumentou a liberdade pessoal. A equação que vale para a maior parte dos tigres asiáticos — maior liberdade econômica e pessoal leva a maior liberdade política — não se aplica necessariamente à China. A ênfase — segundo o próprio Jiang Zemin — é criar uma "civilização espiritual".

Detona-se para tanto uma série de campanhas: contra o crime ("as massas não sentem mais um senso de segurança"), contra os "6 males" (drogas, pornografia, prostituição, rapto de mulheres para posterior venda, jogo e superstição), contra o "lixo cultural" (obviamente do Ocidente), a favor da educação moral e cívica, e até mesmo uma campanha para a "purificação da língua chinesa", assolada por "tendências nocivas" que incluem elementos de línguas estrangeiras, dialetos e chinês clássico. As campanhas não devem ser tomadas ao pé da letra. Por exemplo, parabólicas na China só têm permissão de captar sinais de emissoras chinesas. Por que, no caso, não interditar de vez a venda de parabólicas? Porque elas são fabricadas pelo Ministério da Eletrônica e vendidas pelo Exército e pelo Ministério do Rádio, Cinema e Televisão. Ou seja: enquanto um funcionário do PC execra o lixo ocidental, outro funcionário do PC vende a influência corruptora a um preço acessível.

Em *China Pop*, Jianying Zha — que viveu o massacre de Tiananmen e hoje é uma scholar em Chicago — descreve um processo fascinante, contraditório e desconhecido no Ocidente: como uma nova cultura de massa copiada do Ocidente está dominando a China, e como a mídia chinesa está transformando o país com mais eficiência do que uma revolução política. O PC aceita uma verdadeira avalanche de novelas, tablóides de sexo, pornografia e cultura de consumo de novo-rico como uma maneira de aplacar a adrenalina da população. O dinheiro novo e o comercialismo desenfreado estão dissipando a frustração e a raiva sentidas por milhões de chineses. Jovens descobrem que escrever ou produzir um programa de sucesso na TV lhes dá liberdade econômica — e perdem seu fervor de reforma política. Os tablóides transferem o foco de sua cobertura do governo para mexericos de celebridades. Fotos de mulheres seminuas são creditadas pelos editores destes tablóides como um "alívio" para os leitores. O fator crucial é que são legitimadas pelo Partido como "diversão cultural". Celebram-se feiras de arte em McDonald's. De acordo com Zha, "muita gente que encontro hoje em Pequim mudou de idéia sobre Tiananmen. Eles acham que confrontação direta com o governo não tem futuro, que os estudantes se enganaram e que a democracia ocidental não se encaixa nos objetivos chineses. Há 4 anos, Deng Xiaoping era francamente execrado como carniceiro de seu próprio povo. Hoje, muitos se referem a ele como o sábio patriarca que conhecia o único caminho seguro para se realizar uma transição de sistemas. O espírito nacional agora favorece o que chamo de noticiário Light, cultura Light e comunismo Light". Como vemos, o braço do PC é muito mais longo do que se suspeita.

Antes da encruzilhada, na metade dos anos 90, a China tinha 2 opções: uma nação mercantil a caminho da desintegração, ou uma nação de governo central forte conservando certos monopólios (estatais escolhidas). O PC escolheu a segunda opção. "Socialismo à chinesa" é uma nuvem de fumaça: só interessa à liderança coletiva transformar a China em uma moderna potência industrial, o que automaticamente a legitima no poder. Pesquisadores da Rand, o think tank de Santa Mônica, Califórnia, avisam que quando a nova modernização se assentar — entre 2005 e 2010 — o poder de fogo da boca do dragão será simplesmente cósmico. Não haverá limites para os superávits comerciais — que em 96 acusavam US$ 36 bilhões com os EUA, US$ 14 bilhões com o Japão e US$ 13 bilhões com a União Européia. No ano 2000 o volume do comércio exterior chegará a fantásticos US$ 400 bilhões. Já era US$ 280 bilhões em 95.

Pequim deve baixar suas tarifas aduaneiras — hoje em torno de 23% (promete zero em 2020, mas há uma série de legendárias "barreiras invisíveis") — para entrar na OMC. O xis da questão é se a China deve ser classificada como um país em desenvolvimento, e por quanto tempo: países em desenvolvimento têm direito a um período maior de transição para reduzir suas tarifas. Para entrar na OMC, a China — de acordo com o Ocidente — deve ser mais transparente, menos restritiva, cortar subsídios às estatais, e abrir seu mercado de serviços. A China não quer entrar na OMC porque acredita no sistema ocidental — mas porque calcula se tornar mais rica e poderosa. Quer entrar, no entanto, sob seus próprios termos — radicalmente opostos aos de EUA e Europa. Por exemplo, empresas estrangeiras não podem simplesmente comerciar como bem entendem com empresas e indivíduos na China. O PC concede direito de comércio apenas a certas empresas — na maioria absoluta dos casos enormes monopólios estatais. Mesmo se a China corta taxas, permanece a dificuldade para empresas estrangeiras em vender para a China. Os chineses dispõem-se a conceder direitos comerciais apenas a joint ventures.

Li Peng, com certa razão, diz que sem a China a OMC é uma "Organização Regional do Comércio". EUA e Europa até concordam. Mas depois da primeira conferência ministerial da OMC, em Cingapura, o governo decidiu que não tem pressa em aderir. A prioridade é a diversificação comercial: reduzir a dependência dos EUA, aumentar o comércio já substancial com o resto da Ásia, e abrir-se mais à Europa. Os EUA continuam cobrando passos "comercialmente significativos" (sic) dos chineses. Mas de acordo com a formidável Wu Yi, ministra do Comércio Exterior e da Cooperação Econômica, é "irreal" esperar que a China abra seus mercados tão rápido e tão cedo. Politicamente, o melhor negócio para a China é entrar na OMC depois que a atual liderança coletiva colocar a casa em ordem após a morte de Deng.

A China também deve controlar a pirataria de software. Wu Yi concorda, mas não admite nenhuma pressão, seja do Congresso americano ou de Bill Gates em pessoa. O fato é que mesmo condenando traficantes à morte, a China em 95 produziu 54 milhões de CDs e laser discs, para um mercado doméstico que só absorve no máximo 5 milhões. Através de Hong Kong, o excedente vazou para todo o Sudeste da Ásia e as 3 Américas.

A China é a economia que mais cresceu no planeta nas últimas 2 décadas. Não chegará a número 1 sem continuar a crescer ao mesmo ritmo pelo menos por outras 2 décadas. Para os tigres que investem na China, este é um axioma indiscutível — e já provado por antecipação. Mesmo porque a Coréia, com uma renda per capita de mais de US$ 10 mil, continua crescendo a 8% ao ano. E Cingapura, com uma renda per capita quase igual à dos EUA, até há pouco crescia a quase 10% ao ano. O motor do desenvolvimento chinês deverá ser a Comissão Estatal de Economia e Comércio — cujo modelo privilegiado é o MITI japonês. Coordenando as políticas industrial e comercial, o MITI foi a chave para o crescimento do Japão nos anos 80 — especialmente ao identificar caminhos para a indústria japonesa. Este MITI chinês do século 21 — focalizado em desenvolvimento industrial, e guiando a produção — deve em tese tornar o capitalismo vermelho mais eficiente em casa e mais competitivo no mundo. Mas, para este cenário dar certo, o PC precisa acima de tudo livrar-se de sua obsessão em não delegar poder — o que torna difícil coletar impostos, conter a explosão de criminalidade, vigiar as estatais e, em última análise, governar.

No tumulto da China agogô, todos os signos se entrecruzam. Não é fácil ler nas entrelinhas. Jiang Zemin veste o manto de Mao e urge artistas e escritores a usar a arma da política marxista para "combater o perigo crescente da liberalização burguesa". Ao mesmo tempo, cultiva cuidadosamente as relações com os EUA. *A China Pode Dizer Não* — escrito por 5 jovens intelectuais, e baseado em *O Japão Que Diz Não*, de Akio Morita e Shintaro Ishihara — foi o maior best-seller de 96. Os EUA são o alvo principal dos garotos, que afirmaram ter participado de Tiananmen e hoje consideram os EUA "repugnantes". Para um alto funcionário do PC, eles exprimem exatamente o que os mais altos dirigentes do Partido gostariam — mas não podem — dizer em público.

No imediato pós-Deng, os anos do búfalo (97), tigre (98) e coelho (99) são absolutamente cruciais para a China se posicionar no ano 2000 — o ano do dragão, grávido de simbologia — em uma indiscutível auto-estrada da Glória. Não se pode subestimar a acumulação de ambição e inveja provocada pelo boom econômico. O pós-Deng será definido pelas relações conflituosas de uma série de forças: o Exército, grandes famílias de Pequim, o clã de Xangai, administradores das províncias do Sul e do Oeste, uma nova classe política mais maleável e exposta a idéias do Ocidente, a Assembléia Nacional — preocupada em estabelecer um Estado de Direito — e a sociedade civil, representada pelas classes médias que brotaram da reforma econômica. É absolutamente impossível prever se o PC deverá predominar sobre esse gargantual conflito de interesses — ao mesmo tempo que por uma questão de sobrevivência será obrigado a limitar ao máximo a californização acelerada da sociedade.

Que diz o Oráculo de Cingapura? Lee Kwan Yew — do qual cada murmúrio é escrutinado ao limite na Ásia — já consultou seu espelho, e já sabe de tudo. Segundo Lee, os atuais líderes tecnocratas não-ideológicos farão de tudo para evitar a desintegração — permitindo, inclusive, no futuro, uma democracia informal, "no nível da grama", como dizem os americanos; provavelmente grupos representando os interesses de camponeses ou pequenos proprietários privados. Ou seja: mesmo Lee acredita que no fundo a China é hoje um país em desenvolvimento "como os outros", onde a democracia inevitavelmente se impõe ao se atingir um nível considerável de prosperidade e educação.

A China já avisou oficialmente — e não se trata de tática diversionista — que não provocará nenhuma guerra: sabe que seria um desastre econômico insuportável. Os EUA — em renovada aliança formal com o Japão — deverão continuar seu envolvimento militar na Ásia, permitindo um balanço com China e Japão. O fato cristalino é que a China, e não os EUA, venceu a Guerra Fria do século 20: saiu do buraco para virar uma superpotência. Do ponto de vista do Ocidente, a única alternativa a uma Guerra Fria século 21 entre EUA e China é integrá-la a sistemas econômicos e de segurança regionais e globais. Mas falta tato: os chineses detestam tomar lições de moral, ou agir sob pressão externa. O conceito de "cair a cara" persegue obstinadamente cada chinês com se fosse sua sombra — a ponto de que se um chinês morre em um país estrangeiro, seus despojos devem ser enviados de volta à China: caso contrário seu fantasma ficará de cara no chão ao se misturar com solertes fantasmas estrangeiros... Tato ocidental fará os falcões chineses — ainda numerosos na cúpula do PC — perceberem que somente a moderação atende a seus interesses. Como observa o sinólogo W.J.F. Jenner, é dificílimo para a China livrar-se de sua tirania mental — e da tirania de sua história política. A corrida do século 21 será totalmente tecnológica: a China jamais chegará a preeminência sem cruciais transferências de tecnologia do Ocidente. Os europeus já perceberam o que está em jogo e têm agido com pragmatismo.

Lee considera "impossível" vermos algum dia 1 bilhão de pessoas votando para presidente na China. Mas já em um seminário em Cingapura, em 94, alertava que a China realmente deseja "jogar pelas regras mundiais" e livrar-se do etnocentrismo. Existe mesmo a possibilidade de a elite se moldar aos chineses de Taiwan — muito mais expostos ao que o Ocidente tem de melhor: "As atitudes dos chineses continentais vão depender de como americanos, japoneses e europeus interagem com eles e influenciam sua visão de mundo". Um magnífico ex-embaixador britânico na China — praticamente saído de uma descrição de Kipling — me disse a mesma coisa: "Confrontar os chineses é irresponsável. Cooperar é o curso de ação correta. É uma questão de simples realismo político".

Para Lee, uma reunificação apressada China-Taiwan seria "catastrófica": o ideal seria esperar até o meio do século 21. E mesmo que em 2050 a China seja a maior potência do globo, ele acredita que não dominará a segunda metade do século como os EUA dominaram a segunda metade do século 20 — porque não terá os atrativos soft americanos como artes, música e literatura. Lester Thurow prevê que a China só terá uma configuração de país desenvolvido no final do século 21 — quando sua renda per capita poderá chegar a cerca de 70% da renda japonesa. Thurow não acredita que a China vá se desintegrar à la URSS, ou que tenha um chilique como grande parte da América Latina — "corredores econômicos que entram em colapso antes da linha de chegada".

A China desde a ascensão de Deng parece ter admitido psicologicamente que é um país pobre — e deve trilhar um longo e tortuoso caminho para recuperar o tempo e o terreno perdidos. Nessas condições, jamais repetirá o fatal erro histórico do século 16 — permitindo-se, mais uma vez, ser derrotada pela própria ineficiência. Para a mídia hegemônica anglo-americana — que filtra a Ásia para o Ocidente —, só existe na China uma câmara de horrores: corrupção, criminalidade, perda de valores tradicionais, infração de propriedade intelectual, desrespeito aos direitos humanos. Em *China as Number One*, Laurence Brahm — que vive em Pequim desde o início das reformas de Deng — pergunta que países em desenvolvimento não enfrentaram estes problemas, e que nações desenvolvidas não enfrentam problemas até piores — como conflitos raciais, abuso de drogas e violência urbana.

O ponto é mais do que correto. Podemos passar toda a nossa vida impressionados pelas maneiras através das quais o imenso gulag maoísta transforma-se em uma nação em desenvolvimento quase como as outras. A China neste final de século foi além de qualquer outra nação para melhorar a qualidade de vida de boa parte de sua população. Estamos falando de quase 1,3 bilhão de pessoas, não de algumas dezenas de milhões. Compreende-se a arrogância do Ocidente. No século 19, Inglaterra e França invadiram a China — primeiro produtor mundial de seda — com algodão de má qualidade fabricado em Manchester e Roubaix. Imensas fortunas européias nasceram no longínquo "Extremo Oriente" — e permitiram, entre outras coisas, a industrialização acelerada da Europa. Agora quem está de volta é o "Extremo Oriente". Que ressoe o aviso do Grande Timoneiro — revisto e corrigido pelos filhos do capitalismo vermelho: "Reacionários internos e externos, cuidado".

9

A Internet de bambu

*"Nossa terra será uma linda
Shangri-La, com a bênção de Deus"*
Lee Teng-Hui, cristão,
presidente de Taiwan

No futuro, em galáxias muito distantes, ao examinarem o final do curto e tumultuado século 20, podemos imaginar historiadores virtuais franzindo suas sobrancelhas digitais perante um fenômeno sem precedentes: como um império milenar foi capaz de ressurgir das cinzas e, em apenas alguns anos, transformar-se vertiginosamente na superpotência econômica do século 21. Não se trata do fabuloso império romano, e muito menos do curto e pós-moderno império americano — mas do império China.

Os historiadores ficarão ainda mais surpresos ao constatarem que os agentes secretos da Renascença não foram as centenas de milhões de habitantes da Mãe-Terra, mas uma verdadeira via láctea de refugiados: os *hua qiao* — a diáspora chinesa espalhada pelo mundo, também conhecida como overseas chineses, China Invisível, Grande China Inc., Filhos do Imperador Amarelo, Senhores do Anel (do Pacífico), mandarins mercadores ou, simplesmente, os judeus da Ásia. Vamos chamá-los de Internet de bambu. A maior business school do planeta é a China contemporânea. E os professores são todos da Internet de bambu.

Por que Internet? Porque através de laços de família, clã e dialeto, a diáspora criou uma verdadeira nação sem fronteira, trançada de redes de business, cujo PIB em 96 era de US$ 450 bilhões, ligeiramente abaixo do chinês (US$ 500 bilhões), e empregando um modelo de organização que prefigurou a invenção americana — via Departamento de Defesa — da Internet.

Convergindo suas atenções para a China desde 85, a Internet de bambu pontilhou a Mãe-Terra de mais de 200 mil joint ventures, incluíndo parques industriais, fábricas, hotéis, lojas de departamentos, estradas e até mesmo este supremo lixo capitalista — karaokês. Na China, 30 milhões de pessoas têm parentes na Internet de bambu. Apenas na Ásia, a diáspora reúne 21 milhões em Taiwan (98% da população), 5,7 milhões em Hong Kong (93,4%), 2,3 milhões em Cingapura (77,6%), 6 milhões na Malásia (30%), 8,3 milhões na Tailândia (14%), 5 milhões na Indonésia (2,5%) e 1,1 milhão nas Filipinas (1,5%). O total é menos de 5% da população da China continental: mas domina nada menos que dois terços do comércio varejista de todo o Leste da Ásia.

A diáspora controla nada menos que 90% das pequenas e médias empresas de comércio e serviços que empregam cerca de metade da força de trabalho na maior parte dos países da Ásia. Controla mais da metade da economia da Malásia, 60% da Tailândia e 70% da Indonésia. No mundo inteiro, contava 57 milhões de pessoas em 96 — incluindo 1 milhão na Califórnia, a maior comunidade chinesa do Ocidente. Seus PhDs treinados em universidades de elite e laboratórios da Califórnia — 3 em cada 5 estrangeiros graduados em ciências na UCLA — estão criando uma nova Internet de empresas high tech capazes de confrontar a liderança tecnológica japonesa na Ásia já na segunda década do século 21.

Em alguns vôos da Canadian Airlines para Hong Kong, membros da diáspora me explicaram como a Internet investe fortunas no Canadá — onde 20% da população de Vancouver (ou Hong-Couver) já é chinesa; e como ataca o mercado imobiliário californiano — aproveitando-se que bancos, companhias de seguros e construtores japoneses estão vendendo suas propriedades a preços historicamente baixíssimos. Califórnia e British Columbia, no Canadá — acolchoada de incertezas políticas, e isenta de imposto sobre renda obtida offshore —, são os ninhos de luxo da Internet de bambu, nos críticos acoplados a Hong Kong, Cingapura, Taiwan, as províncias do Sul da China, Nova York e Inglaterra. Esta ponte-aérea entre Ásia e Costa Oeste dos EUA gerou já nos anos 80 a contraparte pós-tudo do judeu errante: o nômade transpacífico, conhecido em Taiwan como *tai kung fei jen*, "astronauta" para quem o conceito de nação-Estado é totalmente irrelevante. O astronauta é o personagem-chave por excelência da Internet de bambu.

Com 70% do investimento estrangeiro total, a Internet de bambu apostou mais dinheiro no futuro da China do que corporações de EUA, Europa e Japão combinadas. 9 entre as 10 companhias listadas em Hong Kong que mais investem na China — em um total de mais de US$ 12 bilhões — são controladas pela diáspora. Se necessário, esta nação invisível poderia em alguns dias levantar mais de US$ 2 trilhões com a venda de seus ativos, ou seja, 40% do PIB do Japão. Se fosse mesmo uma nação, só teria menos capital do que EUA e Japão.

Chineses já circulavam pelo Sudeste da Ásia antes mesmo da expulsão dos judeus da Palestina pelos romanos. Imperadores da gloriosa dinastia Han — que entre outras coisas acolheu os ensinamentos budistas da Índia — também já pensavam em ampliar seus domínios. Mercadores chineses levaram a rota da seda até a Bactria — hoje Afeganistão; suas sedas faziam furor entre os esnobes romanos. Mas a Índia sempre teve mais influência no resto da Ásia do que a China. Historicamente, os chineses passaram a ser uma raça de imigrantes contumazes apenas a partir da dinastia Ming (séculos 14 a 17). Em sucessivas vagas, fugiram da pobreza, guerras ou tumultos políticos da Mãe-Terra para passar a dedicar toda sua lealdade acima de tudo a onde estava o dinheiro em suas terras de adoção.

A auto-estima chinesa não se recuperou até hoje da chegada à Ásia dos bárbaros europeus — e do colapso instantâneo do mito do Reino do Meio, "Tudo sob o Céu". Os chineses já conheciam Málaca, ao Sul da península malaia, desde o século 7: os portugueses só chegaram no início do século 16, usando esta quintessência do empório oriental — entre o Oceano Índico e o mar do Sul da China — para explorar as ilhas recheadas de especiarias do arquipélago que hoje chamamos Indonésia. Portugal tentou um acordo comercial com a dinastia Ming. Fracasso. Terminou optando pelo comércio ilícito — com a colaboração de mercadores chineses —, até que no meio do século 16 ganhou permissão de se instalar em Málaca e Macau.

Os portugueses não agüentaram a barra pesada de enfrentar corrupção, doenças, torpor tropical e um bando de muçulmanos inóspitos. Logo instalou-se a supremacia espanhola. Manila — antes de ser conquistada pela Espanha em 1571 — era um entreposto controlado por chineses. Os espanhóis sonharam em conquistar e converter a China à sua demência missionária. Na impossibilidade, a Cruz converteu as Filipinas.

No início do século 17, uma firma comercial que também era um Estado — a Companhia Holandesa das Índias Orientais —, fundadora da moderna África do Sul e mãe da moderna Indonésia, tomou conta do arquipélago e assegurou um virtual monopólio da produção e comercialização de especiarias. No século 18 apareceram os ingleses. Compraram a belíssima ilha de Penang, na Malásia, no final do século 18, e Stamford Raffles fundou Cingapura no início do século 19 — em plena selva no extremo Sul da península malaia. Em 1826, os ingleses solidificaram sua hegemonia controlando os três portos cruciais da região — Penang, Málaca e Cingapura: os chamados Straits Settlements.

Chinatowns espalharam-se imediatamente por todas as grandes cidades do Sudeste da Ásia — demonstrando como a imigração e o comércio chineses "seguiram as bandeiras européias", na frase do historiador Wang Gungwu. Chineses espalharam-se por Batávia (hoje Jacarta) e pela costa ocidental da Malásia, entre Penang e Málaca. Cingapura, embora com um nome em sânscrito ("Cidade do Leão"), ainda é uma cidade quase 80% chinesa. Quando os franceses tomaram Saigon no século 19, a cidade-irmã de Cholon ("Grande Mercado") já era chinesa. Métodos de governo chineses, escrita ideogramática e uso de pauzinhos moldaram a cultura vietnamita.

No século 19, fazendinhas medievais revelaram-se incapazes de suprir uma China já superpopulada: entre a guerra do ópio (1830-1842) e a Segunda Guerra Mundial, as migrações esparsas transformaram-se em um êxodo de massa das províncias do Norte para os mares do Sul da China. Mais de 2 milhões de chineses espalharam-se por península malaia, Indochina, Sumatra, Java, Filipinas e continuaram seguindo para Havaí, Índias Ocidentais, Califórnia, Austrália e até mesmo Brasil — onde, em 1810, já havia chegado o primeiro contingente de asiáticos ao Novo Mundo, sob os gloriosos auspícios de Portugal. Na Costa Oeste americana, foram os chineses que pregaram os dormentes de trem da lendária Central Pacific, através das montanhas de granito da Sierra Nevada e dos desertos de Nevada e Utah.

Na Ásia, os chineses estabeleciam-se como artesãos, mercadores, cambistas: em essência, intermediários entre a elite dominante — funcionários coloniais, donos de plantações, mercadores europeus — e as "grandes massas" da época, os camponeses nativos. Passaram a vender de agulha a galinha. E naturalmente passaram a ganhar fortunas — comparados aos nativos. Até mesmo o hipercolonialista Rudyard Kipling ficou impressionado quando não viu um só chinês fazendo siesta durante o dia em Penang, Cingapura e Hong Kong — comentando que se os britânicos controlassem tantos chineses quanto hindus na Índia, das duas uma: ou teriam sido expulsos há muito tempo da colônia, ou estariam inimaginavelmente ricos. Em 1914, o rei do Sião, Rama 6, declarou que os chineses viviam como ratos e praticavam um dumping primitivo para vender mais barato do que qualquer competição, e os imortalizou como "os judeus da Ásia" — gananciosos, hipercompetitivos, inconfiáveis, alimentando um estereótipo ainda mais exacerbado no início do século 20 pelos romances ingleses do famoso personagem Fu Manchu.

A esta altura, a diáspora de chucros camponeses/mercadores já havia se transfigurado em uma série de populações urbanas, cosmopolitas e sofisticadíssimas em comparação ao chinês médio da Mãe-Terra — mesmo que ainda condicionadas à velha identidade tribal. A diáspora absorvia as tecnologias e a filosofia de trabalho ocidentais e beneficiava-se da expansão do capitalismo de uma maneira impossível a seus conterrâneos — atolados nos horrores sucessivos da dinastia Qing, guerra civil, ocupação japonesa e maoísmo enlouquecido.

A China imperial a princípio considerava a diáspora como um bando de subversivos em potencial ou, pior ainda, *yu-min*, um bando de vagabundos improdutivos: só começou a perceber sua importância no final do século 19, quando sentia no pescoço a respiração ofegante dos "demônios estrangeiros". Sun Yat-Sen, o fundador da república chinesa em 1912, passou grande parte de sua vida coletando fundos no Sudeste da Ásia, Havaí, Califórnia e Nova York. Pode-se dizer que a primeira revolução chinesa do século 20 é "filha da diáspora", como admitiu o próprio Sun Yat-Sen. Depois de guerra civil, ocupação japonesa e vitória do comunismo, a diáspora se dividiu em 3 grupos: adeptos dos nacionalistas em Taiwan, adeptos do comunismo na Mãe-Terra, e o grupo principal — que apenas queria continuar em paz ganhando dinheiro em sua terra de adoção. O comunismo maoísta, a partir de 49, passou a execrar a diáspora como uma corja de traidores ou decadentes viajantes da "estrada do capitalismo".

Sinólogos concordam que a Internet de bambu — seu estilo de vida, suas concubinas, sua maneira de lidar com as pessoas e com dinheiro — era considerada o principal inimigo para a construção do socialismo. Mas o maquiavélico Deng percebeu que apenas a diáspora tinha dinheiro, tecnologia e capacidade de business para acordar uma Mãe-Terra empobrecida, subdesenvolvida e sem nenhuma infra-estrutura — a herança do Grande Tiranossauro Mao. Deng também sabia que, se recorresse a japoneses ou ocidentais, corria o risco de se subjugar a mais um neocolonialismo de "demônios estrangeiros". A diáspora, portanto, foi cortejada e convocada para — patrioticamente — (re)construir o desenvolvimento da Mãe-Terra. De acordo com um pêndulo histórico absolutamente chinês, tudo que Mao considerava um pecado — acionar os parentes, mexer os infinitos pauzinhos das *guanxi*, conhecer as invisíveis e milenares regras de business na China — transformou-se de repente em virtude.

Hoje, o QG chinês de uma das multinacionais mais ricas e poderosas do planeta é o repulsivo edifício modern kitsch de rigor em meio às ruínas sublimes das casas da velha Pequim. À primeira vista, ninguém daria um *yuan* amassado por este monstrinho — onde está instalada a All-China Federation of Returned Overseas Chinese: mas foi aqui que se encontraram os dólares — americanos, Hong kongers, cingapurianos — e os yuan, *ringgit*, *baht* e rúpias que financiaram a alucinante modernização da China. Hoje, o objetivo primordial da federação é também o Santo Graal do PC em Pequim: acelerar a reunificação de Taiwan.

http://www.cbn.com.sg/ Como não poderia deixar de ser, a Internet de bambu também possui seu endereço na própria Internet — o web site da World Chinese Business Network. A idéia é do infalível Confúcio pós-moderno, Lee Kwan Yew, criador de Cingapura Inc. A família de Lee é pura diáspora: migrou do Norte para o Sul da China, depois para o Sudeste da Ásia, e fala o dialeto *hakka*. Ninguém melhor do que Lee para identificar o momento histórico crucial em que o boom econômico chinês alcançou velocidade supersônica: "Depois de Tiananmen em 4 de junho de 89, o Japão e o Ocidente proibiram seus turistas e investidores de ir à China. Durante este período crítico, chineses étnicos de Hong Kong, Macau e Taiwan aproveitaram a oportunidade para comércio e investimentos, lucrando com a economia chinesa cada vez mais livre-mercado. Depois do seu sucesso, vieram os chineses étnicos do Sudeste da Ásia. 3 anos depois, em 92, os resultados espantaram o mundo. O crescimento foi para 12% ao ano — o que reavivou o interesse pela China de americanos, europeus e japoneses".

Em *Chinatown*, de Roman Polanski (1974), um dos grandes film noir da história de Hollywood, o roteirista Robert Towne usa a cidade chinesa como o coração do sonho californiano. Chinatown é este buraco negro, impenetrável, onde tudo é misterioso e os sonhos se dissolvem em tragédia — o implacável tema luz e trevas inerente ao mito da Califórnia, onde a América chega a seu fim, no Pacífico, e só lhe resta refazer seus passos ou mergulhar no fundo do oceano. O detetive Jake Gittes (Jack Nicholson), ao final de uma orgia de incesto, crime e corrupção, está impotente: "Forget it, Jake, it's Chinatown". Este universo é impenetrável à lógica e à Lei do homem branco.

Nas primeiras décadas do século 20, as Chinatowns das grandes cidades do mundo configuravam-se como o próprio coração do mistério: ao crepúsculo, quando os setores europeus fechavam as portas e ficavam em silêncio, as ruas desoladas, em Chinatown sentia-se a eletricidade no ar quando se acendiam os neons. Em todas elas encontrava-se um labirinto de associações clânicas e sociedades secretas. Ao fundar Cingapura, Raffles alocou aos chineses seu próprio bairro — hoje uma Chinatown dentro de uma cidade de maioria chinesa. Em Batávia — hoje Jacarta — os holandeses confinaram os chineses num gueto. Paris tem três Chinatowns — a maior delas em Porte d'Ivry, com atmosfera de Chinatown da Indochina. Los Angeles tem duas Chinatowns: em downtown, os vietnamitas já superam os chineses, e a atmosfera é de Saigon; Monterey Park é uma Chinatown suburbana de classe média. A Chinatown de Amsterdã vem com um neon onde lê-se "Perigo": não é raro aparecer um cadáver de manhã na rua. Londres é uma das mais novas; surgiu apenas em 65, um pouco antes da swingin' London, quando alguns restaurantes chineses abriram na Gerrard Street — no Soho. A imigração londrina vem sobretudo de Hong Kong, China, Vietnã, Cingapura e Malásia.

A Chinatown de Bangkok tem mais de 150 anos. Data do tempo em que era uma Veneza oriental — um bazar marítimo onde acumulavam-se centenas de juncos e 6 km de lojas flutuantes: ainda hoje metade da população é siamesa, e a outra metade descende de chineses. No labirinto de templos, carrinhos de comida, vendedores de loteria e lojas de ouro, os chineses também controlam a indústria da prostituição, onde a maior parte das garotas são siamesas ou da Indochina. A Chinatown de Nova York também tem mais de 150 anos. Começou em uma única loja, e hoje é a maior do Ocidente. Nova York é a capital americana da imigração chinesa: Chinatown já engoliu pedaços de Little Italy, chegou ao East river e avança ao norte pelo Village. A classe operária mora em Chinatown, a classe média fora. Os imigrantes vêm não só de Hong Kong e Taiwan como da China e do Vietnã.

De acordo com o papa dos scholars da diáspora chinesa, Wang Gungwu, há quatro tipos históricos de imigrantes: 1) os comerciantes, artesãos e trabalhadores que se instalaram nos séculos 18 e 19 pelo Sudeste da Ásia e desenvolveram suas grandes redes comerciais; 2) os *coolies* ou trabalhadores contratados — que voltavam para a China ao término dos contratos. Milhares foram para a Austrália e Califórnia — onde entraram na corrida do ouro e construíram quase todas as ferrovias do Oeste; 3) os *hua qiao*, ou "overseas chinese" que imigravam mas que mantinham ou mantêm sua ligação emocional, cultural, financeira e até mesmo política com a Mãe-Terra; 4) os *hua-i*, cidadãos estrangeiros de origem chinesa, que imigram e se estabelecem em dois ou até mesmo três países diferentes. Um chinês de Hong Kong que vive em Toronto é um *hua-i*, assim como uma chinesa da Indonésia que vive em São Paulo.

Chovem teorias — e preconceitos — sobre a razão do sucesso espetacular da diáspora chinesa. Em conversas privadas, muitos chineses chegam a qualificar os nativos — especialmente do Sudeste da Ásia — como obtusos, preguiçosos ou atrasados. E muitos nativos insinuam delicadamente que os chineses progridem porque são gananciosos, calculistas e inconfiáveis — uma vasta bandidagem. Na imaginação popular tanto ocidental quanto oriental, os chineses já nascem com genes capitalistas. Um fino filósofo como Tu Wei-ming creditaria o sucesso à influência do confucionismo: "Se o corpo político ainda não está em ordem ou se a paz ainda não prevalece sob o Céu, o esforço de autocultivação não deve ser interrompido. O aprendizado (*hsueh*) requer um engajamento contínuo e definitivo".

É importante lembrar mais uma vez que o confucionismo sempre relegou mercadores a um status inferior: o ideal social era o gentleman-scholar. Mas isso aplicava-se ao Norte: a diáspora deriva basicamente das províncias do Sul da China. E, como se sabe, imigrantes arquivam todas as suas inibições culturais adquiridas para lutar pela sobrevivência, movidos pelo que cientistas sociais qualificam de "obsessão por altos resultados". Para muitos chineses, um suposto "espírito chinês do capitalismo" legitima sua superioridade étnica e cultural. Já em um registro mais prático, qualquer membro da diáspora nos dirá que na cultura chinesa o sucesso só vem para alguém treinado nas piores circunstâncias durante o máximo de tempo possível.

Se a vantagem comparativa da diáspora não pode ser atribuída exclusivamente ao confucionismo, certamente se beneficiou de valores essenciais à ética confucionista: disciplina, frugalidade, harmonia nas relações sociais, respeito aos superiores, dedicação ao trabalho. Certamente também se beneficiou do fato de que estes imigrantes livraram-se de um milenar pesadelo da História — no caso, da Mãe-Terra — para colocar toda a sua libido em um só objetivo.

Basta alguns meses de Ásia para observarmos como a Internet de bambu funciona através de um complexo sistema de *guanxi* — as conexões pessoais — que dispensa contratos e advogados. O sistema é praticamente impenetrável a ocidentais mesmo experts em cultura chinesa. Todos os principais atores se conhecem pessoalmente. A diáspora comercia nas línguas e dialetos — cantonês, *hokkien*, *teochiu*, *hakka* e hainanês — de suas províncias de origem, fundamentalmente Guangdong, Fujian e Hainan, todas no Sul: cantoneses são o grupo principal, razão pela qual a maior parte dos restaurantes chineses espalhados pelo planeta serve cozinha cantonesa.

O capitalismo chinês começou a se formar quando associações de parentes ou amigos do mesmo clã evoluíram para milhares de pequenas empresas — financiadas de uma maneira subjetiva, mesmo informal. Grande parte do capital era arrecadado através dos chamados *huis* — associações de crédito comunitárias, baseadas em amizade e parentesco. Estas associações requeriam pequenos investimentos de cada membro, e emprestavam os fundos coletivamente a quem necessitasse.

A diáspora passa pela tangente de estruturas legais ou contábeis, e não liga para pesquisa de mercado: de acordo com um executivo de Hong Kong, as decisões "costumam vir rabiscadas no verso dos menus de bordo da Cathay Pacific". Uma das principais e invisíveis regras de ouro é a cooptação do poder político em qualquer latitude — caso contrário nada se faz. Corolário inevitável: caprichos de políticos podem e levam à imprevisibilidade total nos negócios. A diáspora, portanto, age sempre com extrema cautela. Os *tycoons* também respeitam outra regra de ouro chinesa — segundo a qual a riqueza só está absolutamente segura quando os que a detêm não se deixam seduzir pelo poder político.

As informações obtidas pela Internet de bambu são mantidas em absoluto segredo — o que lhes rende um trunfo extra nos negócios. O segredo também engloba sua própria visibilidade: através de lições históricas — como o horrendo massacre de centenas de milhares de chineses na Indonésia, em 65 — a diáspora aprendeu que não lhe interessa ser vista como um grupo. Por todas estas razões, e naturalmente por razões culturais, a Internet de bambu detém a maneira correta de fazer negócio com os chineses da Mãe-Terra. Um típico negociador da diáspora constrói pacientemente um clima de confiança mútua, é absolutamente flexível nas discussões, e demonstra uma infinita capacidade de influenciar funcionários de governo — o que significa tratá-los a intermináveis xícaras de chá, jantares elaborados, sessões de karaokê e degustação de garrafas de conhaque.

O momento-chave deste ritual de sedução é o que um grupo de expatriados em Cingapura qualificou de "sessão de óleo de palma", quando os *hong bao* — envelopes vermelhos — trocam de mão, preferencialmente repletos de *yuan* estalando de novos. Sem dinheiro, não se faz absolutamente nada na China. Para a Internet de bambu, o negócio da China muitas vezes está no limiar da corrupção: como se resume em Hong Kong — onde todos fazem negócio com a China —, o sistema chinês é rígido, mas as pessoas são maleáveis. O segredo, portanto, é cativá-las. Tanta "dedicação patriótica" ao sucesso da Mãe-Terra, aliada a uma progressiva e cuidadosa verticalização das *guanxi*, termina rendendo à Internet de bambu tapete vermelho com a nomenclatura pequinesa, incluindo o próprio Jiang Zemin no Trono do Dragão. A partir daí, o céu é o limite.

É impossível não lembrar do imortal aviso de Shakespeare em *Henrique VI* sobre o que fazer quando há uma mudança de governo: "The first thing we do, let's kill all the lawyers". A Internet de bambu já aplica o princípio há décadas. Daí o desespero dos ocidentais quando vão à China fazer negócio, arrastando intermináveis exércitos de advogados perplexos com a fragilidade do sistema legal, e incapazes de se relacionar com a mentalidade chinesa — mesmo se leram dezenas de manuais. Somente agora o Ocidente começa a aprender a evidente lição básica: conhecer a língua e a cultura chinesas é absolutamente crucial para fazer negócios da China.

As empresas da Internet de bambu são, acima de tudo, familiares. Mesmo se enormes, seu poder de fogo esta diluído em um labirinto de empresas menores e trustes. A decisão é centralizada: conselhos apenas assinam embaixo das decisões do fundador ou sua família. Empresas familiares sempre dominaram o business asiático — o que provoca o inexorável problema de onde termina a família e começa o business. Filhos primogênitos, na cultura chinesa, têm tratamento imperial — mas nem sempre herdam automaticamente. Em diversos casos, o *tycoon* adota um herdeiro. Há casos — raríssimos — em que uma filha é a herdeira, como aconteceu na família de Henry Sy, dono de metade dos shopping centers das Filipinas.

A diáspora já percebeu que na selva hipercapitalista pós-tudo, é necessário profissionalismo total. O itinerário genérico de um herdeiro da Internet de bambu inevitavelmente envolve um MBA em uma universidade americana — de preferência Harvard ou Stanford. Voltando para casa, começa a subir os degraus corporativos trabalhando como executivo em uma divisão da empresa familiar. Alguns logo trilham seu próprio caminho com sucesso espetacular: o filho mais novo de Li Ka-Shing, Richard Li, inventou a Star TV — a primeira rede via satélite pan-asiática, vendeu-a com farto lucro para Rupert Murdoch, em 93, por mais de US$ 800 milhões, e fundou um novo grupo baseado em Cingapura, Pacific Century, especializado em serviços de telecom via satélite. Dickson Poon, de Hong Kong, comprou a marca de acessórios de luxo Dupont, em Paris, e atacou Londres para controlar a Harvey Nichols — uma das mais famosas lojas de departamentos londrinas, favorita de Lady Di e de toda inglesa chique de lábios hirsutos.

9 entre 10 *tycoons* asiáticos — descontando-se, por exemplo, Akio Morita no Japão ou Chung Ju Yung, fundador da Hyundai coreana — pertencem à Internet de bambu. Entre eles:

— Li Ka-Shing, o homem mais rico de Hong Kong, e um dos mais ricos do mundo, com uma fortuna pessoal estimada em quase US$ 6 bilhões. Emigrou aos 12 anos da província sulista de Shantou. Começou nos negócios aos 22 anos, em

1950, vendendo pentes e caixas de sabonete. Hoje, 10% do valor da Bolsa de Hong Kong está em suas mãos. Suas empresas estão construindo um gigantesco porto de containers no Sul da China. É um privilegiado consultor político do governo chinês. Foi ele quem deu o sinal verde para a indicação de Tung Chee-Hwa como primeiro executivo-chefe da Hong Kong chinesa.

— Robert Kuok, empresário malaio, já conhecido como "O Rei do Açúcar" (dono de 10% do mercado mundial), parceiro no World Trade Center de Pequim — o maior projeto imobiliário comercial da China — e dono da cadeia dos soberbos hotéis de luxo Shangri-La (45 hotéis em todo o Leste da Ásia até o ano 2000). Em 93 Kuok comprou o *South China Morning Post* — lendário jornal de língua inglesa de Hong Kong — de ninguém menos que Rupert Murdoch. Kuok admira profundamente o governo da China. O encanto é mútuo: ele é um dos mais abalizados consultores políticos e empresariais de Pequim.

— Stan Shih, o fundador da Acer, principal marca de computadores de Taiwan. Lançou-se nos negócios com US$ 25 mil e 11 empregados. Hoje preside um conglomerado de US$ 5,8 bilhões, com 39 fábricas just-in-time da Califórnia às Filipinas. O objetivo até o ano 2000 é continuar crescendo no mínimo 25% ao ano, e tornar a Acer uma marca global tão respeitada quanto IBM ou Apple, líder no mercado de produtos de consumo "inteligentes" (PCs Internet, smart TVs, máquinas de videogame). Shih quer chegar ao ano 2000 como um gigante de US$ 15 bilhões, o que colocaria a Acer no Top 5 da informática global, ao lado de Compaq e Hewlett-Packard. Shih não perde nenhuma ocasião para conclamar toda a tecnologia de ponta em Cingapura, Hong Kong, Taiwan e China a não medir esforços para moldar marcas de excelência globais.

— Chatri Sophonpanich, ex-mercador de arroz, presidente do Bangkok Bank, a principal corporação tailandesa cotada na Bolsa, já com filiais na China. Chatri começou sua carreira só emprestando dinheiro para quem conhecia, na confiança ou em troca de um favor; um modus operandi hoje paleolítico, já que qualquer banco exige de clientes contas rigorosas e um plano de business.

— Sudono Salim, nome indonésio de Liem Sioe Liong, um nativo da província de Fujian que hoje representa nada menos que 5% do PNB indonésio. Quando a Indonésia lutava pela sua independência da Holanda nos anos 40, Liong supria de mantimentos as tropas de um jovem oficial. O oficial, alguns anos depois, virou ninguém menos do que o presidente Suharto — o que abriu as portas para Liong/Salim montar um império baseado em concessões para o comércio de cigarros de cravo, farinha e cimento.

— O CP Group tailandês, cuja primeira empresa foi montada na Chinatown de Bangkok por dois irmãos emigrados do porto de Shantou, no Sul da China, em 1921. Já investiram mais de US$ 1 bilhão em projetos em quase todas as províncias chinesas, especialmente de agri-business. Criam um décimo dos 3 bilhões de galinhas consumidas por ano na China. Estão construindo a maior fábrica de motos do país, no distrito de Pudong, em Xangai.

O contraste é brutal entre a descentralização e extroversão no processo de trabalho do capitalismo chinês e a característica centralização e introversão japonesas. Os japoneses, como se sabe, atingem sua excelência em grupo. Suas decisões estratégicas são elaboradas por grandes grupos com sede no Japão. As decisões chinesas, como vimos, são privadas. Os chineses são mestres da iniciativa individual. Em Cingapura, Tailândia, Malásia, Indonésia, podemos observar como os japoneses vivem em gueto, não aperfeiçoam seu inglês, não se mesclam à população local e não se interessam pela sua cultura. Em essência, são salarimen em rotação — executivos despachados pelo mundo para quem os únicos standards são os do QG em Tóquio ou Osaka, para onde devem voltar mais cedo ou mais tarde, subindo (ou descendo...) na escala corporativa.

Já os chineses aprendem as línguas locais, meclam-se à população, absorvem seus hábitos culturais, sua maneira de vestir e sua cozinha, e falam bom inglês inclusive entre eles, além de fluentes não só em cantonês quanto em mandarim. Plasmar-se não significa abandonar valores confucionistas, muito pelo contrário: permanece a obediência a preceitos como trabalho duro, poupança, honra, integridade nos negócios e — à exceção de filhinhos mimados de papai — à capacidade de permanecer discreto e de não falar mal do próximo.

Lee Kwan Yew já comentou em diversas ocasiões como americanos parecem sempre anunciar ao mundo "Vocês podem ser como nós!", enquanto japoneses sempre parecem reafirmar que "ninguém pode ser como nós". A América costuma reagir ao Japão com um mix de admiração e inveja. A Ásia, até a recente ofensiva japonesa de relações públicas, costumava reagir com um mix de medo e ódio. As feridas morais, físicas e espirituais da colonização e da Segunda Guerra Mundial no século 20 — apenas "ontem", na visão a longo prazo da Ásia — ainda não cicatrizaram. O Japão ainda revela-se incapaz de assumir uma liderança continental além de comércio e economia: exporta mais para a Ásia do que para os EUA, é o principal mercado para produtos da Ásia e um dos principais investidores na região. Sua relação com a Ásia ainda permanece extremamente ambígua. Depois do estouro da bolha econômica japonesa, a diáspora chinesa começou a avançar a ponto de o Leste da Ásia, sem Japão, ser hoje o motor do desenvolvimento regional. Enquanto o Japão desacelera — ainda que momentaneamente — as economias do Sudeste da Ásia duplicam a cada 7 ou 10 anos; são os tigres que agora financiam o desenvolvimento dos bebês-tigres e do dragão chinês.

Passada a ressaca de Tiananmen, multinacionais ocidentais logo voltaram a investir com força na China — seguindo as rígidas regras de um PC sedento pela alta tecnologia que empresas da diáspora ainda não dominam. Xangai arquivou a síndrome "let's kill all the lawyers" e já se acostumou a fechar negócios com times de advogados do Ocidente — o que, como reconhecem os chineses, pelo menos evita qualquer mal-entendido. As províncias costeiras já estão atingindo status de países recém-industrializados (NICs, segundo o Banco Mundial). Muito antes do chamado oficial de Pequim, a Internet de bambu começou a diversificar suas operações e ataca a próxima fronteira chinesa — as províncias pobres do interior — com capital e administração moderna: desde o início dos anos 90 esta é uma das políticas oficiais do governo de Cingapura.

Hong Kong e Taiwan sofisticam seus serviços, investindo em transporte de carga, serviços legais, contabilidade, e nas indústrias de mídia e propaganda. Esta é a plataforma final para a Internet de bambu conquistar não só a China — ganhando dinheiro e reconstruindo a terra ancestral — como realizar seu sonho de Grande China: expandir-se para o mundo inteiro — à maneira dos conglomerados japoneses nos anos 80. Para isso, precisa sofisticar seu marketing — razão pela qual ainda não conseguiu o reconhecimento mundial de marca alcançado por japoneses e coreanos. E de nada adianta um marketing agressivo se os seus produtos não chegarem aos standards globais de qualidade comuns a carros da Toyota, vídeos da Sony ou software da Microsoft. Mas ninguém duvida que a partir de 2010 novas alianças internas entre a diáspora estarão a ponto de ameaçar as multinacionais ocidentais em uma escala ainda mais agressiva do que os *keiretsu* japoneses a partir dos anos 70.

Seria portanto inevitável que a Internet de bambu — que pensa como um organismo vivo — modificasse seu modus operandi. Mesmo porque é impossível fazer negócio em confiança e en petit comité quando as somas extravasam US$ 1 bilhão. As *guanxi* de parentesco, regionais e políticas das velhas gerações estão sendo substituídas pelas novas conexões dos herdeiros — um círculo internacional, cosmopolita, cuja base é Harvard, Stanford, Cambridge ou outra universidade de elite onde os parceiros completaram juntos sua educação. Não mais interessa fazer negócio apenas com chineses da mesma região ou dialeto — e sim com qualquer partner competente. As línguas francas — e intercambiáveis — são mandarim e inglês. Já se experimenta até mesmo com o divórcio entre propriedade e administração. Em Taiwan, por exemplo, Stan Shih, o cérebro da Acer — já um ator respeitável no mercado global — subdividiu sua empresa em uma federação, cada uma com administração e listagem próprias em Bolsa.

O sonho da elite empresarial de Taiwan é construir uma Comunidade Econômica Chinesa: um equivalente oriental da União Européia, a verdadeira Grande China, um oceano de paz e prosperidade cuja denominação de origem controlada abrangeria o caleidoscópio de moedas de China, Hong Kong, Taiwan e todos os países do Sudeste da Ásia onde a diáspora está instalada. Como Quixotes confucionistas, estes taiwaneses propõem que todos os "irmãos chineses da Ásia" arquivem suas diferenças ideológicas e unam-se em torno do "mais antigo pilar da civilização chinesa — o confucionismo — e dos dois novos pilares — economia de mercado e democracia". Esta é sua visão de como formalizar a grande superpotência econômica do século 21 — ultrapassando os eternos rivais japoneses.

É fascinante observar como, no fundo, o que é bom para o empresário de Taiwan é bom para o PC em Pequim — com apenas uma "sutil" diferença: democracia, com todas as liberdades e acesso à informação que isso implica. Enquanto os líderes políticos em Pequim e Taipé vivem recaindo na diplomacia de mísseis ou retórica balística, os businessmen colocam todos os seus dólares na diplomacia econômica. Há mais de 25 mil negócios na China financiados por taiwaneses. Nada interessa mais à diáspora chinesa do que fazer montanhas de dinheiro.

Taiwan é uma ilustração gráfica desta atitude. Em 30 anos sua economia cresceu 10 vezes. Tornou-se uma Meca high tech em eletrônica, aviação e telecomunicações. Tem uma esplêndida localização estratégica no meio do Leste da Ásia (embora colada à volátil República Popular), uma sólida classe média, um alto crescimento de produtividade e quase US$ 90 bilhões no banco — a segunda maior reserva monetária do planeta, depois do Japão. Fabricou em 96 mais de 27 milhões de laptops e 4,6 milhões de desktops — 97% exportados para todo o Ocidente e Japão sob etiquetas Compaq, Apple ou NEC. Controla 80% do comércio mundial de placas de computador, 80% de mouses, 61% de scanners, e 52% de teclados. Abriu sua estrada para o céu exportando bugigangas à semelhança do impagável Buzz Lightyear, o astronauta de plástico em *Toy Story*. Taiwan já é o segundo produtor mundial de tecidos sintéticos, e tem o segundo maior transportador marítimo do planeta, a Evergreen, cujos containers verdes são ubíquos em todos os portos e mares da Ásia. Três quartos do dinheiro de Hong Kong saem de Taiwan e de outras partes da diáspora.

A estratégia industrial de Taiwan, como Japão e Coréia, é um clássico asiático: o governo monitora tudo. Pequenas e médias empresas — muito mais enxutas do que os *keiretsu* japoneses ou os *chaebol* coreanos — devem cumprir religiosamente suas metas de exportação, reinvestir uma altíssima proporção de seus lucros, manter a paz trabalhista e pensar na Nação, a longo prazo, e não apenas em sua ganância corporativa, como na América. O governo joga pesado. Em 95, lançou um plano para transformar Taiwan em um centro crucial de operações para toda a Ásia-Pacífico. Os objetivos são extremamente ambiciosos. Incluem reduzir a burocracia, eliminar tarifas — sobre produtos agrícolas ou automóveis, por exemplo —, construir mais estradas e expandir o sistema de transporte: até o ano 2000 completa-se em Taipé o mais caro metrô aéreo por metro quadrado do planeta, a um custo de US$ 18 bilhões.

O governo também quer construir de 20 a 30 parques industriais, um centro de mídia, e um segundo parque científico modelado no sucesso de Hsinchu, a 1 hora de carro de Taipé. Hsinchu é justamente uma réplica de Silicon Valley — onde foram e continuam sendo recrutados milhares de jovens taiwaneses que estudaram e trabalharam na indústria high tech americana. Desde 79 concentra os melhores cérebros do país e o quem-é-quem da eletrônica global, como AT&T, Philips, IBM, Matsushita, NEC, Hewlett-Packard, Motorola, Texas Instruments, exportando mais de US$ 5 bilhões por ano. O governo também quer transformar Taipé em um centro de finanças e telecomunicações — rivalizando Cingapura — e converter o aeroporto Chiang Kai Shek em um superpólo de passageiros e carga. Este é o futuro ideal de Taiwan — ultra-high tech, pleno de infra-estrutura avançada, sob leis eficientes e lotado de lucrativas empresas nacionais e estrangeiras: ou seja, a jóia da coroa da Grande China século 21.

Taiwan é um caso extremo e fascinante de esquizofrenia: ainda hoje está em busca de sua verdadeira identidade. A China a considera uma "província renegada". Não existe nem na ONU nem na maior parte dos organismos internacionais. Só é reconhecida pelo Vaticano, alguns países africanos, e microestados do Caribe e do Pacífico Sul. No século 3 era conhecida como *I-chou* ("Ilha Bárbara"). Sua população era acima de tudo malaia. Esparsos imigrantes chineses só chegaram no século 16, da província vizinha de Fujian — fugindo de guerra e fome na Mãe-Terra: hoje são cerca de 80% da população. Portugueses "descobriram" a ilha também no século 16 e a batizaram Formosa. Quando portugueses e holandeses estabeleceram pequenas bases para incentivar o comércio, não houve um pio imperial em Pequim, para quem a ilha era absolutamente irrelevante. Apenas os Manchus no século 17 se interessaram — mas a situação permaneceu um faroeste irresolúvel até a cessão de Taiwan ao Japão em 1895, vencedor de uma disputa territorial envolvendo a Coréia. A partir daí, quem quisesse permanecer chinês, deveria voltar para a China. Quem ficasse, seria cidadão do Império Japonês.

O Japão imediatamente embarcou em uma furiosa missão civilizatória para tornar a ilha a vitrine de luxo de sua superioridade cultural. Meio século de ocupação japonesa moldou os taiwaneses como cidadãos japoneses de segunda classe: tudo foi japanizado — até a ética de Confúcio. Se o Japão tivesse vencido a Segunda Guerra Mundial, a Ásia inteira seria o equivalente de Taiwan na primeira metade do século 20. O Japão perdeu a guerra, estourou a guerra civil na China, e com a fuga do generalíssimo Chiang Kai-shek, chegou a Taiwan em 49 uma segunda leva de chineses — hoje cerca de 15% da população. Sua obsessão primordial foi naturalmente purgar a ilha do colonialismo japonês. Imediatamente adotaram um sistema de educação à americana, inspiraram-se na política americana, e deixaram-se invadir pela cultura pop.

Somente estes fluxos da História podem explicar por que a iconografia urbana de Taipe é uma verdadeira apoteose de esquizofrenia kitsch: um terremoto de cultura de TV japonesa (há até mesmo táxis-karaokê, onde o banco traseiro vem com microfone...), folclore de Fujian, cultura Big Mac americana, e cultura clássica chinesa importada em 49 e imposta na marra para contrabalançar o colonialismo japonês — tudo isso acotovelando-se em uma selva urbana eventualmente redimida por um pequeno jardim ou pagode chinês. Taiwaneses insistem que o suposto modernismo arquitetônico local, introduzido pelos japoneses, foi inspirado no Ocidente. Portanto, não é japonês (ou seja, não precisou ser derrubado). Este caos compõe um barroco fake asiático cuja recuperação irônica delicia estetas ocidentais.

A esquizofrenia já começa no nada acolhedor aeroporto Chiang Kai-shek. Chineses devem escolher entre nada menos que 6 diversos e kafkianos guichês para entrar ou sair da Terra Prometida: nova utilização de permissão de saída para overseas chinese, visto para overseas chinese com múltiplas permissões de saída, visto para insuficientes permissões de entrada e saída, visto de 7 dias para chineses, depósito de carteira de identidade de visitantes da China, e um guichê para quem tem insuficientes documentos de entrada. O próprio Partido dominante, o Kuomintang de Chang Kai-shek, é naturalmente esquizo — organizado em um esquema leninista mas orgulhoso de sua herança confucionista. Em termos lingüísticos, mais esquizofrenia: os 80% originais falam dialetos de Fujian ou *hakka*, mas a língua imposta pelo Poder é mandarim. As estátuas do generalíssimo no Memorial Chiang Kai-Shek — onde toda manhã senhores e senhoras congregam-se em massa para praticar *tai chi* — o assemelham àqueles Budas barrigudos e bonachões da iconografia chinesa. Chiang é vendido no Memorial como um verdadeiro mito: ficamos sabendo que a família Chiang descende de um filho do infinitamente lendário Duque de Zhou — ídolo absoluto de Confúcio, fundador da dinastia Zhou em 1122 a.C., e teórico do "Mandato do Céu".

Em qualidade de vida, comparada com outras metrópoles asiáticas, Taipé tem muito mais prós do que contras. É mais barata do que Tóquio, menos congestionada do que Hong Kong, mais livre do que Cingapura, menos poluída do que Bangkok, e menos perigosa do que Manila. A atmosfera é muito mais descontraída do que nas lúgubres grandes cidades chinesas — e também contrasta com a típica rudeza cotidiana que se enfrenta em Hong Kong. A população é bem-educada, extremamente atenciosa e trabalha horrores. Como centenas de milhares estudaram nos EUA, fala-se inglês mais do que adequado, ao contrário do ininteligível Chinglish — um arroz frito de cantonês com anglicismos —, que se murmura em Hong Kong. Há acesso irrestrito a templos, arte e caligrafia chinesas, e aos fabulosos tesouros do National Palace Museum — trazidos da Cidade Proibida antes de caírem nas garras comunistas no fim dos anos 40: é a maior coleção de arte chinesa do planeta. Em Taipé comem-se as mais sublimes especialidades da cozinha chinesa de todas as regiões. Quando chove, a cidade pode ser tão fascinante quanto o set de *Blade Runner*: sentimo-nos como Harrison

Ford na modernidade desbotada de um labirinto claustrofóbico de cimento e metal. Quando não chove, muita gente — a exemplo de Bangkok — usa máscara para não cair fulminada pela poluição.

Buzz Lightyear, o astronauta de *Toy Story*, é um brinquedo "made in Taiwan": tem asas de plástico, falso raio laser e sampler de voz, mas sonha em voar de verdade. Talvez involuntariamente, Siliwood — o mix de Hollywood e Silicon Valley — pode ter criado uma perfeita metáfora para exprimir a condição atual de Taiwan.

Em 96, Taiwan reelegeu o presidente Lee Teng-Hui na primeira eleição democrática em 5 mil anos de História da China. Lee é o primeiro presidente da ilha nascido em Taiwan. Fala japonês melhor do que mandarim — uma simbologia que provoca ira adicional em Pequim. A eleição livre destruiu o mito de que o autoritarismo político necessariamente é o modelo ideal para as sociedades confucionistas chinesas: a ilha imprimiu sua marca no mapa-múndi não só como uma potência econômica mas como o país — ou, segundo a China, "província" — mais democrático de toda a Ásia. Pode ter sido uma vitória anunciada — já que o Kuomintang fundado por Chiang Kai-Shek tem mares da China de dinheiro, esta capacidade de organização leninista a que nos referimos, e controla as 3 principais redes de TV de Taiwan. Mas, ao se opor à eleição com retórica balística, bloqueio naval e diplomacia de mísseis, a China terminou oferecendo de bandeja a Taiwan um dos maiores triunfos de relações públicas na história da diplomacia moderna. E pode ter oferecido — finalmente — não só a chave da identidade de Taiwan, como a do problema que há séculos atormenta a diáspora chinesa.

A civilização chinesa, agora espalhada por todo o planeta, sempre teve dificuldade em se identificar com o Estado chinês. O que os ingleses denominam "chineseness", ou seja, as qualidades substantivas inerentes ao fato de ser chinês, são muito fortes, e, ao mesmo tempo, muito fluidas. Este mistério — "China" — flui como o Yang-Tze ou o rio Amarelo: não pode ser apreendido por um mero regime político. Por isso o nacionalismo chinês é tão potente: não importa quem detenha o poder, chineses em todo o mundo mantêm sua lealdade a toda prova à civilização chinesa. Os taiwaneses, com sua inédita eleição direta, provaram a si mesmos que a construção de sua identidade depende apenas deles próprios.

A liderança política de Taiwan não mais encara a Mãe-Terra como uma antagonista política e ideológica na luta para controlar toda a China — como nos tempos de Chiang Kai-Shek; a China agora configura-se como uma ameaça externa que deve ser encarada com o máximo de cuidado, em relação aos primordiais interesses de segurança interna de Taiwan. Ao mesmo tempo, o governo sabe, assim como todos os analistas, que suas mirabolantes ambições econômicas estão condicionadas à normalização das relações no Estreito de Taiwan. Sem a conexão China, nenhum plano faz sentido. China e Taiwan estão condenadas ao que

Horácio, nas *Epístolas*, chama de "concordia discors", ou seja, "harmonia discordante". Nesse sentido, a aprovação dos "3 diretos" — transporte, comércio e comunicação diretos entre Taiwan e China — é absolutamente crucial, evitando que no mínimo 1,5 milhão de taiwaneses por ano, além de bilhões de dólares em mercadorias, sejam obrigados ao inevitável desvio por Hong Kong, Macau ou Tóquio a caminho da China.

Enquanto o planeta alarma-se com o futuro de Hong Kong e as mínimas afinidades eletivas entre comunistas e democratas, em Macau tudo está mais tranqüilo do que uma siesta no Algarve. Macau volta à China em 1999 — do jeito que a China gosta. Portugal revelou-se muito mais eficiente — e discreta — do que a Inglaterra ao se desfazer de seu relicário colonialista. Macau é absolutamente estável. Fundada no início do século 14 por pescadores de Fujian, muito bem situada a 60 km de Hong Kong e 130 km de Cantão, com 350 mil pessoas, das quais 95% chineses, não sofre de problemas de identidade. A arquitetura revela um barroco europeu suavemente influenciado por motivos orientais. Há apenas 23 mil católicos. Os locais só querem saber de fazer dinheiro. E os estrangeiros só querem saber de jogar nos cassinos. Os chineses qualificam as slot machines de "tigres famintos", e a entrada de um cassino de "boca do tigre": para dar sorte, é preciso entrar por uma porta lateral. Macau não depende mais de Hong Kong: já tem seu próprio aeroporto internacional e está totalmente interligada à tonitruante zona econômica especial de Zhuhai.

Ao mesmo tempo que sonha com uma solução Macau, o PC chinês sabe tudo que tem a perder em uma confrontação com Taiwan. Pode provar ao planeta que a China é mesmo a grande ameaça à estabilidade global. Pode provar à bilionária Hong Kong que após 97 está destinada à lata de lixo da História como grande centro financeiro. Pode convencer definitivamente os taiwaneses de que seu futuro não tem mesmo nenhum ponto de contato com o da Mãe-Terra. Pode retardar o crescimento da própria China, seu impacto global e a própria, frágil, estabilidade social do país — onde o que sobrevive de consenso social deve-se ao crescimento econômico.

A China e o Leste da Ásia hoje se assemelham a um foguete na rampa de lançamento, pronto para ascender ao espaço sideral da liderança econômica do planeta no século 21. A pesquisa e a construção do foguete consumiram um esforço titânico. Mas o lançamento e entrada em órbita são ainda mais complexos. Já se percebeu na Ásia que se China e Taiwan derivam, o acoplamento do satélite Taiwan à nave-mãe será absolutamente impossível. É o que já pensa a afluente população da ilha. Apenas um quarto da população defende a reunificação. Um pouco menos de um quarto é a favor da independência — o que levaria se não a uma invasão, a no mínimo mísseis chineses aterrissando em Taipé. Para a maioria absoluta — os 54% que votaram em Lee em 96 — o mantra é "estabilidade"; ou seja, Taiwan continua como hoje, porém com uma voz muito mais ativa na comunidade internacional — o que para Pequim é anátema, pois significa uma independência de fato.

Como Hong Kong e Cingapura, taiwaneses hoje se encaram como uma sociedade sofisticada, internacionalista, bem-educada, onde todo mundo que conta tem um PhD e a população jovem está plugada em um futuro high tech, muitos deles usando uma rede de business e troca de informações tecnológicas para minar o comunismo à distância. Este estado de coisas está a anos-luz da vida rude, barata e lúgubre, ainda dúbio privilégio de centenas de milhões de chineses. Taiwan divide com Hong Kong um destino de tragédia shakespeariana. Hong Kong poderia ser a grande cidade-Estado do século 21. Taiwan poderia ser um grande país no século 21.

O consenso popular e político na ilha já caracteriza a nova identidade de Taiwan como completamente distinta da China. Cientistas sociais concordam que a fulgurante modernização de Taiwan deveu-se justamente a esta esquizofrenia de preservar a forma e o conteúdo da cultura clássica chinesa, ao mesmo tempo incorporando elementos da cultura ocidental. Taiwan já se vê como um modelo para a China comunista — e agora quer vender esta síntese cultural como a moderna cultura chinesa do futuro: autoconfiante, sem complexo de inferioridade em relação ao Ocidente ou ao Japão, o melhor que a diáspora chinesa tem a oferecer ao mundo. A grande questão que incomoda o planeta é até que ponto o PC chinês estará disposto a engolir esta exuberância embalada em democracia.

Como descreveu o scholar californiano Joel Kotkin, a espetacular emergência da diáspora chinesa no final do século 20 a qualifica como a grande tribo do futuro. Sua ambição já extravasou inclusive para o estratégico terreno minado da guerra da informação. Esta "contraglobalização" inclui uma luxuosa revista mensal focalizada em personagens de sucesso da diáspora chinesa — *The Chinese*, fundamentalmente escrita em mandarim — e o primeiro cotidiano asiático em língua inglesa, o *Asia Times*. Tanto a revista quanto o jornal pertencem ao magnata tailandês Sondhi Limthongkul — naturalmente membro da Internet de bambu. O que está em jogo na aposta no *Asia Times* — fundado em dezembro de 95 — é nada menos que o controle de informações econômicas e políticas disseminadas até agora por monumentos anglo-americanos como *Financial Times*, *Asian Wall Street Journal* e *Herald Tribune*. O jogo é tão crucial que Sondhi já avisou estar disposto a perder dinheiro até o projeto começar a dar lucro.

É fascinante comparar o desenvolvimento da Internet de bambu com a emergência da diáspora britânica no século 19. Ingleses — e em menor escala escoceses e irlandeses — combinaram imigração de massa com um completo domínio político e cultural das terras subjugadas, o que levou à expansão de seus negócios globais e de sua cultura política a uma amplitude jamais vista na História. Os ingleses estenderam sua diáspora e sua tecnologia literalmente por todo o mundo — América do Norte, Índia, África, Oceania. Os principais centros comerciais da Ásia foram fundados por britânicos — Bombaim, Calcutá, Hong Kong, Cingapura. Não se tratava de uma imagem megalômana: Britannia realmente comandava os mares — a ponto de sua Internet de mesma cultura, língua e economia política impor praticamente todos os parâmetros críticos da economia global contemporânea. Inglês é a língua mundial, e anglo-americana a economia política hegemônica, os avanços científicos, as práticas de negócios. Por mais que tenham feito as diásporas italiana, espanhola, francesa, holandesa ou alemã, o fato é que vivemos em um anglo-mundo.

O grande feito de engenharia da diáspora chinesa — e, em menor escala, japonesa e hindu — foi utilizar estas tecnologias e práticas estabelecidas pelos britânicos para turbinar sua própria expansão, ou seja, sair para "bater o mestre em seu próprio jogo", como se diz em inglês. Os chineses já se aplicam desde o início do século 19: em 1830, já eram a maioria da população em Cingapura e Penang. Estes chamados chineses dos Estreitos logo desenvolveram interesses comuns aos ingleses, e logo perceberam quanto poderiam lucrar usando a língua inglesa e os parâmetros ingleses. Já no fim do século 19 a classe média chinesa enviava seus filhos para estudar na Raffles Institution, ou até mesmo em Cambridge, na Inglaterra — até hoje a escola por excelência da elite cingapuriana. Não é por acaso que em 1930 — quando a diáspora não contava mais do que 8 milhões de pessoas, a maioria pequenos artesãos e comerciantes — Arnold Toynbee previu que a China logo dominaria o Sudeste da Ásia, e terminaria superando os próprios europeus. A diáspora chinesa tem as conexões globais, os recursos humanos, a flexibilidade, o agudo senso histórico e o senso comercial para atacar negócios cruciais. O mais perfeito diamante onde a nova hegemonia chinesa aprendeu e aplicou todas as lições da hegemonia anglo-americana é uma cidade-Estado que deixaria Arnold Toynbee de queixo caído. Vamos examinar a seguir o que é o mais complexo experimento de engenharia social da História moderna.

10

Nenhum homem é uma ilha?

"Eu não acho que democracia necessariamente leve a desenvolvimento. O que um país precisa para se desenvolver é disciplina mais do que democracia. A exuberância da democracia leva a indisciplina e a uma desordem que são inimigas do desenvolvimento"
Lee Kwan Yew

"Nós partimos do zero, e subimos verticalmente como um helicóptero"
Lee Kwan Yew

Rosa Koo é uma Uzi verbal — em inglês e mandarim — e portátil — 1m50 de altura. Cantonesa de Macau, advogada especializada em leis corporativas e joint ventures, diplomada na New York University, Rosa pratica Lei em três endereços — Nova York, Hong Kong e Cingapura. Incansável cosmopolita, fanática de fitness, acorda todo dia às 6 da manhã para atacar a Stairmaster e sorver sucos e ginseng; passa o dia na velocidade de um TGV, dispensando um arsenal radioativo de informações multiculturais; e emenda direto na vida noturna. Arquetípica representante da diáspora chinesa, fluente em Ocidente e Oriente, Rosa é uma cidadã do mundo tanto quanto seu marido Theo, um perfumista holandês/indonésio que já experimentou Ásia, Europa e EUA.

Rosa e Theo escolheram viver em Cingapura. Balançando sua face de bebê chinesa eternamente excitada, Rosa explica por quê: "Aqui já é o futuro da vida urbana. Para quem está em seus 30s ou 40s e quer conforto e eficiência, nenhuma cidade no mundo se compara a Cingapura em qualidade de vida. Especialmente agora, quando descobriram que o trabalho não é tudo: despacham planejadores para o mundo inteiro e trazem para cá o que há de mais novo em entertainment."

O trabalho, claro, continua em ritmo frenético — mesmo com todas as novas opções de diversão. Cingapura amadurece em velocidade espantosa. Já dirimida como uma *Ilha da Fantasia*, deve tornar-se a primeira Ilha Inteligente do mundo — totalmente digitalizada — até o ano 2000, quando atingirá um nível de sofisticação urbana comparável a Los Angeles. Nada mais natural: este é o mais complexo e bem-sucedido experimento de engenharia social do século 20.

Quando Sir Stamford Raffles a fundou em 1819, depois de tê-la arrematado de um rajá por uma ninharia, Cingapura não passava de um banco de areia vagamente preenchido por menos de 200 pescadores e piratas malaios. Marinheiros mercadores chineses do século 12 já registravam uma certa *Temasek* ("cidade marítima"). Mas era o reino hinduísta de Srivijaya, na gigantesca ilha vizinha de Sumatra, que controlava desde o século 7 o comércio marítimo do estreito de Málaca. Em 1390 chegou à ilha um jovem príncipe hindu em fuga de um reino javanês: foi ele quem batizou Temasek como Singa-Pura — "cidade do leão", em sânscrito. O leão era o animal emblemático do trono de Srivijaya.

Os *Anais Malaios* preferiram imprimir a lenda — muito mais atraente —, segundo a qual um leão foi a primeira coisa que o príncipe viu ao desembarcar, forçado por uma tempestade. O príncipe parece não ter se encantado com sua descoberta: preferiu ir para o Norte, onde converteu-se ao Islã e fundou o sultanato de Málaca — um porto livre, próspero e cosmopolita, verdadeira prefiguração de Cingapura. Depois de uma invasão javanesa, a ainda aspirante a Cidade do Leão dormiu um sono de quase 5 séculos, do qual só foi resgatada com a aparição de seu definitivo — e britânico — príncipe encantado.

Raffles agiu como um legítimo aventureiro, desafiando o grande poder colonial da época — os holandeses —, sem apoio político de Londres, e até mesmo sem apoio logístico de seus patrões — a Companhia das Índias. Agiu também como um estrategista: estabelecendo a Companhia Britânica das Índias Orientais no ponto mais estreito da rota comercial entre o Ocidente e o Oriente, no extremo Sul da península malaia, ele pensava em puro comércio, e não em conquista territorial: o negócio era aproveitar ao máximo a abertura — forçada — da China ao comércio exterior e o desenvolvimento das rotas de navegação para a Europa através do Cabo da Boa Esperança. Com o Oceano Índico a Oeste e o Mar da China a Leste, nenhum porto — seja Málaca ou Jacarta — seria capaz de bater o posicionamento de Cingapura.

O porto livre decretado por Raffles logo atraiu quem fugia da vida duríssima nas regiões do Sul da China. Atraiu *tamils* do Ceilão que vieram trabalhar nas docas do porto, ou na construção de uma estrada de ferro na península malaia. Atraiu mercadores de seda e jóias — *sikhs* e *gujaratis* —, e cambistas hindus ainda hoje engaiolados em suas casinhas na Orchard Road e no distrito financeiro. Atraiu árabes, judeus, armênios e europeus. Raffles fez um tratado com os holandeses, distribuiu previdentes libras entre sultões malaios, o porto encheu-se de barcos, a cidade cresceu, e o rascunho de Singapore Inc. estreou com ampla fanfarra no mapa-múndi.

Raffles, puro-sangue britânico, deu o pontapé inicial na primeira metade do século 19. Mal poderia imaginar que o gol, de placa, na segunda metade do século 20, seria de um — nas suas próprias palavras — "chinês anglificado": Lee Kuan Yew, a.k.a. Harry Lee, de família *hakka*, originalmente do Norte da China, que migrou para o Sul para fugir das invasões tártaras e mongóis. O bisavô de Lee aportou em Cingapura logo depois de Raffles. Lee é um nativo da própria ilha, com um doutorado em Direito, com honras, em Cambridge, Inglaterra. Nenhum homem é uma ilha? Errado. Autocrático, paternalista, paranóico, elitista — mas sempre absolutamente brilhante —, Big Lee é Cingapura, e vice-versa. Graças à sua inigualável versão de despotismo esclarecido (1959-1990), Cingapura é hoje a Suíça da Ásia. Na prática, registra a melhor qualidade de vida. Entre a competição, o sultanato de Brunei é apenas uma aldeia high tech movida a petróleo. E os japoneses precisariam lotear o Sumitomo para dispor dos confortos disponíveis a qualquer cingapuriano médio.

Raffles e Lee, cada um à sua maneira, pareciam a princípio ter feito um falso negócio da China. Cingapura não tem minérios. Não tem borracha. Importa praticamente toda a comida. Não tem água suficiente para a população de hoje 3 milhões — a água vem da Malásia, é tratada, e uma parte, em puro Singapore style, é revendida com lucro para a própria Malásia. Importa todo seu petróleo da Indonésia e Brunei. Como todo pântano tropical já infestado de mosquitos, a umidade é insuportável. Cingapura é uma daquelas demonstrações gráficas de que sem gelo e ar condicionado pervasivos não há possibilidade de civilização.

Mesmo enfrentando todos estes handicaps negativos, a ilha de apenas 616 km^2 e a menos de 100 km do equador virou a primeira da classe, ou quase, em um nó de indicadores. Os números — decorados com orgulho pela tecnocracia local — são espantosos. De acordo com o *Report Mundial de Competitividade*, editado por uma fundação suíça em colaboração com o Fórum Econômico Mundial em Genebra, a diminutiva Cingapura Inc. — mesmo sem recursos naturais — é a segunda economia mais competitiva do planeta, perdendo apenas para os magníficos EUA (Lee Kwan Yew: "O mundo é altamente competitivo. Nossa única maneira de sobreviver é sermos competitivos"). Tem a melhor infra-estrutura de telecomunicações do mundo — à frente mesmo de EUA e Japão. Há mais de uma década tem a melhor e mais bem qualificada força de trabalho e a maior proporção de especialistas em alta tecnologia. Tem o melhor sistema bancário entre os países recém-industrializados, de acordo com a Standard and Poor's — superior à da maior parte dos países europeus. Tem a maior taxa de poupança (48% do PIB). Tem o porto mais eficiente — uma estatal — e pós-97 talvez o mais movimentado do mundo, ultrapassando Hong Kong. Tem um dos aeroportos mais eficientes (Changi) e uma das companhias aéreas favoritas de qualquer viajante freqüente (Singapore Airlines).

Seu PIB per capita por paridade de poder de compra, no início de 97, era de US$ 23.565, o que lhe assegura um nível de vida superior ao de França, Inglaterra e Japão, e abaixo apenas de EUA, Suíça e Hong Kong. Desde que Lee Kwan Yew tornou-se primeiro-ministro, em 1959, Cingapura cresceu a uma média de 8,4% ao ano: na prática, isso significa que cada cingapureano está em média sete vezes mais rico do que em 59. No início dos 90, crescia a mais de impressionantes 10%. Em 95, cresceu a imensos 8,9%. O governo quer manter no mínimo saudáveis 7% até o ano 2000. 62% de seu PIB é gerado por serviços — comerciais e financeiros. Exporta quase o dobro do PIB. Não houve nenhuma surpresa quando a *Fortune* americana a elegeu em 95 como a melhor cidade do mundo para fazer negócios — à frente da Bay Area de São Francisco.

Esta é mais uma ilustração absolutamente gráfica da complementaridade do futuro Século do Pacífico. Cingapura — como define sua tecnocracia — é um "nó de aprendizado e inovação", onde a força de trabalho está arremessada a um processo non-stop de incorporar e desenvolver novas tecnologias, acolchoada em um estilo de vida suavemente tropical e altamente confortável. Tornou-se um Éden de business, porque tratar com funcionários do governo cingapuriano é uma operação altamente profissional — de onde foi banida a presença oleosa e gananciosa dos ratos e serpentes que infestam a política ocidental. Mirando Cingapura do outro lado do arco do Pacífico, a Bay Area de São Francisco é um centro inigualável de conhecimento e criatividade: incorpora universidades de elite como Berkeley, Stanford e San Francisco State — centro privilegiado de treinamento de multimídia —, e é o epicentro da indústria global de computadores, disseminada em San Jose e Silicon Valley. A qualidade de vida também é altíssima — e inspira a vida urbana de Cingapura. A sinergia se completa quando sabemos que um terço dos residentes de São Francisco têm raízes na Ásia — e faz parte, como os cingapurianos, da diáspora chinesa.

Este é portanto um software de luxo: uma espécie de miniatura da China, com manual de instruções em inglês, rodando macio como um CD-ROM, e incorporando o melhor de Califórnia, Inglaterra, Índia e mundo malaio. Depois de provado na prática, o que se faz? O software é licenciado e reproduzido em massa. Dentro de seu exíguo território, Cingapura não tem mais para onde crescer. Poupando quase 50% do PIB, e com reservas estrangeiras de quase US$ 75 bilhões, já era em 95 o segundo maior investidor na Tailândia e Burma, terceiro na Rússia, quarto no Vietnã, quinto na China e sexto na Indonésia. Se Cingapura Inc. chega ao século 21 como a cidade-Estado mais sofisticada da História da Humanidade, nada mais natural do que vender clones de si mesma para todas as latitudes.

China, Índia, Kazaquistão, África do Sul, Indonésia, Vietnã, a Palestina de Arafat, todo mundo quer aprender a lição. Cingapura — e não a América — é o modelo privilegiado de todo o mundo em desenvolvimento, depois de adaptar a seu estilo o modelo japonês. Nelson Mandela aprendeu em Cingapura o que não sabia de alta tecnologia, administração e integração racial. Deng Xiaoping, em 78, visitou tudo com tapete vermelho, guiado por Lee Kuan Yew. Copiou o que pode. Poucos no Brasil sabem que este é o modelo da cataclísmica revolução econômica chinesa.

Lee recomenda que todos nos coloquemos na pele de Deng: "Quando ele foi estudar em Lyon, na França, durante 4 anos, passou por Cingapura, nos anos 20, para pegar seu barco para Marselha. Anos depois, me confessou como Cingapura era um lugar atrasado. Me congratulou por todo o progresso e me disse: 'Se eu tivesse que me preocupar apenas com Xangai, eu poderia ter feito a mesma coisa que você com Cingapura. Mas esse enorme peso do campesinato, em uma terra tão grande quanto a China, atrasa tudo". Quando Deng fez sua lendária visita a Shenzhen em 92 para observar ao vivo o boom econômico, levantou ainda mais a barra: "Cingapura tem excelente ordem social e é muito bem administrada. Devemos nos basear em sua experiência e aprender como administrar ainda melhor do que eles". As sábias palavras foram interpretadas como uma crítica velada ao desenfreado laissez-faire de Hong Kong. Aplicando rigidamente preceitos confucionistas adaptados, respeitando a primazia da Lei e com um governo incorruptível, Cingapura tornou-se para a elite burocrática chinesa o modelo indiscutível da "construção de uma civilização espiritual" — como a definiu o Congresso do Povo em março de 96.

A cidade-Estado do Leão é o único país da diáspora chinesa onde os chineses predominam numérica e politicamente (78% de chineses, 14% de malaios, 7% de indianos, 1% de eurasianos e caucasianos). Nada mais natural que coordene o mais ambicioso projeto tecnológico da China no final do milênio — e sua mais ambiciosa tentativa de engenharia social desde a catastrófica Revolução Cultural de Mao nos anos 60: a construção, a um custo de US$ 20 bilhões, de Suzhou — cidade industrial de 70 km^2 a menos de 2 horas do porto de Xangai e ao lado da novíssima auto-estrada Xangai-Nanquim. Trata-se de mais uma ironia da História chinesa, e de mais um ciclo que se fecha: foi justamente de Suzhou — famosa por seus jardins imperiais — que os navios do lendário almirante Zheng He, da dinastia Ming, zarparam para explorar o Sudeste da Ásia no início do século 15, muito antes de genoveses e portugueses.

Suzhou baseia-se em um subúrbio cingapuriano, Jurong, totalmente planejado e auto-suficiente. O parque industrial está sendo construído por um consórcio de 21 corporações cingapurianas, guiado pelo próprio governo. Qualquer múlti que se instalar em Suzhou estará, na prática, em Cingapura, e não sujeita às intempéries da China. Terá acesso a administração eficiente, regras claras, infra-estrutura de primeira, seu próprio sistema de eletricidade e esgoto, e acesso rápido ao porto. Suzhou está prevista para 600 mil habitantes, acomodados entre parques, vilas recheadas de palmeiras à beira de um lago, e uma marina, com suas próprias escolas, hospitais e shopping centers. Os tecnocratas cingapurianos qualificam a operação de "transferência de software". A partir de 2005, acreditam poder repetir a clonagem em qualquer ponto da China, Índia, Indonésia, Myanmar ou Vietnã — do qual o incontornável Lee Kuan Yew é consultor econômico especial. Parques em menor escala já funcionam nas ilhas indonésias de Bintam e Batam, em Bangalore (Sul da Índia) e em Saigon. Suzhou deverá se tornar o modelo preferido de desenvolvimento econômico e organização social para a grande potência China do século 21.

A envolvente Chan Heng Chee, ex-embaixatriz na ONU e diretora da Fundação Internacional de Cingapura, encara o fenômeno apenas como um sucesso administrativo: "O software demonstra como nós planejamos a vida social, além de lançar idéias. É algo muito mais amplo do que colocar dinheiro para abrir uma fábrica. O nosso modelo não é de valores. A única ideologia é pragmatismo e eficiência".

Cingapura é o exemplo mais avançado no planeta de como um governo é capaz de assumir uma posição crucial na moldagem e administração da economia. Ao contrário de selvas anarco-capitalistas como Brasil ou Tailândia, começou o jogo com apenas uma vantagem natural: sua localização estratégica, e seu porto de águas profundas. Como fizeram esses chineses — ajudados por alguns indianos — para transformar um pantanoso mosquiteiro pós-colonial em um país Cindy Crawford?

Simples. Exploraram a vantagem ao máximo, informatizando o porto e estabelecendo um sistema de transporte e manuseio de materiais com qualidade global. É o porto mais eficiente do mundo, o segundo mais movimentado, na cola de Hong Kong, a ponto de ultrapassá-lo, e projetado para mover nada menos que 30 milhões de containers por ano em 2005. As taxas para transporte de carga são as mais competitivas do mundo. Centenas de empresas marítimas trafegam pelo estreito de Cingapura indo e vindo da Europa, Américas, Oriente Médio e toda a Ásia. A qualquer minuto, 24h por dia, 365 dias por ano, há pelo menos 80 navios carregando ou descarregando. Mais de 200 aplicações de tecnologia da informação foram desenvolvidas exclusivamente para o porto. Lucra-se mais de US$ 1 bilhão por ano em reparos e manutenção de navios. O próximo passo é a criação de um "porto virtual", com "terminais virtuais" e "dedicação virtual", ou seja, diálogo com os clientes via auto-estrada da informação.

Cingapura a seguir planejou um aeroporto-modelo, Changi, consistentemente votado por viajantes contumazes como o melhor e mais eficiente do mundo, já adaptado para receber um fluxo de passageiros de século 21. É um prazer desembarcar em um aeroporto literalmente inundado de orquídeas — verdadeiras. Qualquer passageiro em trânsito por mais de 2 horas ganha um tour pela ilha de graça. A Singapore Airlines, também consistentemente votada como a melhor companhia área do mundo, dá lucro desde o dia em que foi fundada, em 72. Nunca conheceu um desastre aéreo. Sua cereja no sundae foi a invenção da Singapore Girl — delicada deusinha vendida em comerciais de TV e anúncios de página dupla nas principais revistas globais. A Singapore girl é "esbelta e atraente, com boa compleição e uma personalidade agradável", como exigem os anúncios de recrutamento: sua delicadeza angelical, seu uniforme de *batik*, suas unhas pintadas de vermelho e sua body language reduzem o mais empedernido usuário de business class a um docinho-de-coco.

O metrô, mais limpo do que corredor de hospital holandês, foi construído dentro do orçamento e entregue 2 anos antes do prazo. Não se gastou um tostão. Em um toque de gênio, o governo aterrou várias áreas que estavam sob o mar, e usou o lucro do leasing subseqüente para pagar toda a rede. Ainda por cima lucrou com a venda de propriedades de primeira que atraíram uma leva extra de investidores estrangeiros. Até o início do século todos os sistemas de transporte coletivo da cidade-Estado estarão totalmente integrados.

Gradativamente, Cingapura foi estendendo esta fluidez do sistema de transporte para nós do sistema financeiro e para o setor de serviços, através de uma sofisticadíssima infra-estrutura de tecnologia da informação. O governo investiu pesado em educação e aprimoramento constante da força de trabalho. E examinou com lupa qualquer desenvolvimento tecnológico nos EUA e Japão, absorvendo-os imediatamente. No setor de manufaturas, historicamente a grande atração da ilha para as multinacionais até os anos 80, Cingapura hoje dá todas as facilidades para quem quiser estabelecer fábricas totalmente robotizadas.

Nada disso serviria se o sistema financeiro não fosse exemplar. Todo ano, invariavelmente, o governo tem um surplus de orçamento — mesmo sem impostos sobre o varejo (apenas em 94 foi introduzida uma taxa de 3%) e impostos sobre ganhos de capital. A alíquota máxima do imposto de renda é 31%. Todos os pesos pesados do sistema bancário internacional estão em Cingapura. É o centro financeiro do Sudeste da Ásia — com ambição de se equiparar a Hong Kong. Empresas estrangeiras de administração de fundos estarão movimentando mais de US$ 50 bilhões de fundos do governo no ano 2000. As taxas de juros são baixas, entre 4% e 5% para a maior parte das transações. Não há nenhuma restrição ao fluxo de moeda. Cingapura tem o quarto maior mercado cambial do mundo — atrás de Londres, Nova York e Tóquio. O dólar cingapuriano é uma potência: no início dos 90 estava a quase US$ 2 em relação ao dólar americano. Hoje está a US$ 1,42.

A estabilidade política e a confucionista competência administrativa de Cingapura atraem fundos de toda a Ásia — especialmente da bilionária Taiwan. Cingapura move uma agressiva campanha — que inclui sugestivos comerciais de TV — para seduzir todo o quem-é-quem corporativo de Hong Kong, utilizando o fato de que nem o espírito de Confúcio sabe ao certo as futuras intenções da China. Também procura desviar as atenções da vigorosa Bolsa de Kuala Lumpur, na Malásia — onde as políticas econômicas favorecem os malaios nativos e não os chineses. Mas a competição é duríssima: corporações chinesas ainda preferem ser cotadas em Hong Kong. Tailândia e Malásia oferecem inúmeras vantagens.

Cingapura contra-ataca oferecendo um bônus irresistível a investidores estrangeiros: visto de residência. Empresas taiwanesas como o gigante da computação Acer e a Roly — que detém uma mina de ouro, o franchising de produtos Disney para toda a China — estão listadas na Bolsa de Cingapura.

Há uma geração, multinacionais foram atraídas a Cingapura pela mão-de-obra barata (que hoje as leva para Tailândia, Indonésia e Vietnã, onde os salários são 7 vezes mais baixos), e por um governo disponível a tudo. Cingapura construiu sua base industrial com mais de 80% de capital estrangeiro. Hoje as mais de 700 múltis estabelecidas na ilha estão em overdrive, investindo em pesquisa de alta tecnologia. Para o governo, o que interessa desde 1980 é atrair indústrias "brain intensive": para isso, construiu na época e aperfeiçoou um parque científico com facilidades de pesquisa para biotecnologia ou microeletrônica. Hoje, quem quer se aproveitar apenas de mão-de-obra barata (inclusive empresas locais, que já investiram mais de US$ 1 bilhão), é orientado pelos cingapurianos em relação à melhor maneira de se instalar na Indonésia, Malásia ou mesmo no Vietnã.

O "conselho", é claro, faz parte de uma estratégia: o desenvolvimento de um "triângulo dourado" que inclui Cingapura, a província de Johor Bahru no Sul da Malásia (uma ponte liga a ilha ao continente) e um colar de ilhas indonésias do arquipélago de Riau (a 30 minutos de distância por ferry boat). A logística é impecável. Cingapura é um enclave chinês em um mundo malaio e muçulmano. É uma espécie de Israel, com nível de vida de sultanato árabe, em pleno Sudeste da Ásia. Não é à toa que seu exército hipereficiente (uma das porcentagens mais altas do mundo em relação à população) é treinado por Telavive. Vive, portanto, sob permanente ameaça de insegurança geopolítica. Com a idéia do triângulo dourado, Cingapura não só catalisa o desenvolvimento econômico dos seus tentaculares vizinhos como reduz sua paranóia futura. A colaboração é complementar: Cingapura entra com tecnologia, telecomunicações e transporte, e os malaios e indonésios entram com terra, mão-de-obra barata, água e energia.

O resultado, também em puro Singapore style, está na prática. Há menos de 4 anos, as ilhas indonésias eram selvas idílicas vagamente povoadas. Já ameaçam virar mini-Flóridas antes do final do século.

Executivos definem Cingapura como o paraíso do disk-drive (divide com a Malásia mais de 70% da produção mundial, em fábricas robotizadas desenvolvidas localmente). É a sede da maior fábrica de videocassete do mundo — uma joint venture entre a Thomsom a Toshiba —, e da maior fábrica de compressores — da Matsushita. A fábrica totalmente automatizada de amplificadores e tuners FM da Philips é a maior da corporação no mundo. As linhas de montagem automatizadas da Apple produzem um computador a cada 20 segundos: o processo custa 50% menos do que nos EUA. Em Cingapura os departamentos de manufatura e pesquisa trabalham lado a lado. Por exemplo, quando a Motorola lançou na Ásia o primeiro pager do mundo do tamanho de um cartão de crédito, o desenho e a manufatura eram cingapurianos.

Todas essas frentes de ataque, acumuladas, acabaram levando Cingapura Inc. a se posicionar, hoje, como 2 faces de um mesmo chip: uma privilegiada porta de entrada para o boom econômico da Ásia, e por extensão o Século do Pacífico; e, na linguagem dos tecnocratas locais, um "value-added switching node", ou seja, um ambiente que terá sempre algo mais a oferecer do que a concorrência em termos de tecnologia de informação.

A fase seguinte desta estratégia global é a mais ambiciosa: já está transformando na prática o comércio e a vida social, interconectando inteligência artificial, videoconferência e robótica, e criando a primeira "ilha inteligente" do planeta, onde casas, escolas, negócios, e agências governamentais estão on line 24h por dia. Cingapura é um supermercado eletrônico há anos. Já no início dos 90 instalou um sistema de fotovideotexto, o Teleview, que usa tecnologia de TV para transmitir fotos de alta resolução, além de também transmitir som. Foi o primeiro sistema interativo que chegou perto de explorar o potencial de multimídia do computador pessoal. O governo qualifica o passo seguinte de IT2000. Não há modelos prévios: o software pioneiro sai de Cingapura.

Em 89, Cingapura tornou-se o primeiro país do mundo a ter 100% ISDN, ou seja, rede digital de serviços integrados. Como comparação, nos EUA menos de 5% das linhas telefônicas oferecem ISDN. A Singapore Telecom, 28ª corporação do planeta, estatal nadando em dinheiro e a ponto de ser privatizada, gastou mais de US$ 1,5 bilhão nos últimos 5 anos em inovações tecnológicas. Sempre teve como prioridades máximas ISDN e interligação por fibras óticas. Sua produtividade e lucratividade deveriam ser cuidadosamente estudadas por defensores de estatais em qualquer latitude: hiper-high tech, entrega telefone na hora, e pratica tarifas globalmente competitivas. 1 minuto de telefone entre Cingapura e Califórnia sai por menos de US$ 1.

Um dos itens cruciais em Cingapura é comércio internacional — atividade que envolve toneladas de papel. Seu comércio exterior movimenta mais de US$ 120 bilhões, cerca de 2,5 vezes o PNB. A solução para acabar com tanta papelada — e economizar US$ 1 bilhão por ano — chama-se TradeNet. Os traders preenchem um formulário eletrônico e o enviam por modem ao computador central do Trade Development Board, ligado 24h. A informação vai também por computador para a agência do governo apropriada entre as 18 que emitem documentos comerciais. As aprovações são depositadas na caixa eletrônica de correio do trader em 15 minutos.

Já existem cabines de videofone desde 91, sucesso garantido entre a enorme comunidade de expatriados (em 96, cerca de 350 mil, 20% da força de trabalho nacional). Para japoneses deslocados para Cingapura por suas multinacionais, este é o Éden — não só em business como em qualidade de vida. Quando o general inglês Arthur Percival marchou com a bandeira branca e a Union Jack para se render ao general Yamashita no QG japonês em Cingapura, em 1942, estava selando o fim do mito da invencibilidade britânica e do próprio Império. O Japão não conseguiu o que queria durante a Segunda Guerra — quando ocupou brutalmente a ilha, torturou dezenas de milhares de chineses e confinou outros milhares à horrenda prisão de Changi — hoje a região do aeroporto. Apenas 4 décadas depois, o Japão estava novamente instalado em Cingapura em soberbo conforto, agora através do poder do *yen*. O conforto inclui fabulosas filiais dos Olimpos do consumo conspícuo: lojas de departamentos japonesas — Yaohan, Daimaru, Isetan, Sogo, Takashimaya — estão erguidas com granito brasileiro e dominando 1 quarteirão da Orchard Road.

Cingapura é uma sociedade-modelo, imaculada, ordeira, próspera e sobretudo altamente disciplinada. Virtualmente não existe pobreza, mendigos, sem-teto e desemprego. A criminalidade é baixíssima. A qualidade do ar é impecável. Toda a cidade-Estado é arborizada e florida. Todo mundo tem acesso ao sistema de ensino e acesso imediato ao sistema médico (basta 1 minuto para ser admitido em um hospital do governo). Em um fórum sob o sugestivo título "Ásia Oriental no Século do Pacífico", professores da universidade local de Nanyang previram que em 2010 o PNB per capita de Cingapura vai ultrapassar o dos EUA, baseado na paridade de poder de compra, o índice realista já incorporado às projeções do Banco Mundial e do FMI. Há anos ultrapassou a Inglaterra — o ex-colonizador. Nada a estranhar, quando se sabe que os EUA, ainda a maior economia do planeta, têm menos reservas em moeda estrangeira, excluindo ouro, do que a ex-ilha da fantasia.

Qual é, em essência, o segredo deste sucesso que gerou perplexidade ou inveja em todo o planeta? Vejamos, segundo a elite confucionista cingapuriana, os 10 Mandamentos de um Estado virtuoso neste final de século.

1. GOVERNO FORTE
Liderança com punho de ferro. Partido único (PAP) no poder há quase 40 anos. Oposição débil. Mídia totalmente controlada.

2. PLANEJAMENTO A LONGO PRAZO
Governo absolutamente pragmático orienta os rumos da economia. Poderia ser confundido com comunismo, mas aposta 100% em livre mercado.

3. ADMINISTRAÇÃO TRANSPARENTE
Honestidade absoluta de políticos e funcionários. Corrupção impensável. Meritocracia: governo premia apenas os mais capazes.

4. INVESTIMENTO ESTRANGEIRO
Nada de protecionismo. Tapete vermelho para multinacionais e investidores de qualquer nacionalidade.

5. POUPANÇA COMPULSÓRIA
Nada de welfare state. Ênfase em poupança obrigatória, que terminou gerando uma nação de proprietários de suas próprias casas.

6. EDUCAÇÃO UNIVERSAL
Sistema de ensino draconiano, que levou grande parte da população a lidar sem problemas com alta tecnologia.

7. LEI E ORDEM
Implacável lei de segurança nacional e punições severíssimas (multas, chibatadas, enforcamento) detém a criminalidade.

8. VALORES FAMILIARES
Confúcio aplicado: a família como célula mater da sociedade. Ênfase no respeito à autoridade. Controle absoluto de qualquer dissenso.

9. HARMONIA COMUNITÁRIA
Ênfase em uma sociedade multirracial. Todo cidadão deve falar pelo menos 2 das 4 línguas nacionais (inglês, mandarim, malaio e tâmil).

10. IDENTIDADE NACIONAL
Senso de ser cingapuriano predomina sobre alianças étnicas. Campanhas constantes promovem objetivos nacionais.

O mandamento que não consta nesta lista, e talvez o de efeito mais potente, é a verdadeira obsessão cingapuriana em atingir a perfeição em qualquer atividade. Esta obsessão em ultrapassar os próprios limites a qualquer preço tem sua contraparte no pavor épico — digno de um romance de Joseph Conrad — de ser devorada pelos mares mornos e a úmida selva tropical, o que explica a determinação da face urbana hiper-high tech impondo a modernidade sobre a exuberância da vegetação. Dos confortáveis apartamentos nas colinas do Monte Faber, observamos uma ilustração gráfica da própria história de Cingapura: em primeiro plano, está a densa selva tropical. Mais atrás, as gigantescas gruas do porto. E, ao fundo, a silhueta das torres high tech em downtown. A atitude psicológica de Cingapura é de eterna vigilância: se nos descuidamos 1 minuto, podemos ser deglutidos pelo coração das trevas, por muçulmanos instáveis, ou mesmo por competidores do resto do mundo correndo atrás das mesmas tecnologias e dos mesmos mercados. Ou seja: Après nous, le déluge — e não há segundo ato.

Não há semana em que Lee Kwan Yew, ou a equipe de mandarins tecnocráticos que o sucedeu, não exorte sua premiada população a aperfeiçoar constantemente suas já fartas habilidades. Lee, em uma entrevista a BBC, reconheceu que Cingapura deu certo, mas não inovou em nada porque os caminhos já estavam abertos pelo Ocidente: "Nós apenas subimos na bicicleta e pedalamos mais rápido do que todo mundo atrás das jamantas". Por causa de desvantagens e limitações permanentes — em mercado doméstico, em espaço e em força de trabalho — o primeiro-ministro Goh Chok Tong também costuma enfatizar a necessidade de todo o país trabalhar sempre como um time — como se estivesse disputando não mais um campeonato regional, mas a própria final de uma Copa do Mundo.

Cingapura jamais descansa de sua série interminável de vitórias. O planejamento estratégico a longo prazo tem 2 faces; a primeira é a clonagem através da Ásia dos parques industriais. O outro objetivo do Board de Desenvolvimento Econômico é desenvolver até o ano 2000 pelo menos 70 "promissoras empresas locais" e atrair pelo menos 200 multinacionais de "tamanho significativo" que escolham montar seu QG Ásia-Pacífico em Cingapura, como, em 95, Siemens, Hewlett-Packard, Nokia e Rhone-Poulenc, e em 96 Philips, Dupont-Dow e Mercedes-Benz. O Board também vai atrás de talento profissional top no mundo inteiro em áreas cruciais — como fabricação de semicondutores, comunicações, transmissões por cabo ou satélite e engenharia de precisão: interessados em qualquer latitude podem inclusive acessar um web site, "Singapore Careers". Cingapura diversifica seus investimentos em toda a Ásia, especialmente Indonésia, China, Índia, Vietnã e Myanmar. A estratégia nacional, "Singapore 2000", é chegar à linha de frente das nações industrializadas até o final do século.

Em 1º de janeiro de 96 — 3 anos antes de seu objetivo — Cingapura teoricamente atingiu status de nação desenvolvida de acordo com a Organização de Cooperação e Desenvolvimento Econômico (OCDE), também conhecida como o clube dos ricos, em Paris. Ninguém parou nem para tomar um suco de manga. Mesmo porque se descobriu 2 dias depois que o upgrade da OCDE significava na verdade que Cingapura não precisava mais de ajuda de Bancos de Desenvolvimento. Ainda faltava muita estrada. Todo mundo continuou trabalhando.

Para a tecno-burocracia, trabalhar é um estímulo. Cingapura tem os funcionários de governo mais bem pagos do planeta. O primeiro-ministro Goh Chok Tong ganha US$ 812 mil por ano — o maior salário de qualquer chefe de governo em todo o mundo. Compare-se aos US$ 395 mil do primeiro-ministro japonês Hashimoto e aos US$ 320 mil do primeiro-ministro alemão Kohl. Bill Clinton, líder do mundo livre, ganha apenas US$ 200 mil/ano, menos do que ministros de gabinete cingapurianos (cerca de US$ 574 mil /ano) ou altos funcionários de governo (cerca de US$ 26 mil/mês). É assim que um governo atrai the best and the brightest — concorrendo com os salários da iniciativa privada. E é assim que no governo de Cingapura — ao contrário de intermináveis pântanos do Terceiro Mundo — não existe a menor sombra de corrupção. Em 96, em uma pesquisa da consultoria PERC de Hong Kong com businessmen de toda a Ásia, Cingapura foi eleito o país menos corrupto do continente, à frente de, pela ordem, Japão, Hong Kong, Malásia, Coréia do Sul, Taiwan, Tailândia, Índia, Filipinas,

Indonésia, Vietnã e China. Em uma escala de 0 (nenhuma corrupção) a 10 (máxima corrupção), Cingapura não chegou a 0,4. A China, seguida de perto por Vietnã e Indonésia, estourou a quase 8. Ainda há muito o que ensinar a Mãe-Dragão.

Mesmo Confúcio, aquele que tudo sabe, Eminente Supremo por trás do eminente Lee Kuan Yew, seria capaz de prever vírus incontornáveis ameaçando o disco rígido deste Jardim do Éden asiático. A suprema, imbatível, paixão cingapuriana é fazer dinheiro. Diante deste frenesi, empalidecem mesmo a segunda paixão — gastar o dinheiro na miríade de shopping centers — e a terceira — reabastecer o robocorpo na miríade de deliciosos restaurantes de todas as etnias. Desejos humanos, muito humanos. O problema é como confrontar a vertiginosa Medusa da modernização. Depois de vários excessos, o maior laboratório de engenharia social do século 20 tenta ajustar-se com uma Graça absolutamente oriental.

Cingapura é a cidade-Estado mais introvertida do mundo. É como uma bela mulher que não se deixa amar porque insiste no excesso de máscaras. Envergonha-se de seu passado de grande cidade quente e pobre do Extremo Oriente — fonte, por outro lado, de seu fascínio na época para todo o Ocidente. Descobrir a alma de Cingapura é viajar por um tênue fio de Ariadne onde entrevemos fragmentos de vidas chinesas, malaias a hindus extravasando para as ruas entre odores de incenso, pimenta, curry e soja fermentada. Arranhando o verniz californiano, viajamos para a Índia em Serangoon Road, para a Arábia em Arab Street, e para a China milenar em Chinatown. Podemos imaginar os *dhobys* lavando roupa à margem do Stamford river — hoje aterrado —, como se estivessem às margens de Gânges; ou os pescadores malaios descansando seus *kris* — punhais curvos e letais — no sossego dos *kampungs* — palafitas de madeira — hoje só encontráveis em gravuras e aquarelas. Pelo menos os riquixás de bicicleta — hoje equipados com uma parafernália de lâmpadas e CDs berrando os últimos sucessos em cantonês e mandarim pop — ainda dormem à margem dos gramados dos parques.

A cidade-Estado não consegue escapar do retorno do reprimido. Cingapurianos amaldiçoam a vizinha Sumatra pelos resíduos de fogos de floresta gigantescos que imergem a ilha em uma bruma espessa durante semanas; esta é a mesma Sumatra de onde veio o príncipe hindu que a batizou Singa-Pura. Nas ilhas vizinhas do arquipélago de Riau — também parte da Indonésia — populações malaias praticaram a pirataria por séculos como forma de resistência ao colonialismo europeu que monopolizava o comércio marítimo no mar do Sul da China. O retorno do reprimido veio no início dos anos 90 — na forma de ataques noturnos, em meras pirogas a motor, aos gigantescos porta-containers obrigados a diminuir a velocidade a cerca de 5 km do porto de Cingapura para não bater nos recifes e bancos de areia. Os neopiratas são os trombadinhas do boom do arquipélago de Riau — esta típica associação de mão-de-obra barata muçulmana e know how cingapuriano.

Envergonhada de sua pobreza inicial, Cingapura tentou de todas as maneiras reescrever o passado, a começar pelo arquitetônico. Quando Lee Kuan Yew subiu ao poder no final dos anos 50, ainda encontrou um pântano de mosquitos com esparsas criações de porco e galinha. Na cidade só havia shophouses chinesas — ou seja, uma família operando seu negócio no térreo e vivendo mal e porcamente, às vezes 10 pessoas em um só cômodo, no primeiro andar. Casas de ópio e chá proliferavam em cada esquina. Segundo Lee, não havia água potável, esgoto, eletricidade, a sujeira era absoluta, e todo mundo "crescia tapioca, bebia e fazia filhos".

Os lendários juncos que abarrotavam o que hoje é o distrito financeiro sumiram do rio Cingapura, e sobrevivem apenas em algumas gravuras no Museu de Arte: navega-se apenas na versão Disney. O que não foi derrubado em Chinatown está sendo freneticamente renovado: sumiram as casas de ópio, mas pelo menos sobraram algumas casas de chá. Há ocasionais excessos da estética Instamatic linha Hollywood Boulevard: Joseph Conrad, Somerset Maugham, Rudyard Kipling e mesmo Anthony Burgess, que sonharam e escreveram um Oriente misterioso, magnético, sensual, ergueriam as sobrancelhas. Mas há uma série de sucessos — como a restauração da St. Joseph's School, transformada no chiquíssimo Museu de Arte, e os ex-ancoradouros de Boat Quay e Clarke Quay — transformados em complexos de bares, restaurantes e lojas mais agradáveis do que qualquer similar da Califórnia. Tudo sobe a uma velocidade e eficiência vertiginosas: em apenas alguns meses vi surgir do nada um sofisticado shopping mall em espírito californiano coordenado pelas lojas de departamentos japonesas Parco e Seiyu, incluindo um Hotel Intercontinental.

O Raffles é um caso à parte. Fundado por 1 dos 4 irmãos Sarkies, armênios, em 1887, há mais de 1 século é um dos grandes hotéis do Oriente — como o Eastern and Oriental, em Penang, o Strand, em Rangoon, e o Oriental, em Bangkok. Seu motto ainda é válido: "Quando no Raffles, por que não visitar Cingapura?" Reabriu em 91 depois de uma restauração de US$ 100 milhões, paga pelo governo e supervisionada por uma arquiteta local. Dandies globais têm frêmitos com o excesso de produção — e com as hordas turísticas clicando suas Instamatics. Mas sob a maquiagem ainda é possível sonhar com a Cingapura de Conrad, Kipling ou Somerset Maugham: no Writer's Bar, na Tiffin Room — onde come-se um dos melhores curries da Ásia — e na Billiards' Room, sob cuja esplêndida mesa de bilhar foi capturado, no início do século, o último e perplexo tigre da Malásia na ilha.

A própria Malásia começa em Cingapura: a estação de trem, modernista, quase Bauhaus, assim como o terreno, pertencem a Malayan Railways. É desta estação que sai o Eastern and Oriental Express, que corta toda a península da Malásia e da Tailândia até Bangkok. É uma das grandes viagens de trem do planeta — anunciada no início do século como a maneira ideal de se contemplar a "Malaia Britânica e o Sião". O E&O tem luxo de Orient Express, vagões opulentos e numeração personalizada que não inclui os números 4 (morte), 5 (negativo) e 7 (errático), em deferência aos viajantes chineses. Por um décimo do preço, a mesma viagem iniciática pode ser conduzida nos confortáveis trens normais malaios e tailandeses, com uma escala em Kuala Lumpur — onde pode-se almoçar na nostalgia colonial do Coliseum Café — e outra escala em Penang — onde pode-se passear de riquixá na mais preciosa Chinatown de todo o Sudeste da Ásia e visitar o pagode budista de Kek Lok Si, plantado no alto de uma colina em todo seu esplendor kitsch hollywoodiano. Breve, até mesmo a Europa vai começar em Cingapura — ponto de embarque da futura ferrovia que atravessará Kuala Lumpur, Bangkok, Ho Chi Minh City, Hanói, Kunming (Sul da China), Pequim, Transiberiana, Moscou, e daí Varsóvia, Berlim, Paris e Londres. O projeto — aprovado na cúpula Ásia/Europa em Bangkok — está sendo coordenado pela Malásia, e poderá ser financiado pelo Banco Mundial.

O que mais chama a atenção de qualquer visitante em Cingapura — 7,1 milhões por ano, das hordas de mochileiros europeus atraídos pela "Ásia instantânea" às armadas de empresários globais atraídos pelo boom econômico — é o que poderíamos qualificar de lema extra-oficial: SHOP TILL YOU DROP. Compre até cair. Cingapura tem a maior concentração de caixas automáticos por metro quadrado do planeta. Orchard Road, a Quinta Avenida da Ásia, é uma demência seqüencial de shopping malls com todos os 10% de essencial e 90% de supérfluo produzido na face da Terra. Legiões de adolescentes hiper-trendy não vêem a hora de largar suas aulas de matemática com ábaco e suas memorizações de Confúcio para amassar seus rostos nas vitrines das eurobutiques. São capazes de qualquer negócio por uma bolsa Prada, uma calça Calvin Klein ou um vestido Donna Karan. Orchard Road é uma experiência de realidade virtual: evoca com perfeição um resort da Califórnia administrado por mórmons que adquiriu vida própria e enlouqueceu como se estivesse em um filme de Werner Herzog. Como fugir da umidade opressiva e da temperatura que só varia alguns graus durante todo o ano (todo dia é 25 a 32)? O argumento é circular: SHOP TILL YOU DROP.

Milhões de brasileiros certamente fariam qualquer negócio para viver em uma China em fujicolor com legendas em inglês, onde os pouco mais de 20 km de distância do aeroporto a um esplêndido hotel dez estrelas como o Shangri-La, o Regent, o Four Seasons ou o recente Ritz-Carlton são cobertos em 20 minutos, em uma freeway imaculada, sem trânsito: a única perturbação é um sininho insuportável que toca quando o táxi ultrapassa a velocidade máxima de 80 km/h. Um par de óculos ou um paletó sob medida são entregues em 24h. Todas as estações e trens do metrô, todos os táxis e a maior parte dos ônibus têm ar-condicionado. Qualquer buraco de rua é tapado em menos de 48h: basta telefonar. Quer um telefone? Simples: instalado em menos de 24h. O zoológico é tão chique que tem safáris noturnos, um espetáculo de som e luz com participantes do reino animal, cada um devidamente patrocinado: um tigre da Malásia, por exemplo, é "oferecido" pela cerveja Tiger. E tudo funciona em inglês. Well, quase, em inglês cingapuriano, um pasticcio staccato de entonações chinesas, francamente incompreensíveis, diga-se de passagem, a um chinês da Mãe-Terra.

O inglês como língua oficial — "língua do comércio, ciência e tecnologia" — foi obviamente uma estratégia de gênio imposta pelo "chinês anglicizado" Lee Kwan Yew, fiel à perfeita lógica da passagem de Cingapura de colônia a entreposto global. Como bônus extra, dialetos chineses mutuamente incompreensíveis poderiam finalmente se comunicar na mesma língua. Os cingapurianos aprenderam inglês — mas não pensam em inglês nem reagem de acordo com a cultura inglesa (Lee: "Eu nunca serei inglês em mil gerações"). Em 79, Lee Kwan Yew de repente redescobriu sua "chineseness" e lançou uma campanha promovendo o uso de mandarim. A longo prazo, proliferaram crianças debatendo-se em um quebra-cabeça lingüístico onde são incapazes de completar uma frase sem recorrer a no mínimo 2 idiomas. Se inglês era a língua da tecnologia e dos negócios, mandarim era a língua dos "valores asiáticos" derivados do confucionismo. Instalou-se uma verdadeira guerra ideológica entre estes valores e a "decadência ocidental". Lee e seu partido passaram a combater em massa os males da ocidentalização em suas mais solertes formas — individualismo, dissenso e, Deus perdoe, democracia. Foi durante este turbulento processo que solidificou-se a originalíssima cultura chinesa de Cingapura — um mix de confucionismo, taoísmo, budismo e cultos populares malaios.

Há cobras no Jardim do Éden — e não apenas nos jardins de esplêndidas mansões coloniais que o governo reforma e depois aluga para altas contas bancárias. Expatriados adoram comentar que as cobras locais não mordem o homem branco: apenas malaios. Blagues à parte, o problema principal, na ótica do governo, são cobras subversivas prontas para oferecer frutos proibidos à menor oportunidade.

Qualquer contravenção custa os olhos da cara em Cingapura. As multas são estofo de lenda de Londres a Los Angeles. US$ 350 por comer ou beber no metrô, ou fumar em um restaurante. US$ 140 por dirigir sem cinto. US$ 35 por cruzar a rua fora da faixa. Mais de US$ 700 por jogar lixo na rua (ponta de cigarro também vale), mais alguns meses de aula. No Jardim Botânico, tem multa se algum ocidental lunático resolver atirar nos pássaros com estilingue. Quer cruzar farol vermelho? Esqueça: nos cruzamentos principais as câmeras registram tudo e mandam a multa pelo correio. Quer comprar um carro? Vai ter que suar muito: os impostos ultrapassam 200%. Qualquer Mercedes, mesmo usado — imprescindível símbolo de status local — não sai por menos de US$ 100 mil. Quanto ao tráfico de drogas, não há jeitinho: é pena de morte por enforcamento. A média chega a 20 por ano, e inclui incautos pegos no aeroporto com milhões de dólares em heroína. Toda a orgia de cobrança é apoiada em fartas campanhas publicitárias, artigos no principal jornal, o *Straits Times*, e, no caso das drogas, o aviso já vem impresso no cartão de desembarque — para que os candidatos tenham tempo de se desfazer da carga no toalete do avião. Os locais pelo menos desenvolveram seu senso de humor: qualquer lojinha vende camisetas com a interminável lista de multas e probições.

Era inevitável que Cingapura virasse uma estrela global de mídia — como sempre pelas razões erradas. Ou seja: as 4 lambadas que ensangüentaram o lombo de Michael Fay, o "vândalo teenager americano" (segundo a imprensa local) acusado de grafitar carros. De acordo com um corretor europeu com excelentes conexões, Fay foi preso porque passava cocaína na escola americana. Se fosse julgado por esse crime, "cairia a cara" (conceito impensável no universo chinês) de Cingapura ao se revelar ao mundo que há tráfico de drogas na ilha. Há mesmo 3.500 junkies em reabilitação. A solução foi acusar Fay de grafitagem, aplicar a pena e induzi-lo a abandonar o país. Nenhuma fonte oficial, é claro, jamais confirmou esta informação.

O que nos leva a um problema crucial: a censura. Apesar de leis e penas severíssimas, as cobras do Jardim do Éden devem estar exultantes com a lenta porém segura proliferação de delinqüência juvenil, abuso de drogas e crimes de colarinho branco. A lei não brinca: presume que todo mundo é culpado até uma prova absolutamente irrefutável em contrário — o oposto da terra prometida de O.J. Simpson. Dostoievski teria elementos para reescrever *Crime e Castigo* ao infinito em Cingapura. Poderia incluir jornalistas, como Alejandro Reyes, correspondente do semanário *Asiaweek*. Reyes escreveu sobre o caso Fay sem moralismo. Notou provar-se ao mundo que Cingapura é basicamente uma sociedade conservadora e os EUA uma sociedade liberal. O poderoso Ministério da Informação e das Artes teve uma outra leitura e não renovou seu visto de trabalho.

Autoritarismo, punho de ferro, censura, repressão ao dissenso, tudo nos remete ao incontornável Lee Kuan Yew, já qualificado como "o homem mais esperto do Ocidente" pela raposa Henry Kissinger, e de "estadista mais interessante da Ásia" pelo jornalista americano Robert Elegant. Mr. Elegant observou que entre as figuras que lideraram lutas nacionais pela independência, apenas Big Lee foi um sábio administrador: todos os outros — Mao, Nehru, Ho Chi Minh e Suharto — não souberam encarar a transição e deixaram uma imensa desordem política, econômica e administrativa tingida de corrupção. Incorruptível, com um inglês BBC e uma visão moderna da economia, Lee pode ser compreendido tanto como um ditador benigno quanto um "déspota chinês tradicional" — na visão de diversos estudiosos da Ásia.

Lee não se interessa por cinema, música clássica ou gastronomia. Lê muito — mas apenas História, ciências políticas ou áreas que podem lhe dar insights para melhorar Cingapura. Veste roupas anódinas. Só desvia sua atenção do trabalho para uma curta sessão diária de jogging, natação, ciclismo e remo. Mas seu cérebro reduz qualquer concorrência a cinzas. Lee moldou Cingapura como um Estado unipartidário, onde o partido é estratificado de acordo com a competência tecnocrática. O governo prega liberdade religiosa mas cerceia instituições religiosas. Controla totalmente a imprensa. É dono de corporações majoritárias (alguns dos principais bancos e companhias de seguros, estaleiros, hotéis, uma refinaria de petróleo, uma usina de aço, empresas de comércio). Controla o único grande sindicato. Lee Kuan Yew é anticomunista doente. Ironicamente, as características de sua ilha são puramente comunistas. Mas, em vez de retórica, temos o comunismo que deu certo: emprego universal, moradia para todos, ausência de pobreza. Claro que nenhum país comunista — até a China de Deng... — recorreu a multinacionais para atrair capital de investimento. E nenhum vendeu estatais altamente rentáveis e ficou nadando ainda mais em dinheiro. Mas muitos europeus e americanos não resistem à tentação de pensar que o comunismo faliu porque Deus só criou um único e indivisível Lee Kuan Yew, infinitamente competente e incorruptível.

Mais uma vez é a esplêndida Chan Heng Chee, cientista política número 1 da ilha, quem nos esclarece; de acordo com madame Chee, Cingapura é o único exemplo do mundo onde um político como Lee pôde apreender o poder de mobilização dos comunistas, manipular sua retórica, e depois excluí-los do governo. Seu credo poderia ser "non serviam": ele reconhece que o maior trauma de sua vida foi a entrada do exército colonialista japonês em Cingapura em 1942. Para madame Chee, este foi o principal acontecimento nos últimos 50 anos da Ásia: "A ocupação japonesa desencadeou uma grande revolução mental e psicológica nos países da região. Criou o desejo entre muitos membros da elite de dirigir seus próprios países. Antes disso, a superioridade do homem branco era incontestável. Depois da Segunda Guerra Mundial e do colonialismo, os povos da região começaram a forjar o destino com suas próprias mãos".

Lee seguiu o script à risca. Quando dedicou-se à política, livrou-se do colonialismo inglês, livrou-se — e prendeu — os comunistas, chorou suas únicas lágrimas já registradas em público ao ser excluído da federação da Malásia em 65 e, sozinho, no comando do Partido da Ação Popular que ele mesmo fundou, pôde finalmente demonstrar sem nenhuma contestação que um homem pode ser uma ilha.

Quando se tem Lee Kwan Yew, para que oposição? Para adquirir o capital necessário a sua cascata de investimentos produtivos, o governo Lee elaborou um "esquema" (linguagem oficial) de poupança compulsória em ampla escala denominado CPF, Fundo Central de Previdência. Todo mês o CPF engole até 40% do salário de um trabalhador, aplicado em uma conta de aposentadoria, e cobrindo despesas médicas e seguro de vida. A conta rende juros, é claro, e o trabalhador pode retirar fundos antes da aposentadoria. Mas apenas por 2 razões: comprar ações preferenciais, tipo Singapore Airlines ou Singapore Telecom, ou comprar uma casa ou apartamento. Isso faz com que 87% da população more na versão sudeste-asiática do BNH, alguns tão tentaculares que é preciso pegar um ônibus para ir de um bloco a outro. Sua monotonia arquitetônica equivale à monotonia climática da ilha.

Mas há uma enorme diferença em relação aos BNHs do resto do mundo: são absolutamente imaculados. Foram estas características que deliciaram Paulo Maluf em uma visita a Cingapura, levando-o a imprimir a marca da Cidade do Leão a futuras ex-favelas paulistanas. Nenhum cingapuriano quer acabar levando chibatada como Michael Fay. 90% dos habitantes destes HDBs (abreviação de House Development Board) são proprietários, trabalham duríssimo, muitas vezes em 2 empregos (a média salarial mensal é US$ 1.000) e detestariam ter sua propriedade depreciada. Com o CPF, portanto, o governo mata 3 cobras com 1 paulada hipercapitalista só: arrecada bilhões de dólares em capital de investimento, leva os trabalhadores a participarem diretamente da economia através da compra de ações e constrói uma nação inteira de proprietários, cujo objetivo primordial é prosperidade econômica e, claro, estabilidade política. E para quem pode, ou para a comunidade de expatriados europeus, americanos e japoneses que trabalha para as centenas de múltis, restam os condomínios à la Flórida ou Califórnia com todas as amenidades ("condo City", na expressão favorita dos taxistas), a preços tão extorsivos quanto Hong Kong.

Não é fácil dissenso em Cingapura. Quem tenta paga caro. É o caso de Chia Tye Poh, ex-opositor de Lee Kuan Yew, que após mais de 2 décadas de cadeia terminou acumulando pelo menos 2 títulos: único prisioneiro político de Cingapura e único prisioneiro político part-time do mundo. Poh só fica preso das 9h às 16h, e ainda por cima em um simulacro, a disneylândica ilhota de Sentosa, completa, com museus de cera, um espetacular aquário marinho, trenzinhos, campos de golfe, hotéis e toneladas de fast food. Em estilo absolutamente de acordo com ensaios de Umberto Eco ou Jean Baudrillard, a hipercomercial Sentosa posa de ilha da fantasia para demonstrar a realidade da irmã maior.

Quanto à oposição não-encarcerada, é preciso bater muita perna para encontrá-la. Finalmente ela se materializou em uma segunda-feira de julho de 94, na hora do almoço na Wall Street cingapuriana, encarnada no neuropsicólogo Chee Soon Juan, PhD nos EUA e secretário-geral do SDP, o Partido Democrático de Cingapura. O Dr. Chee estava literalmente no meio da rua vendendo cópias a US$ 8 de seu livro *Dare to Change*, impresso à revelia do governo e naturalmente sujeitando seu autor à cadeia imediata. No livro, o Dr. Chee tenta desmascarar todas as táticas do governo para justificar formas de censura, indicia o arcabouço autoritário e propõe uma "alternativa" para o próximo Grande Passo à Frente cingapuriano. Para ele, "a remoção e o abuso de fundamentais direitos humanos em Cingapura em benefício do progresso econômico criaram uma sociedade aleijada, e corroída por medo e apatia". A análise do Dr. Chee é comprada pela maioria dos expatriados ocidentais, para os quais Cingapura tem uma moldura magnífica onde só está faltando a pintura — ou seja, a sociedade civil. Afinal, esta é acima de tudo uma sociedade de dígitos — como a definiu o próprio Lee Kuan Yew, que, se leu o Dr. Chee na época, deve ter pego uma úlcera.

O PAP tem 81 das 83 cadeiras no Parlamento. A oposição é fragmentada e acuada. De acordo com o ritual, eleições acontecem cerca de 1 ano antes de expirar cada mandato de 5 anos do PAP no poder. Para preparar o espírito da população, o PAP solta um presente, como, em 96, uma série de cortes de impostos sobre pessoa física e jurídica, além de outros benefícios. Nas eleições de janeiro de 97, o PAP largou com a vitória garantida antes mesmo que fosse fixada sua data: a oposição não apresentou candidatos para nada menos que 47 das 83 cadeiras. Ao contrário das novelas intermináveis que são as campanhas americanas, campanhas em Cingapura não torram a paciência de ninguém: a de 97 durou apenas 9 dias. Não faltou suspense. Um candidato de um dos 5 pequenos partidos da oposição — o Partido dos Trabalhadores — emergiu como um possível chauvinista chinês. O PAP caiu em cima com artilharia pesada — inclusive advertindo que eleitores de zonas com maioria de votos antigoverno seriam os últimos da fila em um programa para melhorar seus HDBs: o PAP pode vigiar o voto de cada um deles porque possui uma sofisticadíssima rede de microinformação. O primeiro-ministro Goh Chok Tong e o PAP ganharam as eleições sem problemas. Para Goh, Cingapura demonstrou seu apoio a um "bom governo" e "rejeitou a democracia liberal em estilo ocidental": o Ocidente pode resmungar, mas ele tem razão nos 2 pontos.

Critérios ocidentais não se aplicam a uma sociedade asiática afluente. Cingapura não tem julgamento por júri popular desde 69. Jurados são considerados "falíveis"; o que interessa são juízes duros, com laços governamentais, cujo interesse primordial é condenar, e assim assustar a contravenção. Funciona. A prostituição é tecnicamente ilegal — mas curiosamente tolerada em "cabeleireiros" que se amontoam em shopping centers entre uma confecção paquistanesa e uma Babel de áudio-vídeo. Homossexualismo dava até prisão perpétua: hoje já se permite casamento para quem trocou de sexo — mas não entre homossexuais. Só passeata não pode — a menos que seja para apoiar o PAP.

Todos os videoclubes funcionam como inadvertidas joint ventures onde o outro partner invisível é o formidável Board of Film Censors, que, a exemplo de Big Brother, vê tudo — pelo menos o que entrou legalmente na ilha. "Fuck" às vezes é liberado. "Motherfucker", nem pensar. Nu frontal está vetado, mas nu lateral, dependendo da iluminação, pode. Qualquer referência a Alá está vetada. Livros, revistas e música pop também passam pelo raio-X. "Voodoo Lounge", dos Roling Stones, foi censurado por "linguagem obscena", obrigando os expatriados a mais uma romaria a Bangkok. Revistas "masculinas", só trazendo de Bangkok ou Hong Kong na bagagem, e rezando para não cair na luz vermelha em Changi. A maior parte das revistas é vendida dentro de um plástico. Parabólica privada, nem pensar: só quem tem é a Embaixada americana. A CNN já chegou a passar com 2 horas de atraso, porque os censores precisavam ver antes. Os canais de TV em chinês e malaio transbordam de exotismo kitsch. O canal em inglês procura mesclar a seriedade da BBC com a vitalidade da Fox: mas as notícias locais devem ser lidas com uma pitada de sal. Até a recente introdução de TV a cabo, o esporte favorito dos expatriados eram intermináveis discussões sobre os méritos comparativos de "decadentes" séries americanas como *Melrose Place*, *NYPD Blue* ou a velha *MASH*.

Todos os jornais são publicados por uma só empresa, estatal, é claro: à parte a reverência ao governo, seu nível técnico é excelente. A imprensa estrangeira é vigiada a vara: Lee passou anos em braço-de-ferro com *Asian Wall Street Journal*, *The Economist* e *Far Eastern Economic Review*, restringindo sua circulação sempre que imprimiam artigos desfavoráveis. Em 95, Lee, seu filho Lee Hsien Loong e o primeiro-ministro Goh coletaram US$ 678 mil do *International Herald Trubine* por causa de um artigo assinado pelo jornalista inglês Philip Bowring que alegava a existência de "política dinástica" em Cingapura, e referia-se à "batalha entre as necessidades corporativistas do Estado e os interesses das famílias que o operam". O *Herald* pediu desculpas e pagou em silêncio os US$ 678 mil. Não foi a primeira vez: em 94, teve que se desculpar por um outro artigo onde se sugeria que "líderes asiáticos apoiavam-se em um Judiciário passivo para levar políticos da oposição à bancarrota"; em 96 desembolsou mais US$ 300 mil para encerrar o assunto.

No seu rush para se tornar a primeira ilha inteligente do planeta, Cingapura percebeu em 94 que estava em uma encruzilhada: o acesso à Internet seria liberado, e até o final do milênio toda a ilha estaria on line através de fibras óticas. Como o governo iria censurar um magma eletrônico que inclui desde pornografia pesada a tórridos debates políticos? Uma ilha inteligente significa antes de tudo um pólo inigualável de comunicação. Como a primeira nação da Ásia a perceber que o futuro é da informação, e com a pretensão de liderar a revolução mundial das comunicações, poderia se propor a censurar imprensa e TV via satélite? Lee Kwan Yew já havia afirmado que com uma Hong Kong chinesa pós-97, Cingapura seria a base ideal para a imprensa ocidental monitorar o Século da Ásia. Sem dúvida. Mas sem censura.

E foi assim que surgiu mais uma típica solução Singapore style: vamos oferecer os mais saborosos incentivos para os gigantes do entertainment se estabelecerem aqui. Mas vamos vigiar o pedágio. Disney, ESPN, HBO e MTV não perderam tempo. A MTV pode disseminar seu sinal por toda a Ásia, mas isso não significa que será captada em todos os pontos de Cingapura; para isso é necessário ir ao MTV Bar do night club Zouk, onde peregrinos adolescentes ajoelham-se diante do telão que exibe subversivos clips de rap e techno. Já a Singapore Cablevision oferece 27 canais compatíveis com os "valores asiáticos" privilegiados por Lee Kwan Yew, entre os quais obviamente não se inclui o Playboy Channel de Taiwan.

No cyberspace, a solução "pedágio" evoluiu para uma verdadeira campanha antipoluição. Todos os operadores e provedores da Internet devem ser licenciados pela Singapore Broadcasting Authority. Como todo o tráfico da Internet vem por apenas uma superestrada — controlada pela poderosíssima Singapore Telecom —, teoricamente é simples monitorar áreas "capazes de minar a moral pública, a estabilidade política ou a harmonia religiosa" — de acordo com o governo. Críticos consideram o pedágio alarmante, hilário ou simplesmente condenado ao fracasso. O PC chinês adorou, e copiou devidamente a idéia.

Em Cingapura o preço de muita liberdade é a eterna vigilância sobre a supremacia dos valores asiáticos. As únicas aulas não ministradas em inglês são de educação moral — que só poderia ser confucionista: este é o único país do Leste da Ásia onde Confúcio é obrigatório na escola. A melhor explicação deste zelo inaudito em evitar qualquer fissura apareceu um dia na capa do *Straits Times*, cortesia de Chan Heng Wing, assessor de imprensa do primeiro-ministro Goh: "Cingapura não é a América. É pequena e frágil e precisa de um governo forte e justo para sobreviver. Se o governo é constantemente criticado e ridicularizado na mídia, e pressionado por lobbistas como na América, o governo perderá o controle. O resultado não será mais liberdade, mas confusão e declínio... Cingapura vai expandir seu espaço político e artístico pragmática e gradualmente, não de acordo com alguma fórmula imposta pela mídia ocidental, que elogiou a democratização em estilo americano de Taiwan e Coréia do Sul. Em 10 ou 20 anos, os resultados em Taiwan, Coréia do Sul e Cingapura vão falar por si só".

Lee Kwan Yew saiu formalmente do comando do governo em 1990. Hoje seu cargo é de "Ministro Sênior". Até as eleições de 97, ainda controlava quase tudo no PAP. Como embaixador itinerante, viaja pela Ásia — e também Europa — dispensando sabedoria. Tudo que diz é citado pela mídia planetária. É objeto de uma verdadeira cottage industry: livros, biografias políticas, discursos, álbuns de memórias, até mesmo CD-ROMs autografados que explicam às novas gerações sua obra suprema. É certamente mais edificante estudar um CD-ROM de Lee Kwan Yew do que um vídeo aeróbico de uma linda descerebrada: Cláudia Schiffer, entrevistada por Larry King para todo o planeta via CNN, e perguntada sobre suas idiossincrasias, respondeu: "Idio-what?"

O estilo do primeiro-ministro Goh é muito mais cool. Mas Lee até há pouco era O Sombra. Como se não bastasse essa formidável espada de Dâmocles, Goh ainda precisava se preocupar com O Sombrinha, BG (de "brigadeiro-general") Lee, filho do Grande Homem, primeiro-ministro adjunto e virtual sucessor do pai. O filho costuma aparecer no *Straits Times* em manchetes enormes do tipo "Cingapura existe porque é excepcional, diz BG Lee". Se depender de pai e filho, o punho de ferro controlando dissenso político e social não será minimamente relaxado. Afinal, está em jogo a manutenção do modelo cingapuriano e a segurança da cidade-Estado — o que, hoje, significa a manutenção eterna do PAP no poder.

Ocidentais podem discordar. Mas Lee Kuan Yew sempre afirmou que o fato de falar inglês não torna os cingapurianos anglo-saxões ou americanos. Esta é a chave para compreendê-los. Equivale a passear pela Orchard Road e observar como todas as eurobutiques são belos acessórios — acoplados à cultura local. A tecnocracia que controla Cingapura pertence à cultura chinesa — onde os valores confucionistas básicos são extrema disciplina e cega obediência à autoridade. Lee está certo ao temer que basta relaxar um pouco a disciplina para os chineses, historicamente, caírem na inércia passiva ou no caos total trespassado de corrupção. Vide as tríades criminais ainda ativíssimas em Hong Kong e nas Chinatowns de todo o mundo. Na época, Bill Clinton não entendeu as chibatadas em Michael Fay; a maioria dos americanos que as apoiaram nas pesquisas não só entendeu como logo após já se propunha a adoção do mesmo método na Califórnia.

Não é à toa que a China morre de amores por esta meritocracia autocrática: o Partido fica calmamente no poder controlando tudo, enquanto a economia levanta vôo. Estudiosos locais como Russel Heng prevêem que o neo-autoritarismo — mas sem corrupção — será o próximo desafio ideológico à democracia capitalista. Já em 93 um relatório do Banco Mundial observava alarmado como as democracias ocidentais cada vez mais se tornam veículos para lobbies possantes em detrimento do bem comum: em contrapartida, é inevitável a atração por um sistema autoritário porém incorruptível que funcione para o que se supõe seja o bem coletivo. Quando observamos o nível de vida alcançado por Cingapura, é praticamente impossível acusar o governo de não zelar pelo bem coletivo.

Toda a tecnocracia cingapuriana costuma recitar um provérbio chinês: "A riqueza nunca sobrevive a mais de 3 gerações. A primeira a constrói, a segunda a estabiliza e a terceira a gasta". Lee e a liderança do PAP tremem à possibilidade de que seu país Cindy Crawford termine virando uma Norma Desmond em *Sunset Boulevard*, lamentando o esplendor passado. O futuro está nas mãos desta terceira geração. Como fazer para mantê-la na linha?

O sistema educacional de Cingapura é uma paulada. Lee sempre exigiu nada menos que uma nação de PhDs — a medida-padrão de excelência, de acordo com seu elitismo iluminado. E, se fosse possível, PhDs já aos 14 anos de idade. Para Lee, o sucesso da diáspora chinesa no Leste da Ásia deve-se a qualidades étnicas inatas — combinadas a clima e dieta, o que explica a supremacia de chineses, japoneses e coreanos sobre indianos e nativos do Sudeste da Ásia. Para o geneticista Lee Kwan Yew, evidentemente existe uma correlação entre temperatura e atraso econômico e cultural: Cingapura é a exceção que confirma a regra. Sua divisão do mundo é ligeiramente maniqueísta: existem raças suaves, intuitivas, cool, amantes do prazer mas ortodoxas em religião e costumes, de "baixa compressão" e habitantes dos trópicos; e existem raças intensas, disciplinadas, céticas, calculistas e ambiciosas — habitantes de climas mais frios.

O problema é que a "intensa" terceira geração cingapuriana já nasceu ao volante de uma Mercedes 600 — segurando um celular Motorola ou uma bolsa

Prada. Armados com o poderoso Singapore dollar e nas asas da poderosa Singapore Airlines, ninguém os segura depois que já viram o Apocalipse em Londres, Paris, Nova York, Los Angeles ou Tóquio. Os "gringos" copiam tudo que vem do Ocidente, os "indígenas" tudo que venha da cultura pop de Hong Kong. Para observá-los em ação, nada melhor do que uma esticada ao Studebaker — onde se congrega a faixa dos 20 e 30. Ou ao Zouk, uma espécie de Ibiza gigante e tonitruante que aterrissou por engano em um hangar do aeroporto de Changi, onde se congregam teens locais e de todo o Sudeste da Ásia — Jacarta, Kuala Lumpur, Hong Kong. Lee Kwan Yew, se visitasse esses antros de depravação, teria um ataque cardíaco: são a própria antítese dos valores asiáticos. Dança-se e bebe-se até cair. Garotas lindíssimas e tão estudadamente sofisticadas quanto em Paris ou Nova York não largam seu celular nem mesmo na pista de dança ou no toalete, e exibem acres de pernas e seios em seus Wonderbras ou Ultrabras ("the ultimate cleavage"). No Boom-Boom Room, um mix cingapuriano de cabaré e teatro de revista, drag queens atacam imitações de Abba, clássicos discotrash e melodramas pop — além de fazer piadas sobre o governo. No Harry's Bar, o drink de rigor é o Bank Breaker, em homenagem a Nick Leeson, o homem de US$ 1 bilhão que quebrou o Barings: licor de melão Midori, vodca, uísque e soda. E no Hot Bods, a versão cingapuriana do Chippendale's em Hollywood, bodybuilders tiram a roupa ao som de Village People para delírio de um exército de secretárias e executivos de multinacionais. Há uma série de cybercafes, entre os quais o supercool Café Boat Quay — definido por seu proprietário francês como o "Hard Rock Café da Internet" —, onde a brigada techno-hip desembolsa apenas US$ 7 por hora para sorver cappuccino e surfar a web em um balcão que parece saído de um *sushi* bar. Quem disse que Cingapura é incapaz de se divertir?

Mas às 3 da manhã pára tudo. Ordem governamental. Garotos e garotas rumam então para as calçadas em frente a alguns shopping malls da Orchard Road — onde se estatelam, aspiram o ar perfumado da noite tropical, e reclamam de que ninguém os quer enquanto não começarem a fazer dinheiro. Também reclamam da vocação local de se moldar ao panoptico de Jeremy Bentham, onde todos vigiam todos: comitês de proteção à família vigiam quem se dobra a "insidiosas influências estrangeiras", anúncios de TV propagam "valores familiares", posters no metrô congregam a população a se reproduzir, e teenagers são "subornados" por seus pais a vigiar outros teenagers — chegando a colocar câmeras em suas bolsas escolares para flagrar os transgressores.

A apoteose de testosterona noturna na Orchard Road é naturalmente vigiada a curta distância por alguns carros de uma polícia jamais vista nas ruas, ou jamais entreouvida naquelas sirenes que uivam como coiotes histéricos em Nova York, Miami, Los Angeles e produções de Hollywood em geral. Em Cingapura a polícia é ainda mais undercover do que a contravenção; ou seja, pode estar — e está — em todo lugar.

A faixa dos 20 já evoluiu sua própria versão de "valores asiáticos". Quando o sexo feminino sai da universidade, não está muito interessado em virar dona de casa. É exatamente o que desejam os homens cingapurianos — fiéis à tradição cultural chinesa. Temendo uma explosão populacional, o governo nos anos 80 lançou uma campanha para "parar no segundo". Os chineses cingapurianos cumpriram a ordem tão ao pé da letra que acabaram com a menor taxa de procriação da diáspora chinesa. O governo ficou ainda mais desesperado ao aferir a possibilidade de que 2 em cada 5 cingapurianas estariam descasadas quando chegassem aos 40 anos. Uma solução para remediar o problema seria a poligamia — que Lee Kwan Yew aprova.

A outra solução foi mais uma implacável engenharia social, na forma do Social Development Unit, que nada mais é do que uma agência matrimonial. Só vira membro quem acabou a universidade. O cruzamento é por computador. O choque sísmico entre legiões de leitoras de romances com um Príncipe Encantado na cabeça e legiões de tecnocratas sensíveis apenas à linguagem do Singapore dollar era inevitável. Lair Ribeiro teria tudo para entrar de sola no mercado cingapuriano.

A maior parte deste matchmaking não dá em nada — talvez uma tarde não muito tórrida nos "hotéis do amor" do governo. Mas se dá certo, cuidado; o casal PhD será bombardeado com infinitas facilidades para parir um time de PhDzinhos. O Banco de Esperma local urge doações voluntárias — mas só de quem possui diploma universitário. Sem escola, nada de reprodução: o governo até usou nos anos 80 um Sterilization Cash Incentive Scheme, através do qual famílias de baixa renda onde nenhum dos cônjuges tinha completado o colegial ganhavam uma certa quantia para comprar um apartamento se concordassem com a esterilização da esposa.

Cingapurianas que desejam uma carreira rentável e um guarda-roupa lotado de Versaces detestam ser vistas apenas como reprodutoras. Estes esquemas do governo não só as alienaram como aos malaios e indianos — que não precisam de nenhum computador para se reproduzir en masse. As minorias étnicas viam toda esta ênfase em reprodução de PhDs chineses, obrigatoriedade do estudo de mandarim, e confucionismo generalizado como uma manobra solerte para excluí-los do topo da sociedade cingapuriana. Mas ninguém emigrou. Afinal, esta é a Suíça da Ásia.

Goh Chok Tong prevê que só em 2020 Cingapura estará mais relax. Lee Kwan Yew e sua desmesurada compulsão em modelar Cingapura à própria imagem — talvez para compensar sua alienação cultural — devem ter seu lugar garantido na moderna História da Ásia. Goh gostaria que até 2020 a paranóia de segurança e o catálogo de proibições fossem artigos supérfluos — pois a terceira geração já terá impulsionado o país ao Próximo Passo à Frente.

Não faltam incentivos para manter o ritmo. Em 96 Goh aprovou um plano de investimento de US$ 1 bilhão em 5 anos para promover o pensamento "crítico, criativo e autônomo" nas escolas — o xis da questão para o Próximo Passo à Frente, onde a Ásia deve criar novos produtos high tech, impor suas próprias marcas e usar um marketing extremamente agressivo, operando em tempo real. Este plano poderá auxiliar grande parte do mundo em desenvolvimento a resolver um problema crucial: como manter o respeito à autoridade — clássico das culturas asiáticas — e ao mesmo tempo promover a criatividade individual.

Mas foi em um memorável discurso a estudantes da Universidade Nacional, no final de 96, que o insuperável Lee mapeou o futuro da ilha inteligente. Lee alertou para a atual competição da Malásia, e iminente competição de Indonésia e Tailândia. Frisou que "nossa melhor opção é investir nossa poupança nos países da ASEAN em rápido crescimento, na China e na Índia". Ao mesmo tempo, Cingapura deve "manter sua competitividade através de melhor educação e treinamento, com todos totalmente à vontade em um ambiente de tecnologia de informação, e focalizados em aumentar sua produtividade". Para Lee, "o que nós conseguimos não é suficiente para nos impulsionar pelos próximos 30 anos" — embora todos os delegados, especialmente de países em desenvolvimento, que foram a Cingapura para a primeira conferência ministerial da OMC, em dezembro de 96, tenham saído de queixo caído. Mas Lee já está pensando no século 21, onde quem vai crescer e atrair os melhores investimentos são "sociedades com trabalhadores bem-educados, com boa infra-estrutura e sólidos sistemas legais e administrativos". Mesmo hoje, Cingapura já reúne todas estas condições.

William Gibson, o criador da literatura cyberpunk, já definiu Cingapura como "uma Disneylândia com pena de morte". É uma definição típica de um turista que passou 3 dias passeando na Orchard Road. Se não for provocada por explosões internas de chauvinismo, se continuar sendo privilegiada por japoneses, diáspora chinesa e multinacionais ocidentais como o Santo Graal no Sudeste da Ásia, se conseguir completar a transição de empório comercial a ilha inteligente, e se em uma clave mais freudiana conseguir deitar no divã e expiar o horror ao vazio no fundo de sua alma, Cingapura poderá relegar de vez esta maldosa definição ao passado. Poderá sentar ao crepúsculo, no bar da sala de bilhares do esplêndido Raffles Hotel, sorver lentamente um Singapore Sling, jantar um fabuloso curry à luz das estrelas, e celebrar com chá de lótus e um passeio de riquixá o sucesso que nenhuma passeata, parabólica, ponta de cigarro, nu frontal ou cyberporno poderá macular. Porque terá atingido seu legítimo nirvana de nação desenvolvida, poderá apreciar com a generosidade e a suprema virtude dos vencedores. Pelo menos durante uma lânguida noite tropical — até voltar a pegar no batente na manhã seguinte.

11

Hardware Islã, software Microsoft

Como se não bastasse a acumulação de discípulos de Buda, Confúcio e Maomé assinalando a irreparável decadência do eurocentrismo, a Torre de Pisa no século 21 também mudou-se para a Ásia.

Estamos no final de 95. Há 2 anos 2 torres sobem inexoráveis no centro de Kuala Lumpur, capital da Malásia — há pouco mais de 1 século nada mais do que um aglomerado de cabanas em uma clareira no meio da selva tropical. Não são 2 torres quaisquer: com 450 metros de altura e 88 andares, ao final de 96 as Petronas Towers já seriam as mais altas do planeta — batendo por 7 metros a Sears Tower de Chicago. Não por muito tempo, é claro, porque outras agulhas desmesuradas já se levantam em Hong Kong e na China. Metáforas evidentes: para quem ainda não notou, a Ásia chegou ao topo.

Torre 1 sobe através de um consórcio EUA-Japão. Torre 2 sobe através de um grupo coreano. Ambas, como blockbusters em Hollywood, estouram o prazo e o orçamento — no mínimo US$ 1,6 bilhão. São a peça de resistência do maior empreendimento imobiliário do planeta nos anos 90: 1,7 milhão de m^2 que ainda incluem mais 2 torres, 1 hotel de luxo, 1 shopping center e 1 parque desenhado por Burle-Marx contendo uma mesquita com capacidade para 6 mil fiéis. Uma verdadeira "cidade linear" de US$ 4 bilhões está sendo construída às margens do lamacento rio Klang, que cruza o centro de Kuala Lumpur. Não importa que a Malásia em 95 acumulasse um déficit em conta corrente de US$ 7 bilhões. Tudo para as torres é do bom, do melhor e do importado — dos materiais de construção à expertise dos expatriados.

As torres são o bolo de aniversário de um casamento de sonho entre política e business. Celebram a amizade de 20 anos entre o primeiro-ministro malaio Mahathir Mohamad e o bilionário Ananda Krishnan, um agressivo tâmil do Sri Lanka que fez sua fortuna em petróleo e a seguir diversificou-se em construção civil, turfe, entertainment e telecom. Petronas é a estatal malaia do petróleo. Pagou quase US$ 250 milhões a Ananda pelo terreno, ficou com 51% da joint venture e vai ocupar a maior parte das torres. Serpentes insinuam que poderia ter o terreno de graça.

Em uma invariavelmente úmida manhã malaia, Pat, um engenheiro americano, não se convence. Mira longamente as alturas através de seu Ray-Ban e murmura, sombrio: "Dá para acreditar que uma das torres está mesmo se inclinando?"

A Pisa high tech passou 95 e 96 prenunciando um interminável remix de *Inferno na Torre*. Havia de fato uma inclinação de 3 cm a cada 40 andares — uma tolerância prevista no design, de acordo com os engenheiros responsáveis. E havia problemas com os elevadores nos andares mais altos. Elevadores high tech sofrem de uma síndrome de estrela de cinema: simplesmente recusam-se a funcionar se há qualquer variação no prumo. Os 29 elevadores das torres devem subir 88 andares em menos de 3 minutos. Mas, na época, ainda não era possível conferir. Pat balança a cabeça e ruma para um steak no Coliseum, pérola colonial preservada desde 1928, bar/restaurante/hotel já favorito de Somerset Maugham. Depois do segundo gim, desabafa: "Este povo está maluco. É uma loucura construir 2 torres tão altas e tão pesadas em um terreno tão instável". Ninguém levará Pat a sério. Afinal ele é um ocidental — que poderia estar em campanha para difamar a emergência da Ásia.

Futuro high tech sobre fundação instável: metáfora perfeita para a condição da Malásia.

Prosseguimos a excursão arquitetônica. Chegamos ao coração de Kuala Lumpur — e da própria Malásia: Dataran Merdeka, a Praça da Independência, onde à meia-noite de 31 de agosto de 1957 o colonialismo inglês foi sepultado com pompa e circunstância. Notamos que o centro — o Padang — nada mais é do que um impecável gramado onde os colonizadores jogavam cricket. Confrontado ao colonialismo na horizontal, temos o verticalismo do mastro mais alto do mundo (100 metros), no topo do qual tremula uma gigantesca bandeira malaia — que pode ser vista de quase toda a cidade, especialmente sob a dramática iluminação noturna. No gramado, ocidentais e orientais ainda jogam cricket, famílias passeiam com as crianças e montam-se esporádicos shows de rock. À noite a população encosta suas motinhos, degusta arroz frito ou sorvete, e passa o tempo contemplando um dos maiores telões do planeta, instalado ao lado do mastro e bombardeando programação da TV malaia — noticiários, novelas e videoclips. À população está vedado o acesso ao edifício onde os plantadores de borracha descansavam depois do cricket tomando stengah — meio uísque com água — enquanto suas pálidas esposas encharcavam-se de gim-tônica. O Royal Selangor Club, em estilo falso Tudor e centro da vida social colonial desde sua criação em 1890, só admite VIPs de Kuala Lumpur e seus convidados; e no magnífico Long Bar — com uma soberba coleção de velhas fotos da cidade — ainda não se admite o sexo feminino.

À frente de gramado, mastro, bandeira, telão e clube exclusivo, encontramos o ex-Secretariado de Estado, hoje sede da Prefeitura e da Corte Suprema: uma extravagância mourisca repleta de arcos, colunas, domos de cobre e uma torre de relógio. Velando esta pérola do fim do século 19, os guardiões do fim do século 20: torres high tech com neons de bancos locais, asiáticos e americanos. Ao fundo, como um gigantesco véu de renda bordada e branca, brilham os 34 andares do Menara Dayabumi — apogeu do Islã high tech com seu tema "estrela de 12 pontas". Além, mais uma festa de domos, cúpulas e arcos superposta ao bom senso de ferro e vidro da Inglaterra vitoriana: a Estação Ferroviária, para Paul Theroux a mais magnífica de todo o Sudeste da Ásia. É uma estação que parece uma mesquita. A algumas centenas de metros, a nova Masjid Negara, mesquita nacional — uma abstração geométrica que é o símbolo do Islã para todo o país — parece um shopping center em Las Vegas.

Esquizofrenia arquitetônica — islâmica, colonial, high tech: metáfora perfeita para a condição da Malásia.

Assim como a Argélia, sua colega islâmica do Norte da África, pode ser reduzida pelo *Economist* londrino à condição de "um país muito infeliz", o que não falta à Malásia é felicidade. Ou a autopersuasão para se acreditar o país mais feliz da Ásia. Se Cingapura é uma Cindy Crawford, a Malásia é como um filho do *tycoon* transcontinental Rupert Murdoch; jovem, cheio de reservas naturais e com uma missão a cumprir. No fim do século 19 a Malásia não passava de uma coleção de sultanatos ricos (Málaca), pobres (o resto), e 3 colônias mercantis. Seus piratas e selvagens com incurável propensão a cortar cabeças excitavam sem limites a fantasia ocidental. Foi o próprio colonialismo inglês que juntou os sultanatos e as colônias em uma federação, mas o país só se formou como o conhecemos em 1965 — 8 anos depois da independência: 11 estados na península da Malásia, além de Sabá e Sarawak na ilha de Bornéu.

A Malásia passou por uma adolescência traumática nos anos 60. Em 69 explodiu o volátil caldeirão racial de malaios (62% da população), chineses (27%) e hindus (8%): os malaios, frustrados com a dominação econômica chinesa, quiseram resolver as coisas à la Genghis Khan. Logo se percebeu que não bastava explorar fabulosas reservas de estanho, borracha, madeira, petróleo e gás natural: era preciso arrancar para uma industrialização acelerada, ao mesmo tempo distribuindo eqüitativamente os dividendos entre as raças. Em 1981, era como se Maomé interferisse pessoalmente apontando a um messias o seu destino manifesto: Mahathir Mohamad elegeu-se primeiro-ministro de sua terra prometida.

Mahathir, nascido em 1925, é uma das mais fascinantes figuras políticas do século. Se Lee Kwan Yew moldou Cindy Cingapura, é Mahathir quem está moldando a Malásia high tech do século 21. Políticos pensam no máximo na próxima eleição. Mahathir pensa décadas à frente de todo mundo. Tudo está detalhado no seu plano "Visão 2020" — que vendeu à população um pacote de sonho: uma nação plenamente desenvolvida povoada de engenheiros, executivas e experts em informática. Desde o início dos anos 80, Mahathir deixou claro que não há alternativa: ou o país "mantém sua concentração" em busca deste objetivo ou afunda na decadência econômica e no ódio racial entre a maioria malaia e as minorias chinesa e hindu — comparativamente muito mais afluentes.

Mahathir inspira ubíquo respeito. Filho de professor, cresceu em uma palafita no estado de Kedah, estudou medicina em Cingapura e entrou cedo na política. Tem todos os atributos de um líder feudal malaio. Em todas as suas articulações está implícito tratar-se de um tigre político — que não precisa necessariamente mostrar seus dentes. Procura ser razoável, tolerante, e demonstrar uma certa graça até mesmo quando irado. Só perde a calma por razões, digamos, estratégicas. Mahathir é um pensador solitário. Já o era na escola. Adulto, seus hobbies eram solitários — equitação e iatismo. Hoje, depois de uma cirurgia cardíaca aos 69 anos, dedica-se a carpintaria — mais um hobby solitário. Mahathir é uma demonstração viva de que nada — nem mesmo seus demônios internos — é capaz de deter um homem possuído por uma missão.

A Malásia é dominada por um partido único, o UMNO — acrônimo inglês para Organização Nacional dos Malaios Unidos. Desde a independência em 1957, o presidente e o vice do partido — que também lideram a aliança de governo — tornaram-se primeiro-ministro e seu vice. Assim como em relação ao PAP em Cingapura, o PC chinês e o Golkar na Indonésia, na Malásia o que interessa é o que diz o partido. E quem manda no partido é Mahathir — perante ao qual debates parlamentares e pronunciamentos de ministros são artigos supérfluos.

Mahathir e Lee Kwan Yew são os mais assertivos porta-vozes da nova Ásia. Mahathir sempre disse o que pensa sem meias palavras. Nos anos 60, chegou a ser expulso do UMNO por criticar o governo, que, a seu ver, não provia um futuro melhor para os malaios. Continuou atacando não só o governo mas também seus próprios conterrâneos — a seu ver hiperfatalistas — no livro *O Dilema Malaio*. Durante o terremoto racial de 69 o livro foi banido. Mahathir imediatamente o reconduziu a legalidade quando se tornou primeiro-ministro em 81.

Mahathir até há pouco ainda se dizia "jovem, comparado com Deng Xiaoping". Senso de humor à parte, filosofa com um martelo. Na campanha política de 95, seu mantra era "continuidade": "Se vocês aceitarem outra forma de governo, não haverá mais progresso". "Outra forma de governo, claro, significava o Anticristo, ou seja, um substituto de Mahathir. Comícios e spots políticos na TV foram banidos em nome da segurança nacional: irresponsáveis poderiam se aproveitar para atiçar ódio racial e religioso. Só restou à oposição alguns dias de spots de rádio. Ao mesmo tempo a sutilíssima TV estatal continuava bombardeando a cada hora seu videoclipe patriótico — onde praias idílicas, florestas, cachoeiras e plataformas de petróleo fundiam-se com linhas de montagem de indústrias high tech, escolas, sorridentes cidadãos multirraciais em technicolor e Mahathir beijando a garotada e batendo papo com os poderosos do planeta ao som de clássicos pop como "Ain't No Mountain High Enough" e "It's a Sun, Sun, Sun, Sun-shiny Day".

Se a estética MTV não funciona, Mahathir ainda pode se beneficiar do implacável ISA — a Lei de Segurança Nacional, que facilita a prisão e detenção indefinida de qualquer suposto conspirador. Em 94 Mahathir usou o ISA para dissolver a seita messiânica xiita Al-Arqam, com 10 mil membros na Malásia e mais de US$ 100 milhões em ativos. O líder Ashaari Muhammad, preso por 2 meses, terminou aparecendo na TV sem barba nem cabelo e confessando um indesculpável desvio da ortodoxia muçulmana. A seita desapareceu. O Ocidente gritou. Mahathir não piscou: "Antes usávamos a lei para prender gente que se opunha o governo. Não fazemos mais isso, a não ser que sejam violentos".

De violento, Ashaari só tinha seu look de militante do Hamas. Mas cometeu um erro fatal: no entusiasmo de uma visita ao Oriente Médio, previu a iminência de uma revolução muçulmana no Sudeste da Ásia. Nada mais impossível. As suaves culturas pré-islâmicas de luxuriantes regiões equatoriais como Malásia e Indonésia tiveram o grande mérito de justamente moderar ao máximo a severa ortodoxia muçulmana. O Islã pode ser a religião oficial da Malásia. Porém não-muçulmanos têm seus direitos garantidos pela Constituição.

O fundamentalismo islâmico não tem o menor futuro na Malásia. Mahathir não se cansa de repetir que seu objetivo é compatibilizar o Islã com a velocíssima modernização da Malásia — ao mesmo tempo preservando a harmonia entre muçulmanos malaios, chineses e hindus.

Para a oposição, Mahathir preferiu cortar pela raiz o crescente prestígio de uma futura ameaça política. A vida é duríssima para qualquer oposição malaia: não se permitem divergências do Leviatã estatal ou alternativas à "Visão 2020". Os principais partidos anti-Mahathir são o Partido de Ação Democrática — dominado por chineses anti-sectários — e o Partido Islâmico Pan-Malásia — basicamente preocupado em implantar a Sharia, a Lei Islâmica, em um estado longínquo.

Lian Guan Eng é um dos 7 deputados do pequeno Partido de Ação Democrática. Eng diz que para o governo só interessa uma oposição "subserviente e sem confrontação. Nós somos vistos como destrutivos e irritantes. Não temos acesso à TV e não podemos nem mesmo fazer um comício. É preciso permissão da polícia até mesmo para juntar 3 pessoas". Para Mahathir, mídia não é entertainment e muito menos veículo de debate: cumpre, acima de tudo, uma responsabilidade social e nacional. Caso contrário, predominam os baixos instintos: sexo, violência — e, naturalmente, dissenso. Ao mesmo tempo que controla a mídia em casa, Mahathir não perde a chance de criticar o "cérebro colonial" da mídia ocidental ou sua "obsessão" com liberdades individuais. Certamente irritou meio mundo quando apareceu na BBC mundial dizendo que "o Ocidente deu errado, em algum lugar, e precisa voltar atrás para ver onde".

As parcas feministas malaias insistem que a retórica anti-Ocidente de Mahathir é freqüentemente usada como cortina de fumaça quando se levanta o tema da subjugação da mulher em sociedades islâmicas. Já operárias em linhas de montagem de parques industriais em Penang consideram sua vida o máximo; estão empregadas por uma grande corporação multinacional, com sua própria fonte de renda e a caminho da afluência. A retórica do governo aliena sobretudo os jovens. Eles reclamam da lavagem cerebral que são os cursos de educação moral nas escolas, e da proibição do que o governo chama de loafing — nada mais do que matar o tempo em shopping center: Mahathir considera esta (falta de) atividade universalmente popular como "uma ameaça desestabilizadora ao país". A classe média malaia não tem absolutamente do que reclamar: todo mundo só se interessa em aproveitar a lustrosa sociedade rapidamente industrializada, próspera e pluralista montada por Mahathir sobre uma terra instável, povoada de tribos inimigas e vivendo — sem nenhuma pressa — de exploração de madeira, borracha e óleo de palma.

Difícil argüir com uma success story. A Malásia é um tigre extremamente faminto. Como não se cansa de expor o próprio Mahathir, é o maior exportador mundial de semicondutores, aparelhos de arcondicionado e um dos maiores em TV e videocassetes. Criou um carro nacional, o Próton Saga — uma joint venture com a Mitsubishi — que exibe, orgulhoso, a bandeira malaia no fecho do capô, vende horrores e já começa a ser exportado com sucesso — subsidiado — para outros países da Ásia (um Próton mesmo no Vietnã custa a metade do preço de um Nissan). O quem-é-quem da eletrônica mundial — Sony, Toshiba, Motorola, Intel, Hewlett-Packard — está instalado — e transferindo tecnologia — nos parques industriais de Penang. A Malásia é QG de centenas de grandes corporações planetárias — entre elas Toyota, Honda, Chrysler e McDonnell Douglas — que se espalham pela Ásia-Pacífico e se beneficiam da mão-de-obra barata (50% a mais barata que em Cingapura) e dos baixos aluguéis (um terço de Cingapura) para ampliar suas margens de lucro.

A Malásia não perde Cíngapura de vista. Mahathir aprendeu o que pôde de Lee Kwan Yew. Hoje, líderes como Nelson Mandela — seu amigo íntimo — e até mesmo Jacques Chirac aprendem com Mahathir. Tanto Cingapura quanto Kuala Lumpur — com seu mix de chineses, hindus e malaios — são encruzilhadas cruciais de uma gigantesca rede multiétnica que liga algumas das principais economias do mundo. Até 1980 — ou até Mahathir — a Malásia não passava de um exportador de commodities. Mahathir a guiou à verticalização e à qualidade global em indústrias selecionadas: semicondutores, automóveis e eletrônica de consumo. Previu que a vantagem a longo prazo não seria apenas mão-de-obra barata, mas controlar em cada indústria toda a escala de valor adicional baseado em conhecimento.

Na ilha de Penang, q4 parques industriais high tech já abrigam 148 empresas globais — entre elas os mamutes americanos de info-tecnologia Dell Computer, Intel, Packard-Bell e Seagate. Os aluguéis são 80% mais baratos e os salários 75% mais baixos do que em Cingapura. Phil Kelly, presidente da Dell, coloca os pingos nos is: "É só olhar pela janela que vejo todos os meus fornecedores". A indústria eletrônica em Penang emprega 60% da força de trabalho local (500 mil pessoas) e é responsável por nada menos que 50% das exportações totais da Malásia. Nenhum país no mundo tem um posicionamento tão ideal — capaz de uma interface com 3 das maiores economias globais. Este centro multiétnico pode se aproveitar da indústria de software na Índia, de indústrias high tech na China, e do boom econômico da Indonésia — já que falam a mesma língua. Para completar, no papel de nação islâmica mais avançada do mundo, a Malásia pode seduzir outras nações islâmicas em flerte com fundamentalismos a se integrar à economia global.

Uma superhighway inaugurada em 94 liga Kuala Lumpur a Cingapura em apenas 3 horas. 20 mil operários trabalham na construção do novo aeroporto, a 50 km de Kuala Lumpur, maior do que o impecável Changi, e vai ser inaugurado em 98. Torres à parte, uma série de megaprojetos permanece on line: uma hidrelétrica de quase US$ 6 bilhões, e a nova capital federal — Putrajaya —, a 35 km de Kuala Lumpur, a um custo de US$ 8 bilhões, para onde serão transferidos 75 mil funcionários públicos e 60 mil do setor privado. Para acabar com o histórico domínio de Cingapura do estreito de Málaca, investe-se na construção de Port Klang. Hoje, 65% do comércio da Malásia trafega por Cingapura. Espera-se que seja zero no ano 2000. Não é à toa que na polpuda seção de classificados do *New Straits Times* em Kuala Lumpur o que não falta são empregos com ofertas de bônus extras: transporte de graça, comida de graça, aluguel de graça, empréstimo para comprar carro, chalés para passar férias, dividendos anuais nos lucros.

O mais ousado projeto da Malásia high tech é um supercorredor multimídia de 50 km de extensão e 15 km de largura, originando-se em Kuala Lumpur e orçado em US$ 2 bilhões. Mahathir deu um verdadeiro show em Silicon Valley, no início de 97, vendendo o supercorredor para todo o quem-é-quem da indústria americana de info-tecnologia. Não faltaram aliados de luxo: o próprio Bill Gates faz parte do conselho consultivo internacional do projeto. Ao contrário de seus imensos problemas na China, a Microsoft tem uma "relação especial" com a Malásia. Decidiu instalar nada menos que seu QG para toda a Ásia em Kuala Lumpur, em vez de em Cingapura.

As vantagens oferecidas para as empresas estabelecidas no corredor — envolvidas em smart cards, telemarketing, telemedicina, editoria eletrônica, pesquisa e desenvolvimento e aprendizado a distância — constituem um verdadeiro negócio da China. Incluem facilidades fiscais, imposto de importação zero, ausência de restrições à propriedade estrangeira e praticamente nenhuma restrição a emprego de trabalhadores estrangeiros. O governo oferece infra-estrutura física e de informação de primeira classe, nenhuma restrição à Internet — ao contrário de Cingapura — e baixíssimas tarifas de telecom. Uma auto-estrada de fibra ótica de altíssima velocidade (10 gigabits por segundo) une todos os inquilinos do corredor — o que permite, entre outras coisas, transmissões via Internet e desenho e manufatura computadorizada em tempo real. No extremo sul do corredor será construída a nova capital, Putrajaya, e uma cidade high tech, Cyberjaya. O governo redigiu e aprovou uma série de cyber-leis compatíveis com o corredor, prevendo, entre outras coisas, a utilização de assinaturas digitais e ampla proteção à propriedade intelectual.

Desde 87 o país cresce a quase 9% ao ano. Cerca de 80% de suas exportações, U$ 76 bilhões em 96, são manufaturas, incluindo os semicondutores e os carros. Cada vez mais ambiciosa, a Malásia quer atrair cada vez mais capital financeiro. Para isso investiu US$ 1 bilhão em Labuan, ex-sonolenta ilha na costa de Sabá, transformando-a em uma réplica de Cayman: um paraíso fiscal, ou, na retórica oficial, "centro financeiro internacional offshore". Ainda é uma operação de pequena escala, comparada aos 34 bancos, 13 bancos com funcionamento restrito, 98 bancos offshore, 81 bancos mercantis e 60 escritórios de representação que funcionam em Cingapura. Mas dezenas de megabancos, incluindo Mitsubishi, Standard Chartered e HongKong & Shanghai, instalaram-se e já vivem felizes em Labuan.

Críticos qualificam a Malásia de colônia econômica das potências industriais — principalmente Japão, o modelo privilegiado, de quem depende em capital e tecnologia. A verdade é bem mais carregada de nuances. A *endaka* — o *yen* forte — gerou uma verdadeira salada de abacaxis para a Malásia, cuja indústria pesada depende do Japão em tecnologia e peças de reposição. As peças principais do carro nacional, o Próton, são japonesas, assim como 89% dos componentes dos semicondutores. Em 96, no Fórum Econômico Nacional, em Kuala Lumpur, Mahathir começou jogando para o público interno e anunciou publicamente que o *yen* forte e as importações japonesas são a causa do déficit comercial. Mahathir empurrou a bola para a grande área frisando que o déficit é natural em uma economia em transição para o pleno desenvolvimento. E entrou no gol com bola e tudo traçando seu mapa de soluções até o fim do século: não mexer nas taxas de juros e na estabilidade da moeda, tornar o turismo interno mais atraente para os malaios do que gastar dinheiro na Europa e EUA, investir em educação para evitar o êxodo dos melhores cérebros para escolas americanas, reduzir as importações e aumentar as exportações. Em suma: desacelerar o crescimento econômico, e correr o risco de uma recessão, nem pensar.

O inevitável alarido da moçada FMI/Banco Mundial — além de firmas de investimento inglesas — como de rigor não causou comoção neste novíssimo tigre. A Malásia mal sabe o que é tequila, e jamais se veria como um novo México: o consenso local é que basta esperar um pouco para que os novos investimentos entrem on line. Na Tailândia — a economia que mais cresceu no mundo do meio dos 80 ao meio dos 90, segundo o próprio Banco Mundial — o déficit em conta corrente é semelhante ao da Malásia. Prediz-se o dilúvio a cada mês. O déficit não diminui, o país cresce sem parar — mesmo com uma queda circunstancial em 96 — e a inflação continua sob controle.

Em editorial, o *Asia Times* — editado em Bangkok, impresso em Bangkok, Cingapura e Hong Kong e analisando os fatos sob uma perspectiva asiática — comentou como nos anos 60 a Coréia do Sul também não escutou o Ocidente e deu certo. Na época, uma missão FMI/Banco Mundial aconselhou a Coréia a se concentrar em agricultura e depois desenvolver a indústria leve. Os coreanos aconselharam a missão a reservar urgente sua passagem de volta a Washington. E embarcaram no ato em um ambicioso programa de desenvolvimento de infra-estrutura que os deixou, naturalmente, no vermelho, mas abriu caminho para a industrialização subseqüente e o crescimento das exportações. No fim dos anos 70 a dívida deixou de ser um problema.

Quanto às Filipinas, passaram 20 anos seguindo os bê-à-bás de FMI/Banco Mundial: até pouco tempo atrás eram o caso de hospício do Leste da Ásia. Só agora as Filipinas começaram a crescer. Mahathir, a sua maneira, mais uma vez declarou ao mundo que na Ásia abstrações teóricas ocidentais não funcionam. Também deixou implícito que soluções totalmente asiáticas podem inclusive passar a beneficiar o próprio Ocidente.

Possuir o mapa da mina não significa sucesso garantido a Mahathir. É verdade que a Malásia cresce, o bolo está sendo dividido e visivelmente beneficia os bumiputras — literalmente os "filhos do solo" malaio. Desde os conflitos raciais em 69 o governo mantém como prioridade elevar sua participação na riqueza nacional de 2% para 30% — muito menos do que hoje está nas mãos da minoria chinesa. Como o bolo cresceu muito, os bumiputras — através do que nos EUA seria qualificado de "ação afirmativa" — hoje já controlam mais de 20% da economia. Quando empresas lançam ações no mercado, por exemplo, são obrigadas por lei a oferecer pelo menos 30% do volume com desconto para malaios. Qualquer businessman ou pequeno empresário chinês, em uma casa de chá e com um mínimo de intimidade, dirá ao visitante que isso é uma vergonha. Mas é em essência o segredo da paz racial malaia.

Todo mundo na Malásia e no Sudeste da Ásia sabe que é preciso um Ali-Babá para abrir um negócio. Ali é o malaio ou indonésio que se beneficia de molezas do governo. Babá é o chinês que entra com o capital e a experiência profissional. Como os chineses também se beneficiam do desenvolvimento, e ainda podem fazer mil negócios extras através da Internet de bambu, é totalmente improvável que deserdem as terras islâmicas que escolheram para fazer fortuna.

O crescimento do bolo está naturalmente gerando inevitáveis aumentos de custo vida, corrupção e desigualdades sociais. Parques industriais high tech brotam em cima de velhas plantações de borracha — deixando fazendeiros e camponeses irados e sem perspectivas. Políticos do partido dominante, o UMNO, e businessmen bem conectados podem conseguir empréstimos bancários com taxas de pai para filho e sem colateral, enquanto qualquer funcionário de polícia ou alfândega — ao contrário de Cingapura — é facilmente subornável.

Para suprir a infatigável demanda no mercado de trabalho, e também como manobra lateral para conter a inflação, o governo importou oficialmente mais de 1,5 milhão de trabalhadores não-especializados — da Indonésia, Filipinas e Bangladesh, para evitar choque cultural. Já formam quase 10% da população. Mahathir nem sonha o que fazer com eles caso houvesse uma improvável recessão.

Mas o problema crucial é — como sempre — educação. Faltam cérebros especializados, fundamentais neste estágio em que a Malásia abandona a indústria labor intensive e ataca indústrias de alta tecnologia, alto capital de investimento e alta produtividade. Para remediar a situação, Mahathir está incentivando universidades estrangeiras a se instalar na Malásia. O objetivo é triplicar o número de estudantes em cursos técnicos e científicos até o ano 2000. Não há noite em que Mahathir não perca o sono com os desafios cruciais ao advento na Malásia da Visão 2020: reduzir este atual déficit em conta corrente — através de exportação de manufaturados —, continuar atraindo o capital estrangeiro, manter o crescimento econômico a no mínimo 7% ao ano (o Ministério do Planejamento trabalha com 8%, a taxa de 96) e introduzir o país produtivamente na era da informação.

Como demonstra sua reação no caso do déficit, Mahathir não age escutando lições do Ocidente. Mahathir, ao lado de Lee Kwan Yew, é o mais convicto expoente dos "valores asiáticos" — ou seja, antitéticos às pregações especialmente dos EUA. Do alto do sucesso do novo tigre, Mahathir pode dizer para todo o planeta que sua fórmula é tão potente quanto o Tiger Balm — o bálsamo cura-tudo, parente do Vick vaporube, de fórmula secreta, inventado por dois irmãos burmeses e ubíquo em toda a Ásia (costuma também aparecer em sex shops européias como "estimulante"). Na fórmula do tigre Mahathir, estabilidade política (eu garanto, e mais ninguém), acoplado a crescimento econômico (eu cumpro minhas promessas), equivale a paz étnica (todos saem ganhando).

Críticos ocidentais adoram detectar um visível desconforto por trás desta autoconfiança — o desconforto daquela "síndrome das torres": futuro high tech sobre fundação instável. Críticas reducionistas repetem que por trás da assertividade de Mahathir na arena global está um líder autoritário que demoniza o Ocidente para se perpetuar no poder.

Nada mais absurdo. Para abordar o problema sem preconceito, o ideal é escutar o próprio Mahathir. A melhor fonte é o livro publicado originalmente no Japão em 95 sob o título *A Ásia que Diz Não*, co-escrito por Mahathir e o ex-deputado japonês Shintaro Ishihara, famoso no Ocidente por ter defendido o sucesso do modelo samurai em *O Japão que Diz Não*. A colaboração Mahathir/Ishihara vendeu como sushi de Okinawa a Yokohama, foi traduzida em inglês pela editora Kodansha, mas lançada apenas no mercado asiático, e sob um título muito menos controverso: *A Voz da Ásia*. Deveria ser leitura obrigatória para todo político e empresário ocidental — brasileiros inclusos. É a partir de *A Voz da Ásia* que elaboramos o que poderia ser definido como...

O Top Ten de Mahathir

1) Para Mahathir, "certos" países do Ocidente tremem nas bases com a competição asiática — agora muito mais concreta do que o militarismo japonês que levou à Segunda Guerra. Mas sua única arma é acusar a Ásia de desrespeitar direitos humanos, direitos dos trabalhadores e destruir o meio ambiente.

2) A Cooperação Econômica Ásia-Pacífico (APEC) — que contém os EUA e até mesmo a Austrália — não serve aos interesses da Ásia, porque os americanos querem impor sua própria agenda. Mahathir propõe o EAEC, acrônimo em inglês para Fórum Econômico do Leste da Ásia, grupo composto exclusivamente de países da região. Só o EAEC seria capaz de negociar de igual para igual com a União Européia e com os EUA, representando os legítimos interesses asiáticos. Para Mahathir, estes 2 blocos ocidentais são fundamentalmente protecionistas, interessados apenas em tese em livre comércio.

3) A arrogância e senso de superioridade dos europeus os impede de perceber a racionalidade dos valores asiáticos. Para Mahathir, o problema, mais do que uma herança do cristianismo, é racial: a percepção de que o homem branco é superior ao homem de cor.

4) Para Mahathir, não existe equivalência entre ocidentalização e modernização: "A modernização da Ásia aconteceu como um estágio inevitável em nossa história, não porque nos europeizamos ou americanizamos. É absurdo os ocidentais pensarem que só podemos progredir se formos iguais a eles. O Ocidente deveria aprender alguma coisa do sucesso do Leste da Ásia e até certo ponto se "orientalizar".

5) A Ásia deve investir em suas virtudes básicas — flexibilidade e tolerância —, opostas à predisposição ocidental a impor um ponto de vista. Mahathir também identifica os fundamentos do pensamento oriental: evitar conflito desnecessário, jamais utilizar táticas de coerção, e viver dentro de suas posses. Para Mahathir, "se a Ásia dominar as habilidades industriais do Ocidente e mantiver seus valores culturais, estará novamente em posição de criar uma civilização maior do que qualquer outra na História da Humanidade. Não importa quanto o Ocidente possa tentar se reativar ou nos subjugar, jamais voltará a dominar a Ásia".

6) O Ocidente está mergulhado na "degeneração moral". Predominam

materialismo, gratificação sensual e egoísmo. Até o prazer "leva ao tédio, deixando as pessoas vazias ou entregues a drogas e outros vícios". Mahathir enfatiza que "com suas fundações morais em pedaços, ocidentais estão sofrendo todo tipo de decadência psicológica e física, sua vida cheia de stress e medo de terríveis doenças engendradas e propagadas pelo seu estilo de vida hedonista".

7) As sociedades do Leste da Ásia atingiram enorme sucesso econômico mas preservaram seus valores, tradições e religiões. São flexíveis. Já as sociedades muçulmanas estão "confusas com a emergência de numerosas seitas e credos, alguns dos quais se desviam completamente dos verdadeiros ensinamentos do Islã". Para Mahathir, o Islã não precisa de um movimento de liberação feminino: as coisas estão mudando, e deve prevalecer, em todos os setores sociais, as "verdadeiras virtudes islâmicas da moderação e da flexibilidade".

8) A chave dos valores asiáticos é um estilo de vida baseado "na família e nos amigos". Para Mahathir, "uma família existe quando um homem e uma mulher casam-se e têm filhos. A redefinição ocidental da família é totalmente inaceitável".

9) "Governos fortes e estáveis, preparados para decisões que, freqüentemente impopulares, são tomadas tendo em vista os mais altos interesses da Nação, são um pré-requisito indispensável para o desenvolvimento econômico. Seu planejamento é a longo prazo e não estão preocupados em sobreviver à próxima eleição. Quando cidadãos percebem que seu direito de escolha também envolve limites e responsabilidades, a democracia não se deteriora em um excesso de liberdade". Mahathir cita a crise da ex-URSS e da Europa do Leste para concluir que "democracia e economia de mercado não necessariamente geram paz e prosperidade".

10) Um corolário inevitável é que "os países que estão dando certo são aquelas democracias não tão liberais com governos que desempenham um papel crucial na economia. Sucesso requer estabilidade política, visão a longo prazo e consistência". Mahathir cita como exemplos Cingapura e Indonésia (não cita, talvez por modéstia, a Malásia). Frisa que China e Vietnã devem atingir "considerável crescimento graças à combinação de uma democracia não tão liberal e o papel do governo na economia". Conclusão: "Seria trágico se, em seu fervor de proselitismo, os partidários da democracia em estilo ocidental infringissem um desastre político e econômico nesses convertidos. Democracia e mercado livre não são cura para tudo".

A atenta observação deste credo revela que Mahathir não pode ser acusado de sectário. É um pragmático — que pode malhar os vícios do Ocidente mas abre as portas da Malásia para investimento estrangeiro produtivo. Muitas de suas observações — sobre o racismo e arrogância ocidentais, a tolerância asiática, a inexistência de um nexo direto entre modernização e ocidentalização, a necessidade de os asiáticos criarem um grande organismo que os represente — são mais do que pertinentes. E, em essência, democracia e mercado livre não são mesmo cura para tudo. Sua defesa do autoritarismo soft e da democracia limitada é inevitável: o sistema provou que funciona para países asiáticos em estágios iniciais de desenvolvimento. A maturidade econômica puxa a maturidade política, e uma exigência natural de mais democracia. Mahathir já reconheceu que gostaria de controlar a imprensa. Mas a imprensa da Malásia em malaio — como revelam estudiosos locais — malha o governo à vontade. As eleições no país são livres até certo ponto, porque o governo controla rigidamente a mídia eletrônica. Mas, se a Malásia estivesse caindo aos pedaços como a Coréia do Norte, certamente Mahathir seria rejeitado nas urnas.

Quando o Ocidente diz que os "valores asiáticos" são uma cortina de fumaça usada para distrair o planeta da ausência de democracia e abuso de direitos humanos, certamente age de má-fé. Não há como colocar no mesmo balaio a franca repressão ao dissenso em China e Burma, o autoritarismo soft de Malásia e Cingapura, a democracia controlada da Tailândia e a democracia tout court de Coréia e Taiwan. Depois de algum tempo vivendo na Ásia, percebemos no que consistem os tão decantados valores asiáticos: importância primordial da família, do trabalho duro, da poupança e de uma boa educação para os filhos. Nada de tão transcendentalmente diverso do Ocidente. A diferença está na implementação. Os asiáticos finalmente têm acesso total ao supermercado de idéias e modelos de vida. Muitos de seus povos ainda estão aprendendo o que é democracia. A tradição, na Ásia, está abrindo caminho para a opção. Quanto mais os legítimos valores asiáticos se expõem a influências externas — ocidentais —, mais os asiáticos vêem reafirmada a verdadeira significação destes valores.

Autoritarismo, porém soft, e islamismo, porém soft, espelham o malemolente caráter malaio — parente não muito distante do "tudo bem" brasileiro ou do "*mai pen rai*" tailandês. Uma ditadura de pedra como em Myanmar — que suga o povo sem dar nenhuma migalha em troca — jamais teria futuro na Malásia. Também não se sente a opressiva atmosfera islâmica que transforma em suplício o simples fato de sair à rua na Argélia ou em certos países árabes. Ao mesmo tempo, a Malásia finalmente aprendeu a capitalizar como deve sua inerente atração a levar a vida na brisa — segundo os incorrigíveis chineses a atividade favorita dos malaios.

Penang, à parte sua garra high tech, tem uma das mais envolventes Chinatowns do mundo — uma coleção de shophouses do fim do século 19 e início do 20 enriquecida de influências chinesas, árabes, hindus, malaias e européias. Málaca é um verdadeiro museu da dominação colonial portuguesa e holandesa. *Praus* — os magníficos barcos indonésios — ainda atracam e trocam cargas de carvão por arroz, evocando o século 17, quando Málaca era o mais rico porto de mar do mundo. Come-se bacalhau no restaurante Nolasco, cujo dono fala com sotaque de Pero Vaz de Caminha, e rememora-se Somerset Maugham no antigo Malacca Club, cenário de um de seus melhores contos, "Footprints in the Jungle", clássico e úmido triângulo noir onde mulher e amante assassinam marido plantador de borracha.

Tioman é a espécie de paraíso que rende 6 milhões de turistas por ano à Malásia — já competindo com Tailândia e Indonésia: uma ilha forrada de picos, floresta virgem, praias de areia imaculada, águas turquesa e uma das melhores destinações de mergulho da Ásia. Mas paraíso, mesmo, é Pangkor Laut, 4 graus e 14 Norte e 100 graus e 34 Leste no Estreito de Málaca, a 45 minutos de vôo de Kuala Lumpur via um minúsculo Twin Otter: um dos melhores resorts do mundo, de impecável sensibilidade ecológica, exclusivo de uma ilha exclusiva. A imensa Bornéu pode não ser exclusiva, mas é um magneto de aventura onde podemos seguir as pegadas na selva dos lendários James Brooke e Spenser St. John. Brooke, ex-funcionário da Companhia das Índias Orientais, viu-se coroado primeiro e único Rajá branco de Sarawak depois de apaziguar uma guerra tribal no meio do século 19 — criando-se na Inglaterra vitoriana sua reputação de herói byroniano. Spenser St. John veio a Bornéu com Brooke e foi cônsul-geral durante 1 década — além de viajante incansável. No fabuloso *Life in the Forests of the Far East*, de 1857, St. John relata uma impagável viagem de exploração do rio Sarawak, de barco e a pé, em busca dos índios *dayak*. Hoje, encontramos os dayak remanescentes revelando uma estranha afinidade por Janet Jackson — o que, no mínimo, reverte a observação de St. John segundo a qual "aonde vai um *dayak*, um inglês pode segui-lo".

Aonde foi um inglês, um malaio pode segui-lo. Da mesma maneira, aonde foi Mahathir, seu sucessor poderá segui-lo. Mahathir pretende ficar no seu trono de tigre pelo menos até o ano 2000 — ou, segundo ele, até quando os malaios quiserem. Felizmente, para os malaios, parece haver um virtual sucessor à altura: Anwar Ibrahim, inteligente, charmoso, sutil, bem articulado, bem relacionado, ainda jovem (nascido em 1948), mais tolerante no que concerne a política, menos tolerante no que concerne a corrupção, tão defensor quanto Mahathir dos "valores asiáticos", mas com uma atitude muito mais cool. Supondo que em 2020 Ibrahim consiga completar a obra de Mahathir e exibir para o planeta incrédulo uma nação plenamente desenvolvida, terá no mínimo merecido um bangalô vitalício no paraíso de Pangkor Laut.

12

O colar de pérolas fica na família

São 7 horas da noite no templo de Uluwatu, extremo Sul de Bali, debruçado no alto de um penhasco sobre o Oceano Índico. Lua cheia, vento forte prenunciando chuva revolvendo as folhas das mangueiras. O templo está deserto, até que uma procissão de senhores de branco e senhoras com cestas de frutas na cabeça — um clássico balinês — aproxima-se silenciosamente de um altar improvisado para fazer suas oferendas rituais. Um desses senhores carrega um objeto estranho. De repente, uma voz saída de um episódio de *Arquivo X* quebra o encanto, rivalizando com o vento. A versão balinesa de Mercúrio manifesta-se através do objeto estranho. Todos começam a recitar sua prece — comandada (câmbio!) à distância via walkie-talkie.

Ubud, quase no centro de Bali, réveillon de 96. Chuva torrencial. Pelas alamedas escuras, desfila silenciosa uma procissão ritual no technicolor de rigor, portando oferendas e ao som de uma orquestra de gamelão. Depois do desfile, ainda com seus melhores *sarongues* cerimoniais, boa parte da cidade congrega-se em um templo do século 18. Mas este não é um templo qualquer: foi transformado em uma disco. Fiéis e pagãos multinacionais dançam techno e jungle vigiados por divindades iradas esculpidas na pedra.

Crepúsculo em Kuta — a Ipanema/St. Tropez de Bali. Uma carroça puxada por um cavalo, e conduzida por um senhor de calção e sandálias, enfrenta o trânsito infernal de jipes, minivans de turismo, motinhos e *bemos* — táxis coletivos. De repente, um estrondo. Um Toyota HiAce de turismo pisou demais no acelerador e atropelou a carroça, quebrando um dos seus adereços de madeira e assustando o pobre cavalo. O senhor maltrapilho mira desolado para os fragmentos de madeira no asfalto. Em um restaurante em frente à calçada, um grupo de estrangeiros entreolha-se constrangido.

Estas 3 vinhetas da globalização talvez possam estilhaçar a imagem de Bali como um dos últimos, remanescentes, sonhos românticos do planeta. Bali é a ilha encantada, a Ilha dos Deuses, o encontro sublime da Ásia e do Pacífico, a fertilização definitiva da malemolência dos Mares do Sul com o misticismo hindu, tudo acessível e compactado em um assalto sensorial já perceptível ao descer a escada do avião da Garuda — a linha aérea Indonésia denominada em honra de um pássaro divino.

A imagem — mesmo abalroada pelas tralhas da globalização — sobrevive. Nenhuma ilha sobre a terra já foi tão mitificada. Fecunda, irreal, teatral, Bali exibe um povo de artistas em harmonia com a natureza, uma atmosfera vibrante e erótica, uma história exótica e milenar. Mas nem sempre a imagem esteve esculpida na pedra do inconsciente ocidental. Só começou a ser moldada na década de 20 — quando os colonialistas holandeses, loucos para fazer o mundo esquecer a selvageria através da qual conquistaram a ilha, começaram a promovê-la como um paraíso turístico. Bali, antes e durante a conquista holandesa, era selvagem, violenta, perigosa, incompreensível. Tornou-se Éden apenas quando domesticada pelo conquistador do Ocidente.

Desde então, Bali é a Utopia onde uma exausta Europa — e hoje todo o resto do planeta — mergulha para encontrar sua — alguma vez vislumbrada? — harmonia espiritual. Mas há uma enorme diferença. Mesmo depois que o Banco Mundial a recomendou cultivar turistas em vez de arroz, Bali — como todas as culturas fortes da Ásia — não foi engolida pela californização planetária, e sim vice-versa: hoje a vomita alegremente nas mais diversas permutações.

A extraordinária riqueza cultural de Bali pode ser explicada pelo fato de que uma população densa — hoje 3 milhões de habitantes —, vivendo em uma complexa estrutura social, inevitavelmente termina gerando efusões artísticas. Quanto à imagem que os balineses têm de Bali, não tem nada a ver com a imagem dos ocidentais de Bali. A Bali da vida real prevê uma ordem social com os reis no topo, seguidos por altos sacerdotes, e um rígido sistema de castas. Ligações com os antepassados são fundamentais — e sérios motivos de competição por status entre clãs. Corte, casta e importância de ancestrais inevitavelmente relegam a massa de camponeses — hoje garçons de hotéis ou motoristas de minivans de turismo — ao mais baixo escalão social. Mas este "baixo" ainda significa viver com extrema dignidade. Mesmo sob o impacto da "força cega" da globalização, a organização social de Bali permanece substancialmente a mesma.

Como as grandes civilizações da Ásia, Bali deriva sua força, magia e assombrosa pureza de correntes ancestrais que pulsam em seu solo. Ocidentais podem apenas suspeitar de sua presença — sem nunca, jamais, tocá-las. Para eles, a noite de Bali é absolutamente impenetrável, com seus teatros de sombras, brigas de galo, punhais sagrados e rituais de lua cheia ao som do gamelão — vozes e espíritos enjaulados em bambu e metal assombrando o silêncio. Bali vive na twilight zone do irracional. O Ocidente — e a californização planetária — precisam de julgamentos finais, como em qualquer filme de Hollywood. Mas no *wayang* — o teatro de sombras balinês — o conflito nunca se resolve, porque nenhum lado é totalmente bom ou totalmente mau.

Esta plausível encarnação do Éden — talvez a mais delicada manifestação de um sincretismo que combina hinduísmo, budismo, animismo, cultos folclóricos e o mais desbragado hedonismo — jamais poderia ter sido criada pela sisuda e intolerante mitologia judaico-cristã. Se Bali foi um paraíso criado pelo homem do Oriente — agindo sob as ordens de divindades muito bem-humoradas —, Amanusa, Amankila e Amandari são suas versões pós-tudo, editadas para o supremo hedonismo do final do milênio.

"*Aman*", em sânscrito, significa "paz". Estas 3 ilhas de paz balinesas fazem parte da exclusiva rede de resorts de superluxo concebida por Adrian Zecha, um certificado hedonista holandês com QG em Hong Kong. Suas irmãs incluem Amanpuri, em Phuket (Tailândia), Amanpulo, em Pamalican (Filipinas), e mais uma pérola indonésia, Amanwana, em Moyo, no mar de Flores. A dramaticidade dos cenários, a elegância da decoração e a sofisticação dos serviços levam seus freqüentadores a se sentir como fertilizações cruzadas de imperadores romanos e rajás coloniais. Estes felizardos já constituem uma nova subdivisão da elite digital: os Amanjunkies, que pulam de um resort a outro em busca do definitivo *satori*.

Ubud é o centro cultural e nervoso de Bali, onde o inigualável materialismo místico da ilha — este seu casamento entre princípio e técnica — dissolve-se em sorrisos, corações abertos e uma apoteose de tecidos, entalhes em madeira e esculturas de pedra de altíssima qualidade. Em Ubud percebemos como Bali é cosmologicamente correta até na geografia. De acordo com os balineses, o universo é dividido em 3 reinos: dos deuses, dos demônios e espíritos rasteiros, e do povo. O microcosmo também se divide em 3 reinos. Acima de Ubud ficam as colinas, montanhas, vulcões, o mais sagrado complexo de templos e, naturalmente, os deuses. Os dois outros reinos são o mar e a região intermediária, onde vivem as pessoas. Ou seja: lá embaixo ficam os espíritos famintos rondando as praias como visigodos de videocâmara, roubando a alma de quem é filmado ou fotografado. Esta divisão tripartite é repetida em tudo em Bali — no layout dos vilarejos, nas casas, nos santuários e até mesmo no corpo humano, onde um *sarongue* cerimonial também preenche sua função cosmologicamente correta.

Amandari — a primeira é ainda insuperável encarnação do Aman way of life — só poderia ter sido instalado na cosmologicamente corretíssima Ubud. Se o Paraíso de Dante for um hotel, será um clone do Amandari: absolutamente isolado, com uma piscina que cai em 90 graus no terraço de uma colina, e vista em 180 graus da selva tropical, conceito copiado, mas não igualado, por outros Jardins das Delícias trajados por Giorgio Armani espalhados pela Ásia — do Four Seasons na própria Bali às cadeias Banyan Tree, Mandarin e Oberoi. Alguns Amans chegam a dispensar telefone, TV, rádio e jornal — mas há sempre, no mínimo, 5 criados por bangalô. Chefs franceses reinterpretam a rica culinária das ilhas indonésias. As águas circunvizinhas são tão cristalinas que pode-se estudar a vida submarina até sem mergulhar. Neste esplêndido isolamento, ao som de uma orquestra de gamelão, "civilização" reduz-se a um rumor no mínimo desagradável, distante, decadente.

Não por acaso os Aman se concentram na Indonésia, um sensual colar de pérolas espalhadas em torno do equador — 17 mil ilhas, 3 fusos horários, 5.000 km de leste a oeste, do Pacífico Sul ao Oceano Índico. O hinduísmo é a essência da vida balinesa. Mesmo com maioria muçulmana, as outras ilhas principais também oferecem uma fascinante diversidade cultural — mais de 300 grupos étnicos falando mais de 300 dialetos. Com quase 200 milhões de habitantes, a Indonésia é o quarto país mais populoso do mundo, atrás de China, Índia e EUA. Mas à parte Bali, para grande parte do planeta a Indonésia é um *wayang* — um teatro de bonecos sob as sombras, um misterioso arquipélago tropical.

Indonésia e Brasil, respeitadas as diferenças culturais, miram-se no espelho como irmãos. São pesos pesados tropicais, em superfície e população — mas com uma tímida presença internacional, ofuscados por países menores, mais agressivos, ou mais profícuos ao utilizar o esperanto — a língua inglesa — como uma eficiente arma de relações públicas. O Brasil é a maior economia do Mercosul, a Indonésia a maior economia da ASEAN. As disparidades internas de renda e qualidade de vida são exacerbadas — muito mais no Brasil. As elites nos dois países não são exatamente ilustradas, e a corrupção nos 2 casos pode arrepiar os cabelos. O Brasil está à frente em PIB, renda per capita e reservas em moeda estrangeira. A Indonésia tem inflação mais baixa, quase o dobro da poupança interna brasileira, e menor dívida externa. Exportam praticamente o mesmo volume — cerca de US$ 45 bilhões em 95, muito pouco em relação a seu potencial. O Brasil tem melhores índices de mortalidade infantil, expectativa de vida, e quantidade de médicos, telefones e TVs. Mas a população da Indonésia cresce menos e tem melhor índice de alfabetização.

Em muitos aspectos, o Brasil já viu este filme: a Indonésia parece o Brasil do milagre anos 70, dominado por militares. Mas, no momento, tem a vantagem comparativa de ter aberto sua economia pelo menos uma década antes do Brasil, e de crescer a mais de 7% ao ano — 8,1% em 96, previsão de 7,7% em 97, de acordo com o Banco de Desenvolvimento Asiático. Está no centro da região mais dinâmica do mundo, e próxima de maciços investimentos do Japão e da diáspora chinesa. Apenas em 95 captou nada menos que US$ 40 bilhões em investimento estrangeiro direto. Em 96 captou US$ 27 bilhões.

Há várias razões para a perenidade do mistério Indonésia. Joseph Conrad romantizou Bornéu em algumas de suas narrativas — mas não ao ritmo industrial da Inglaterra em relação ao colonialismo na Índia. A Indonésia é um país extremamente jovem, independente apenas em 1945 (de fato apenas em 1948), depois de séculos de domínio colonial holandês. Nas últimas décadas, permaneceu à margem da arena internacional — concentrada em problemas internos e preocupada em crescer. Teve apenas 2 presidentes: Sukarno, criador da moderna Indonésia como entidade política, e o general Suharto, que o depôs em 66, obcecado por desenvolvimento econômico.

Sob esta calma aparente de mar oriental, não faltaram turbulências tão cataclísmicas quanto a erupção de Krakatoa, o Inferno de Java — o vulcão mais famoso do mundo. Desde 1945, a Indonésia passou por revolução, democracia parlamentar, guerra civil, autocracia presidencial, extermínio de massa e ditadura militar. Pelo menos até recentemente, aparecia menos na aldeia global do que Cingapura, Malásia ou Vietnã. Mas em termos de desenvolvimento, tem tantas garras quanto os novos tigres Malásia e Tailândia, capitalizando sua extensão territorial, amplos recursos naturais e farta mão-de-obra barata (US$ 50 por mês é um salário médio mesmo na capital, Jacarta).

Sumatra, Bornéu (Kalimantan) e Irian Jaya são 3 das 5 maiores ilhas do mundo: juntas, constituem a maior floresta tropical do planeta depois da Amazônia. São riquíssimas em madeira, petróleo e gás natural. Mesmo dependente destas commodities cruciais, a Indonésia desde o início dos anos 80 busca desregular e diversificar sua economia. O petróleo já a salvou da debacle nos anos 70. Hoje, quase 25% do PIB e mais de 80% das exportações — excluindo-se petróleo — devem-se a manufaturas.

O boom indonésio é mais do que visível em Jacarta — embelezada por uma generosa fatia do orçamento da União. O governo quer configurá-la como uma verdadeira metrópole global. A organização urbana do "Triângulo Dourado" — o distrito de business — segue o modelo californiano, mas os "prédios inteligentes" foram erigidos por construtoras japonesas. O nível de sofisticação é inimaginável em São Paulo ou Rio — e segue o padrão de Cingapura e Hong Kong. Os shopping malls rivalizam os melhores da Califórnia. Há luxuosas filiais de Tiffany's, Giorgio Armani, Issey Miyake, Oscar de la Renta ou Manolo Blahnik; filiais de todas as principais cadeias de hotéis de luxo — Shangri-La, Regent, Mandarin, Grand Hyatt; filiais de cadeias do entertainment global como Planet Hollywood e Hard Rock Café. A bezerrinha da Bavária Claudia Schiffer e a cripto-romancista Naomi Campbell foram a Jacarta inaugurar em mais puro glamour café-com-leite a primeira filial do Fashion Café fora dos EUA — montada, é claro, com os rios de dinheiro da diáspora chinesa.

Há restaurantes esplêndidos e uma vida noturna agitadíssima. Românticos e nostálgicos da atmosfera colonial holandesa podem ruminar o paradoxo da renovação de soberbos edifícios artdéco, como o Café Batávia. O Museu Nacional é uma verdadeira celebração da riqueza étnica do arquipélago — com instrumentos musicais, utensílios domésticos, tecidos, roupas, arquitetura e praticas agrícolas das culturas espalhadas pelas ilhas, além de uma fabulosa coleção de esculturas de ancestrais impérios hindu-budistas. A Jacarta Java-chic é limpa e arborizada, com acesso privilegiado a uma inflação de clubes de campo e de golfe. Logo, como todas as emergentes metrópoles asiáticas, terá sua própria torre Eiffel pós-moderna — US$ 225 milhões, 500 m de altura, completa com centro de telecom, restaurante rotativo, hotel, business center, escritórios. Será financiada — entre outros *tycoons* — por um primo do incontornável Suharto, e erguida por uma construtora baseada em Xangai.

Ali Alatas, o ministro das Relações Exteriores indonésio, costuma qualificar a globalização como uma "força cega". Todas as distorções provocadas pela "força cega" atuam sobre Jacarta. O "Triângulo Dourado" está cercado pelo pesadelo ambiental de rigor — como em São Paulo ou Bangkok: poluição de ar e água, trânsito infernal, condições de moradia africanas. Favelados acumulam-se a um coquetel molotov de distância de shopping centers vendendo Gucci e Prada. A riqueza e o consumo ostentatório da elite são tão avassaladores que podem exacerbar a impressão de um muro invisível — ou de uma antecâmara de guerra civil. Mas na Indonésia como um todo, o quadro está muito longe do abismo brasileiro. Um relatório do Banco Mundial de 95 demonstra que a disparidade de renda até diminuiu. A distribuição de riqueza é bastante razoável, para um país em desenvolvimento. Desde 1970 a porcentagem de indonésios pobres caiu de 70% para 15%, e o PIB per capita subiu de US$ 100 para cerca de US$ 900 (chega a US$ 3.705 por paridade de poder de compra). Quem imigrou nos últimos anos para Jacarta está levando uma vida melhor do que em sua província natal — como atestam conversas informais com a população. O Banco Mundial reconhece que os diversos milagres asiáticos não só mantiveram e mantêm as mais altas taxas de crescimento no planeta como reduziram dramaticamente a pobreza e melhoraram a distribuição de renda.

O famoso Homem de Java certamente conhecia a Jacarta pré-histórica. Mas apenas no século 12 um reino hindu-budista fundou um porto na região — Sunda Kelapa. O novo centro comercial começou realmente a crescer — recebendo novas rotas marítimas muçulmanas — quando os portugueses tomaram Málaca em 1511. Portugal já estava a ponto de se instalar em Sunda Kelapa quando um sultanato muçulmano javanês o conquistou em 1527 e rebatizou a cidade "Jayakarta", "Grande Vitória". Menos de 1 século depois, Jayakarta, rebatizada como Batávia, passava a ser o lucrativo QG do poder colonial holandês nas Índias Orientais. A ilha de Java, na prática, virou uma enorme plantação holandesa — exportando café e açúcar. No início do século 19, quando Napoleão anexou a Holanda, os ingleses deram o bote. Raffles — o fundador da Cingapura — foi governador-tenente de Java de 1811 a 1816. Escreveu uma fabulosa "História de Java". Mas sua grande obra foi mesmo Cingapura — que no fim do século 19 já havia superado Batávia — a "Rainha do Oriente" — como o principal porto do Sudeste da Ásia.

Depois do ataque japonês a Pearl Harbour em 1941, os japoneses conquistaram todo o Sudeste da Ásia em 2 meses, na ponta do fuzil. Cingapura — suposta fortaleza britânica — caiu em fevereiro de 42, Batávia em março: foram os japoneses que a rebatizaram Jacarta. Logo após o final da guerra, Sukarno proclamou a independência, em agosto de 45. Mas ela precisou ser arrancada dos holandeses à força — o que explica a relação hoje saudável entre Indonésia e Holanda, sem os ressentimentos da Malásia em relação à Inglaterra. Apenas em dezembro de 48 o poder foi transferido oficialmente.

Sukarno, grande líder nacionalista como Ho Chi Minh ou Nehru, criou uma identidade política para o arquipélago. Sua filosofia de trabalho foi amplamente expressa em 1945, quando definiu o ubíquo credo Pancasila ("5 princípios"). Ou seja: crença em um Deus supremo, justiça e civilidade entre os povos, unidade da Indonésia, democracia através de deliberação e consenso entre representantes, e justiça social para todos. A Pancasila de Sukarno tinha um objetivo fundamental: evitar que os muçulmanos impusessem um Estado islâmico.

Sukarno não teve um minuto de sossego, lutando contra o separatismo das ilhas e a cerrada oposição muçulmana a um Estado secular. A economia estava estagnada. Estouravam a inflação e a corrupção. Só havia 1 saída: Sukarno decretou lei marcial, e em 57 instaurou uma "Democracia Guiada". Nesta nova era, o governo era fraco, mas a sociedade civil era forte.

Sukarno governava baseado em um tripé: muçulmanos, Forças Armadas e comunistas, ativíssimos desde a fundação do Partido em 1920. O tripé desabou quando os comunistas foram simplesmente eliminados pelo Exército e pelos muçulmanos. De acordo com as estatísticas mais confiáveis, o massacre dos comunistas, entre 65 e 66, em Java, Bali e Norte da Sumatra, vitimou entre 300 mil e 400 mil pessoas. Não houve nada remotamente parecido a Mel Gilbson beijando Sigourney Weaver sob a chuva tropical em *O Ano em que Vivemos em Perigo* — a versão Hollywood do massacre. O veredicto da CIA é cristalino: "Os massacres anti-PKI (Partido Comunista da Indonésia) constituem um dos piores assassinatos de massa do século 20, junto aos expurgos soviéticos dos anos 30, os assassinatos de massa nazi durante a Segunda Guerra Mundial e o banho de sangue maoísta do início dos anos 50. Nesse aspecto, o golpe indonésio é certamente um dos eventos mais significativos do século 20, muito mais significativo do que muitos outros eventos que receberam muito mais publicidade".

O massacre anticomunista (e por extensão antichinês) extravasou até mesmo para a hinduísta e pacifista Bali. Em Bornéu, tribos *dayak* expulsaram 45 mil chineses do interior, matando talvez milhares. Mesmo invocando-se o absolutismo ideológico da época, e a natural antipatia entre muçulmanos e chineses, historiadores concordam que o massacre é praticamente inexplicável. Este verdadeiro enigma é ignorado pela maior parte dos livros de História indonésios.

As Forças Armadas queriam o governo, e o conseguiram, lideradas por Suharto. A transição demorou apenas 2 meses, em 66. Suharto foi implacável com seu modelo e mentor Sukarno — mantendo-o em prisão domiciliar até sua morte em

70. Na autoritária Nova Ordem decretada por Suharto, o governo era forte, e a sociedade civil, fraca. Pancasila passou a ser um mantra não só para aglutinar uma jovem nação como para instrumentalizar a repressão. Mas permanecia uma certa continuidade na vida indonésia: o Exército como pilar fundamental da sociedade e do governo, um presidente forte, um sentimento nacionalista, dominação política e cultural da ilha de Java, islâmicos profundamente divididos, uma classe de businessmen chineses profundamente inquieta, um sistema legal quase inócuo, e corrupção e nepotismo indiscriminados.

Suharto, o Comandante Supremo, está no poder há quase tanto tempo quanto Fidel Castro. É uma cifra. Tive oportunidade de vê-lo em uma cúpula da ASEAN e no encontro Ásia-Europa em Bangkok: ao contrário de Fidel, é discreto, silencioso como um gato, e visivelmente desconfortável em público. Olhos glaciais, feroz anticomunista, cauteloso, conservador, paternalista, Suharto detesta publicidade. Sente-se à vontade apenas entre pequenos grupos de fazendeiros e camponeses em suas viagens ao interior. Cultiva cuidadosamente suas relações pessoais. Workaholic, acorda todo dia antes do nascer do sol. Vive em uma casa relativamente modesta e muito vigiada no centro de Jacarta. Seu mantra irremovível é "desenvolvimento econômico": ele produz a Grande Visão, e deixa a administração cotidiana na mão de tecnocratas competentes.

É importante lembrar mais uma vez que de acordo com o Banco Mundial, a Indonésia sob Suharto chegou à maior redução anual de incidência de pobreza entre os países do Terceiro Mundo. Mas 3 décadas de Executivo forte geraram problemáticos subprodutos: esclerosamento político, emasculação total de Legislativo e Judiciário, corrupção, e o enigma insondável da sucessão de Suharto. A maior parte dos indonésios não consegue enxergar a política nacional como algo mais do que um ritual repressivo, tão estilizado quanto o *wayang*.

Suharto só pode ser entendido quando situado como um legítimo líder autocrático javanês. Na cultura da ilha, o Poder é um atributo fixo e estático, que descende sobre quem o exerce. De acordo com um scholar inglês, "o Poder não é legítimo ou ilegítimo. O Poder é". Ao soberano, idealizado como um arquétipo do patriarcado benevolente, só interessa o máximo de harmonia e unidade. O *bapak* (pai) toma conta de seus filhos — e qualquer oposição vai contra a própria instituição da família. Ele deve exibir uma imperturbável serenidade que beira a inércia — como se fosse um daqueles imponentes felinos javaneses: a atividade frenética fica para os ratos, ou seja, os subordinados. Suharto ainda dispõe da vantagem da *Pancasila* em relação ao feudalismo: este código ético de valores dispensa a adoção de outros valores — potencialmente desestabilizadores — pregados pelo fundamentalismo islâmico.

O islamismo chegou ao arquipélago no século 13 — nos navios de mercadores da Índia e do Oriente Médio. Da Sumatra, a influência espalhou-se por Java. Não foi uma guerra de conquista, e sim uma acomodação pacífica: seus praticantes eram sufis, e não árabes ortodoxos. Não destruiu as tradições já arraigadas de hinduísmo e budismo. Pelo contrário: evoluiu um sincretismo fascinante de Islã, budismo, hinduísmo, animismo e *"adat"* — costumes tradicionais. Trata-se de um islamismo soft, sem véus, sem segregação, sem doutrinação: jamais um Islã hardcore à la Argélia ou Líbia conseguiria se impor em malemolentes culturas tropicais.

No topo de uma rígida pirâmide, constata-se que Suharto vive melhor do que Ramsés II. A concepção de Poder uno e indivisível exclui Judiciário independente, um sistema legal sólido, uma imprensa agressiva, e confina o Legislativo à impotência terminal. As decisões da elite são por consenso, e toda a população deve obediência ao Poder central. O sistema pode ter servido para a decolagem econômica da Indonésia. Não mais. Já se murmura como o imobilismo nega o trepidante pluralismo que encontramos nas ilhas do arquipélago.

Políticos e militares indonésios temem que um poder descentralizado — econômico e político — provoque acessos de separatismo. Mas o descontentamento é persistente. O arquipélago de Riau é rico em petróleo, Bornéu em petróleo e madeira e Irian Jaya em madeira, ouro e cobre. Atualmente, vivem uma situação não muito diversa de um neocolonialismo. Como vimos, a Indonésia viveu sob o domínio holandês desde o início do século 17, quando a poderosa Companhia Holandesa das Índias Orientais despachou os portugueses das Molucas e logo passou a controlar todo o arquipélago. Já se falava a língua franca — malaio — trazida há séculos por mercadores islâmicos para o litoral de Java e Sumatra (a partir de 1928, qualificada de *bahasa*, língua indonésia). Hoje, as riquezas exploradas nas ilhas continuam beneficiando acima de tudo o centro, ou seja, a ilha de Java. A qualidade de vida nas ilhas não reflete a sua capacidade de produção. Nos anos 80, a quantidade de indonésios vivendo abaixo da linha de pobreza nas ilhas mais remotas até mesmo aumentou. E para complicar, como em Bornéu, cresce a irritação contra a homogeneização cultural promovida por Jacarta.

Uma das fórmulas privilegiadas do boom do Leste da Ásia pode ser examinada comme il faut nos 400 km² da ilha de Batam, parte do arquipélago de Riau, ligada a Cingapura por 70 ferry boats diários. É um dos mais eficazes cursos rápidos de globalização em qualquer latitude. Batam é sede de um parque industrial — paraíso da zona franca onde Cingapura entra com tecnologia e administração, e a Indonésia com terra e mão-de-obra barata. O parque é um sucesso: quase 100 multinacionais instaladas — incluindo AT&T, Philips, Panasonic, Fujitec, Thomson — empregando mais de 50 mil pessoas. 85% são garotas muçulmanas de seus vinte e poucos anos, habitantes da superpopulada ilha de Java (100 milhões, e crescendo). Acumulam-se à razão de 16 em cada dormitório — vigiadas por uma panóplia de câmeras. Trabalham 40 horas por semana, com apenas 12 dias de férias por ano. Salário mensal médio: US$ 75. Para cada múlti, o salário bruto, com tudo incluído — transporte, alojamento, refeições, seguro-saúde — sai por menos de US$ 200 mensais, que seu executivos consomem em Paris com 2 garrafas de champagne no bar do Ritz. Não por acaso ONGs ocidentais qualificam este estado de coisas de escravatura neocolonialista. Filmes publicitários das múltis em questão preferem destacar "a grande competência dos trabalhadores indonésios, que formam-se rapidamente e são muito disciplinados".

O segredo do sucesso econômico da Indonésia deve-se, acima de tudo, à diáspora chinesa — mas ao custo de perenes sobressaltos e de uma hostilidade indiscriminada. Apenas 4% da população, a diáspora controla hoje mais de 70% da economia e foi fundamental no processo de criação de novos empregos e no aumento das exportações — à parte commodities. Desde o início do século 19 os holandeses dependiam dos chineses para o funcionamento do mecanismo colonial. Todos saíam ganhando. Os mercadores chineses funcionavam como intermediários. Sindicatos de empréstimo chineses logo tomaram conta do sistema bancário da colônia. Em Java, o axioma era inescapável: fazer negócio significava lidar com um chinês. Tornaram-se credores de Deus e o mundo — ou seja, camponeses, funcionários holandeses e a aristocracia javanesa. Poder econômico logo lhes conferiu proteção política.

Mas à medida que diminuíram os laços econômicos e políticos entre chineses e holandeses, no século 20, aumentou a hostilidade dos javaneses — que passaram a ver os chineses como a causa principal de sua pobreza colonial. Esta sinofobia contaminou o nascente nacionalismo indonésio, impregnou-se na consciência nacional após a Segunda Guerra e na fase pós-independência, e terminou explodindo no sangrento Krakatoa do massacre anticomunista de 65/66.

Ao contrário da Tailândia, onde existe uma total sinergia sino-tai, os chineses na Indonésia ainda são encarados como relativos outsiders — mesmo estabelecidos há 2 séculos. Na prática, são outsiders tanto políticos quanto culturais: Suharto sempre foi a favor de assimilação — mas nunca de integração. Nenhum indonésio de origem chinesa jamais serviu em um gabinete ministerial. Nenhum está no topo das Forças Armadas. Para os mais jovens, é difícil entrar nas melhores universidades indonésias. Mesmo com tantos handicaps, os chineses são imbatíveis insiders econômicos. Sua riqueza até mesmo aumentou durante as 3 décadas de Suharto, por 3 razões básicas: o funcionamento da Internet de bambu; melhor nível educacional — comparado aos indonésios; e maior dedicação à poupança — pois jamais esquecem sua vulnerabilidade política.

95% dos principais conglomerados indonésios são controlados pela diáspora chinesa — muitos deles com participação especial da família Suharto. Os tycoons sempre adotaram um perfil discreto. Mas o sucesso os denunciou publicamente. Vendendo ações na Bolsa, eram obrigados a divulgar informações corporativas. Seus bancos entraram em furiosa competição por novos clientes. Investimentos imobiliários espalharam sua influência por todas as ilhas. A fama chegou à mídia. E gerou naturalmente um contra-ataque nacionalista dos *pribumi* — indonésios nativos — acoplados a líderes muçulmanos, políticos populistas e alguns businessmen oportunistas.

Sem conexões políticas e gorjetas, nada se faz na Indonésia — como a diáspora sempre reconheceu. No indispensável *A Nation in Waiting*, o jornalista australiano Adam Schwarz detalha a aliança estratégica entre os chineses e os militares: "O termo *cukong* entrou em vigor, significando 'patrão' ou 'soberano', e denotando a relação entre um chinês que sabia como levantar dinheiro e um funcionário indonésio (geralmente um oficial do Exército) que podia prover proteção e influência. A relação *cukong* se repetiu acima e abaixo da burocracia, de Suharto aos principais generais, comandantes militares regionais, governadores de província e pequenos funcionários administrativos. Os benefícios mútuos eram óbvios: Suharto queria encorajar mais investimento na Indonésia, os militares sempre estavam com problemas de orçamento, e os chineses precisavam desesperadamente de protetores poderosos".

Em conseqüência deste processo, os chineses passaram a ser pelo menos tolerados. Afinal, depois do horrendo massacre de 65/66, a Indonésia precisava vender ao mundo a imagem de uma sociedade multirracial, finalmente livre de sectarismo — sem precisar nem mesmo de um programa oficial para privilegiar os locais, como no caso dos bumiputras na Malásia. Além disso, Suharto e seus tecnocratas sabem que a aliança de negócios já é inextricável entre chineses e indonésios. Se a diáspora chinesa se apavora e resolve imigrar em massa mais uma vez para o Sudeste da Ásia, Austrália ou América, esvai-se todo o dinamismo econômico indonésio.

A corrupção na Indonésia é um modo de vida: já passou pela vergonha de ser qualificada em 93 como o país mais corrupto da Ásia. Em 96, na última pesquisa da consultoria PERC de Hong Kong, ficou em terceiro lugar, ultrapassada por China e Vietnã — não exatamente uma façanha. Para a PERC, existe na Indonésia uma "cultura da corrupção". A Indonésia é o exato oposto de Cingapura — onde funcionários públicos são bem remunerados e escolhidos por meritocracia. Na Indonésia, recebem salários ínfimos e são os donos da máquina administrativa, reduzindo os cidadãos a uma multidão de pedintes. Esta situação não é exatamente estranha a brasileiros. A corrupção de peixinhos empalidece diante das gigantescas "caixinhas" pagas pelos tubarões para conseguir grandes contratos governamentais — prática inadmissível em Japão, Cingapura e Hong Kong e já amplamente combatida em Taiwan e Coréia do Sul. O que redime a prática da corrupção é o fato de que a maioria dos lucros são reinvestidos no próprio país — em vez de dormir em bancos suíços.

Nem toda história de sucesso na Indonésia é produto de conexões políticas. O melhor exemplo é o banqueiro Mochtar Riady, também da diáspora chinesa, e chairman do grupo Lippo — conglomerado de US$ 6 bilhões com 100 empresas em 5 países, um dos mais respeitados no Leste da Ásia. Mochtar lutou ao lado da guerrilha indonésia contra os holandeses nos anos 40, e começou nos negócios com uma loja de bicicletas. Mochtar, seu filho James e o Lippo fizeram furor na mídia anglo-americana por causa de doações — legítimas — para campanhas de Bill Clinton. Executivos e banqueiros com experiência em Ásia foram obrigados a explicar ao infinito para repórteres americanos como funcionam as *guanxi* do universo chinês — onde negócios de bilhões são fechados com apertos de mão e cultivam-se assiduamente as relações com o poder.

O Lippo é ubíquo em Jacarta. Construiu apartamentos, prédios de escritórios, um gigantesco aquário de US$ 10 milhões, e uma cidade-modelo de classe média para 60 mil pessoas que brotou de um arrozal. O grupo é parceiro da cadeia americana Wal-Mart, fabrica eletrodomésticos em joint venture com coreanos, e está montando uma usina de energia de US$ 700 milhões na China. O Lippo mantém seu QG global em Hong Kong — duas notórias torres hexagonais de vidro que parecem um Lego, ao lado do Banco da China — e também um banco em Los Angeles. Foi este QG de Hong Kong que um desconhecido e ambicioso governador do Arkansas visitou inúmeras vezes, acompanhando delegações comerciais de seu estado em excursão pela Ásia. Há anos James Riady é um dos melhores amigos de Bill Clinton.

Mesmo com seu poder descomunal, Suharto, o felino javanês, tem dores na alma ao confrontar o espelho. Especula-se que o fato de não ser reconhecido mundialmente como um grande estadista — depois de seu espetacular sucesso administrativo de 3 décadas — lhe corrói o coração. Há 2 razões principais. Uma delas é o franchising de boa parte da economia para sua família. A outra é Timor Oriental. A invasão de Timor em 75 foi um desastre irredimível. Consumiu milhares de vidas inocentes, comprometeu terrivelmente a credibilidade internacional da Indonésia e configurou seus militares como tigres de papel. Tudo isso é ainda mais grave porque ninguém, nunca, se interessou por Timor.

Joseph Conrad, em *Victory*, descreveu a capital, Dili, como "aquele lugar altamente pestilento". A culpa, claro, era do poder colonizador, Portugal, que com característica negligência, até o fim do século 19 tratava Timor como um cafundó do Judas. Timor também foi totalmente desprezada pelos nacionalistas indonésios que lutavam contra o colonialismo holandês nos anos 40. E mesmo antes da invasão em 75 ninguém lhe conferia a menor importância.

A versão oficial da invasão caracteriza certas facções timorenses como provocadoras, dispostas a instaurar um regime hostil à Indonésia dentro do próprio arquipélago — algo evidentemente inadmissível. A versão de refugiados revela um massacre quase tão brutal quanto o de 65/66 — o que mais uma vez nos espanta, tendo em vista as elaboradas cortesias e o intrínseco pacifismo da cultura javanesa, imediatamente notado por qualquer visitante. Para os timorenses, a invasão é uma amarga tragédia. O líder da resistência, Xanana Gusmão, condenado em 93 a 20 anos de cadeia, escreveu que por causa do fracasso de Portugal durante 400 anos, seu povo "teve que pagar pelos erros de um colonizador" e "pelos crimes do outro colonizador". O abacaxi Timor seria totalmente dispensável à Indonésia. Apenas em 96, na cúpula Ásia-Europa em Bangkok, Portugal e Indonésia sentaram-se à mesma mesa para quem sabe iniciarem uma discussão construtiva.

A Indonésia levou um tremendo susto com o Nobel da Paz conferido ao bispo timorense Carlos Belo e ao ativista Ramos-Horta. Mas logo se recuperou. Além de EUA e União Européia, toda a ASEAN reconhece sua soberania. A Indonésia fez mais por Timor em 2 décadas do que Portugal em 3 séculos. Timor não teria a mais remota chance de sobreviver caso fosse um país independente. Além disso, Timor não pensa em bloco: mais cedo ou mais tarde a maioria que conta irá perceber que o destino manifesto da ilha é ser uma nova Macau: investir em cassinos, nas praias paradisíacas, na cultura de arquipélago com influências européias, e transformar-se em uma Meca do turismo global — como tantas outras ilhas indonésias.

Cada vez mais a Indonésia dos excluídos do boom passa a exigir direito de livre expressão, direito de greve, e direito a um julgamento justo. Uma coisa é a visão do governo — ou seja, Suharto — sobre direitos humanos e liberdades individuais. Outra coisa é o que dezenas de milhões de indonésios realmente pensam.

Há intelectuais que acusam o imobilismo do governo de emperrar o próprio desenvolvimento econômico e político do país. Para o sociólogo Taufik Abdullah, "Suharto fechou a porta aos intelectuais da nação". Mas o dissenso intelectual já é tolerado. Os jovens são politicamente apáticos — e hoje só lhes interessa a cultura de consumo do pop global. Gunawan Mohamad, ex-editor do principal semanário do país, *Tempo*, dizia no início dos anos 90 que "as universidades estão mortas. As idéias estão mortas. A obsessão do governo com segurança é como um buraco negro engolindo todo pensamento independente". Mas a própria *Tempo*, banida do mercado pelo Ministério da Informação em 94, agora ataca no cyberspace.

Até há pouco, não era fácil ser jornalista na Indonésia. Qualquer matéria envolvendo tensões raciais, religiosas, étnicas ou de classe vivia embalada em TNT. Mas agora já existe discussão na imprensa mais combativa — com extremo cuidado — sobre os business da família Suharto, as questões Timor e Irian Jaya, desmandos militares e a sucessão presidencial. Funcionários de governo, militares e boa parte da elite javanesa supõem e acreditam que a população ainda não tem um nível de educação suficiente para analisar e processar informações. Mas sua principal preocupação, na verdade, é com o desabamento da estabilidade política atual — com o possível recrudescimento de um Islã militante em um clima de maior liberdade de pensamento.

Quem manda na Indonésia é um clube extremamente exclusivo. *Tycoons* chineses como Sudono Salim (nome indonésio de Liem Sioe Liong), Bob Hasan e Prajogo Pangestu (nome indonésio de Phang Djun Phen) têm um invejável poder econômico. Liem, amigo de Suharto há décadas, detém o monopólio dos cigarros kretek, de cravo, uma indústria de US$ 3 bilhões anuais (há 50 milhões de fumantes, dos quais 90% preferem cigarros kretek a Marlboros e cia.). Os filhos de Suharto têm invejável poder não só político como econômico. 5 são ativíssimos em business — assim como, até o meio dos anos 80, a própria Madame Tien Suharto, na época conhecida informalmente como "Madame Tien per cent", epíteto que se pronunciado em público resultaria em pena de morte. Madame Suharto morreu em abril de 96. Vejamos como andam hoje as atividades de Tutut, Bambang, Titiek e cia.

Tutut — personalidade televisiva, sempre portando uma écharpe muçulmana. Casada com um businessman. Detém 17,5% do Bank Central Asia, cujo principal proprietário é ninguém menos do que o megatycoon chinês Liem Sioe Liong. Tutut também está associada ao rei da madeira Prajogo Pangestu — também da diáspora chinesa — e ao sultão de Brunei. É ativa em telecomunicações, agrobusiness, indústria da pesca, construção civil e construção naval. Ativíssima socialmente, é presidente da Cruz Vermelha Indonésia. Tem amplas ambições políticas, mas Suharto prefere que vá pela sombra.

Tommy — agressivo, arrogante, barulhento, é o solteiro mais cobiçado da Indonésia. O turnover anual de seu grupo financeiro supera US$ 500 milhões. É um dos principais acionistas da empresa aérea Sempati. E controla — quem diria — 60% da lendária Lamborghini. Está montando um sedã popular — batizado com o explosivo nome de "Timor" — em parceria com a Kia Motors, da Coréia. Tommy rangeu os dentes da concorrência ao conseguir status de "carro nacional" para o Timor, o que o isenta de taxas de importação e taxas sobre produtos de luxo: o Timor custa a metade do preço de similares da Toyota, Isuzu e Suzuki, fabricados em joint venture. O problema é que a Kia depende em tecnologia da Mazda japonesa. A qualidade de sua transferência de tecnologia não é tão alta; não por acaso estes contratos são "secretos". Por essas e outras, Tommy não é exatamente popular entre militares e businessmen, pois teria se privilegiado de nepotismo e corrupção a um ponto em que tornou-se um problema para Suharto.

Bambang — dono de um dos principais conglomerados do país, com 51 subsidiárias, envolvido em telecomunicações, petróleo e indústria automobilística. Nunca cursou uma universidade. Considerado o melhor businessman da família. Afirma nunca ter utilizado conexões de seu pai em benefício próprio. Ficou tão irritado com a investida automobilística de Tommy que também vai montar carros associado à Hyundai.

Harjojudanto — discreto, comparado com Tutut e Tommy. Um dos principais acionistas do Bank Central Asia. Viciado em jogo. Sua mulher Elyse corroeu sua fama quando foi revelada como uma das principais compradoras na Bolsa de Cingapura. O primeiro filho do casal, Ari, emplacou a dúbia distinção de embaraçar toda a família no início de 96 quando uma de suas empresas impôs uma taxa arbitrária sobre cada lata ou garrafa de cerveja vendida em Bali. Suharto — de olho em sua principal mina de ouro turística — cancelou a taxa 1 mês depois.

Titiek — casada com uma estrela militar, o comandante das Forças Especiais. É uma das proprietárias do Plaza Senayan, um dos shopping centers de elite em Jacarta. Ativa em telecomunicações, finanças e mercado imobiliário.

Mamie — a filha mais nova, até agora apenas diretora de um projeto de sua mãe para aumentar a competitividade das frutas indonésias no mercado global.

À parte a família Suharto, a diáspora chinesa e o capital japonês, outro ator indonésio de peso é o Ministro-czar de Pesquisa e Tecnologia, B.J. Habibie. Educado na Alemanha, amigo de infância de Suharto, promotor de valores islâmicos, Habibie acha que a Indonésia pode chegar a status de superpotência econômica pulando fases cumpridas por Cingapura e Coréia. Fascinado por foguetes, satélites e congêneres, seu projeto de estimação é o primeiro avião indonésio, o N-250, turbo-hélice de 70 lugares — batizado por grupos étnicos do estreito de Sunda com um fabuloso show animista de música e dança. E vem aí um jato, o N-2130. A idéia é montar os aviões na Alemanha para concorrer no mercado internacional.

A história de "Timor Tommy" provocou ferozes rugidos japoneses — já que a Indonésia é um dos recipientes privilegiados de seus investimentos no Sudeste da Ásia. Negociatas do gênero envolvendo a família Suharto correm o risco de terminar destruindo as delicadas alianças econômicas do governo com os japoneses e os overseas chinese. Para apagar o fogo, a elaborada diplomacia javanesa despachou o Ministro do Comércio e Indústria a Tóquio não só para explicar esta política do "carro nacional" como para resolver outros dois problemas fundamentais: persuadir fabricantes de componentes automobilísticos a se instalar na Indonésia — escapando dos custos monumentais no Japão; e em conseqüência aliviar o déficit indonésio em conta corrente — onde os credores são acima de tudo japoneses. Há quem tenha visto a longa mão de Suharto neste plano absolutamente maquiavélico — do qual Timor Tommy teria sido apenas um peão.

Os filhos de Suharto operam em uma cultura onde executivos americanos admitem "assinar cheques" para besuntar negócios, e os atores principais podem pedir empréstimos bancários de milhões de dólares sem colateral. Todo mundo sabe que se uma idéia genial inevitavelmente dorme nas gavetas do governo, apresentada a Tommy ou Bambang pode sair do papel em 24 horas. Não se pode negar à família Suharto o mérito de quebrar ineficientes monopólios governamentais — como em petróleo, gás natural, telecomunicações, aviação, pedágios, certos produtos petroquímicos, transporte marítimo, produção de fertilizantes — ainda que os tenha substituído por semimonopólios privados. O consolo para a população indonésia é que melhorou a qualidade dos serviços nestes setores. Suharto nunca foi fã de privatizações: acredita em um Estado musculoso. Além disso, estatais são sua fonte privilegiada de comissões. Quando grandes contratos passam pelas principais estatais — Pertamina (petróleo), PLN (eletricidade), Telkom (telefonia), Garuda (companhia aérea), PT Timah (mineração) — passam pela mão de Suharto. Muita privatização, portanto, significa enfraquecimento de seu poder uno e indivisível.

Todo o futuro da Indonésia gira em torno da sucessão de Suharto. Como um autêntico autocrata javanês, ele acha que um Legislativo só serve para implementar políticas de governo, jamais participar da elaboração destas políticas. A Indonésia tem um Legislativo eleito pelo povo (500 membros) e uma Assembléia Consultiva do Povo, que se reúne a cada 5 anos para escolher o presidente. Esta assembléia reúne os 500 parlamentares eleitos, mais outros 500 biônicos, escolhidos por — quem mais? — Suharto. Em tese, militares e os partidos políticos também participam. Mas quem aprova mesmo é Suharto. O edifício do Parlamento em Jacarta é mostrado com orgulho a visitantes ocidentais. É visível, porém absolutamente silencioso. Daí sua fama local como os "5 D": "*datang, duduk, dengar, diam, duit*", ou seja, "aparece, senta, escuta, cala a boca e pega o cheque".

O partido hegemônico é o Golkar, criado pelos militares em 64, e naturalmente controlado por Suharto. As 2 principais forças do país são o Golkar e a ABRI — acrônimo para as Forças Armadas indonésias, interligados mas não idênticos, já que a ABRI é o principal componente da chamada "família Golkar". Teoricamente, o Golkar é um partido neutro. Nas eleições de 92, teve 68% dos votos, contra 17% e 15% dos outros dois partidos legais — respectivamente muçulmano e nacionalista. A popularidade do Golkar deve-se a 2 fatores: o sucesso na erradicação da pobreza, e o boom econômico comum aos países da ASEAN. Mas a principal ligação entre o Golkar e a ABRI é — quem mais? — Suharto: ele é comandante-chefe da ABRI e líder absoluto do Golkar. Não há saída. A sucessão só acontece em um lugar: o cérebro de Suharto. O *Economist* londrino comparou a sucessão a uma ópera de Puccini. É, na verdade, uma *rijstaffel* — assalto sensorial gastronômico holandês/indonésio onde vários pratos se articulam em torno do arroz. Esta *rijstaffel* mescla ópera, teatro de bonecos de sombra, thriller oriental, xadrez e *A Arte da Guerra*, de Sun-Tse.

O Exército já foi a base de sustentação de Suharto. Hoje é o único fator que pode contestá-lo. Os militares estão irritadíssimos com a perda de sua influência política. Suharto usa a estratégia "dividir para reinar" e remaneja continuamente as peças no tabuleiro militar. Qualquer general mais ambicioso é deportado para o limbo. Militares e a oposição nacionalista vivem alertando que China, Índia e Vietnã agora têm a mesma vantagem comparativa da Indonésia: terra e mão-de-obra baratas. Embora já estejam em competição com a Indonésia pelo capital internacional, Suharto confere suas contas e não vê motivos para considerá-los uma ameaça.

Suharto preferia que a sucessão ficasse em família. O ideal seria um filho — talvez o competente businessman Bambang — ou, melhor ainda, uma filha — a ativista social Tutut. Na pior das hipóteses, um marido também serviria — no caso o de Tutut, o general Prabowo. Mas e se os militares se enfezam? Suharto também previu outro tipo de oposição a sua família — e antes mesmo do século 21. Ela veio, em cima da hora, e de ninguém menos que a filha de seu ex-mentor Sukarno: Megawati Sukarnoputri, líder do Partido Democrático, secularista, e com bom apoio militar. Megawati era líder do PDI desde 93. Em 96, foi deposta por um congresso convocado pelos seus rivais internos. A manobra foi claramente orquestrada pelo governo. Gerou uma violência que não se via nas ruas desde o "ano em que vivemos em perigo" — e que recolocou a Indonésia nas manchetes globais pelo pior dos ângulos.

Megawati — com sua aparência de dona de casa bonachona — não é uma revolucionária. Suas semelhanças com a Nelson Mandela asiática — a burmesa Aung Suu Kyi — são apenas superficiais. Ambas são filhas de heróis nacionalistas às quais é negado um papel político mais relevante. Mas comparado aos rinocerontes militares do sinistro SLORC, Suharto não passa de um gatinho. A Indonésia tem até mesmo uma Comissão de Direitos Humanos — algo impensável em Myanmar. E em Myanmar, o partido de "Tia Suu" venceu eleições democráticas em 1990 por uma avalanche de votos; o PDI, nas eleições indonésias de 93, ficou com apenas 15%.

Para o Ocidente, a Indonésia é um aliado absolutamente crucial. É a maior economia do Sudeste da Ásia, o quarto país mais populoso do mundo, e o maior país muçulmano do mundo. É um dos privilegiados mercados para as exportações e investimentos do Ocidente. E sua importância estratégica não tem preço. Oficialmente, a Indonésia é "não-alinhada". E como Suharto é um anticomunista feroz, ninguém fica lhe cobrando infrações de direitos humanos. Mesmo em relação a Timor, os centros de poder que realmente contam — os EUA e, na União Européia, a Alemanha — reconhecem a soberania de Jacarta sobre a ilha. O xis de toda a questão é que para o Ocidente uma Indonésia rica e estável é o único contrapeso a uma China poderosa e assertiva no século 21.

Mas o que significa uma Indonésia "estável"? Para Juwono Sudarsono, do Instituto de Estudos de Defesa — ainda estudante no "ano em que vivemos em perigo" — o país precisa de um governo forte, muito mais do que uma sociedade civil forte: é a única maneira de conter a caixa de Pandora de ressentimentos dos excluídos do banquete. A classe média urbana — apenas 15 milhões de pessoas em 96, porém em crescimento acelerado — também acredita que uma rápida abertura democrática seria um desastre. A situação na Indonésia não tem nada a ver com o poder popular — de classe média — que derrubou militares nas Filipinas,

Coréia do Sul e Tailândia. Esta classe média não quer nenhuma turbulência perturbando a Bolsa e o câmbio.

Há um consenso entre quem lucrou com o boom de que a Indonésia chegou a mais um clássico asiático: um "caminho do meio" entre o autoritarismo rígido da China e a bagunça democrática da Índia. *Bapak* Suharto, portanto, sempre soube o que é melhor para seus súditos. Por que sacrificar um compromisso tão indonésio? Brasileiros já conhecem este filme "lento, gradual e seguro" — que na Indonésia tem sua própria especificidade. Cada vez há mais liberdade de expressão. A sociedade civil já se organiza em grupos não-governamentais. O exército começa a aceitar um papel mais discreto — como pano de fundo, porém observando atentamente os acontecimentos, na formulação da ABRI. Todo esse processo pode continuar em andamento — mas pressupõe um governo forte.

A consultoria PERC de Hong Kong permitiu-se prever um "nighmare scenario" para acalmar a paranóia de alguns executivos. Com a aceleração do abismo interno Norte/Sul, e da revolta dos excluídos quanto aos negócios privilegiados de quem tem as conexões certas, as eleições de 98 se polarizam. De um lado, um general autoritário com sólido apoio militar. De outro, um general populista, louco para seduzir sindicatos, muçulmanos descontentes e o banquete dos mendigos. É absolutamente improvável que Suharto — mesmo incapaz de construir instituições políticas fortes que o sobrevivam — deixe a sua Grande Obra degringolar para tamanho caos.

Enquanto Suharto degusta felinamente sua *rijstaffel*, o centro pós-moderno de Jacarta faz negócios do Além, dança no Fashion Café e compra até cair no Plaza Senayan. A diáspora chinesa contabiliza seus fabulosos lucros. As luxuriantes florestas de Bornéu e Sumatra são freneticamente devastadas para alimentar o boom econômico. E o mundo inteiro despenca alegremente na paradisíaca Bali — imersa, eternamente sorridente, em sua dança na fabulosa linha de sombra que divide o digital das forças do inconsciente. Todo dia a população hinduísta oferece flores e incenso para aplacar os espíritos malignos. Só faltava os espíritos conjuminarem um Krakatoa político para projetar a Indonésia ao Terceiro Milênio.

13

Hallooo, mister, you wan massaaaaage?

"Vivíamos com tanta fome/
vivíamos tão deprimidos/
mas agora sabemos/
que todos vocês/
gostam da música/
que vivemos tocando/
a noite inteira"
"Hungry Men's Blues", composição
do rei Bhumibol da Tailândia

 Se cidades pudessem ser antropomorfizadas, Bangkok seria uma monstruosa dançarina de betume envolta em um biquíni de seda. A "Grande Cidade dos Anjos" — como sua prima rica Los Angeles — de angelical não tem nada: é um vertiginoso santuário trash da excitação dos 5 sentidos — e do sexto, a imaginação. Budas de ouro, jade e esmeralda convivem imperturbáveis com tempestades tropicais e torrentes de investimentos. Demências cubistas brotam de terrenos baldios. 350 mil monges de robes açafrão intersectam com 250 mil gogo girls, massagistas e meretrizes — eles e elas filhos de camponeses, todos afogando a cerimônia da inocência em um frenesi digital. Restaurantes usam 250 garçons de patins para servir os clientes. 2 mil princesas camponesas numeradas expõem-se na vitrine alucinante da "maior casa de massagem do globo". 10 mil teens movidos a xarope com uísque dançam no NASA Spacedrome. Businessmen de BMW visitam monges vivendo em cabanas, fazem uma oferenda de US$ 10, e saem levando um cassete sob o título "Como se Livrar de Coisas Ruins".
 Vive-se um orgasmo non-stop de flores, frutas, verduras, condimentos, especiarias, gás carbônico, espetinhos, incensos, neons, bronzes, jades, marfins, sedas, relíquias, safiras, esmeraldas, rubis, diamantes e contrafações "very good, boss" de Benetton, Reebok, Chanel, Dolce & Gabbana — vendidas, trocadas e

pechinchadas ao som de heavy metal e *Tai* disco a 10 milhões de decibéis. Serve-se toda a avalanche de exotismo do Oriente com todas as conveniências 24 horas do Ocidente — além de bônus extras: vídeos-pirata a US$ 6, cassetes a US$ 2, sex massage a US$ 20. Os homens, violentos e femininos, se abraçam e passeiam de mãos dadas. As langorosas e imperturbáveis fêmeas siamesas encaram longamente os estonteados *farangs* — estrangeiros. A língua é tonal, musical, extravagante — chega a se assemelhar a um coro de patos em debandada. Os táxis cheiram a flor de lótus — vendidas à noite em barraquinhas com neon cor-de-rosa — e propõem on line seu próprio estábulo de demimondaines. Celebra-se o Ano Novo — no meio de abril — com todo mundo jogando água em todo mundo, um milenar ritual de purificação enraizado no hinduísmo. O hedonismo não é tingido de culpa judaico-cristã. E, como se não bastasse, o Rei — americano de nascimento, educado na Suíça, há mais de meio século no trono — é um verdadeiro ícone cool: iatista, fotógrafo e saxofonista de jazz.

A questão é pervasiva: e se todo esse frenesi não passasse de uma ilusão?

Em 2020, de acordo com projeções do Banco Mundial, a economia da Tailândia poderá ser maior do que a brasileira, caso continue crescendo a no mínimo 8% ao ano. Do meio dos 80 até o meio dos 90, a Tailândia foi a economia que mais cresceu no mundo, a uma média de mais de 10%. Em renda per capita por paridade de poder de compra, o Brasil já havia sido ultrapassado no final de 95: US$ 6.816 contra US$ 5.675. Para o Ocidente, a dança tailandesa entre estabilidade social, tolerância budista e acrobacias econômicas costuma se afigurar tão enigmática quanto seu alfabeto — onde cada letra parece um gatinho encolhido ou contorcido.

Nossa ocidental perplexidade certamente seria compartilhada por Joseph Conrad, que antes de trocar a marinha pela literatura conversava sobre heroísmo e naufrágios entre tragos de gim e depois contemplava, extasiado, os templos dourados, pássaros e palmeiras na linha de sombra, do outro lado do "rio dos reis" (Chao Phraya) que corta a "Grande Cidade dos Anjos" (Bangkok). Seu barco atracava a apenas algumas centenas de metros do Oriental — consistentemente votado um dos melhores hotéis do mundo, onde o serviço é digno de monarcas e o Spa provocaria uma úlcera em Cleópatra. Depois de uma massagem antijet lag, tratamento de estimulação de pés e pernas, polimento de corpo com mamão e alguns minutos em uma sala de meditação — arquitetura clássica tailandesa, antiguidades, chá de limão, orquídeas —, até esquecemos os cilindros, ziggurats e monólitos de cimento que margeiam o Chao Phraya, e a cloaca em que o anarco-capitalismo insiste em transformar este rio sagrado para milhões de tailandeses.

Nos tempos em que o capitão Conrad jantava green curry no Oriental, o reino do Sião não passava de um idílico, imenso arrozal. Bangkok, "uma capital que nunca sofreu um conquistador branco", era a quintessência da cidade asiática — úmida, misteriosa, sensual. Aspirantes a conquistadores — invasores birmaneses, colonialistas franceses e ingleses, imperialistas japoneses — eram consistentemente seduzidos ou neutralizados pelos estratagemas siameses. Em 1912, o rei Rama VI designou a essência da terra em um slogan: Nação, Religião, Monarca. A religião, claro, era o budismo. Em 1932, o Reino tornou-se uma monarquia constitucional. Como as estátuas dos Budas reclinados, continuou dormindo em dourado berço esplêndido até a guerra do Vietnã, quando virou um gigantesco curry de base aérea e bordel para GIs e marines. Ao decolarem os últimos B-52s, no meio dos anos 70, já estavam instalados os *samurais* engravatados do capitalismo japonês. A Tailândia tomou o trem-bala e começou sua viagem para virar mais um tigre asiático.

A intelligentzia siamesa — uma mêlange indefinível de extrema leveza e retitude moral, tolerância e rigidez — foi o elemento-chave da equação. Seus integrantes sancionaram como positivos os benefícios de uma modernização mais para o modelo "Cingapura" do que para o modelo "Índia". John Le Carré não é o único agente secreto literário apaixonado pela Tailândia, onde, segundo ele, encontram-se os assassinos mais sutis do mundo. Impossível não se fascinar por um thriller cinematográfico que mescla intriga hiperbizantina, violência em estado bruto, sexo de Kama-Sutra e ritualismo milenar.

O ritmo da loucura do dinheiro remodelando uma civilização budista foi naturalmente vertiginoso. É exatamente o que poderá provocar uma rachadura que só não aconteceu antes porque desde 1932 — mesmo com 17 golpes de Estado — a harmonia social está sedimentada em um sagrado pentágono: a família real, as forças armadas, a burocracia do governo, a comunidade budista e a elite — composta fundamentalmente de mercadores sino-tais que, como no resto da Ásia, preferem ficar neutros e controlar nada menos que 70% da economia. Da família real aos *tycoons* do comércio e finanças, toda a elite tem sangue chinês. A simbiose entre capital chinês e classe dominante local é tão absoluta que já é vista como um dado da Natureza: mercadores chineses há séculos oferecem à nobreza *tai* não só a mão de suas filhas como ações de suas empresas.

O rei Bhumibol, no trono desde 1946, e a rainha Sirikit são paladinos de compaixão e benevolência budista. As forças armadas, depois de um banho de sangue em 92 à la Tiananmen, se aquietaram — mas controlam boa parte do país atrás das cortinas. Só não controlam a alucinante corrupção da burocracia — uma hidra de múltiplas cabeças. Um "servo da coroa" tem considerável prestígio, algum poder, total segurança no trabalho mas um magro salário. Daí a grande praga *tai* — corrupção, *kin muang* em tailandês, gente que "engole o país" em benefício próprio.

O príncipe Charles deve dar muito trabalho a sua manicure ao pensar que Bhumibol leva a vida de seus sonhos: absolutamente idolatrado pelos súditos, fator crucial da estabilidade democrática, e para completar sem uma aeróbica Diana lhe fazendo sombra. Bhumibol — para quem o povo está acima da política

— viaja o país de norte a sul supervisionando o bem comum em mais de 2 mil projetos de desenvolvimento rural, reflorestamento e irrigação. Como de rigor, raspou a cabeça quando jovem e viveu como monge durante 3 meses, recebendo sua alimentação na forma de oferendas. Sempre visita e ajoelha-se aos pés das sumidades budistas do Reino. Suas intervenções políticas são cruciais: quando os militares perderam a cabeça em 92 ao aplastrar passeatas pró-democracia, toda a Tailândia na seqüência acompanhou ao vivo pela TV o general Suchinda Kraprayoon humildemente ajoelhado como uma criança aos pés do Rei — pedindo desculpas e sumindo de cena em desgraça.

Bhumibol está no Guinness como "o monarca de mais longo reinado no mundo". Mas tornou-se o mais influente monarca constitucional do século 20 por acaso — aos 18 anos, depois da morte de seu pai e seu irmão mais velho. Não clama direito divino, e seus poderes constitucionais são mínimos. Conquistou a afeição ilimitada dos tailandeses por sua astúcia política e uma enorme capacidade de trabalho. A exemplo do rei do swing Benny Godman e do mestre do vibrafone Lionel Hampton — com quem enveredou por jam sessions em Nova York — ocidentais reputam Bhumibol o Rei mais cool do planeta, mais cool do que Rex Harrison em *Ana e o Rei do Sião*, deliciosa fantasia hollywoodiana produzida no ano em que subiu ao trono, 1946. Seus retratos são ubíquos em todas as casas, escritórios e negócios do país. Chega a ser venerado como o próprio Buda. Só há 2 coisas totalmente proibidas na Tailândia: exportar imagens do Buda e falar mal da monarquia. Ninguém pode nem mesmo especular o que aconteceria com a morte de Bhumibol. O príncipe-herdeiro é considerado — entre murmúrios secretos — um bruto. Políticos e intelectuais esperam uma solução F-16. Ou seja: o jato de guerra favorito do príncipe despencando providencialmente no Golfo do Sião. As leis tailandesas já foram alteradas: em princípio, a princesa Maha, tão adorada quanto o pai, estaria capacitada a assumir o trono.

A Tailândia ainda é uma sociedade rural: 58% dos empregos estão na agricultura (68% no Vietnã, 70% em Burma, 74% no Camboja). O país divide-se em Bangkok — onde o salário médio é 15 vezes mais alto do que na região mais pobre, o Nordeste — e o resto. O abismo social/econômico quase se equipara aos horrendos índices brasileiros: 2% da população controla a metade da riqueza nacional. Os 20% mais pobres têm apenas 4% da riqueza nacional. A Tailândia também tem sua legião de descamisados — que chegaram a acampar em frente ao palácio do primeiro-ministro, em Bangkok, em março de 96. São camponeses ou pequenos fazendeiros deslocados pelas represas e zonas industriais que alimentam o boom econômico, semifavelados que imigram para a construção civil, e todos que sofrem de problemas de saúde causados pela poluição — envenenados pelo chumbo no ar ou vítimas de bissinose, uma alergia pulmonar contraída nas tecelagens medievais que exportam confecções tailandesas para todo o planeta.

Pela importância em sua economia do condicionamento ou transformação de produtos agrícolas e marinhos, a Tailândia já é um NPI — novo país industrializado, de acordo com o Banco Mundial — mas em uma categoria à parte: um NPI agroindustrial. Mesmo a tonitruante Bangkok em si é um NPI. Já foi a Veneza do Oriente: a primeira rua só apareceu em 1857. Nos últimos 30 anos seu rizoma de canais fluviais foi impiedosamente concretado. Exibe uma série impressionante de lúgubres semelhanças com sua prima São Paulo.

Todo mundo só quer saber de investir em Bangkok — em detrimento do resto do país. Os problemas de infra-estrutura são simplesmente colossais — a medida do pânico burocrático, pois nenhum governo é capaz de decidir como remediar a falta de planejamento. O M.I.T. em 96 sugeriu um plano hollywoodiano de urbanização que pode funcionar para um subúrbio da Califórnia, não para uma estrangulada megalópole asiática. Bangkok não tem metrô. Investe bilhões em um trem aéreo de dúbia eficácia. O congestionamento é dantesco, permanente, nas artérias intermináveis que a rasgam em estrela dissimétrica, como se fosse a mão arqueada de uma dançarina *khmer*. Thaksin Shinawatra, um bilionário da telecom que jamais em sua vida pegou um "verdinho" — um alucinante miniônibus local —, jurou quando apontado primeiro-ministro adjunto que finalmente resolveria os problemas do inferno automotivo número 1 do planeta. Nada mudou.

Os portos estão estrangulados. O monopólio estatal das comunicações exibe a ineficiência de praxe: faltam milhões de linhas de telefone e só agora se introduzem fibras óticas. O serviço de correios é um horror: mais de 50% da correspondência que entra no país perde-se ou chega violada. Apenas 2% dos imóveis estão ligados a um sistema de esgoto. Lojas e shopping centers pegam fogo toda semana. Até o início dos anos 90 simplesmente não havia táxis — apenas os infernais *tuk-tuks*, gremlins de 2 cilindros, 3 rodas e 6 lanternas vomitando gás carbônico. A poluição é tão espessa que gruda no cabelo como mousse. O ar — por onde trafegam impunemente nada menos que 13 espécies de fungo patogênico e 16 tipos de bactérias — é mais pesado, literalmente, do que chumbo. Quando passa um ônibus ou uma carreta, não se consegue enxergar o outro lado da rua — já tão congestionada pela economia informal que é quase impossível transitar pela calçada esburacada. Os pulmões vivem expelindo óleo diesel. Uma camisa branca fica preta em 20 minutos. Para completar, a ex-Veneza do Oriente, ex-aglomerado de casas flutuantes, afunda a 10 cm por ano em algumas áreas.

Mentes budistas equânimes questionam abertamente este preço absurdo pago pelo "sucesso". Já uma mente confucionista como Kunio Yoshihara publicou um livro muito influente no final dos anos 80 onde definia este estado de coisas como capitalismo *ersatz*. Yoshihara queria dizer que Malásia, Indonésia e sobretudo Tailândia estavam sendo moldadas, infladas e modificadas por forças muito além de seu controle. Ou seja; estes países estavam crescendo — a taxas mirabolantes

— mas não se desenvolviam, no sentido de ganhar mais força e influência na arena global. Uma atenta observação de Bangkok dá certa razão a Yoshihara. As semelhanças com o Brasil são impressionantes. Há a mesma capacidade de não se levar nada a sério. A mesma permissividade. E o mesmo caos. Com uma diferença fundamental: como se trata de uma sociedade budista, todos são muito mais polidos e gentis. É verdade: não há ressaca colonialista, há plena integração racial, e a monarquia é funcional. Mas a Tailândia controla seu destino? Não totalmente: quem o controla, em grande medida, é o Japão.

A Tailândia tem uma economia dinâmica e diversificada: produtos têxteis, jóias, alimentos processados, computadores, peças de sistemas de informática, plásticos, eletrodomésticos, circuitos integrados. Commodities, no entanto, ainda são cruciais. O Reino é o maior exportador mundial de arroz e o segundo maior de açúcar. Ao contrário da islâmica Malásia, onde o governo conduziu o processo, a tolerância budista foi um fator fundamental no desenvolvimento econômico. Os tailandeses deixaram que os chineses se integrassem mais do que em qualquer outro país do Sudeste da Ásia. E desde os anos 60 aproveitaram-se ao máximo do surplus money japonês. A Tailândia foi o primeiro país da Ásia onde Sony e Toyota tornaram-se ubíquos. No início dos anos 90, o Japão estava abrindo uma fábrica por semana. Qualquer businessman em torno de uma jarra de sake no red-light district japonês de Patpong pode enumerar as razões do casamento de sonho. Japão e Tailândia são budistas. Japão e Tailândia são monarquias — o que facilita contatos em altíssimo nível. E Japão e Tailândia nunca entraram em guerra.

Mesmo sob impulsão de Nippon e da diáspora chinesa, apenas agora os tailandeses descobriram que crescer desenfreadamente está ficando cada vez mais caro. Até o meio dos anos 90 chovia dinheiro: investimentos estrangeiros diretos, depósitos em contas bancárias, investimentos na Bolsa. Mas o país depende demais de "smart money" para financiar seu desenvolvimento — um risco fio-da-navalha mesmo com uma moeda forte e estável, o *baht*, e uma política fiscal conservadora. A Tailândia tremeu quando todas as suas contradições explodiram bombasticamente no final de 96. As exportações aumentaram apenas 3% durante o ano — após 22,5% em 95. Como representam 40% do PIB, a Tailândia terminou crescendo "apenas" 6,9% — uma maravilha para outras latitudes, mas um desastre para os padrões locais. A culpa foi da queda circunstancial da demanda global de produtos eletrônicos, além do aumento de custos de produção. Ao mesmo tempo, o déficit em conta corrente estourou para 8,2% do PIB — mais ou menos o índice do efeito tequila no México. Instaurou-se o pânico. Anunciaram-se medidas para aliviar o déficit. E a combativa imprensa tailandesa começou a cobrar medidas para criar uma nova riqueza capaz de impulsionar o crescimento a longo prazo. Mesmo com os desequilíbrios, a partir de 97 o país volta a crescer a mais de 7%.

Bangkok é uma mini-Japão. Tem escolas japonesas, campos de golfe japoneses, jornais japoneses, enormes department stores japonesas e night-clubs exclusivamente japoneses. Praticamente todas a geladeiras, TVs, carros e motos da Tailândia são japoneses. Depois de 5 anos de *endaka*, e de descentralização sobretudo dirigida para a Tailândia, o Japão turbinou não só seu superávit comercial como também sua liderança tecnológica. A Tailândia exporta tudo que o Japão fabrica para outros países, sobretudo os EUA — não para o Japão. Qualquer sistema audio-vídeo Sony comprado na Califórnia é "Made in Thailand". Com isso, o Japão avança sua enorme influência econômica e ao mesmo tempo promove sua imagem positiva para o desenvolvimento e estabilidade do país.

O processo revela volumes sobre a união Tailândia/Japão. À Tailândia interessa benefícios a curto prazo. Ao Japão interessa o fato de que domínio de tecnologia implica poder político. A Tailândia é apenas um braço da estratégia japonesa de atacar a ASEAN como um todo. A ASEAN só começou a acontecer quando uma armada de investidores japoneses estraçalhou com barreiras nacionais. Exemplo televisivo: a Matsushita fabrica revólveres de elétron na Malásia e os exporta para Cingapura, que os monta em tubos de raios catódicos, que vão para fábricas na Malásia e Tailândia para montagem final e daí para a venda na Ásia e América. O Japão só tem a ganhar, a ASEAN nem tanto; todo o design, trabalho especializado e administração é conduzido no Japão ou pela diáspora japonesa assalariada.

A Tailândia pretende surfar na crista high tech com os tigres exportadores. Mas não tem uma classe industrial muito criativa. Como no Brasil, sussurra-se em off que não passa de um bando de aproveitadores. Além disso, o crescimento dos salários locais está corroendo sua vantagem como base para manufatura labour-intensive. O salário médio de um trabalhador na indústria é US$ 200 mensais por uma jornada de 60 horas semanais. Corporações globais já preferem se transferir para China, Indonésia ou Indochina, onde ainda emprega-se mão-de-obra a 50 cents a hora. O problema absolutamente crucial é que o país não investiu tanto em educação quanto os tigres. Estaá atrás até mesmo de Filipinas e Indonésia. Apenas 40% da garotada entre 13 e 17 anos está na escola; 5 milhões já trabalham em fábricas, fazendas ou nas indústrias de sexo e entertainment — o que gera um déficit brutal subseqüente de mão-de-obra altamente especializada. Outro enorme contingente — descalço, pé chato, trapos cobrindo o rosto contra a poeira e a poluição lancinantes — trabalha na construção civil em Bangkok à fortuna de US$ 4 por dia: quando os observamos com mais atenção, percebemos que grande parte são mulheres.

A base da emergência econômica tailandesa pode ser creditada a uma armada de heroínas anônimas. Elas se concentram no distrito de Patunam, em Bangkok — verdadeiro replay asiático da Inglaterra vitoriana. Em condições de metade do século 19 já descritas por Dickens, garotas menores de 15 anos trabalham 18 horas por dia em cima de uma máquina de costura e dormem em uma esteira na própria fábrica em quartos divididos com outras 10 garotas. O pagamento é por cada peça fabricada — a camiseta Benetton ou a calça Levi's vendida por uma ninharia nas avenidas de Bangkok a charters de turistas que ainda por cima querem desconto. Cada garota recebe em média US$ 7 por dia. A maior parte desta renda é enviada para os pais em alguma vila no Norte ou Nordeste do país.

    A indústria tailandesa de manufatura underground emprega nada menos que 1,5 milhão de menores de idade — grande parte trabalhando em fábricas ilegais. Há 12 milhões de tailandesas blue collar — entre as quais 5 milhões nas indústrias de sexo e entertainment. A competição com outras bacias de mão-de-obra barata — Vietnã, China, Indonésia — é implacável. O grande desafio atual para o governo tailandês é replicar o casamento de habilidade humana e progresso tecnológico que funcionou em proveito de Cingapura, Taiwan e Coréia do Sul. Mas como, sem maciços investimentos em educação?

    Uma solução lateral é a educação budista. 85 mil jovens vivem como monges noviços em templos espalhados pelo país. Recebem casa, comida e os robes monásticos. Teoricamente, jamais manipulam cash. A educação gratuita em escolas públicas vai até os 12 anos. Estuda-se ampliação até os 16. Depois, os pais devem pagar a conta. No campo, a única solução é enviar os filhos para o templo. Mas a chance de estudar tem um preço. Os noviços devem respeitar as 10 regras da disciplina monástica. Devem permanecer celibatários. Devem dormir em uma esteira, e não podem se alimentar depois do meio-dia. Devem raspar a cabeça e as sobrancelhas, usar os robes monásticos e participar de toda a rotina diária de cantos, meditação e rituais. Walkmen e MTV — mais uma vez teoricamente — estão proibidos. A maioria deixa a *Sangha* — irmandade budista — depois de completar os estudos. Chuan Leekpai demonstra o sucesso do programa. Filho de um peixeiro em uma província pobre, passou 6 anos vivendo em um templo em Bangkok quando estudava Direito. Nos anos 90, chegou a primeiro-ministro.

    O reverso da medalha é Yantra Ammaro Bhikku, monge superstar desmascarado depois de revelada sua propensão a seduzir européias desavisadas e gastar fortunas em bordéis na Austrália — pagando com cartão de crédito ao melhor estilo "o mundo em sua mão". Famoso na Europa e EUA, recebendo milhões em doações, Yantra pelo menos foi expulso da Sangha e, para não pegar cadeia, refugiou-se em Los Angeles — onde conseguiu até mesmo um green card. O caso foi um trauma nacional, nada aliviado alguns meses depois quando uma turista inglesa foi vítima de latrocínio por um falso monge viciado em anfetamina: o monge foi condenado à morte, mas a sentença comutada, como de costume, pelo próprio Bhumibol. Finalmente o Ministério de Assuntos Religiosos perdeu a paciência budista: todo monge agora porta carteira de identidade — com nome, endereço e templo onde foi ordenado, algo sem dúvida não visualizado pela mente presciente do Buda há 2.500 anos.

    Virtualmente toda casa ou business tailandês tem um altar budista. Todo jovem tailandês deve por tradição se submeter ao rito de passagem do monacato. Até agora, exigia-se no mínimo 3 a 4 meses de jejum e meditação. Hoje, nenhuma fábrica ou empresa permitiria a seus empregados mais do que 2 semanas. Em Bangkok, o odor nauseante de ganância e gasolina dissolve impiedosamente o odor de jasmim — ou seja, os valores budistas no coração e alma da cultura tailandesa: respeito à autoridade, subserviência aos pais, um senso cristalino da posição que cada um ocupa na sociedade — além da obrigatoriedade de evitar conflito, cultivar a paz interior e comportar-se socialmente com polidez e delicadeza. Mesmo em lugares idílicos como Mãe Hong Song, no Triângulo Dourado — uma estação d'águas em volta de um lago e imersa em brumas românticas — são cada vez mais raras as procissões ao som de címbalos de monges em robes açafrão com seus guarda-sóis amarelos. Este caso agudo de "valores asiáticos" devorados pela voracidade consumista do hipercapitalismo não costuma ser estudado nos gabinetes dos cientistas sociais do Ocidente.

Com todos os acidentes de percurso, a ambição das elites tailandesas não é nada budista: chegar à liderança econômica do Sudeste da Ásia. A Malásia fala mais alto nos fóruns internacionais, e segue seu meticuloso programa Visão 2020. A vantagem da Tailândia é estar mais próxima da Indochina, que desde os anos 80 já desejava se transformar de campo de batalha em bazar. Bangkok impulsiona a formação de um "quadrado de desenvolvimento" entre seus vizinhos que dividem a bacia do Mekong — Burma, Laos, Camboja e a província de Yunan, no Sul da China. Ayutthya, ex-capital imperial, repleta de fabulosas ruínas budistas, a 1 hora de trem e 3 de barco de Bangkok, está sendo transformada em um parque industrial japonês — longe do caos da megacidade. O país está investindo em um segundo aeroporto para Bangkok, que em 2020 terá a capacidade atual dos 3 principais aeroportos europeus. Investe também em outros parques industriais, um gigantesco centro internacional de manutenção de aviões e um trem-bala ligando downtown Bangkok ao mar.

Enquanto isso, oportunistas contratos de exploração de madeira e mineração de pedras preciosas em território controlado pelo Khmer Rouge no Camboja continuam mantendo franzidos os supercílios da comunidade internacional. Assim como o implacável deflorestamento promovido pelos tailandeses em Burma e no Laos depois que em apenas 50 anos dizimaram nada menos que três quartos de suas matas naturais. Ambos os processos são conduzidos pelos longos braços de ferro dos militares.

A elite tailandesa é de um pragmatismo exemplar. Nos anos 60, baniu o comércio de ópio e trancou os divãs com cadeado para aplacar os xiliques moralistas do Ocidente. Mas havia uma razão maior. Segundo a lenda, quando o Buda ainda não tinha visto a luz do *Dharma* — a verdade —, cortou as pálpebras para não poder dormir. Onde as pálpebras caíram nasceu a primeira papoula de ópio, símbolo de todas as falsidades (falso repouso, falsas visões) que o *bodhisattva* deve evitar na estrada em busca da iluminação.

Em relação ao sexo-turismo, o imperativo foi econômico. Qualquer *tai* observa que o budismo não proíbe o prazer, apenas inflingir dor. A culpa está desvirtuada do gozo. A prostituição como indústria existe desde 1680, quando centenas de mulheres já geravam consideráveis divisas para o Estado. Como na China e no Japão, a vida social masculina na Tailândia é indissociável do bordel, onde a diversão crucial é temperada com gastronomia, música, dança e, hoje, por culpa dos japoneses, o insuportável karaokê. Os *farangs* — estrangeiros — apenas demonstraram aos locais como produzir em massa sexo comercial.

Assim como Veneza virou a Las Vegas da Europa no século 18, a Veneza do Oriente virou uma Vegas asiática no século 20 ao explorar à perfeição milhões de *farangs* absolutamente hipnotizados pela beleza langorosa das gatas siamesas — calmas, passivas, sorridentes, amáveis, gentis, civilizadas, em suma, incompreensíveis. Entulhos caucasianos têm notória propensão a atracar nas praias tailandesas e "subitamente" encontrar a *geisha* porto-seguro de suas vidas. Escandinávia, Suíça, Alemanha e Austrália revelam um número infindável de restaurantes *tai* abertos por esposas entediadas à morte, reunidas toda semana nos parques para piqueniques regados a sopinhas ardidas e muito *sanuk* — diversão, mantra nacional. *Sanuk* é o que não falta para as que ficam em Bangkok, beneficiando-se de eventuais Versaces e Guess jeans — legítimos —, e remessas mensais enviadas de Newcastle ou Koblenz para o Thai Farmers Bank.

Já para a avalanche de investidores a curto prazo, o que está em jogo na vida noturna não é uma sexualidade obscena. É uma charada, uma Disneylândia carnal, um jogo de espelhos que mesmeriza estes turistas, businessmen e desesperados sôfregos, como o imperador Marco Antônio, pelas "camas macias do Oriente". Do ponto de vista tailandês, amor — ou o seu simulacro — é a principal fonte de moeda estrangeira.

Patpong representa a apoteose do fenômeno: 2 ruelas paralelas transformadas nos anos 60 por um americano com instinto comercial em área de bordéis para soldados em "r&r" — *rest and recreation*, ou rock'n roll — desesperados por uma gandaia no intervalo de bombardear o Vietnã de volta à pré-história. Quando acabou a guerra, a pragmática Bangkok percebeu que tinha montado seu red Light district. Patpong já foi o coração escarlate da mais profunda exploração sexual do planeta. Hoje está soterrada pelos aluviões da economia informal que transforma a circulação nas calçadas de Bangkok em corrida de obstáculos. Pacotes de férias transbordando de suados presuntos de Stuttgart e queijos-prato de Ohio preferem se acotovelar em busca de uma barganha por entre um *souk* de barracas de rua vendendo falsos Rolex, escorpiões empalhados, fitas piratas, caldeirões de gafanhotos fritos e camisetas fabricadas pelas crianças dickensianas de Patunam.

Uma cacofonia de neons e *Tai* disco a 10 milhões de decibéis compõe o assalto sensorial — enquanto porteiros agressivos anunciam sex shows onde se explora a carga erótica de garrafas e navalhas, e camponesas de maio com cartões numerados nos pulsos remexem-se sonolentas em plataformas suspensas ao nível dos olhos vidrados de *farangs* encharcados de cerveja a US$ 2.

O feeling é puro *Blade Runner* em Chinatown filmado por um diretor saturado de ópio do Triângulo Dourado. No que concerne o pragmatismo tailandês, todos saem ganhando quando centenas de milhares de presuntos de Stuttgart lotam charters de sexo-turismo e vêm torrar a poupança na Terra dos Sorrisos. Também não interessa saber se as sonolentas camponesas de maio foram raptadas em Burma, Laos, Sul da China, ou vendidas pelos maridos à donos de bordéis como escravas. Sob a ótica *tai,* a eventual esqualidez do sexo-turismo estará sempre espelhando a decadência moral do Ocidente, para quem a indústria foi desenhada.

Tais são extremamente pragmáticos. De acordo com um estudo da Universidade Chulalongkorn, tráfico de drogas, tráfico de armas, tráfico de mão-de-obra, contrabando de óleo diesel e jogos de azar, além de prostituição, geram para o país mais de US$ 30 bilhões ao ano, ou seja, aproximadamente 18% do PIB. Esta montanha de dinheiro ilícito é lavada no mercado imobiliário, na Bolsa e na indústria de entertainment. Ninguém no país se importa com a fama da Tailândia como uma Meca, Medina e Jerusalém da contravenção.

Mas, por outro lado, há muita preocupação com as implacáveis pragas sociais derivadas do sexo-turismo: a proliferação de AIDS e a prostituição infantil. Há pelo menos 700 mil pessoas portadoras de HIV, além de outras 500 mil viciadas em ópio e heroína. O programa de combate à AIDS é um dos mais completos da Ásia. Ouve-se também na cínica noite de BKK que o segredo do programa é não usar preservativos locais (estouram) ou japoneses (muito pequenos): só americanos. Já erradicar a prostituição infantil é um pesadelo. Em centenas de vilarejos do Norte do país, 70% das garotas a partir de 11 anos são vendidas pelos pais aos tubarões da indústria em Bangkok, que operam de fax e celular. A polícia e o Judiciário — todo mundo cliente assíduo de bordéis — desvia os olhos. É impossível uma confirmação absoluta, mas há pelo menos 2 milhões de prostitutas na Tailândia — das quais cerca de 800 mil podem ser menores de idade. O mercado é tão rentável que atrai aluviões de paupérrimas garotas de Burma e da Indochina, juntamente com seus irmãos, que aceitam trabalho duro na construção civil, minas, plantações e na indústria da pesca por salários ínfimos e segurança nula — o que serve aos interesses da indústria tailandesa ao mantê-la competitiva na arena global. Resultado: a Tailândia tem hoje mais de 500 mil trabalhadores ilegais, 2% da força de trabalho total.

Um executivo do Bangkok Bank, almoçando sua carne com pimenta e basílico em uma dos milhares de soup kitchens que se atravancam nas decrépitas calçadas da cidade, resume a essência da Tailândia: "O budismo nos cai sob medida. Nós acreditamos que nosso meio ambiente material é uma ilusão. Somente o mundo interno é real. Então ser tailandês pode ser qualquer coisa que quisermos". Esta lógica sutil exemplifica por que a Tailândia é o mais inapreensível dos países da Ásia. Desde Conrad, a literatura ocidental a descreve como um Éden de ambigüidade, sutileza, sabedoria e misticismo. Este conjunto de atributos não explica até que ponto o capitalismo conseguira violar sua alma budista. Não explica como Bangkok deixara de ser engolida pelas entranhas da terra como mais uma Sodoma e Gomorra. E também não explica a passividade tailandesa em relação ao Ocidente e a simultânea capacidade de descartar sem drama quaisquer de suas manifestações. Nenhum outro povo conseguiu derivar tanto lucro em moedas fortes ao transformar suas virtudes — graça luxuriante, delicadeza, sorrisos derretidos — em commodities disputadas sofregamente pelo mundo ocidental.

Não só em relação ao sexo-turismo, a Tailândia submete a um marketing brutal todas as suas vantagens comparativas. É um dos principais paraísos turísticos do planeta. Koh Samui, Phuket e Krabi não chegam a ser mais paradisíacas do que praias e ilhas brasileiras. Mas estão repletas de bangalôs e resorts de US$ 5 a US$ 1.000 por dia. Recebem cerca de 6 milhões de turistas por ano (prevê-se 7,2 milhões em 97). Milhares ficam tão seduzidos que se transformam em residentes perpétuos.

Koh Samui é um caso clássico de destruição de Éden. Há uma década não passava de uma ilha preguiçosa vagamente povoada de coqueiros e pescadores. Hoje virou uma mega-Ibiza para neo-hippies e milionários — com supermercados 24 horas, resorts com campo de golfe, japoneses de laptop tocando escolas de mergulho, travestis cacarejantes, ecstasy a US$ 40, discotecas que arrepiam até as ondas do mar com DJs importados de Londres, e uma manada de elefoas européias com as mesmas trancinhas no cabelo e as mesmas sandálias de borracha de US$ 2 loucas para encontrar seu Tom Cruise mochileiro. A cada mês, toda esta tralha monumental transfere-se em barcos bêbados para a famosa festa da Lua Cheia na ilhota de Koh Phangan — uma debaucherie global de sexo, drogas e hi-energy music que atrai fanáticos da Guatemala a Novosibirsk, e certamente renderia em Mecas dos "valores asiáticos" como Cingapura, Malásia e China nada menos do que uma "reeducação" indefinida, sem fiança e sem julgamento.

Como se não bastasse o frenesi de Bangkok, as praias alguma vez idílicas e ruínas de cidades budistas como Sukhothai e Ayutthya, a Tailândia ainda pode vender ao mundo o Triângulo Dourado — a imensa área de plantação de ópio na fronteira com Laos e Burma de onde sai 60% da heroína consumida no planeta. No Triângulo Dourado, ocidentais extasiados ainda não recuperados de Koh Samui podem brincar de cowboy acotovelando-se com barões da droga em Mercedes com vidro fumê, mercadores de ouro, traficantes de armas, mercenários, gangsters, contrabandistas, refugiados, guerrilheiros, nostálgicos do Vietnã e tribos étnicas

— toda a área, é claro, servida por ampla e eficiente infra-estrutura. Hillary Clinton foi e adorou — fotografada ao lado das mulheres Karen de pescoço longo. Todo este vendaval foi conjuminado a partir de uma promoção — o Ano Visite a Tailândia 87 — copiada a seguir por dezenas de países, inclusive a ditadura militar de Myanmar, que decretou 97 como "seu" ano. O problema crucial é que o cataclísmico sucesso de marketing que impôs a Tailândia como um supermercado turístico engendrou uma pervasiva estratégia "arrasa quarteirão" que causou mais desastres ecológicos do que os bombardeios dos EUA na Indochina.

Um professor universitário, sábio como um monge, concorda: esta é uma cultura totalmente antropofágica. Mas vivendo no país, percebemos que mesmo sob toda a loucura, a essência *tai*, os reflexos e os rituais, permanecem: "Sabemos coexistir com opostos. Éramos uma cultura basicamente chinesa. Então, há mais ou menos 700 anos, nossa cultura foi indianizada. É uma contradição muito grande... Nossos melhores amigos são chineses. Mas, veja, toda a admirável cultura siamesa, a escrita, a religião, a dança, o teatro, estritamente tudo vem da Índia". O professor maravilha-se ainda hoje como a influência indiana veio do Leste — ou seja, depois de séculos de refinamento na civilização *khmer*, no Camboja — e não do Oeste — ou seja, da própria Índia.

Dissenso é raro na Tailândia — mesmo em um regime democrático (mas que detesta críticas). Figuras como o crítico social Sulak Sivaraksa pregam no deserto ao vocalizar seu horror pela maneira como uma sociedade dócil e pacífica transformou-se em 2 décadas em uma demência consumista. Sua análise é corretíssima ao identificar o preço pago pelo país na forma de sacrifício de tradições culturais, e na corrupção absoluta da vida familiar e do monacato budista. Sivaraksa condena a miopia dos governos tailandeses em se render ao neocolonialismo americano e europeu — baseado em comércio e consumismo desenfreado —, sua incapacidade de avaliar as terríveis conseqüências sociais desta prioridade ao desenvolvimento econômico, e também os laços comerciais entre a Tailândia e Burma — que levaram a junta militar em Rangoon a suprimir violentamente diversas minorias étnicas na fronteira entre os 2 países.

Mesmo para nós, ocidentais, para quem a esquizofrenia é uma amável consorte, os contrastes da Tailândia batem mais forte do que uma dose do letal uísque Mekhong. Dinamismo e langor. Selvageria e graça. Elegância e kitsch. A decadência respeita um certo decoro. E a amoralidade tem uma certa delicadeza. A beleza com freqüência é brutal, e a brutalidade, radiante. O balé ritualizado de contrastes se expressa tanto nas sinuosas danças clássicas quanto no boxe tailandês. Dançarinas alternam delicados movimentos de pezinhos e mãozinhas com luta de espadas. Boxeadores ajoelham-se e rezam antes das lutas e dançam com chutes e cotoveladas. Rolos de gaze separam assassinos de suas vítimas — para que não se ofenda o Buda. Gogo girls que expõem seu invólucro carnal à visitação pública doam parte dos seus ganhos a monges budistas no dia seguinte para acumular mérito: sua sensualidade não é de uma profissional de Vegas, mas de garota de colégio nos anos 50. E seu firme objetivo é ajudar a família no campo a comprar uma casinha. A Tailândia vende-se para o mundo como a "Terra dos Sorrisos". Cada sorriso esconde um mistério, e brilha com a luz do silêncio, enquanto olhos amendoados, enigmáticos, fazem pouco caso de todo este jogo de sombras.

3 conceitos talvez possam desvelar o mistério da Tailândia: *jai yen* (manter o coração frio), *sanuk* (alegria de viver, sem a qual a vida é apenas sofrimento), e o incontornável *mai pen rai* (equivalente ao "no problem" anglo-saxão ou o "tudo bem" brasileiro). Resumo desta lição de vida budista: se você mantiver o coração frio e tentar aproveitar a vida ao máximo nesse vale de lágrimas, qualquer adversidade não deve ser encarada como um problema, mas como parte de um *karma* que inescapavelmente deve ser expiado.

Essa visão de mundo explica por que a Tailândia já poderia ser o quinto tigre asiático — se quisesse: tem mais reservas naturais, maior população (quase 60 milhões) e uma indústria mais diversificada do que a concorrência. A indisciplina é o reverso da medalha de uma sociedade tão livre e tolerante. Quando observam os sacrifícios de Japão, Coréia, Taiwan ou Cingapura, os tailandeses ainda pensam 2 vezes sobre sua qualidade de vida — onde os valores materiais têm um peso apenas relativo. Ao contrário da ética confucionista privilegiada por Cingapura e agora China — e manipulada para legitimar e incentivar o frenesi econômico —, o budismo Theravada tal como é praticado popularmente na Tailândia frisa que se deve trilhar o caminho do meio.

O budismo praticado na Tailândia é extremamente pragmático. A iluminação, ou *nirvana*, é um objetivo muito distante: o principal é combater a lei do *karma*, ou seja, reduzir nosso sofrimento sobre a Terra. Busca-se acumular mérito, para que esta vida, e vidas futuras, sejam melhores. Em torno dos *wats* — os templos budistas — encontramos pássaros engaiolados que podem ser comprados e libertos; é uma maneira de acumular mérito. Há sempre espaço para a ação do indivíduo modificar seu *karma*. O Rei Bhumibol terá melhorado seu karma a dimensões intergalácticas. Monges convertidos ao neomercantilismo estarão eternamente condenados à cegueira. O budismo tailandês é uma religião sincrética — mesclando-se com brahmanismo, animismo e adorações de ancestrais. "Casas de espíritos" brahmanistas — santuários sobre pedestais — podem ser encontradas ao lado de praticamente todos os edifícios. Camponeses respeitam os demônios que habitam os rios e florestas. Tanto camponeses quanto a população urbana consultam astrólogos. Todas estas práticas são percebidas como complementares aos fundamentais ensinamentos do Buda.

Ou seja: o caminho do meio, na Tailândia, significa encontrar um balanço entre o templo e o satélite. Se conseguir manter o sábio equilíbrio no meio desta nuvem de sexo, drogas, discoteca e gasolina com chumbo, a Tailândia poderá ser um modelo de ouro para todo o mundo em desenvolvimento.

14

O sorriso de Angkor

> *"Alimentamos o coração de fantasias,*
> *O coração se brutalizou;*
> *mais substância em nossas inimizades*
> *Do que em nosso amor"*
> W.B.Yeats,
> *Meditations in Time of Civil War*

O Sol é uma bola de fogo em Angkor Wat, o templo que é uma cidade que é uma miniatura perfeita do Universo — perdido na noite dos séculos e finalmente "descoberto" para o Ocidente em 1860 pelo naturalista francês Henri Mouhot nas selvas do centro do Camboja. Imagine-se a emoção de um europeu desavisado ao se deparar com milenares templos de pedra devorados pela floresta, pensando tratar-se, como queriam os locais, da obra de uma raça de deuses gigantes. "Supera tudo na Grécia e em Roma!", proclamou o naturalista para o mundo. Não se tratava de uma hipérbole. Pirâmides, Taj Mahal, Acrópole — nada se compara a Angkor Wat. É impossível não se sentir em uma dimensão interplanetária. É como se estivéssemos na pele de outro grande explorador — o mítico Sir Richard Burton, pensando que este "sonho de pedra" poderia ser o *Aleph* de Jorge Luis Borges, aquele Buda argentino de terno cinza.

No Sudoeste da galeria principal está o relevo mais famoso de Angkor Wat: a Liquidificação do Oceano de Leite, cena mais adorada em toda a Ásia do Ramayana — o épico religioso hindu, e base para o design dos templos de Angkor. 88 *asuras* — demônios — e 92 *devas* — deuses — combatem para extrair *amrita*, o elixir da imortalidade, revolvendo a serpente *Vasuki*: é assim que deuses e demônios resolviam suas diferenças naqueles tempos turbulentos quando se criava o mundo. *Vishnu* supervisiona a liquidificação do oceano. Shiva e Brahma observam. Elegantes *apsaras* — as pin-ups da mitologia hindu — dançam no Céu. 8 séculos depois, os relevos na pedra ainda nos tiram a respiração.

No topo de 1 das 5 torres de Angkor Wat, a visão é soberba em 360 graus: selva espessa contra céu azul — e, no centro, a arquitetura privilegiada do templo, com seus portais, corredores labirínticos, piscinas, bibliotecas e a longa plataforma de acesso ladeada de *nagas* — serpentes aquáticas em sânscrito —, verdadeiro símbolo do Sudeste da Ásia. Do fundo do silêncio, surge o inevitável mantra: "Hey, mister, buy cold drink?". A garotinha — uma mini*apsara* — não tem mais do que 6 anos. Agradeço. Continuamos contemplando a paisagem. Minutos depois ela se volta, fecha um dos punhos, e bate contra seu peito 3 vezes. Sorri, repete o movimento, aponta para os degraus. Logo a seguir, ela me guia através de vários corredores e pára. Aponta para a frente, faz sinal para que eu prossiga sozinho. À direita, uma senhora com a cabeça raspada está sentada sob um portal ao lado de um vaso de incenso: quando seus maridos morrem, as mulheres *khmers* costumam raspar a cabeça e devotar o resto de sua vida ao Buda. À sua frente, adornado de velas, incenso e com um robe açafrão, está uma estátua de Buda — sem cabeça, como de rigor, certamente decepada pela guerrilha demente do Khmer Rouge e vendida a um europeu por uma fortuna em uma galeria de arte em Bangkok.

A senhora olha para mim, repete o gesto da garota, e um enorme sorriso ilumina sua face. Faz um gesto para que eu avance. Sob sua direção, fecho o punho e bato no peito várias vezes. O corpo inteiro estremece, vibra — as batidas do coração miraculosamente amplificadas em dolby digital. Parece um conto de fadas. Que fazer, a não ser sorrir — como a minha diretora de produção de cabeça raspada segurando um incenso? Então o que me contou o guardião de um templo budista *khmer* era verdade: a sala de Angkor Wat onde tocamos nosso corpo e todos os problemas no fundo do coração instantaneamente desaparecem, como por mágica, realmente existe.

Depois de passar por agonias, tragédias e ignomínias quase impensáveis, é como se o Camboja inteiro, no réveillon 95/96, tivesse batido coletivamente no peito naquela úmida sala de pedra em Angkor Wat para expulsar o horror de sua história recente. Com sua memória de pedra, há pelo menos 2 séculos os baixos-relevos não viam um espetáculo semelhante: um festival cultural onde trupes de vários países asiáticos — entre eles, Índia, Indonésia, Tailândia, Cingapura — representaram trechos do Ramayana. Não poderia haver uma tela de fundo mais dramática: as torres do templo realçadas por um Light show. Nouth Narong, ministro cambojano da Cultura e das Belas-Artes, não podia conter a excitação: "A cultura é a chave para o restabelecimento da paz e a reconstrução do nosso país. Ela deve nos abrir a porta da reconciliação nacional. Para comemorar, nada melhor do que o Ramayana, uma herança cultural comum a todos os países da região". Brutal contraste: 2 décadas depois de a fúria maoísta do Khmer Rouge destruir as estátuas de Angkor e transformá-lo em um depósito de munição, uma trupe de dançarinos e atores *khmers* vestidos de guerreiros celebra um combate ritualizado nas galerias iluminadas para visitantes do mundo inteiro.

No passado, o Camboja se chamava *Khmer*. *Khmer* é a língua nacional. E os cambojanos também podem ser denominados *khmers*. Angkor é o período do império *Khmer* que vai de 802 a 1432. É também o termo genérico para a região pontilhada de dezenas de templos construídos durante o império, onde anciãos hoje relembram em impecável francês atrocidades do Khmer Rouge e atribulações da ONU — sob a luz do luar e auréolas de neon na cabeça dos Budas.

Como espíritos malignos insaciáveis por quaisquer oferendas, o Khmer Rouge ainda é um pesadelo recorrente, cravado a sangue e pedra em cada milímetro da terra cambojana. A "terrível beleza" pela qual Yeats definiu a Irlanda também aplica-se ao Camboja. A boa — e má — consciência ocidental ainda se pergunta como uma civilização extremamente sofisticada e culturalmente refinada como a *khmer* pôde mergulhar séculos depois na depravação niilista do Khmer Rouge. Como todos passaram a associar o nome "Camboja" aos killing fields do psicopata idealista Pol Pot — e não à fabulosa cidade-templo de Angkor Wat. E como a hipocrisia política deixou que o Camboja se convertesse em uma terra desolada, vítima de poderes externos e traída pela História.

Como uma princesa oriental que mescla sensualidade e naïveté, está terra idílica e ancestral fascinava todos os diplomatas, jornalistas e funcionários governamentais que a visitavam nos anos 50 e 60. O charme colonial francês da capital Phnom Penh — fundada no século 15 depois que os siameses expulsaram os *khmers* de Angkor — obliterava o frenesi e a esqualidez das velhas meretrizes Bangkok e Saigon. Férteis campos de arroz, pagodes budistas e ruínas místicas escondidas na selva denotavam um país alheio ao crasso mercantilismo contemporâneo. Não havia as favelas de latas de Coke ubíquas no resto da Ásia. Os *khmers* — mais altos, escuros, sensuais e solícitos do que os vietnamitas ou tailandeses — encantavam os estrangeiros com sua delicadeza e elegância. Como observou o jornalista inglês William Shawcross em *Sideshow* — volume fundamental para compreender a tragédia cambojana —, não havia guerra civil, fome, bombas, minas, campos de refugiados, brucutus do Departamento de Estado com rifles M-16 e sorrisos Colgate explicando a lógica do desenvolvimento rural, ou foguetes B-40 chineses disparados do meio da floresta em cima de civis inocentes em praças e mercados.

O idílio devia-se em parte à figura descomunal de Norodom Sihanouk, que presidiu como um senhor feudal sobre o Camboja de 1941 a 1970. Aplicando uma mescla maquiavélica de budismo, socialismo e democracia, Sihanouk foi rei, chefe de Estado, príncipe, primeiro-ministro, chefe do principal partido político, líder de grupo de jazz, editor de revista, diretor de cinema, concessionário de jogo e, como se não bastasse, crooner. Sihanouk representa uma das mais formidáveis sagas sobre o exercício do Poder na era moderna. Vão, petulante, intolerante, irascível, idiossincrático e ao mesmo tempo transbordando de charme, inteligência, tenacidade e jogo de cintura, este incorrigível populista só se preocupava com uma coisa: manter a paz no Camboja durante a guerra do Vietnã. Conseguiu — mas só até a entrada em cena, no final dos anos 60, dos mefistofélicos Jekyll and Hyde: "Tricky Dick" Nixon e Henry Kissinger.

Sófocles, Shakespeare ou Hitler não poderiam conceber algo como a Holocausto cambojano — a maior tragédia da Ásia moderna. Para situá-la é preciso voltar ao auge da guerra do Vietnã em 69. O Vietnã e o Laos estavam estilhaçados, suas sociedades irreparavelmente destruídas. A Tailândia, corrompida pelo comércio da guerra, não passava de uma base aérea dublê de bordel de onde os B-52s da USAF decolavam diariamente para incinerar a Indochina. Só o Camboja, embora extremamente vulnerável e pressionado, permanecia neutro — rezando nos pagodes budistas, arando a terra, pescando nos rios e venerando Sihanouk.

Em 69, apareceu uma minúscula guerrilha comunista — qualificada pelo próprio Sihanouk de "Khmer Rouge". Tinha menos de 4 mil membros e atacava postos militares isolados. Veredicto unanime: sem futuro. Mas foi também em 69 que no mínimo 60 B-52s, cada um carregando 30 toneladas de bombas de 500 kg, começaram a decolar diariamente da base aérea de Guam e despejar sua corrente letal em uma área "secreta". A área secreta era o Camboja. A operação — codificada sob o macabro nome "Menu" — partiu de ordem expressa de Richard Nixon. O Pentágono achava que iria descobrir e arrasar com um Pentágono comunista vietnamita escondido na selva. Não descobriu absolutamente nada. Nixon e Kissinger arrasaram o Camboja. Foram os responsáveis diretos pela morte de dezenas de milhares de civis. Depois do massacre veio um golpe militar — apoiado pelos EUA. Tudo se enquadrava na nefanda noção de linkage — pedra filosofal do mefistofélico Dr. Kissinger. Segundo Herr Doktor, nações não podiam ser encaradas como grupos desorganizados de povos disparatados com histórias "inconvenientes". Deveriam ser encaradas como peças subordinadas a um fluente desenho estratégico. Neste Lego naturalmente não poderia haver lugar para direitos individuais — daí as dezenas de milhares de civis asiáticos reduzidos a cinzas.

Sihanouk, privado do Poder, terminou cometendo um erro fatal: aliou-se em desespero a seus inimigos, o Khmer Rouge, comandados por Saloth Sar, nom de guerre Pol Pot. Este tenebroso psicopata idealista tinha aprendido tudo sobre ódio à burguesia, coletivização da agricultura e admiração incondicional do stalinismo diretamente de uma fonte ocidental — o glorioso Partido Comunista Francês, durante sua estada em Paris entre 1949 e 1953.

A entrada do Khmer Rouge na Phnom Penh "liberada", em 17 de abril de 75, apenas 12 dias antes da histórica debandada americana e da queda de Saigon, foi a versão asiática — e muito mais macabra — do desfile nazi na tomada de Paris. Em pijamas pretos, a *krama* (echarpe xadrez *khmer*) enrolada no pescoço, sandálias Ho Chi Mihn costuradas de pneu velho, empunhando velhos AK-47, e sem a menor sombra de um sorriso, os lacônicos guerrilheiros tomaram a cidade silenciosamente e mergulharam a população no pânico total.

Seguindo à risca a moldura intelectual da tese de doutorado na Sorbonne de Khieu Samphan, um de seus líderes, o primeiro ato do Khmer Rouge foi algo jamais visto na História da Humanidade — considerando que os chineses não esvaziaram Xangai, Fidel não esvaziou Havana, e os argelinos não esvaziaram Argel: evacuar toda a população urbana de Phnom Penh e das outras cidades do país para o campo. Phnom Penh, na época entulhada de refugiados, tinha 2 milhões de habitantes. Comandado por Pol Pot, um "Hitler mais afortunado", segundo Sihanouk, o Khmer Rouge "salvou" o Camboja de uma improvável invasão vietnamita apenas para instaurar o Terror: o macabro "ano zero", onde toda a população urbana foi desterrada para trabalhar nos killing fields — o maior genocídio do século 20 depois dos barbarismos de Hitler e Stalin.

O sono da razão do Dr. Kissinger e de Mr. Nixon — que na época babava como um cão raivoso em reuniões no Salão Oval, citando com olhar vítreo trechos de *Patton*, o filme dirigido por Stanley Kubrick e roteirizado por Francis Coppola — terminou gerando uma implacável fábrica de horrores onde instaurou-se o assassinato — um golpe de machado na nuca, para economizar munição — como a arma absoluta de disciplina social. Hoje, podemos apenas imaginar a extensão do horror quando caminhamos por um dos killing fields, Cheng Oik, a apenas 40 minutos de Phnom Penh. Ou quando visitamos Tuol Sleng, no centro da cidade — uma escola usada pelo Khmer Rouge como prisão e centro de tortura de quase 20 mil vítimas, e depois transformada em museu do genocídio pelos vietnamitas.

É praticamente impossível conversar com algum cambojano, na capital ou no campo, que não tenha uma, várias ou concêntricas histórias de horror dos anos 70. O genocídio perpetrado pelo Khmer Rouge pode ter vitimado até 2 milhões de pessoas. Pelo menos um quarto da população do país na época foi exterminado. É como se 30 milhões de brasileiros tivessem sido transformados em cinzas na segunda metade dos anos 70.

O Vietnã tomou o poder do Khmer Rouge apenas para se embrenhar em seu próprio Vietnã nos anos 80 — lutando contra a guerrilha cambojana enquanto o Sudeste da Ásia crescia vertiginosamente. O incontornável Sihanouk passou toda a década exilado em suntuosos palácios em Pequim e Pyongyang, com mesada anual de US$ 300 mil paga por seu amigo Deng Xiaoping, caviar e champagne diários, e proteção de 26 robustos e enigmáticos guarda-costas norte-coreanos — presente do também amigo do peito Kim Il-Sung.

O Ocidente só conseguiu superar seu visível desconforto com este circo macabro quando, em janeiro de 92, após o famoso acordo de paz de Paris, entrou em cena no Camboja a maior e mais cara operação de paz da história da ONU: 22 mil pessoas (16 mil boinas azuis e 6 mil funcionários), sob a bandeira da UNTAC (Autoridade de Transição das Nações Unidas no Camboja), encarregados de repatriar mais de 300 mil refugiados na fronteira da Tailândia, desarmar e desmobilizar mais de 400 mil soldados, e organizar eleições livres em uma nação ensangüentada que nunca tinha ouvido falar de voto direto e secreto e imprensa livre. Tudo isso a um custo de quase US$ 3 bilhões. Foi uma operação titânica. Para os soldados, "vida social" era abraçar o velho Kalashnikov 24h por dia. Crianças não sabiam que arroz crescia no campo: achavam que caía da traseira de um caminhão toda semana. Não faltou uma ironia macabra. O Khmer Rouge, depois de perpetrar um dos mais tremendos holocaustos da História, participou de eleições livres protegido pela ONU, braço aveludado da comunidade internacional. Cínicos dispuseram-se a mensurar na escala Richter a gargalhada-terremoto do invisível Pol Pot em seu esconderijo no coração das trevas entre Camboja e Tailândia.

As eleições democráticas geraram um governo quase ubuesco, royalista-comunista — ou de "2 cabeças", segundo o Khmer Rouge, onde um dos filhos de Sihanouk — o príncipe Norodom Ranariddh, provável futuro Rei — dirige o país ao lado do verdadeiro homem-forte, Hun Sen, ex-Khmer Rouge e também ex-comunista apoiado pelo Vietnã nos anos 80. Em teoria, só há um objetivo para esta jovem democracia: entrar na economia global. Em 94 o governo até circulou uma campanha nas principais revistas de informação do planeta para atrair investidores.

O problema principal, até 96, era o incorrigível Khmer Rouge: mesmo com apenas 4 mil fanáticos, controlando não mais do que 2% do território, morrendo de fome, sofrendo defecções em massa, e sem novas armas da China, a guerrilha continuava alarmando o país e o resto da Ásia com suas rituais "ofensivas de inverno", intimidações de camponeses, e raptos de turistas ocidentais — 5 assassinados em 94, 1 em 95. A fonte de renda era sempre a mesma, chegando nos anos 80 a quase US$ 100 milhões anuais: o tráfico de madeira e pedras preciosas na fronteira com a Tailândia — com a sinistra conivência estratégica dos militares tailandeses. Havia até mesmo uma minirrepública Khmer Rouge na fronteira entre o Sul da Tailândia e o extremo Oeste do Camboja. Os guerrilheiros compravam remédios antimalária e vendiam madeira, US$ 140 o metro cúbico, revendido na Tailândia a US$ 180. A pequena guarnição do Exército *tai* ignorava totalmente o comércio ilícito.

Em junho de 96, Pol Pot — o "maior malfeitor do Camboja", segundo Sihanouk — voltou virtualmente às manchetes globais com o anúncio precipitado de sua morte por paludismo. O carrasco morre lentamente, em um leito viscoso sob um mosquiteiro: até há pouco ainda ministrava aulas de "educação política" para guerrilheiros adolescentes. O Camboja não exterminava definitivamente o Khmer Rouge por uma única razão: falta de dinheiro. Bill Gates poderia comprar vários Cambojas: o orçamento do governo em 95 não passava de US$ 350 milhões anuais — a metade em ajuda externa. Até que em agosto de 96, seguindo o exemplo da ex-URSS, o Khmer Rouge prestou seu grande — e único — serviço à humanidade: sem dinheiro, sem armas e sem efetivos, simplesmente se desintegrou.

Não que isso vá resolver de vez os problemas do Camboja. A pobreza do país também se relaciona a 2 outros fatores cruciais: intolerância política e corrupção generalizada. De acordo com o Departamento de Estado americano, o Camboja virou um centro de tráfico de heroína do Triângulo Dourado e uma conveniente lavanderia de dinheiro ilícito. Em 90% dos casos, para fazer negócio é preciso subornar meio país. Sam Rainsy, *khmer* educado na Europa, brilhante economista, ex-banqueiro de investimentos, era ministro da Fazenda em 94. Declarava-se feliz na época porque o país não havia entrado em colapso depois da partida da ONU. A inflação já estava sob controle e a moeda, estável. O ministro sabia que a chave para o Camboja era mais investimento estrangeiro, mas resumia a questão com realismo: "Não se pode abrir um negócio sem que todos os funcionários do governo envolvidos peçam dinheiro. E agora, em vez de subornar 1 partido, é preciso subornar 2".

O expurgo da dissidência não demorou. Rainsy foi expulso do ministério, do seu próprio partido e até mesmo da Assembléia Nacional. De nada adiantou ter apoio irrestrito da comunidade financeira internacional. O expurgo começou a assumir proporções alarmantes quando chegou ao príncipe Norodom Sirivudh, meio-irmão do Rei, e acusado, sem provas, pelo homem-forte Hun Sen de premeditar seu assassinato. O próprio Sihanouk viu-se obrigado a intervir. Hun Sen condescendeu em um exílio do príncipe em Paris — depois de uma melancólica passagem por Cingapura, onde Sirivudh foi flagrado cantando "Feelings" em um *karaokê*.

Sam Rainsy é hoje um dos personagens mais notáveis da Ásia, principal dissidente cambojano e inimigo público número 1 do governo. No final de 95 fundou o Partido Nacional Khmer, temerária proposição que imediatamente colocou sua cabeça a prêmio ("A vida no Camboja é perigosa, e a vida política muito perigosa. Quem faz oposição leva tiro, é assassinado ou colocado na cadeia"). Os modelos do governo incluem os autoritarismos soft de Cingapura, Malásia e Indonésia — irrestritamente execrados por Rainsy. Para ele, depois das eleições livres supervisionadas pela ONU, a única salvação para o país é crescimento econômico com democracia. Mas reconhece que a batalha é inglória: "Não há checks and balances no Camboja, não há separação de poderes. O Executivo tem todo o poder. A Assembléia Nacional apenas bate o carimbo".

O Japão, como não poderia deixar de ser, tem sua agenda própria no Camboja. Nada de política. O Japão já gastou no país mais do que FMI, Banco Mundial, Asian Development Bank, União Européia e diversas agências da ONU juntos. A lógica é implacável. Sem interferir e sem falar de democracia e direitos humanos, o Japão é o "doador perfeito", segundo o homem-forte Hun Sen. Para o Japão, interessa manter a paz e a estabilidade de todos os governos da região. Interessa — ainda que jamais admita abertamente — assegurar que para cada dólar gasto em ajuda, 4 ou mais retornem ao Japão sob forma de comércio. E interessa acima de tudo assegurar a contínua percepção de sucesso da missão da UNTAC. Nesta missão da ONU, pela primeira vez o Japão enviou tropas além de suas fronteiras desde a Segunda Guerra Mundial — assunto que provocou profundo exame de consciência nacional. A missão era comandada por um diplomata japonês, Yasushi Akashi, depois enviado para a inglória saison en enfer da ONU na Bósnia.

Para o ex-embaixador japonês no Camboja, Yukio Iamagawa, amigo íntimo de Sihanouk, fluente em *khmer* e Richelieu de Akashi na missão da ONU, tudo vai bem no melhor dos mundos possíveis — dentro das circunstâncias: "O Japão não espera uma dominação completa de royalismo ou comunismo no governo. Mas este modelo vai comparativamente — e sempre digo comparativamente — bem. Pedi muito que Hun Sen e Ranariddh mantivessem esta monarquia constitucional com paz e democracia".

Até 95 o Japão simplesmente dava dinheiro para o Camboja. De 96 em diante passou a emprestar a crédito. Os gastos são em pontes, estradas, estações de processamento de água e energia, escolas, hospitais e outros projetos fotogênicos e nada controversos. Já em Angkor Wat é possível encontrar o expert de engenharia geotécnica Yoshinori Tomozawa, membro da equipe do governo japonês para a salvaguarda de Angkor, trabalhando como um mouro para remediar estragos causados não pelo Khmer Rouge — mas por "experts" indianos. O professor Tomozawa, que já esteve e ficou muito impressionado com São Paulo, conta como os indianos impuseram-se aos cambojanos como os "únicos" responsáveis pela conservação de Angkor e lançaram-se em uma temerosa blitz de restauração que simplesmente arruinou diversos sítios arqueológicos com agentes químicos corrosivos.

Os japoneses podem não reconhecer; porém os mais visíveis sinais da bilionária passagem da ONU pelo Camboja são a dolarização da economia e a proliferação de bares, cafés, pizzarias, bordéis e até mesmo um cassino flutuante — onde, não por acaso, foram parar milhares de dólares do maior roubo a mão armada da História: um assalto de US$ 21 milhões no aeroporto de Kai Tak, em Hong Kong, em 1991. É quase supérfluo acrescentar que os dólares reaparecidos instantaneamente desapareceram — assim como os cops cambojanos encarregados da investigação. Em um país onde talão de cheque ainda é uma curiosidade, lavar dinheiro é o Santo Graal. Um banqueiro europeu resume o procedimento: "Você traz seu dinheiro, compra alguma terra, paga os construtores, constrói um hotel. O dinheiro gerado pelo hotel passa a ser limpo. Ou, melhor ainda, você registra uma casa como se fosse um hotel de 100 quartos, e paga alguns dólares pelo enorme carimbo vermelho que torna a coisa oficial. Não existe nenhuma forma de controle".

Phnom Penh — segundo o ex-embaixador Imagawa, mais rica, limpa e segura em 1957 do que Tóquio — ainda não tem esgoto, coleta de lixo e táxis. Tudo é relativo: antes de 92 nem havia água, como observa um recepcionista de hotel debruçado em seu dicionário *khmer*-inglês. Agora ao menos há a tentativa de obedecer a Lei. Surgem advogados. Falta luz apenas de vez em quando. Qualquer parabólica instalada traz o Admirável Mundo Novo via Star TV de Rupert Murdoch — noticiários da BBC, futebol italiano, vídeos de Metallica, *Beverly Hills 90210*. As baguettes voltaram a ser tão saborosas quanto no Vietnã. Em vez de destruir suas pérolas arquitetônicas e substituí-las por caixas de cimento — como na Tailândia, Vietnã e Burma —, preserva-se seu charme romântico. A maioria da população ainda se desloca de cyclo e de bicicleta. Monges ainda não corrompidos por limusines e Mastercards, como na Tailândia, cruzam nas ruas com vendedores de frutas e flores. Todo mundo sorri. Phnom Penh renasceu das cinzas.

Enquanto milhões de asiáticos ainda sonham com EUA, França ou Austrália, cambojanos exilados, muitos deles há 2 décadas, voltam para reconstruir o país, tentando virar ao avesso a estagnação da burocracia comunista. Foram eles que elaboraram as novas leis regulando bancos, impostos e investimentos estrangeiros: este último código, de acordo com um diplomata europeu, "mais do que competitivo com os dos outros países da região". O príncipe Norodom Ranariddh vai à França ou a Hong Kong vender seu país com brochuras bem produzidas e fartos atrativos: imposto de renda corporativo de 9%, isenção até 8 anos, livre repatriação de lucros, nada de nacionalização ou controle de preços. Phnom Penh é promovida como o centro do Sudeste da Ásia: "225 milhões de consumidores virtualmente a sua porta". Por enquanto, a maior parte do investimento sobretudo asiático — Taiwan, Hong Kong, Tailândia, Cingapura, Malásia — é em serviços: hotéis, turismo, comércio. Angkor terá no mínimo 4 hotéis de luxo até o final de 1997 — incluindo o Grand Hotel, com sua atmosfera de *O Iluminado*, de Stanley Kubrick, agora reformado pelo Raffles de Cingapura. Terá também um show de luz e som em 98. Tendo em vista a fina sensibilidade local, é improvável que se transforme em um Disneyworld *khmer*.

Mesmo lutando contra tantos handicaps, o Camboja está hoje onde estavam Malásia e Tailândia há 2 décadas. Ou seja, se os atuais donos do poder — leia-se o comunista Hun Sen — não usarem ajuda externa apenas como uma arma financeira para legitimar sua autoridade política, a jovem democracia terá motivos para se ver como uma aspirante a tigre antes de 2020. Até 98 deve fazer parte da ASEAN. O Camboja é mais um teste para o pervasivo argumento asiático segundo o qual somente o autoritarismo pode manter o rumo de um país pobre. Mas, como observa Sorpong Peou, do Instituto de Estudos do Sudeste Asiático em Cingapura, reforçando o raciocínio de Sam Rainsy, a democracia no Camboja não é uma mera "opção": é a única saída para a paz e a estabilidade do país depois do fracasso estrondoso do autoritarismo político.

Economicamente, a jovem democracia está saudável. Cresceu 5,5% em 95 — tanto quanto o Brasil, e excelentes 7,5% em 96, com inflação a 3,5%. Observando-se o congestionamento de fim de tarde no boulevard Monivong, o principal de Phnom Penh — entre *karaokês*, parabólicas, vendedores de rua com suas cozinhas movidas a pedal, fábricas de estátuas de Buda, garrafas gigantes de Tiger e Carlsberg, outdoors do homem do Marlboro, aromas de menta, cominho e incenso, e condutores de cyclo felizes de ser pagos em notas de US$ 1 — não é preciso saber o *Tripitaka*, o cânone budista, de cor para notar que o mais rico reino do Sudeste da Ásia em seu apogeu finalmente parece ter purgado o *karma* negativo.

Para desvelar a alma do Camboja, é preciso ir para o campo — onde vive 90% da população. Hoje, na Europa, a "campagna", a "campagne" ou o "countryside" estão praticamente vazios. No Sudeste da Ásia, ainda pulula de gente. No delta do Mekong ou na ilha de Java observa-se até mesmo congestionamentos humanos. O trabalho é duríssimo. A não ser em Taiwan e na Coréia do Sul, a rizicultura ainda não chegou à mecanização: depende de muita mão-de-obra e da devoção a um calendário rígido. Há séculos o ritmo é imperturbável: os camponeses acordam todo dia às 5 da manhã, utilizam búfalos e outras bestas de carga, examinam constantemente os céus e só fazem uma parada por dia na hora do sol a pino. O campo muda de acordo com a latitude: na Indonésia ou nas Filipinas, cultiva-se arroz em "terraços"; no Camboja, o chamado "arroz flutuante". Durante a maior parte do verão, a terra no Camboja permanece submersa — refertilizada e revigorada. Nas palavras de Rimbaud, o país enche-se de "céus ocres e florestas afogadas". O lago Tonle Sap transborda e praticamente inunda o centro do país. Da janela do turbo-hélice da Royal Air Cambodge podemos imaginar até mesmo como surgiu no século 9 a extraordinária civilização de Angkor — baseada no controle do fluxo das águas, escravatura e adoração ao Deus-Rei. E podemos inferir, não sem um calafrio, por que o Khmer Rouge sonhou em replicá-la em pleno século 20.

A primeira cidade de Angkor foi fundada entre os anos 889 e 900, a noroeste do Grande Lago. Usando trabalho escravo, reis subseqüentes construíram enormes reservatórios, canais e barragens. Os canais foram se espalhando e ligando todos os vilarejos. Grandes navios subiam o majestoso Mekong até o Grande Lago, e transferiam sua carga para pequenos barcos que podiam navegar em qualquer canal. Os *khmers* criaram assim uma fonte de irrigação totalmente controlada, e produziam 3 ou 4 colheitas por ano. Com esta sólida base econômica, os reis de Angkor investiram em uma política externa expansionista e terminaram dominando vastas áreas do Sudeste da Ásia — do delta do Mekong até Burma e Malásia. Seu sistema também provia o poder hidráulico para o transporte e construção de enormes templos que cada rei erigia a sua glória. O mais famoso deles é justamente Angkor Wat — um dos maiores tesouros da Ásia, junto com os complexos budistas de Pagan, em Burma, e Borobudur, em Java.

Angkor Wat foi construído no século 12 — durante não mais de 30 anos, de acordo com o orientalista francês George Coedes. O responsável foi Suryavarman II, um contemporâneo de Frederico Barbaruiva que guerreou com todos os seus vizinhos, verdadeiro Rei-Sol depois de quem só poderia advir o dilúvio, ou seja, a decadência do império, finalmente subjugado no século 15 pela emergência dos reinos siamês e vietnamita. Angkor Wat é dedicado ao deus hindu Vishnu, em cujo espírito supõe-se Suryavarman ter transmigrado quando morreu.

É possível que o motivo crucial do absoluto fascínio exercido pelas culturas do Sudeste da Ásia seja seu caráter de interface entre as riquíssimas e milenares civilizações de China e Índia. Assim como a Coréia e o Vietnã foram sinicizados, e a Tailândia é uma derivação da China, depois indianizada, Burma e Camboja são profundamente indianizados. A indianização foi fortíssima do início da era cristã até o século 13. Os templos de Angkor, a vida religiosa de Bali, e os *sarongues* usados por toda a população de Burma são exemplos vivos. O Ramayana representado pelas trupes de vários países no réveillon em Angkor é uma referência cultural tão potente em todo o Sudeste da Ásia quanto para nós a *Odisséia* homérica.

A indianização navegou pelo mar, através das monções: em toda a Ásia oriental, os ventos sopram do Sudoeste de maio a setembro, e do Nordeste de outubro a março. E absolutamente de acordo com o caráter sofisticado e soft da cultura indiana, não foi uma guerra de conquista — como as hordas mongóis de Kublai Khan invadindo Burma no século 13. George Coedes nos diz que a indianização se articulou como "a expansão de uma cultura organizada, fundada na concepção hindu de realeza, caracterizada pelos cultos hinduístas e budistas, e tendo por meio de expressão a língua sânscrita".

Não existe nenhum monumento a um povo perdido tão impressionante quanto a cidade de Angkor — em nenhum outro lugar do mundo. Os templos, milimetricamente catalogados pelos melhores especialistas europeus, são magníficos. O templo de Angkor Wat — um modelo terreno do mundo cósmico — é perfeito em composição, balanço, proporções, relevos e esculturas. Suas torres estão impressas como o símbolo nacional na bandeira cambojana.

Não apenas 1, mas no mínimo 200 esfinges budistas, dispostas nas 54 torres de 4 faces cada uma no templo do Bayon, nos convidam a decifrá-las. As faces — lábios ligeiramente curvados, olhos colocados à sombra pelas pestanas abaixadas — não nos devoram. Pelo contrário: infiltram-se em nosso espírito, sóbrias, plácidas, silenciosas, serenas como o Buda da compaixão que evocam, imprimindo em nossa consciência o famoso "Sorriso de Angkor".

O templo de Banteay Srei, uma das jóias máximas de Angkor, só pode ser visitado com as motos dos ocidentais em grupo, cada uma com um guardinha de AK-47 na garupa. Até a metade de 96, a estrada era consistentemente atacada pelo Khmer Rouge. Todo mundo na região anda armado. O templo — como toda a região — foi desminado por uma equipe da União Européia. Cada mina —

soviética, chinesa, vietnamita — custou à boa consciência européia cerca de US$ 1.000. Repô-la custa não mais do que US$ 2. O Khmer Rouge costumava chegar a cerca de 1 km da área. Há mais de 7 milhões de minas ainda espalhadas pelo Camboja — o maior e mais trágico campo minado do planeta. Não, o *karma* negativo ainda não foi totalmente expiado.

Enquanto o príncipe Ranariddh tenta vender o Camboja para tubarões hipercapitalistas, o venerável Maha Ghosananda tenta vender compaixão aos próprios cambojanos. Ele é o mais eminente monge itinerante do país, levando o *metta sutta* — a noção budista de gentileza, compaixão e perdão — às vilas mais remotas. Já foi indicado pela segunda vez para o Nobel da Paz de 96 (sua reação, quando perguntado a respeito: "Nenhuma"). Cita o Buda ("O ódio nunca cessa pelo ódio/ mas é curado apenas pelo amor/ Esta é a antiga e eterna Lei") para perdoar o próprio Khmer Rouge, que assassinou quase toda a sua família. De 50 mil monges budistas, apenas 3 mil sobreviveram à demência da guerrilha. Maha Gosananda aprecia citar a história de Ongkuliman, um personagem temido nos ensinamentos budistas que matava milhares e usava um colar de ossos de suas vítimas. Quando o killer preparava-se para despachar o Buda, terminou sendo iluminado pelos seus ensinamentos. Ordenado monge, atingiu a liberação espiritual, mesmo constantemente apedrejado pelo povo até a sua morte. "Se Ongkuliman foi capaz, o Khmer Rouge também será capaz", costumava afirmar este monumento de calma e compaixão.

Crepúsculo em Angkor Wat. Ngam, uma garota que vende Coca-Cola (mantra: Hey mister!!! Want cold drink???) em frente ao Bayon, tal qual uma mini-Indiana Jones leva o visitante a portais perdidos na selva, e depois à sua própria palafita, no meio de um campo de arroz, ao lado de um templo budista. Dentro de casa, bebe-se cerimoniosamente vinho de arroz com a família. A beleza e a harmonia do cenário são uma epifania. A garota terá um futuro diferente de seus ancestrais de séculos: todo dia vai à escola de manhã e depois larga suas Cocas durante uma hora para ir à aula de inglês.

Já a garotinha aleijada e sem nome, vítima da explosão de uma mina, encostada ao muro da longa e milenar passarela de pedra que dá acesso a Angkor Wat, mal sussurra uma ajuda. Os últimos raios de sol aquecem seu rosto moreno escuro. Ela não sorri. Fica ali, ao crepúsculo, jogando com as moedas, equilibrando a vida e a morte na ex-ilha de paz, ex-terra dos sorrisos, ex-terra de sangue e lágrimas, ex-coração das trevas, sobrevivendo para um dia, quem sabe, voltar a exibir, como as faces de pedra, o magnífico Sorriso de Angkor.

15

Apocalypse Trinitron

"Hey mister, where you from?" Quando se aterrissa no aeroporto de Noi Bai, Hanói, o arquetípico mantra asiático enunciado pela armada de garotos sorridentes nos desperta de um sonho, e nos revela não estarmos desembarcando camuflados de um dos helicópteros do Coronel Kilgore em *Apocalypse Now*. Para baby boomers que cresceram nos anos 60, o Vietnã não é apenas uma nação: é um verdadeiro terremoto social e cultural — violento, provocante, perturbador, triunfante, sensual, ainda reverberando na alma como o solo lancinante de Jimi Hendrix em "Voodoo Chile". Hollywood ganhou a guerra que os marines perderam neste asiático coração das trevas onde Joseph Conrad foi relido e psicodelizado por Francis Ford Coppola. Hollywood poluiu nossa percepção com Agent Orange, através da militância bem-pensante de Oliver Stone. Para colocar o projetor em foco, é preciso pegar um carcomido Lada anos 50 em Noi Bai e refazer o roteiro do dragão do presente.

A primeira imagem do filme é a de um caminho pedregoso, pontuado de Hondas 50 cc com homens de óculos escuros e chapéus de plástico verde do exército Viet, mulheres de viés na garupa carregando cestas de maçã, todos imunes às buzinas sinfônicas de ônibus dilapidados. De repente, Hanói!!! Excitação total. É como se estivéssemos na cabine de um B-52. Estamos — na cabine de uma das grandes histórias do século. Hanói, envolta em sonolenta, arborizada, romântica, decrépita elegância, afigura-se como uma debutante provinciana: bulevares, velhos casarões coloniais, praças bem desenhadas — e um ocasional abrigo antiaéreo. É uma França — europeus há 1 século a qualificavam de "ville française" — bombardeada pela América pop. Se Saigon é Jimi Hendrix, Rolling Stones, Doors e Jefferson Airplane, Hanói ainda nos seduz com as harmonias de Ronettes, Crystals e Shangri-Las.

Arquitetura de sétimo arrondissement parisiense. Bulevares protegidos por enormes tamarindos e percorridos em furiosa comoção por aluviões de cyclos — os riquixás de bicicleta —, motinhos, mobiletes, bicicletas chinesas e pedestres.

Famílias inteiras sentadas em mesas minúsculas à beira das calçadas, degustando pratos sofisticados à luz dos lampiões. Garotos jogando vôlei onde a bola é uma flor. Velhos guerreiros Vietcong pescando, praticando *tai chi* ou jogando xadrez em Hoan Kien, o lago central — o mesmo onde, sábado à noite, James Dean neo-viets enchem o tanque da 50 cc, desligam o freio, e encenam uma versão oval de *Juventude Transviada*.

O marxismo, aquele já tão duro quanto uma dose de tequila Cuervo, subsiste na forma de uma solitária estátua de Lênin, ou perdido nos vastos espaços em torno do mausoléu desta quintessência da retidão, o mítico camarada Ho Chi Minh ("o que ilumina"). Sua câmera funerária é puro Madame Tussaud, mantida sob guarda de honra, visitável apenas com escolta militar de luvas brancas, e com direito a freqüentes viagens a Pequim para revisão do embalsamento. Guias insistem que Ho detestaria não só o mausoléu mas também o museu — obra de um Mies van der Rohe "reeducado" que nos faz especular se tio Ho atravessou um período cubista.

Na Hanói pós-embargo americano, a cacofonia de negócios da iniciativa privada gelatinou como napalm os ditados do Partido. Vive-se desde 94 um puro Apocalypse Trinitron. TVs, vídeos, ventiladores, microondas — todos japoneses — equilibram-se precariamente nos cyclos e Hondas. Um professor com PhD não ganha mais do que US$ 50 por mês, mas 60% das casas têm vídeo. No circense mercado urbano, pirâmides de "La Vache qui Rit", o queijo francês, competem com tartarugas a US$ 15 o quilo, liquidação de relógios russos a US$ 5, e contrafações de Lacoste a US$ 3. Hostesses empoadas, de vestido longo e salto alto, servem peixe assado — especialidade local — recitando o catecismo capitalista. Todos se empenham em uma ubíqua "Operação Sorriso" — decretada oficialmente desde o início dos anos 90.

Esta é a face visível da *doi moi* — literalmente "renovar para mudar", o Renascimento do Vietnã lançado no 6º Congresso do PC em Hanói, em 1986, quando o país parecia irremediavelmente condenado ao inferno dantesco da miséria de massa e do caos administrativo. Quando implodiu o Urso soviético, e Hanói perdeu a mesada de US$ 3 bilhões anuais, só lhe restava acelerar como uma Kawasaki Ninja. No assento, estava a face oculta da *doi moi*: o septuagenário Nguyen Xuan Oanh, ex-primeiro ministro adjunto do extinto Vietnã do Sul durante a guerra, atual membro da Assembléia Nacional, presidente de uma empresa de consultoria de investimentos — com vários clientes estrangeiros —, e consultor do poder central.

Tirar o sono de Hanói é uma especialidade do multitalentoso e nada ortodoxo Mr. Oanh. Ex-aluno de um conceituado liceu francês na capital, fluente em inglês, francês e japonês, primeiro vietnamita a ser admitido em Harvard, ex-professor em diversas universidades americanas, economista sênior no FMI em Washington, Mr. Oanh por milagre não foi enviado para "reeducação" quando os tanques comunistas entraram em Saigon em 30 de abril de 1975. Ficou preso "apenas" 9 meses. Quando saiu, começou a escrever — contra o governo, especialmente sobre o perigo de unir o dinâmico mercado livre do Sul do país à economia marxista centralizada em Hanói.

No meio dos anos 80, o secretário-geral da seção do PC em Saigon era Vo Van Kiet, hoje um sóbrio primeiro-ministro. Kiet, em vez de uma punição exemplar para Oanh, sugeriu que ele começasse a expor suas idéias para o próprio governo. O resultado prático é a *doi moi* — a reestruturação econômica — filha de ensaios e teses de Mr. Oanh. Para atrair o crucial capital estrangeiro, Oanh redigiu uma nova lei de investimentos, que a princípio arrepiou os cabelos dos guerreiros marxistas. A lei — uma das mais liberais de toda a Ásia — finalmente foi promulgada em 1990. Cópias piratas em inglês vendem como abacaxi cortado na frente do mitológico Hotel Rex, em Saigon, por cerca de US$ 5.

Na primeira metade da década de 90, US$ 20 bilhões entraram no Vietnã. A agricultura livrou-se da ineficiência cooperativa, e o país voltou a ser o terceiro maior exportador mundial de arroz, atrás de Tailândia e EUA. O governo parou de imprimir dinheiro a rodo. Estabilizou-se a moeda nacional, o *dong* — cujo nome cínicos afirmam ter sido inspirado por Chuck Berry. Fecharam-se 4 mil estatais deficitárias (ainda restam 6 mil, incluindo fartos monopólios subsidiados). A inflação caiu de 600% para 12,7% em 95, quando o país cresceu a jamais vistos 9,5% ao ano, repetidos em 96. Desde 94 o Banco Mundial promove o Vietnã como o próximo tigre asiático.

Em mais uma medida da perplexidade ocidental em relação ao planeta Ásia, o próprio Banco Mundial — como em outros casos asiáticos — parece não ter entendido direito o que aconteceu. Em 95, o Banco soltou um relatório onde propunha uma estratégia para o desenvolvimento industrial do Vietnã e a transição de sua economia de socialismo para capitalismo — referido delicadamente como "economia de mercado". Mas o relatório termina afigurando-se como a melhor defesa do socialismo vietnamita já colocada no papel: nem os mandarins do regime seriam capazes de algo parecido. O Banco Mundial propõe simplesmente o desmantelamento agogô do setor estatal — que nos anos 90 tem sido o motor do boom vietnamita. A experiência internacional nos demonstra que pequenas e médias empresas criam empregos — e não grandes empresas, sejam privadas ou estatais. No Vietnã, as estatais são grandes e as privadas, pequenas. Necessita-se mais pequenas e médias — mas isso não significa privatização agogô. Especialmente quando o próprio Banco Mundial afirma que a performance das estatais vietnamitas não só é superior às dos países da Europa Central e da ex-URSS, como às de quase todos os países em desenvolvimento com economias mistas, e "comparável aos setores estatais de alta performance na Coréia e na Tailândia"...

O socialismo de mercado vietnamita é primo do chinês. Uma influência natural: a cultura e o caráter nacional do Vietnã derivam da China. O Vietnã engalfinha-se com a China desde a sua criação, quando um vice-rei chinês declarou-se monarca independente no século 3 a.C. A língua do aprendizado, literatura e governo sempre foi chinês clássico, escrito com ideogramas chineses. Foi preciso que um jesuíta francês do século 17, Alexandre de Rhodes, idealizasse um novo sistema de escrita usando o alfabeto latino ligeiramente modificado para terminar com o peso psicológico da dependência.

Rhodes deflagrou um longo processo de galicização que só terminou com a histórica vitória de Ho e do general Giap sobre os franceses em Dien Bien Phu, em 1954. Para júbilo planetário, a França colonialista pelo menos legou ao Vietnã espaçosos bulevares, o melhor café filtrado a leste de Peshawar e impecáveis baguettes — as mesmas que os vietnamitas levavam para casa, pelas ruas escuras, enquanto os franceses, expulsos, voltavam para uma Europa onde Ho trabalhou como chefe assistente de cozinha em grandes hotéis de Paris, antes de ser capaz de gerenciar guerras direto de uma mesinha de sua casa em Hanói equipada com 3 telefones.

Hoje, este socialismo de mercado que confunde o Banco Mundial está muito mais próximo de Japão e Cingapura do que da China. Um dos consultores especiais do processo é Lee Kwan Yew — o grande sábio neoconfucionista autor do milagre Cingapura. Por renda per capita, cerca de US$ 300 em 95, o Vietnã ainda é um dos 12 países mais pobres do planeta. Mas tem uma população bem-educada, bom acesso a mercados mundiais e, como nota Lee, um "intangível vital" que o leva inexoravelmente a um desenvolvimento de tigre asiático. Para que isso aconteça, o Vietnã adotou um modelo complexo, apoiado em 3 eixos: ênfase no desenvolvimento de alta tecnologia — com sua possibilidade de levar o país a pular estágios intermediários de industrialização —, incentivo a investimentos estrangeiros diretos e produção orientada às exportações. Só mesmo um povo que resistiu à operação Rolling Thunder — quando a Força Aérea americana de 65 a 68 lhe despejou o dobro da tonelagem de bombas usadas em toda a Segunda Guerra Mundial — pode ter a disciplina de trilhar o campo minado desta "terceira via" entre capitalismo neoclássico e socialismo marxista-leninista, onde 40% do PIB é gerado pelo Estado e 60% pela iniciativa privada.

Hanói sabe que precisa captar pelo menos US$ 50 bilhões — a metade proveniente da iniciativa privada —, e aumentar a taxa de poupança de 11% para 20%, para conseguir financiar a reconstrução e industrialização do país até o ano 2000. Trata-se de um gigantesco "work in progress": depois de criar as bases de uma economia de mercado, e incentivar joint ventures, é preciso organizar o sistema bancário, a estrutura legal, as leis e práticas corporativas compatíveis com o Ocidente. E é preciso recuperar toda a infra-estrutura — ainda caindo aos pedaços. Desde 94, consórcios de tigres asiáticos e corporações da Europa Ocidental, Austrália e finalmente EUA — depois que Bill Clinton acabou com o embargo comercial — despencam vorazes em Hanói e Saigon para uma aparentemente interminável bacanália de negócios. Hotéis, prédios de escritórios, estradas, pontes, portos, aeroportos, zonas industriais, novas cidades processadoras de exportações, todos os horizontes estão abertos. Para não falar da exploração de gás e petróleo, com a qual o Vietnã espera lucrar pelo menos US$ 5 bilhões por ano no ano 2000.

Mas não é fácil virar dragão quando é preciso competir pelo capital internacional com China, Índia e Indonésia, também paraísos da mão-de-obra barata. Tanto em Hanói quanto em Saigon um coro de businessmen reclama dos custos; fax a US$ 8 a página, impostos abusivos, aluguéis comerciais extorsivos, corrupção de pequenos funcionários. Reclamam do sistema bancário, em um país onde ainda é relativamente normal se pagar por uma transação com um caminhão entupido de *dong*.

Apesar disso, ninguém ruma para o aeroporto. 60% do investimento estrangeiro direto ainda provém dos 4 tigres e do Japão. A Coréia, especialmente, pensa a longo prazo. Corporações japonesas consideram o Vietnã o segundo melhor mercado do mundo para investimentos, depois da China. Em 95, o Keidanren — a federação do big business japonês — enviou a Hanói uma das mais influentes delegações de sua história. Já o governo japonês está mais interessado em software — vender o conhecimento derivado de seu próprio milagre econômico — do que hardware — reconstruir pontes, estradas e aeroportos. Do ponto de vista de Tóquio, o Vietnã é um palco escolhido a dedo onde o Japão pode demonstrar sua recém-descoberta afinidade com o resto da Ásia.

O Vietnã lida, luta e contém a China há 1 milênio. Para os geopolíticos japoneses, é um aliado ideal. O Japão — do alto do sucesso de sua industrialização planejada — se dispõe a aconselhar ao Vietnã que tipo de economia adotar, como tornar mais eficaz sua política industrial e seu sistema financeiro, o que destacar no seu próximo plano de metas. Para o Vietnã, é muito mais negócio escutar o Japão do que o Banco Mundial e o FMI, cujos dogmas são estabilidade de preços e a já referida privatização agogô. Para economistas japoneses, dobrar-se ao dogma afetará o crescimento do país e, em conseqüência, o apoio popular às reformas. Economistas vietnamitas concordam, sugerem que os 2 países têm muito em comum, e ainda por cima elogiam o sucesso japonês em promover um crescimento igualitário.

Para ilustrar este casamento celestial, a elite econômica japonesa costuma se referir ao Templo da Literatura em Hanói. O templo, fundado em 1070 pelo imperador Ly Thanh Tong e dedicado a Confúcio — popularíssimo na época — tornou-se o centro intelectual e espiritual do Vietnã imperial. O culto de uma educação literária espalhou-se entre a corte, os mandarins e o vulgo, chegando-se ao ponto em que havia 20 mil escolas ensinando clássicos confucionistas no Norte do Vietnã. No Templo da Literatura encontramos uma série de 82 lápides, dispostas sobre enormes tartarugas de pedra, onde estão inscritos os nomes de mais de mil funcionários governamentais dos séculos 15 a 18 aprovados nos dificílimos exames que podiam elevar até mesmo o mais simples camponês à condição de mandarim. Para os japoneses, o Templo da Literatura é um signo inconfundível da riquíssima tradição cultural subjacente ao sucesso econômico da Ásia contemporânea.

Não há limites para o orgulho de Japão, Coréia, e a diáspora chinesa — Taiwan, Hong Kong, Cingapura —, os principais investidores no sucesso inexorável do bebê-tigre: este é o primeiro país asiático a atingir o estágio de decolagem econômica sem nenhum auxílio do Ocidente. No que concerne os EUA, certamente o império responsável pelo bombardeio dos portos, pontes e estradas do Vietnã de volta à pré-história não será recompensado com milionários contratos para reconstruí-los: Taiwan e Hong Kong chegaram primeiro. Citicorp, Chrysler, AT&T, American Express, United Airlines agora brigam pera recuperar o terreno perdido para o capitalismo asiático.

Os vietnamitas são nobres de espírito. Não guardam rancor dos EUA. Em 94, em Saigon, uma feira de produtos americanos provocou verdadeiro furor. General Electric, Microsoft, Digital e IBM venderam tudo que trouxeram. Um vendedor inglês de laptops da IBM, no meio do salão da exposição, gritava como um alucinado: "Give away computer! Put your business card in the basket. Winner get free computer!" Atônitos, camponeses recém-saídos da Idade Média contemplavam a possibilidade de trocar o búfalo pela auto-estrada digital. Boa parte dos entusiasmados vendedores e managers eram veteranos da guerra do Vietnã. Estavam de volta para ajudar o país que bombardearam a virar um tigre.

A Toyota investe no Norte. A Mitsubishi prospecta petróleo no Sul e elabora mirabolantes planos automotivos. A Unysis organiza tecnologia de informação. A Coca-Cola investiu US$ 20 milhões em uma joint venture que prenuncia muitas outras: até 95, a água negra do imperialismo ianque fluía de latas chinesas ou indonésias. A Carlsberg disputa uma guerra das cervejas com a Tiger Beer de Cingapura. A Vietnam Motors produz BMWs em um subúrbio de Hanói: cada operário ganha US$ 1 por dia, enquanto na Alemanha ganham US$ 30 por hora. Não é por acaso que a minúscula redação da *Vietnam Investment Review*, em Hanói, tem uma atmosfera de Wall Street: produz um tablóide semanal de negócios com 32 páginas, a 4 cores, lido por todo businessman do Sudeste Asiático.

Memórias de guerra são pervasivas na história de um povo que passou 4 mil anos lutando contra a irascibilidade da natureza e a cobiça dos invasores estrangeiros. Nesse sentido, uma visita ao Museu Revolucionário é amplamente instrutiva. As salas do museu seguem a cronologia histórica desde a destruição de uma frota invasora sino-mongol no ano 938 perto da baía de Halong. Ou seja: temos a prova de que a demência americana no Vietnã foi apenas mais um capítulo em uma batalha que dura séculos. Quando se atravessa a pé o verdadeiro monumento de guerra que é a ponte Long Bien — defendida encarniçadamente por 84 mísseis SAM e 300 baterias antiaéreas, invariavelmente reduzida a cinzas pelos americanos, mas sempre reconstruída pelo VC — não há como não pensar em Hanói Jane, a Barbarella militante, hoje Miss CNN, em julho de 72, aconselhando "Tricky Dick" Nixon a ler a história do Vietnã e a poesia do tio Ho para quem sabe aprender alguma coisa sobre o pântano em que se enfiou.

Gloriosos Migs e tanques posam nos museus do Exército e da Aeronáutica. O Hanói Hilton — onde os prisioneiros da U.S. Air Force recebiam tratamento zero estrelas — vai virar um shopping-mall: a rua ao lado, ironicamente, ainda se especializa em produção de bolos de noiva. Para os jovens de Hanói que trabalham em uma já hipercompetitiva indústria do turismo, acumulam-se às dezenas em cada dormitório estudando manuais de informática nos parapeitos das janelas, sonham com um estágio na Califórnia, e preenchem cada minuto livre mergulhados em dicionários de inglês ou francês, a guerra só sobrevive nos videoclubes. Mais da metade da população de 73 milhões nasceu depois de 75.

On the road, o Vietnã revela uma beleza cintilante que apazigua a alma como um templo budista. Na paisagem clássica, silhuetas de chapéus cônicos nos topos das colinas trajam pijamas escuros que fariam furor na passarela de Issey Miyake. Ondulam como se vivessem em uma perene seqüência dos cogumelos dançantes em *Fantasia*. Desfilam os campos de arroz tecidos como quilts de esmeraldas, os búfalos d'água, as camponesas carregando água nos dois baldes simétricos, os homens vendendo arroz embrulhado em folha de bananeira. E como trilha sonora a sinfonia quadrafônica das buzinas dos De Sotos psicodélicos, quebrando a beira da estrada a cada hora e meia.

Hanói a Saigon, de ônibus, 1.700 km, pela Highway 1, primeira e única reunificando o Vietnã de Norte a Sul, rende no mínimo 48 horas imortalizáveis em uma epifania beat. Em um clássico da Ásia em desenvolvimento, os vietnamitas dirigem nas duas mãos, e não apenas à direita, como no Ocidente e na China, ou à esquerda, como na Inglaterra e Japão. O trajeto não passaria de 15 horas em uma autobahn, uma diferença sensível em cada músculo do corpo, e mensurável em anos-luz de defasagem tecnológica, bombardeios-tapete dos B-52s, e incompetência do governo central.

É preciso merecer a baía de Halong (que significa "Onde os Dragões Descem ao Mar"). Comparado à sua estrada de acesso, o Ho Chi Minhn Trail dos anos 60 — por onde deslizava o rizoma de conexões do Vietcong — é o túnel sob a Mancha. É como se — na retórica invisível de Hanói — precisássemos acumular mérito para navegar de junco pelas 3 mil mágicas ilhas que surgem das águas esmeralda do Golfo de Tonkin. Diz a lenda que as ilhas foram criadas pela cauda de um dragão que vivia nas montanhas e resolveu visitar Netuno. Marinheiros locais não perderam tempo para criar a lenda de um Viet-Loch Ness. Militares até pensaram na possibilidade de um submarino espião imperialista. Viet-visionários imaginam que o dragão no fundo do mar ressuscitará junto com o país que se configura para o próximo século.

Velhos mandarins — preeminentes em uma cultura confucionista como a do Vietnã —, assim como o contingente babá cool da New Age, reconhecem que o *yin* do país está em Hue, que como toda cidade universitária move-se ao ritmo de 2 rodas. Especialmente 2 rodas sobre as quais desfilam aristocráticas peças de porcelana da corte de uma capital já imperial. A saída da escola em Hue — onde estas flores de lótus pedalam em massa de volta para casa em seus *ao dais*, o pijama oficial vietnamita — desaba com qualquer passarela do circuito Elizabeth Arden. Não é por acaso que no mesmo horário soam jubilantes os sinos das igrejas católicas remanescentes.

Se Hanói é a garota lollipop que sonha em ser cheerleader, e Saigon, como veremos, é a Miss Camiseta Molhada, Hue é a garota de boa família no colégio interno. O glamour reservado, esmaecido, de Hue, está impresso nas fotos em preto e branco das Lana Turner locais fazendo beicinho na fachada dos salões de beleza. À parte o tráfego de bicicletas, ouve-se apenas as preces matinais em um pagode budista à beira do rio e um gongo às 5 da manhã na corte francesa anos 30 do Morin Hotel. A não ser quando se percorre o centro da Cidadela, na Cidade Imperial (modelada na homônima de Pequim), e transformada em terra desolada pelos B-52s, é praticamente impossível imaginar a bombástica carnificina da ofensiva do Tet ou a cena inesquecível de junho de 63, quando o monge budista Thich Quang Du, do soberbo pagode de Thien Mu, às margens do rio Perfumado, auto-imolou-se, envolto em chamas, imperturbável, na posição de lótus, em protesto contra a guerra do Vietnã.

Hoje, em Thien Mu, monges cujas mães foram despedaçadas pelas 162 toneladas de bombas por km^2 lançadas pela U.S. Air Force, sorriem ao lado da bandeira budista e recomendam colocar a bicicleta em um barco para voltar a Hue pelo rio Perfumado. Nenhuma sombra de rancor. O professor Phan Dang, catedrático da Universidade de Letras, scholar em Harvard, discorre no aeroporto sobre a Babel lingüística: "O inglês é a língua do comércio, o russo a língua das desavenças, o francês a língua do poder e do amor". Lao, ex-combatente pelo Sul, mudo, rege no restaurante Lac Tahn a manufatura de uma soberba especialidade gastronômica: panquecas que enrolam espetinhos com molho de amendoim. Triet, estudante universitário no segundo ano de francês, com bolsa do governo de US$ 100 mensais, nascido na zona desmilitarizada próxima do paralelo 17, comenta com taoísta sutileza como conseguir pagar o dicionário Larousse essencial a seu curso. Sua pronúncia é impecável. Sua vontade de dar certo, emocionante.

Hoi An é uma pequena cidade portuária à margem do rio Thu Bon, centro dos vietnamitas de descendência chinesa. Uma cidade de mercadores de sucesso. Portanto, na tortuosa lógica do marxismo anos 70, responsável por containers de males sociais. Condenados sumariamente, dezenas de milhares de habitantes de Hoi An viraram boat people pós-75. Nada de novo para um povo que sobreviveu a tudo: uma rebelião no século 18 cujo slogan decretava a distribuição da propriedade dos ricos entre os pobres, os impostos absurdos da dinastia Nguyen no século 19, a roubalheira do colonialismo francês, a selvageria da ocupação japonesa, a corrupção abissal do regime de Ngo Dinh Diem nos anos 60, a alucinação coletiva dos soldados americanos, a demência pequinesa do comunismo hardcore.

Hoje, Hoi An é um idílio carregado de História que tenta celebrar a precária harmonia entre China, Japão e Vietnã. Uma viagem de barco pelo rio Thu Bong rende festa interminável nas margens do rio e uma sessão de roleta-russa com os locais como em *The Deer Hunter*, onde o revólver é substituído por um letal líquido alcoólico misturado com Festi — uma espécie de Q-suco de cereja. No mercado local, garotas fazem camisas em 1 hora, ou preparam *ao dais* sob medida em 3 horas, quatro costureiras trabalhando, tudo incluído por apenas US$ 40. E entre o incenso nos pagodes e o mercado de peixe, circula um personagem de Kipling: Nguyen Manh Kim, filho de um ex-cozinheiro oficial do colonialismo francês, mestre inigualável de frutos do mar, ex-técnico dos melhores times de futebol da região, regendo todos os súditos da margem do rio diretamente de seu "Café des Amis" como se fosse uma versão benigna do Coronel Kurtz, e como poucos sul-vietnamitas jamais colocando em dúvida seu mais absoluto desprezo pelo regime comunista.

De volta à estrada, o eterno retorno da guerra. Minivans da iniciativa privada carregam massas de ensebados mochileiros europeus em Tours da DMZ — a zona desmilitarizada durante a guerra do Vietnã. É um tour mental. Nada resta em Khe Sanh, já definido na época por um marine como "um lugar nenhum": apenas arrozais, e restos de hardware made in USA abandonados entre cafezais. Em Khe Sanh, o general Westmoreland achava que conseguiria o reverso de Dien Bien Phu: enterrar as tropas de Ho em um inferno de bombas. O VC usou Khe Sanh como tática diversionista, cover para a ofensiva do Tet em janeiro de 68. Conseguiu uma esmagadora vitória psicológica — e mesmo perdendo mais de 15 mil homens nos 77 dias do cerco de Khe Sahn, desmoralizou de vez os rapazes de Westmoreland.

Depois da base aérea de Danang, hoje o aeroporto da cidade, chega-se à mitificada China Beach, onde os marines detonavam máximo sex, drugs and rock'n roll. China Beach era tão famosa que virou série de TV. Será uma Flórida no ano 2000, transbordando de resorts e campos de golfe — a maior parte americanos, montados por veteranos nostálgicos. Um deles, estacionado em um destróier em 68 no delta do Mekong, me diz que o único filme que revelou toda a demência da guerra é mesmo *Apocalypse Now*. Se não vimos a guerra, a sentimos corroendo a alma como napalm ao contemplarmos o memorial de My Lai, local do horrendo massacre de 347 civis em março de 68. Este é o verdadeiro coração das trevas. No auge da guerra, em 68, os americanos reduziam a cinzas 130 mil civis por mês. Fotos de agências, legendadas com desnecessária retórica antiimperialista, detalham os feitos dos comandados do tenente Calley. Na terra, onde existiam cabanas, simples lápides gravam o número de mortos de cada família. Em um domingo de sol, o campo está absolutamente silencioso. A reação dos ocidentais é gráfica. Europeus, especialmente jovens, acendem incenso e rezam. Americanos, especialmente acima de 40, logo voltam para as minivans de turismo, embaraçados.

Depois do assalto sensorial do Vietnã na estrada, percebemos que Saigon começou pelo odorama no ar: perfume francês, original e imitação, misturado com querosene. Desaparecem as bicicletas e voltam à cena as lambretas, mobiletes e Hondas 50 cc, agora conduzidas por garotas com lenços protegendo as faces, luvas coloridas até o cotovelo, e mais 2 ou 3 excitadíssimas garotas na garupa. Estamos de volta à arquetípica metrópole asiática, uma mini-Bangkok acelerando em quarta marcha.

No soberbo *Once Upon a Distant War*, William Prochnau reconta a excitação dos repórteres americanos despachados no início dos anos 60 para cobrir "uma guerra casual-chique em uma terra de tigres e elefantes", como sumarizou um enviado da CIA. David Halberstam, na época o jovem correspondente do *New York Times*, estava diante do sonho de todo repórter: "Uma guerra, uma história dramática e altamente emocional, cozinha soberba, paisagem magnífica e lindas mulheres". Saigon, um verdadeiro poço de intrigas orientais, era descrita pelos locais como "a floresta de tigres". Mas para os ocidentais este ninho de cobras era a exótica, erótica e narcótica "Paris do Sudeste da Ásia". Informações eram colhidas em cafés e bistrôs franceses, restaurantes chineses, night-clubs operados por corsos em plena misteriosa Chinatown. Uma dica de um personagem obscuro resultava em um táxi Renault direto para o front. Peter Arnett, hoje o Senhor da Guerra da CNN, chegou a comprar um Karmann Ghia para acompanhar os helicópteros de perto.

Memórias, memórias, memórias. Hoje Saigon está lotada de carros japoneses, Mercedes de vidro fumê e um verdadeiro Parque Jurássico automotivo: Mustangs, Oldsmobiles, T-Birds, Austins, Citroëns, Peugeots, Dauphines, banheiras Chevrolet do início dos 70, Camaros rebaixados tonitruando "Wild Thing", dos Troggs — detritos da guerra tão bem preservados quanto as namoradas dos GIs que hoje são balzaquianas e não resistem a um penteado bufante, como a Le Ly de *Entre o Céu e a Terra*, do incontornável Oliver Stone.

Morcegos passeiam nas cortes de descarnados casarões franceses. Coros de lagartixas ensaiam world music na fachada do Hotel de Ville. Há tantos homeless quanto São Paulo ou Manhattan. Mas os condutores de cyclo têm o privilégio de dormir no próprio veículo, na calçada, o ar cheirando a menta, a brisa prenunciando a chuva matinal. Há mais garotos de rua, proporcionalmente, do que em São

Paulo. Todos trombeteiam o mantra oficial: "Hello, where you from, buy postcard, gimme money!" Nada resume melhor o intoxicante redemoinho asiático do que a sintaxe minimalista do condutor de cyclo em Saigon, exemplar inigualável da microempresa capitalista: "My fren drink beer have a look same same one hour two hour like girl? massage boom boom very good my fren same same".

Como na China, no Camboja, ou em Burma, há tanta coisa à venda que as falsas bolsas Vuitton e os legítimos condicionadores de ar Dakuan extravasam das lojas, ocupam as calçadas e param o trânsito já demencial, onde todo mundo também não pára freneticamente de circular. Os ragazzi viet parecem saídos de *Rocco e Seus Irmãos*, as garotas de *American Graffiti*. A atmosfera reinante evoca Marlon Brando em *O Selvagem*, Dustin Hoffman em *A Primeira Noite de um Homem*, e Brigitte Bardot em *E Deus Criou a Mulher* — ícones ocidentais da rebeldia perante uma ordem hierática. O Ocidente já conhece a seqüência do filme. O Vietnã o vive agora. As sereias da noite saigonesas circulam de Honda 50 cc, vestido longo, salto alto, meio quilo de maquiagem. Algumas, junkies, não conseguem arrumar seringas, navalham as pernas e untam as feridas com heroína. Elas estão até mesmo na porta do mítico Hotel Continental, onde o barman octogenário, depois de preparar um esplêndido "continental gin", ainda lembra de André Malraux recém-chegado dos templos de Angkor Wat, no Camboja, com estátuas *khmer* roubadas debaixo do braço, e de Graham Greene em sua suíte escrevendo *O Americano Tranqüilo* — hoje comprável de qualquer pixote saigonês em edição pirata por US$ 3.

A Rue Catinat do tempo de Greene virou rua Dong Khoi ("Revolta Simultânea"). Sumiram os salerosos bares e botecos red Light dos anos 60, substituídos por antiquários e lojas de souvenir. O apartamento onde Greene situava seu narrador fumando ópio e pensando na sedosa e delicada Phuong não existe mais: vai virar um mega-hotel financiado por Taiwan. Tudo dá dinheiro em Saigon; um hotel australiano que perdia a rodo na Grande Barreira dos Corais veio flutuando e, ancorado, faz festa à margem do rio Saigon. No bar ao ar livre no quinto andar do Rex, o hotel onde toda noite a imprensa americana vencia batalhas encarniçadas depois do décimo dry martíni, entre peixes, pássaros, plantas e flores, businessmen diante de pilhas de papel fecham negócios em ritmo de *di choi* — "relaxe e goze" segundo Saigon. No *Apocalypse Now*, a cerveja Ba Ba Ba, vietnamita para "333", vende a rodo a US$ 1,20 a lata, enquanto legiões de baby-boomers nostálgicos e órfãos da Internet, desesperados pós-apocalípticos, lembram que "If you're goin'...to San Francisco... be sure to wear...some flowers in your hair". Nos cafés francófonos, as garotas querem saber a pronúncia correta da letra de "Sugar Sugar", e nos pubs para empresários querem treinar a conversação em francês.

Com a Indochina em paz pela primeira vez em séculos, o Vietnã fascina todo o planeta. Recebeu 1 milhão de visitantes em 95. De acordo com o *Vietnam*

Business Journal, o país está na mesma situação da Tailândia há 2 décadas. A Tailândia hoje recebe mais de 6 milhões de visitantes por ano. De acordo com a IATA, o Vietnã nos próximos anos terá o maior aumento mundial em tráfego de passageiros. A Vietnam Airlines — slogan: "Acompanhe nossa decolagem" — aposentou seus últimos e caquéticos Ilushyn em 95 e só voa de Airbus. Funcionários do governo em Hanói qualificam o turismo como "a indústria-chave", e não pretendem seguir o modelo selvagem da Tailândia. Impossível, o modelo já funciona.

Chau, ex-soldado do Sul, hoje motorista de van que cruza o país 2 vezes por mês, confirma que durante boa parte dos anos 70 e 80 Saigon estava intolerável, seus decadentes "intelectuais" — ou seja, qualquer pessoa com educação acima do colegial — submetidos a um horrendo processo de "purificação do pensamento". A única saída era escolher a forma de suicídio: fuga para a Tailândia, via Camboja, ou para os tubarões e piratas do Mar da China. O Vietnã estava envolvido em seu próprio Vietnã — um sanguinário beco sem saída contra a guerrilha do Khmer Rouge no Camboja. Bao, hoje guia de turismo, conta como se decidiu a estudar inglês secretamente — pois no Vietnã pós-guerra era terminantemente proibido aprender a língua do ex-inimigo mortal. Bao estudou como um alucinado para entrar na universidade e assim escapar do serviço militar — o que, na época, significava ser despachado para a morte nas selvas do Camboja. Hoje, com sua psique de dançarina topless, Saigon está rock'n rolling no mesmo ritmo dos anos 60. Com a sedução adicional de ser mais "virgem" no turismo planetário do que Bangkok. Não por acaso Marguerite Duras a definiu como "uma cidade de prazer que só atinge seu clímax à noite".

Determinação. Persistência. Sobrevivência. Para um povo que forjou guerrilheiros capazes de passar semanas em túneis sob rações minimalistas, e despachou de volta para o outro lado do mundo a mais poderosa Armada da História — depois de tomar na cabeça 1,2 milhão de toneladas de bombas anos a fio —, desmantelar alegremente o comunismo é uma moleza. De Saigon — que só para propósitos oficiais é conhecida como Ho Chi Mihn City — é possível chegar a cidades no esplêndido delta do Mekong em 3 horas. O Mekong não é apenas um rio: é o colar de pérolas — simbólica e fisicamente — que une a Ásia. Nasce no árido platô tibetano, e desce pela província chinesa de Yunan, passando por Burma, Laos, Tailândia, Camboja, até desaguar nos 3 mil km de canais de seu delta vietnamita — ao qual pode-se chegar em uma peça de museu como um Citroën ou Morris alugado. Bônus extras incluídos na viagem: enchentes, cidade inundada, pequenas colisões, carro quebrado, problemas com a polícia (os carros não costumam ter documentos), luta para tentar parar um dos De Sotos psicodélicos na estrada, carona nas Honda Om — os moto-táxis. Muito tempo depois, o barco navega pelo majestoso Mekong e chega ao mercado flutuante de Phung Hiep — em um perfeito pentagrama aquático. Um pescador em uma ilha local nos presenteia com um banquete de abacaxis, sapotis e mamões especialmente colhidos. Como pensar que tudo poderia acontecer de outra maneira? William Blake, com sabedoria budista lateral, já intuía que a estrada do excesso leva ao palácio da sabedoria.

No final de 95, como se não bastassem Coppola, Oliver Stone e Rambo, os EUA mais uma vez tentaram vencer a guerra do Vietnã em seu terreno de batalha preferencial: show business. O fato é que até hoje ninguém sabe com certeza por que os EUA se envolveram em uma guerra onde sua derrota era inapelável — como avisou até mesmo a arquiinimiga URSS. Eric Hobsbawm atribui esta tanatologia à "densa nuvem de incompreensão, confusão e paranóia" que envolvia os atores da Guerra Fria. Portanto, nada como reavivar o mistério relançando a guerra em CD-ROM, com filmagens inéditas dos arquivos da CBS News, mais de 600 fotos, dezenas de artigos do *New York Times*, documentos, mapas, cronologia. O Vietcong — que, incidentalmente, venceu a guerra — só apareceu, mais uma vez, como coadjuvante. Os mais de 1 milhão de motinhos que performam sua versão da Operação Rolling Thunder em Saigon não desaceleraram um só instante para registrar o lançamento. A *doi moi* não pode parar.

No mesmo mês de dezembro, em Bangkok, o Vietnã pela primeira vez participou como membro atuante da cúpula ministerial da ASEAN — que reúne Cingapura, Malásia, Indonésia, Tailândia, Filipinas e Brunei, todos eles inimigos mortais do comunismo e com crescimento econômico espetacular enquanto 1,5 milhão de vietnamitas morriam em guerra. Finalmente os ex-inimigos sentaram-se sorridentes à mesma mesa. Para Hanói, este momento tão histórico quanto o restabelecimento de relações diplomáticas pelos EUA em julho de 95 era o sinal — de Confúcio? — de que a conversão em tigre asiático revelava-se inevitável, depois da normalização de relações com Camboja, China e os próprios EUA. A euforia não declinou nem quando o incipiente time nacional de futebol foi goleado pela Tailândia na final de uma olimpíada regional.

O principal obstáculo para a decolagem definitiva do Vietnã é justamente o poder central — paradoxalmente o único fator capaz de organizar a instalação controlada do capitalismo. Sem o PC, explode a coesão nacional. Há 2 milhões de filiados ao PC para uma população de 73 milhões. Apenas alguns milhares têm a educação e o preparo adequados para conduzir a máquina administrativa do país. Entre estes, uma boa parte não tem o menor escrúpulo: são burocratas acostumados com o poder absoluto, boné azul e caneta no bolso da camisinha branca, experts em nada e homens e decisão em tudo. Com o marxismo do PC reduzido a uma piada, só lhes resta a caça aos dólares como o valor supremo. Como construir um novo país dessa maneira? Nguyen Xuan Oanh, o impreterível pai da *doi moi*, acredita que depois de vencer, sucessivamente, China, Japão, França e EUA em intermináveis guerras de independência, o que não falta ao

Vietnã é uma profunda determinação e uma fortíssima identidade nacional. Este orgulho, para Mr. Oanh, é o elemento fundamental para forjar a nova Nação. Não importa, segundo ele, se o cidadão pertença ou não ao PC.

A delicada nuance provocou abalos sísmicos em Hanói, pois implica a inevitável formação de outros partidos e a perda da hegemonia do PC. Ninguém faz a menor idéia da visão da cúpula em Hanói sobre um possível futuro marxista em meio a uma Ásia hipercapitalista. Hanói quer aumentar a presença estatal na economia de 40% para 60%, impor controles mais rígidos sobre investidores estrangeiros, e "resistir a influências políticas e culturais estrangeiras". Saigon terá uma Bolsa, mas não antes de 1999. Analistas especulam como o Vietnã pode pensar em continuar a crescer a 9 ou 10% ao ano e transformar-se em tigre quando o setor estatal — 40% do PIB — é de uma ineficiência africana.

Advogando o pluralismo político, Mr. Oanh terá enfurecido os cardeais do PC. Mas, considerando sua credibilidade, não seria absurdo esperar um Vietnã pelo menos mais democrático até o final do século. Sobrancelhas ergueram-se em fevereiro de 86 quando promoveu-se uma fogueira das vaidades pública em Hanói em nome dos "valores asiáticos" contra "venenos ocidentais" — basicamente porno-vídeos. Aproveitou-se também para derrubar outdoors ocidentais, que a partir daquele momento não poderiam ter precedência sobre nomes escritos em vietnamita. Empresários exclamaram "Mini-Revolução Cultural!". Mas a incursão da artilharia pesada era inevitável, antes do Congresso do PC em junho. James Wolfensohn, presidente do Banco Mundial, visitou Hanói em maio de 96 e exortou a liderança a "reformas agressivas". O suspense ainda continua — e galvaniza a atenção de investidores de Ásia, Europa e EUA: nenhum país no mundo conseguiu partir para uma industrialização Fórmula-1 apoiado no setor estatal — como prefere a liderança hardcore em Hanói.

Os investidores estrangeiros querem um PC forte para assegurar os contratos financeiros e manter em xeque a emergência das máfias ou o retorno da sangrenta oposição Norte/Sul. Um economista oficial diz que o PC será imprescindível pelo menos até 2005: "Precisamos construir um Estado de Direito, estabelecer leis, regularizar os contratos internacionais, elaborar uma legislação social e um sistema de seguro contra doenças — tudo isso sem caos político. É a tarefa da minha geração. Estamos trabalhando duro".

Mas não é o PC que poderá liderar a luta anticorrupção. O Vietnã é o império do "por baixo da mesa". Todos os investidores sabem que o ritual é de rigor: melhor cortejar de cara o chefe da polícia ou o mandachuva local do PC. O PC mantém uma espécie de guarda-chuva político sobre o Vietnã. Mas sob o guarda-chuva, todo mundo — honesto ou corrupto — faz o possível para ignorar o PC.

Para a formidável Madame Dai, já ex-vice-presidente do Senado, hoje dona de um dos melhores restaurantes do Vietnã, a solução é a diáspora vietnamita. Somando os boat people a quem saiu em 75 com a queda de Saigon, 2 milhões de vietnamitas foram tentar a sorte pelo mundo. Centenas de milhares hoje são técnicos, engenheiros, cientistas, intelectuais. Constituem mais um complexo paradoxo local: uma elite anticomunista que poderá salvar e reconstruir um Vietnã tecnicamente ainda comunista. Madame Dai é, acima de tudo, otimista. No francês impecável dos vietnamitas letrados, ela compara o país a uma colméia: "Quando ocorre algum malefício, as abelhas voam embora da colméia. Mas é graças a esta catástrofe que elas são capazes de procurar o pólen de todas as flores do mundo. Uma vez reencontrada a paz, acho que estas abelhas devem voltar, trazendo o pólen recolhido de todos os países. Elas vão voltar a fazer seu mel no Vietnã! Sem estes acontecimentos trágicos, o Vietnã jamais poderia ter enviado centenas de milhares de jovens para estudar no exterior. Estes vietnamitas de segunda e terceira geração são espíritos brilhantes. Deram certo no país que os acolheu. Que voltem para casa. Estamos precisando deles".

Em 95, *Cyclo* — "O Ciclista" —, filme vietnamita dirigido por Tran Anh Hung, venceu o Leão do Ouro no festival de Veneza. *Cyclo* traça a história de um jovem, pobre, condutor de riquixá em Saigon. Ele exerce a mesma profissão do pai. Paga o aluguel do cyclo e com a féria diária ajuda a avó e 2 irmãs. Mas seu cyclo é roubado. Só lhe resta entrar no submundo das gangues organizadas de jogo, extorsão, prostituição e assassinatos de aluguel. Passa por uma verdadeira temporada no inferno — filmada como um delírio psicodélico, tal qual Coppola nas seqüências noturnas de *Apocalypse Now* — de onde sai purificado para tentar um futuro melhor. Justapondo a beleza sublime do povo e da terra vietnamitas a uma violência sanguinária e ritualizada, *Cyclo* é uma perfeita metáfora dos dramas que enfrenta o dragão contemporâneo.

Vendo e revendo *Cyclo*, revi na memória Nguyen, 42 anos em 94, ex-fuzileiro no Camboja, cicatrizes de guerra, homem de 1.001 talentos manuais, desbotados calção e camiseta militares — provavelmente parte de suas únicas posses na época da desmobilização. Nguyen foi meu cyclo Man em Saigon. Por US$ 1,50 a hora — 4 vezes menos do que um dry martíni no Rex — Nguyen pedalou pelo corpo urbano da dançarina topless, levando o peregrino ao frenético mercado chinês de Cholon, às metódicas 6 salas da Exposição dos Crimes de Guerra do "diabólico imperialismo" americano, aos barcos que cruzam o rio Saigon, aos escritórios das multinacionais, aos pagodes imersos em espirais de incenso, e ao prédio branco de cujo teto, ao amanhecer de 30 de abril de 1975, o embaixador Graham Martin, portando uma "Stars and Stripes", subiu em um helicóptero Huey e selou para a História o fim de 3 décadas de interferência americana no Vietnã. Contemplando a ex-embaixada, ainda escutamos Jim Morrison em nosso dolby stereo mental murmurando "This is the end... beautiful friend..." sob aquela majestosa revoada de helicópteros filmada por Coppola ao amanhecer.

Acabaram os heróis. E acabaram os apocalipses. Nguyen, lacônico, deu a entender que perdeu seus maiores amigos, heróis ocultos, no Camboja, enfrentando a demência do Khmer Rouge. Nguyen levou o visitante ao aeroporto da dançarina topless na garupa de um Honda Om, o moto-táxi, por entre o rugido catártico do Mekong motorizado. A despedida foi simples. E Nguyen partiu sob uma nuvem de fumaça para reconstruir um país em 2 rodas. Fim da noite no coração das trevas. Recorre na memória o sorriso beatífico de um monge budista em Hoi An, de uma camponesa em My Lai, de uma frágil porcelana chamada *Phuong* pedalando ao crepúsculo em Hue. O dragão Vietnã acorda — do fundo do mar de esmeraldas. A estrada não termina jamais. Não está no fim, beautiful friend, está apenas no início.

16

Um tigre indeciso em uma jaula virtual

> *"De repente você vê os seus longínquos sonhos da Índia levantando-se em uma vaga e sedutora luz do luar sobre a linha do horizonte de sua consciência opaca, e suavemente iluminando mil detalhes esquecidos que faziam parte de uma visão já tão vivida, quando você era um garoto e moldava seu espírito em fábulas do Oriente"*
> Mark Twain, *Seguindo o Equador*

Chegar a Calcutá no inverno de 1991 ainda era adentrar o inferno dos bravos. Nenhuma descrição de Kipling ou E.M. Forster nos prepara para o caos. O aeroporto é pouco mais do que uma choupana três estrelas em Mali — mas com atmosfera de últimos dias de *Casablanca*, o filme. O famigerado Indian Airlines procedente de Bangkok prosseguiria para Kathmandu — mas "só daqui a 2 dias", para desespero da armada européia prevendo o cancelamento de suas reservas de trekking no Nepal. Uma multidão acotovela-se em frente a um rústico balcão de madeira. Ao contrário de *Casablanca*, a miraculosa "carta de trânsito" é o recibo para pegar um táxi. Não há táxis: apenas alguns barbudos de turbante querendo *bakshish* — um chorinho.

Seguindo os desígnios de um Bogart local, vou direto para o acampamento dos táxis — um cemitério de Ambassador, relíquia colonial, na época o único modelo de veículo em toda a Índia. Sento em um deles e peço "centro". Comoção. Guerra para discutir o preço. Guerra porque querem um extra por um "guia". Guerra porque querem esperar mais gente para engordar a corrida. Finalmente partimos. Paisagem na névoa — como em *Casablanca*. Táxi sem faróis. O *sudra* ao volante dirige com a cabeça para fora da janela, espantando com seu rap hindu eventuais incautos riquixás em sentido contrário. Está tudo escuro. É como se estivéssemos sendo raptados. A inacreditável periferia de Calcutá assemelha-se a um pesadelo em realidade virtual. Os hotéis estão todos lotados — a começar pelo Fairmont, outra relíquia colonial. Finalmente acho um quarto. Um garotinho se propõe como mordomo, me chama de *sahib* e afirma poder conseguir o bem mais precioso de uma viagem à Índia: uma legítima garrafa de água mineral. Ligo a TV, exausto. E vem a definitiva bomba: Guns'n Roses berrando na MTV Ásia.

Revela volumes sobre nossa época o fato de que a milenar Santíssima Trindade do hinduísmo — Brahma, Vishnu e Shiva — foi subvertida por ninguém menos do que uma Barbie de maio vermelho: Pamela Anderson, suprema pneumática pin-up planetária, estrela de *Baywatch* (*S.O.S. Malibu* no Brasil) — a série californiana vista semanalmente por mais de 1 bilhão de pessoas de Arequipa a Yokohama onde celebra-se a batalha do corpo humano contra as forças da natureza e os limites da Lycra. A culpa do sacrilégio cabe a Rupert Murdoch — detentor da Fox TV nos EUA e América Latina, BSkyB na Europa e Star TV na Ásia. À maneira de seu êmulo tropical Roberto Marinho em relação ao Brasil — mas em uma escala absolutamente transcendental — o míssil de mídia Murdoch pode ser acusado de fundador da Índia moderna.

Em 91, algumas ínfimas parabólicas como a do hotel em Calcutá já podiam captar a Star TV. Até aí, uma das grandes civilizações do mundo — com uma estrutura social imutável há mais de 5 milênios — só tinha acesso a 1 canal de TV, ainda por cima estatal. O cúmulo da excitação era ver o *Mahabharata* — épico religioso hindu — em 98 capítulos, sem comerciais, e sem subtítulos. Até que desabou o apocalipse, imperial, neocolonial, via satélite, em inglês, através da Star TV de Murdoch, que já atinge nada menos que 53 países na Ásia e Oriente Médio. Milhões de indianos pela primeira vez em suas vidas karmicas foram apresentados à versão heavy metal do reino de *Maya* — "ilusão" —, onde os deuses são as rameiras 5 estrelas de *Dynasty*, o homem de Marlboro, o Grande Schwarzenegger e o ataque do Manchester United.

Imagine-se os efeitos do terremoto consumista e materialista decorrente — em uma terra liberada do colonialismo inglês em 1947 por um herói que vestia pouco mais do que uma fralda. Imagine-se o desespero conceitual dos líderes de uma cosmologia — o hinduísmo — que prega a autopurificação através da negação de todos os desejos. Garotas trocaram seus *saris* por Benettons e Nikes. Garotos trocaram o templo de Shiva pelo walkman. Seios nus — moreninhos — apareceram nas capas das revistas. Casais formaram-se e desfizeram-se sem casamento — em perfeito simulacro de *Dallas*. Estouraram TVs privadas veiculando arrepiantes simulacros hindus de *Embalos de Sábado à Noite* ou musicais da Metro. A Índia passou a crescer a 7% ao ano, a produção industrial a 8%, a classe média explodiu para — variam as estatísticas — supostos 200 ou 300 milhões de consumidores, e salivantes investidores internacionais descobriram o próximo grande mercado emergente. Murdoch é um gentleman. Bem que podia cobrar seus 10%.

O advento de Pamelão a uma orgia mitológica que inclui pelo menos 6 mil divindades titulares e milhares de reservas acelerou um processo incipiente. Empresários de Delhi, Bombaim e Calcutá, assim como a diáspora indiana — 15 milhões de empreendedores espalhados por Europa, EUA e vários tigres asiáticos — já não agüentavam mais tanta ressaca pós-colonialista e tanto ascetismo gandhiano. Ao contrário da China, a Índia contava com ampla democracia (a maior do mundo), um sistema legal decente, uma razoável base empresarial, mercados de capital estabelecidos, e uma elite bem-educada que falava inglês. Por que vacas sagradas encalhar seu acesso à globalização?

Em junho de 91, com o país quase a bancarrota e sob pressão total do FMI, o premiê Narasimha Rao e seu ministro da Fazenda, Manmohan Singh, apresentaram a uma perplexa parcela dos 890 milhões de indianos a encarnação moderna de Bhairab ("O Terrível"), o aspecto destruidor de Shiva: o mercado livre. Já circulava pelo globo a panacéia dos "mercados emergentes". Até aquele momento, conseguir a aprovação de um projeto na Índia pela kafkiana burocracia local era praticamente impossível. Logo na seqüência, o capital internacional começou a cogitar que a China pós-Deng poderia se transformar em um abacaxi cósmico. Em 94, a Índia já estava na mira de todos os mercados financeiros. Tem no mínimo 300 milhões de consumidores em potencial, falando inglês, e começou a crescer apenas agora, a um ritmo menos frenético do que a inevitável rival, a China — contra quem logo começou a ganhar terreno.

A Índia não é uma cultura como as outras: é um assalto sensorial, físico, intelectual e espiritual. O caos — opulento, viscoso, voluptuoso — reduz todos os nossos conceitos a geléia. A justaposição entre sarjeta e estrelas, miséria infra-humana e luxo paradisíaco, reconfere PhD em sanidade ao próprio Brasil. A diferença é que o vendedor de verduras que vê sua barraquinha sendo devorada por uma vaca sagrada, o executivo educado em Oxford, o faquir nu meditando no meio da lama da City of Joy de Calcutá e o pobre camponês que viajou dias para enterrar seus mortos à margem do Gânges — depois de gastar toda a sua fortuna na pira funerária — têm seu lugar, seu sentido e muita coisa em comum.

Como milhões de baby boomers, vivo sob a atração magnética da Índia desde a idílica era strawberry fields forever em que os Beatles eram capazes de largar tudo e se mandar para Rishikesh em busca de um realinhamento karmico sob o Maharishi. Mas apenas nos anos 90, graças ao scholar japonês Hajime Nakamura, no raro e precioso *Ways of Thinking of Eastern Peoples*, encontrei o mapa mais sensato da psicologia hindu. Vamos examinar sua essência.

A Grécia clássica considerava a moderação uma virtude fundamental. O mesmo acontecia na China. A Índia, ao contrário, sempre privilegiou os extremos. Os gregos clássicos já efetuavam um paralelo da Índia com Platão — notando a propensão da casta dominante dos *brahmins* em mitologizar problemas filosóficos como a imortalidade da alma e o julgamento depois da morte. Este extremismo hindu leva inevitavelmente à idealização — e a uma interminável criação de mitos. O orgulho dos pragmáticos chineses é baseado na sua História. Suas regras de conduta social são derivadas do exemplo de seus ancestrais — como Confúcio e Mencio — descritos em livros de História. Já a Índia não tem consciência histórica: deriva seus princípios de comportamento de livros religiosos, fábulas e parábolas — ou seja, fabulosas mitologias.

Não há limite — no tempo e no espaço — para a imaginação hindu. Um epicureano hindu é capaz de encharcar seu corpo e alma na busca do prazer de uma maneira que envergonharia qualquer hedonista ocidental. Um asceta hindu é capaz de levar uma vida de renúncia absoluta na floresta que envergonharia místicos medievais. O "caminho do meio" ensinado pelo Buda — a superação dialética tanto do prazer quanto da autopunição — é um caso absolutamente excepcional na Índia; tanto assim que, mesmo originando-se na Índia, o budismo hoje é praticado apenas por uma minoria.

Assim como no Ocidente, o debate de idéias também se desenvolveu na Índia. Mas não se pratica a dialética platônica como a conhecemos — visões conflitantes que iluminam um ponto de discussão. As lições são unilaterais: o mestre expõe, o discípulo escuta e internaliza os ensinamentos. Idéias não interagem entre os dois lados, somente a um nível altíssimo de debate. E mesmo quando predomina um ponto de vista, o lado oposto não abandona sua visão.

Encontramos na Índia estilos artísticos magníficos, brilhantes, onde tudo é hipérbole. A poesia é a forma artística privilegiada. Até mesmo trabalhos de economia, política e matemática se expressam em verso. Na origem destas fantásticas hipérboles, temos o fator crucial: o conceito de "verdade", completamente diverso do Ocidente. O mais antigo equivalente de "verdade", em sânscrito, é o termo *satya*. Em textos sagrados como os *Upanishads*, *dharma* — verdade — é considerado idêntico a *satya*. Ou seja: a verdade não é um encontro entre o conhecimento subjetivo e a ordem objetiva. A verdade é uma ética, uma observação de regras de conduta. A verdade é levar um modo de vida espiritual. E a verdade, acima de tudo, é imutável.

A filosofia grega nasceu como um estudo da Natureza. A filosofia hindu, desde o início, estava preocupada com o que transcendia a Natureza. Os gregos tinham uma visão geométrica do mundo físico — a base do imenso progresso das ciências naturais no Ocidente. O racionalismo das ciências naturais era baseado em cálculos matemáticos. Foi o que tornou tecnologicamente possível o crescimento do capitalismo. Jamais este progresso econômico poderia ter acontecido na Índia — porque a filosofia hindu é metafísica.

Em 96, em Bangkok, Indra Choudhuri, professor de literatura da Universidade de Delhi, sintetizou esta visão de mundo depois de uma longa conversa sobre beats americanos, Salman Rushdie e literatura fantástica latino-americana: "Na Índia, predomina a unidade na diversidade. Nosso pensamento não é logocêntrico e exclusivo: é simbólico e inclusivo. O Ocidente desenvolve-se a partir da substituição. Está continuamente se reescrevendo. Mas a Índia desenvolve-se pela acomodação. Novas idéias podem suplantar antigas, mas as antigas permanecem. Permite-se sua coexistência com as idéias novas".

A vida na Índia, portanto, é como uma imensa novela fantástica onde o tempo é uma planície, os signos externos cumprem algum insondável desígnio, e tudo, claro, é ilusão — eternamente repetida. Naturalmente é o que explica o atraso de horas no meio da madrugada gelada do trem de Varanasi para Bihar — o estado mais pobre da Índia —, onde o bilhete, um pedaço de cartão, aponta para um vagão inexistente, só restando ao viajante prosseguir grudado a algumas centenas de camponeses em uma involuntária e inédita posição de yoga.

Assim como Jean Baudrillard já definiu o Brasil como a "reserva de clorofila" planetária, a Índia pode ser definida como nossa reserva de espiritualidade — como percebeu o Romantismo alemão no século 19 e a contracultura dos 1960s. Não é de se estranhar que por sua cosmologia radicalmente oposta ao Ocidente, a mera menção do nome "Índia" nos círculos de business globais costumava provocar visões de hippies ensebados em meditação, hordas famintas na City of Joy de Calcutá — a maior, fora da África, e mais alucinante favela do mundo —, ou cadáveres boiando no curry fétido do Gânges enquanto fiéis fazem suas abluções à margem do rio. É verdade que no mínimo um quarto da população — cerca de 220 milhões de almas — ainda permanece vivendo em pobreza absoluta. Mas mudou o tom do noticiário. IBM, GM e Coca-Cola contemplam uma massiva classe média fluente em inglês. Trading companies japonesas avançam com joint ventures para explorar tudo — de óleo a aço. Investimentos sobretudo coreanos de mais de US$ 5 bilhões ameaçam transformar a Índia na Detroit da Ásia — fabricando carros para todo o continente. Uma corporação malaia quer construir uma auto-estrada de 700 km em Bengala: as estradas indianas naturalmente ainda vivem na Idade Média. Know how local, de Bombaim, já perpetrou uma das maiores façanhas de engenharia deste final de século: uma ferrovia de 500 km que os vitorianos não ousaram construir. Cingapurianos constroem hotéis, os inevitáveis shopping malls e um parque high-tech em Bangalore — a Silicon Valley no Sul da Índia, um dos maiores centros mundiais de exportação de software e onde grande parte das empresas de informática americanas subcontratam programação de computadores.

Mahatma Gandhi Road, em Bangalore, capital do estado sulista de Karnataka, é onde joga-se o futuro high tech da Índia. É um faroeste digital acoplado a um caos absolutamente hindu. Caquéticos ônibus diesel expelem fumaça azulada. Riquixás pretos e amarelos ameaçam atropelar vacas, carneiros, porcos, cachorros, ou um aluvião de pedestres em *dhotis* brancos ou *saris* em technicolor. O lixo não coletado invade as calçadas, onde bazares e banquinhas vendem de tudo — de sapatos velhos a bicicletas e objetos de cozinha. Produtoras de software acumulam-se em salas lotadas de geradores — porque falta luz sem aviso a qualquer hora. Em bares com interior saído diretamente de *Guerra nas Estrelas*, agentes high tech locais acompanham entusiasmados séries como *Melrose* na Star TV de Murdoch, bebem cerveja local, dançam disco hindu — uma hilariante demência kitsch — e vomitam retórica em bits.

O mecenas desta revolução tecnológica é o industrial Nasarwanji Tata — fundador de um dos mais poderosos grupos do país — que em 1909 criou uma Universidade de Ciência e Tecnologia. É desta Stanford em sânscrito que saem até hoje os *brahmins* da ciência hindu. A Índia, como se sabe, passou todas as décadas pós-Gandhi e Nehru voltada para seu umbigo, em completo isolamento tecnológico. Empresas locais eram obrigadas a se suprir de software local. Quando chegaram IBM, Intel ou Texas Instruments, a partir da liberalização econômica de 91, a surpresa foi agradabilíssima: encontraram uma produção de software econômica, elegante e de nível internacional.

O orgulho de Bangalore é a Electronics City, um parque de mais de 300 hectares, construído pelo governo do estado de Karnataka, que abriga mais de 100 empresas high tech, entre elas Motorola e 3M. Seus jovens agentes high tech comentam que se a Coréia do Sul pode exportar quase US$ 25 bilhões por ano em software, não há por que a Índia deva se contentar em exportar menos de US$ 1 bilhão. O mercado global de projetos vale entre US$ 8 e US$ 10 bilhões/ano. A Índia tem apenas 5% deste mercado. O mercado de produtos já passa de US$ 50 bilhões. A questão crucial é se o software made in India pode perpetrar o definitivo salto de criatividade que o levará a incorporar valor adicional e sólida identidade de marca.

A grande vantagem comparativa da Índia são os seus chamados "cost-effective software writers" — eufemismo para designar técnicos baratos. Um programador de nível médio ganha na Índia US$ 3 mil por ano. Os melhores ganham menos de US$ 10 mil por ano — o que é uma renda de rico. Nos EUA, é impossível conseguir um talento top por menos de US$ 5 mil por mês. Corporações globais hoje são absolutamente viciadas em programadores indianos. Metade dos graduados nas melhores universidades do país sonham e deixam a Índia pelo emprego ideal — que costuma vir acompanhado de um mítico green card.

A Índia tem todo o necessário para se tornar uma competidora global. Apóia-se em uma riquíssima tradição de enquête filosófica — o que explica a facilidade de seus agentes high tech em lidar com os complexos mecanismos conceituais inerentes à produção de software. Garotos comentam como escrever software é a mesma coisa que seguir a religião hinduísta: ambas as abordagens são sistemáticas. Também comentam que a Índia está começando a mudar sua mentalidade, abrindo-se para o mundo. O planeta pergunta-se se mudará o *karma* em seu software mental.

A Silicon Graphics californiana está instalada em Bollywood — a Hollywood indiana em Bombaim (produtora de mais de 700 filmes por ano em diversas línguas). Seu objetivo é transformá-la em um centro de produção de efeitos especiais digitais para cinema e vídeo de alcance mundial. A Daewoo sul-coreana está construindo na região sua fábrica de automóveis hiperautomatizada. Aproveitando-se desta mão-de-obra barata e fluente em inglês, a Swissair e a British Airways transferiram toda a sua contabilidade e emissão de passagens para Bombaim. Até os comunistas *bengalis* de Calcutá — que consideravam o computador um instrumento do Mal — privilegiam uma perestroika shivaísta onde lucro e competitividade começaram a desterrar 5 décadas de socialismo da miséria.

Nem todo faquir já anda de completo Armani com gola Nehru. Mesmo assim, as reformas econômicas, com meia década de vida, funcionam. Crescem a produção industrial, as exportações (mais de US$ 32 bilhões em 96), e as reservas em moeda estrangeira (US$ 1 bilhão apenas em 91, mais de US$ 20 bilhões em 96). Desapareceram impostos de 400%. Caem taxas de importação de computadores (de 250% para 75%) e tecidos (de 65% para 22% até 1998). A rupia já é uma moeda conversível. Em uma pesquisa suíça de 95 com 1.500 executivos top globais sobre os prováveis países mais competitivos do mundo em 2030, a Índia ficou em um glorioso 7º lugar. Atrás da China, é verdade, mas à frente de Taiwan, Suíça e todos os países europeus à exceção da Alemanha.

A diáspora indiana está começando a voltar ou a se interessar em investir na terra natal. São 15 milhões de indianos com capital, tecnologia e experiência administrativa, espalhados por Sudeste da Ásia, Oceania, Inglaterra, emirados do Golfo, Leste e Sul da África, América do Norte e Caribe. Valem respeitáveis US$ 60 bilhões — e têm potencial para rivalizar com a diáspora chinesa em diversas áreas. Quando o *Financial Times* celebrou a "única siderúrgica verdadeiramente global", businessmen não contiveram seu espanto ao descobrir que tratava-se da Ispat, controlada por um industrial indiano, Lakshmi Mittal, baseado em Londres.

Mercadores hindus comerciam há séculos com árabes e chineses. Compravam cavalos dos gregos e vendiam tecidos e especiarias para o Império Romano — e depois bizantino e persa. Configuraram-se como os elos no Sudeste da Ásia entre árabes e chineses, e depois entre a Companhia Britânica das Índias Orientais e os soberanos locais. Junto com suas mercadorias e técnicas de irrigação, disseminavam em suas viagens uma poderosa influência cultural e religiosa — budismo, hinduísmo, islamismo, hoje notável em Bali, na Malásia, Burma, Camboja e até mesmo Hong Kong. A partir do final do século 19, constituiu-se uma nova leva de emigração — planejada e dirigida, ao contrário da espontaneidade característica da diáspora chinesa — e destinada a trabalhar nas plantações em diversas colônias britânicas. A diáspora recente é altamente bem-educada e qualificada — uma elite que busca empregos especializados em mercados ricos.

Os indianos sempre trabalham e emigram em grupos. Habitantes de um vilarejo ou aldeia costumam emigrar e formar um grupo homogêneo na terra de adoção. Grupos de *tâmil* — que sempre viveram no Ceilão, hoje Sri Lanka — privilegiaram Burma, Malásia e Cingapura. Os *jains* do Gujarat dominam o mercado de diamantes em Antuérpia. Os *punjabis* — que incluem os *sikhs* — são ativíssimos na Inglaterra, no Sudeste da Ásia e no Leste da África. As conexões da diáspora indiana são labirínticas. Os laços baseiam-se em casta e afinidades étnicas e religiosas — muito mais importantes do que uma suposta identidade indiana. Um *sikh* proprietário de um restaurante em Bangkok resume o processo: "Nós, assim como os chineses, temos uma forte tendência a poupar. Dividimos uma profunda consciência do que representa o dinheiro. E preferimos trabalhar dentro de nossas próprias redes". Assim como os chineses, os indianos são obcecados em manter um perfil discreto não só político mas também em relação a cotar suas empresas em Bolsa. A maior parte dos negócios está sob controle familiar.

Ao contrário da diáspora indiana, os chineses são da raça mongol — ubíqua no Sudeste da Ásia — o que facilita sua assimilação e integração cultural pelas populações locais. Indianos, por exemplo, não acreditam em casamento inter-racial. Preferem voltar à aldeia natal quando decidem procurar uma esposa.

A diáspora indiana é extremamente móvel. 2 fatores cruciais a privilegiam: uma enorme capacidade de trabalho, e a habilidade de rapidamente se adaptar tanto a países desenvolvidos quanto a em desenvolvimento. Em uma famosa entrevista de 91, logo após o início das reformas econômicas, o ministro das Finanças, Manmohan Singh — um *sikh* —, observou que todos os Bancos Centrais do Ocidente lhe diziam a mesma coisa: se a Índia fosse mais aberta a investimentos estrangeiros, o fluxo de depósitos da diáspora em poder de bancos americanos e europeus para a Índia logo a configuraria como uma nação credora — e não dependente de migalhas do FMI. É possível que isso aconteça até o ano 2000 — se o país não imergir mais uma vez em seu sono milenar.

O boom econômico da Índia jamais poderia ser uniforme. A "Belindia" que existe no Brasil ou na China é ainda mais acentuada na própria Índia — dividida, até mesmo esfacelada por casta, religião, língua, região e agora economia. O país que funciona, a terra da iniciativa privada, mais rico e mais aberto ao mundo exterior, está a Oeste. O que não funciona, terra das estatais heavy metal, está a Leste. Calcutá, a Leste, capital do estado de Bengala, foi o primeiro porto da Índia, mas Bombaim, a Oeste, historicamente gerou mais vocações para viagens e comércio.

A divisão Norte/Sul também é crucial. O Sul — onde está a frenética indústria da informática — se recusa a falar hindi, a língua oficial, e prefere inglês. O Norte é uma região extremamente volátil, o Sul muito mais calmo. Os movimentos separatistas estão no Norte. Os *sikhs* do Punjab acalmaram-se um pouco, mas a barra continua pesada no Kashmir — que a fantasia ocidental costumava considerar um Shangri-La.

O Kashmir é o fundamental pomo da generalizada discórdia entre hindus e muçulmanos. Riquíssimo em minérios e hoje ocupado por 500 mil soldados do exército indiano, o Kashmir muçulmano culturalmente não tem nada a ver com a Índia: é pura Ásia central. No inverno, Srinagar, capital do Kashmir — mesmo sob a presença ostensiva, agressiva, humilhante dos imberbes sulistas do exército indiano —, permanece tão narcótica quanto um sonho de ópio. A população muçulmana acolhe os visitantes com soberba hospitalidade em confortáveis houseboats herdados dos britânicos. No mercado central, onde kalashnikovs convivem com tomates, jovens militantes do Front de Liberação Jammu Kashmir explicam polidamente sua luta pela autodeterminação. *Shikaras* — pirogas de madeira — cruzam lagos absolutamente mágicos no vale do Kashmir sob um fog irreal. Esta é mais uma terra à qual aplica-se a "terrível beleza" do poema de Yeats.

Há três soluções possíveis para o Kashmir: permanecer parte da Índia, ser anexado ao Paquistão, ou um Kashmir independente. Para a Índia, a segunda ou até mesmo a terceira possibilidade são anátemas. Eleições no Kashmir invariavelmente são denunciadas pelos muçulmanos como farsa. Ainda não há solução à vista para as revoltas, assassinatos, incêndios de mesquitas e verborragia militarista entre Islamabad e Nova Delhi.

A CIA já previu muita bobagem. Mas seu alerta de que a primeira guerra nuclear do futuro será na fronteira Índia-Paquistão não deve ser subestimado. Índia, Paquistão e China compõem um verdadeiro triângulo do urânio enriquecido. A rede de intrigas lembra o "Grande Jogo" durante a hegemonia britânica do final do século 19 até a Segunda Guerra — imortalizado na literatura por Kipling. A paranóica Índia enxerga uma conspiração China-Paquistão. Há um trânsito de espiões mais voraz do que na antiga Cortina de Ferro. No Kashmir, até as vacas sagradas não escapam aos AK-47.

A China controla uma vasta área dos Himalaias que roubou da Índia em uma incursão surpresa em 62. Índia e Paquistão têm bombas semelhantes às de Hiroshima. A Índia já aperfeiçoa mísseis nucleares com alcance de 250 km — suficientes para incinerar as principais cidades do Paquistão. O Paquistão, no entanto, está à frente da corrida — aproveitando-se do bazar instalado pela China, que vende a rodo mísseis M-11, capazes de chegar em minutos a cidades no Norte da Índia. Islamabad gasta nada menos que 63% do seu orçamento em armas e com o serviço de sua dívida externa — que dispara justamente por causa da compra de armas. Para ampliar a paranóia indiana, a China já dispõe de vários mísseis balísticos intercontinentais: sua economia é 3 vezes maior do que a da Índia, e poderá ser 11 vezes maior em 2020.

Acima de todas as paranóias e fraturas indianas, paira o manto negro da suprema desigualdade social, perpetuada no sistema de castas. Os melhores analistas do universo indiano concordam que desigualdades educacionais refletem e entronizam cada vez mais desigualdades sociais. Os *brahmins*, casta dominante, nunca se interessaram por educação primária — que na Índia não é compulsória. Todos os investimentos vão para educação superior — que naturalmente só beneficia *brahmins*. Até os peixes reencarnados do Gânges já sabem que não existe milagre econômico na Ásia sem altos níveis de educação.

O grande debate político atual é justamente em torno do sistema de castas: que empregos e que vagas escolares devem ir para os mais pobres. As "castas inferiores" representam quase metade da população, ou seja, mais de 400 milhões de indivíduos — entre eles cerca de 150 milhões tentando viver com menos de US$ 10 por mês. Para as castas privilegiadas, a marcha dos pobres ameaça explodir as instituições em que se baseia toda a sociedade indiana — o que não seria totalmente um mau negócio. Já os representantes dos pobres precisam resolver o dilema entre quem deseja mais ajuda do Estado e uma economia que ainda se adapta às regras implacáveis do mercado livre.

Todos sabem que só poderá haver um certo equilíbrio se a Índia continuar crescendo em torno de 7% ao ano, o que pressupõe entre outras coisas um Estado vigiando cuidadosamente suas despesas. Existe uma rede social da qual a Índia se orgulha por ser um programa prioritário — e não paliativo, como no Brasil. O programa provê pensões para os mais velhos, auxílio-maternidade para mulheres pobres e seguro para famílias pobres, e um subsídio de 50% para estudantes rurais pobres que cursaram até o fim da oitava série e querem trabalhar por si mesmos. A sobrevivência deste incipiente welfare state é inevitavelmente comprometida pelas exigências do FMI.

Os sagazes políticos indianos sabem que dando uma mãozinha ao povão conseguem comprar votos. O caos eventualmente desanda em violência, porque não há como prometer vagas ou empregos para tanta gente. A classe política indiana nem mesmo debate como fazer para multiplicar as oportunidades de estudo e trabalho. É tudo retórica. Indira Gandhi, em 71, demoliu os opositores de seu Partido do Congresso apenas com um slogan: Banir a Pobreza. Ideólogos do principal partido de oposição, o hipernacionalista Bharatiya Janata Party, afirmam que mesmo com o boom econômico os camponeses ficaram ainda mais pobres nos anos 90 por causa da participação decrescente da agricultura na riqueza nacional. Não se debatem as implicações. Como os indianos são profundamente divididos por casta, região, religião, e agora pelo boom econômico, é praticamente impossível para um partido político uni-los em uma causa de interesse nacional.

É verdade que a Índia pós-colonial não sofreu um cataclisma equivalente à hiperinflação brasileira ou o colapso econômico da ex-URSS. Mas hordas de políticos e burocratas não têm o menor interesse em qualquer tipo de mudança. Praticamente todos são da casta dos *brahmins*. Mesmo quando uma reforma crucial é decidida no topo da pirâmide, sua implementação é um caos — devido ao individualismo anárquico e ao desrespeito à autoridade característico dos indianos.

Qualquer indiano, do *brahmin* empresário ao intocável varredor de rua, é um editorialista nato. Ótimo para quem acompanha a dinâmica imprensa nacional em inglês — lotada de intermináveis polêmicas transbordando de barroquismos lingüísticos. Péssimo para quem quer um cotidiano um pouquinho mais eficiente.

Há 3 enormes obstáculos para que a decolagem econômica indiana espalhe-se por todo o país: esta miopia política, a infra-estrutura medieval, e a permanência de uma mentalidade burocrática mais tortuosa do que o bazar muçulmano em Old Delhi. Em Darjeeling, uma espetacular Suíça nos Himalaias — onde o colonialismo inglês se refugiava do calor africano nas planícies —, um velho coronel do ex-Império Britânico, expert em Índia, passou 2 noites sorvendo seu brandy em frente à lareira do esplêndido Windamere Hotel me convencendo de que esta mentalidade é imutável. Seu raciocínio me transportou aos tempos em que a Companhia das Índias Orientais colonizava o subcontinente para os britânicos: é este fantasma que hoje a Índia busca exorcizar. Passei meses, e mesmo anos, comparando sua visão com a de um *sadhu* — homem santo — que provavelmente ainda faz ponto em frente a uma soberba e improvável máquina de café Gaggia em meio ao caos de um ancoradouro à margem do Gânges, em Varanasi. Este *sadhu*, um gentleman de Bengala, educado à inglesa, largou absolutamente tudo aos 50 anos para buscar sua iluminação on the road; um soberbo exemplo desta Índia dos extremos.

Para melhorar sua infra-estrutura, a Índia precisa de vários Gânges de dinheiro, e muito jogo de sedução com o capital internacional. Até banqueiros mercantis acostumados com procissões de zeros franzem as sobrancelhas: US$ 30 bilhões para o setor energético, US$ 40 bilhões para construir estradas, US$ 12 bilhões em sistema telefônico. A privatização das telecoms movimentou mais de US$ 25 bilhões em 95. A Índia tem uma das taxas mais baixas do mundo de consumo de energia. É um país que ainda vive — literalmente — no escuro. No total, serão necessários no mínimo US$ 200 bilhões nos próximos 12 anos para que continue crescendo a um ritmo de ao menos 6% ao ano. E mais outras dezenas de bilhões para as estradas, aeroportos, portos e zonas industriais que serão capazes de equiparar a Índia à competição cerrada de China, Indonésia ou Vietnã.

Sob uma ótica puramente estatística, a Índia como um todo terá que trocar a yoga pelo bodybuilding. O PNB per capita, mesmo por paridade de poder de compra, ainda é US$ 1.385 — um dos mais baixos do mundo. 40% da pobreza mais terminal do planeta tem endereço fixo na Índia. Apenas 2,3% da população tem uma renda anual superior a US$ 2.500. Em 51, foi o primeiro país a lançar um programa de controle populacional. Mesmo assim ainda nasce quase uma Austrália de bebês por ano — 18 milhões —, que precisa de casa, comida e roupa. Menos da metade da população é alfabetizada. Há apenas 1 telefone para cada 93 pessoas (1 para 36 na China) — a maioria mudo por semanas — e uma

TV para cada 23 pessoas (1 para 6 na China). Apenas 14% da população tem saneamento básico — uma porcentagem de inferno africano. 63% dos menores de 5 anos de idade sofrem de má nutrição.

Quando viajamos pelo interior de províncias como Uttar Pradesh e Bihar, o que mais impressiona é o absoluto descaso com o espaço público. Se o hinduísmo é tão obcecado com purificação, como é possível que milhões possam urinar e defecar na rua? Há uma explicação possível: o sistema de castas é uma divisão tão rígida que dissolveu no ar a responsabilidade pelo espaço comum. Há também a verdadeira explicação, não admitida publicamente: o que importa para os hindus são os rituais de purificação que criam a sensação de limpeza interior. Daí a indiferença ao lixo ambiental: é puro *maya*, ilusão. Para nós, ocidentais, esta levitação conceitual é incompreensível. Especialmente quando estamos perdidos no dédalo da City of Joy — a megafavela de Calcutá —, onde os reinos animal e vegetal convivem na argila e na lama com um prodigioso exército de protozoários.

Cínicos europeus insinuam que a tragédia da Índia — não um privilégio exclusivo — foi ter economistas brilhantes, que conseguiram inventar um sistema combinando o pior de capitalismo e socialismo. Mas boa parte da miséria poderá ser varrida até 2010. Mesmo com miséria, o Banco Mundial prevê que a Índia será uma das maiores economias do mundo em 2020. Lawrence Summers, economista-chefe do Banco Mundial, acha que a Índia tem tudo para ser a economia mais dinâmica do mundo já a partir do final deste século. Há uma percepção generalizada entre businessmen operando na Ásia que trabalhadores indianos tendem a ser mais inteligentes do que os chineses. Haveria um quê de criatividade brasileira nos indianos que passa ao largo dos robóticos chineses. Além disso, um indiano é barato: pode sair por US$ 50 ao mês, o mesmo preço de um chinês, e apenas 5% do preço de um taiwanês. Mas deve mudar a mentalidade bovina, especialmente a um nível médio: são necessários nada menos que 6 indianos para fazer o mesmo trabalho de dois chineses ou de um taiwanês. Esta produtividade é famosa na Ásia, sob o nome de "taxa de crescimento hindu". 950 milhões de pessoas na Índia produzem menos riqueza do que apenas 18 milhões de pessoas na Austrália.

Foi o boom da China que obrigou os indianos a trocar *maya* pelo mercado. A China não só enriquece como vende seus famosos mísseis para o Paquistão, vende armas pesadas para os militares de Myanmar, reposiciona sua artilharia estacionada no Tibet, e mantém uma base naval a apenas 40 km das ilhas indianas de Andaman. Os indianos temem um sufocamento econômico tanto quanto um suposto cerco militar. Deve-se acelerar cada vez mais a furiosa competição entre China e Índia por investimento estrangeiro. A Índia quer e precisa conseguir os mesmos US$ 30 bilhões ou mais que a China consegue por ano para manter seu objetivo a longo prazo de uma performance comparável à dos tigres.

A escolha entre Índia e China requer sabedoria salomônica. Na Índia, paga-se entre 18% e 21% de juros por empréstimos bancários. Na China, pode-se conseguir um empréstimo em Hong Kong a 6%. Na Índia falta luz — no mínimo 3 horas — praticamente todo dia, além das lancinantes oscilações de voltagem; todo mundo precisa ter gerador próprio. Em matéria de papelada com carimbo, o pesadelo é equivalente. Ainda há muito Estado na Índia — e onde não interessa, porque o Estado é ineficiente em educação e saúde. Mas o setor estatal na Índia emprega "apenas" 19 milhões de pessoas, contra mais de 100 milhões na China. O PC pós-Deng está em rota de colisão frontal com o leninismo de mercado. Indianos calculam que qualquer instabilidade chinesa só tem a beneficiar a Índia. Ninguém sabe até que ponto. Um ex-embaixador indiano na Europa comenta que a intervenção americana no Vietnã não foi tão vã quanto confessou Robert MacNamara: serviu para conter o expansionismo chinês de Mao nos anos 60. O mesmo embaixador comenta que uma expansão econômica da Índia será absolutamente fundamental para contrabalançar uma China rica e arrogante no século 21.

Manter o boom econômico, portanto, é uma tarefa digna dos múltiplos braços de Shiva, a divindade da criação/destruição. Todos "torcem" para a Índia, mas — como poderíamos suspeitar — não necessariamente a própria. O advogado constitucional Nani Palkhivala nota que "entre todos os países do mundo, acho que nenhum tem a propensão para autodestruição que se encontra na Índia". Indra Choudhuri, o professor de literatura, raciocina poeticamente: "O Ocidente move-se do passado para o futuro, enquanto a Índia move-se do presente para o presente. A realidade da Índia é sempre contemporânea. Nós não nos movimentamos para a frente, mas nos viramos de lado na cama e começamos um outro sonho".

O oráculo Lee Kwan Yew recomenda levantar-se da cama o mais cedo possível: "A Índia corre o risco de voltar à medíocre taxa de 4% de crescimento econômico que experimentou desde a independência. Se continuar no rumo, pode crescer a 7% ou mais". O país cresceu a 7% em 96. Lee irrita-se profundamente com a "indisciplina" indiana: ele acredita que para sonhar em crescer a um ritmo comparável ao da China, os indianos devem tentar o impossível: mudar seu caótico sistema político, onde é impossível controlar a implementação de qualquer diretriz.

As eleições de maio de 96 foram uma tonitruante ilustração das tendências autodestrutivas indianas — e de sua obsessão em se virar na cama e começar um outro sonho. O Partido do Congresso, na prática uma dinastia Nehru-Gandhi, no poder há praticamente meio século, autoproclamava-se a voz de toda a Índia — dos intocáveis aos *brahmins*. Foi devorado pela reemergência do nacionalismo hindu e dos partidos de esquerda. De acordo com Pram Chopra, diretor do Centro de Pesquisas Políticas de Nova Delhi, a sociedade indiana se fragmentou: "As castas se organizaram de acordo com seus interesses, em cada região, e o Partido do Congresso não tinha como atender às suas expectativas. Criaram-se novos partidos, especialmente para atender aos interesses dos intocáveis e dos desfavorecidos. E as castas mais altas se reuniram no BJP".

O Partido do Congresso — para o qual ordem e disciplina são indispensáveis à modernização do país — perdeu em parte pelos seus escândalos internos. Mas acima de tudo porque perdeu o apoio de muçulmanos, intocáveis, e das castas privilegiadas. Os muçulmanos (12% da população) deserdaram por uma questão de ódio religioso: a impotência do governo diante da destruição de uma mesquita em 92. Apoiaram partidos de esquerda e extrema-esquerda. Os intocáveis (15% da população) finalmente têm o seu próprio partido político. As castas mais altas deserdaram porque apreciam a rejeição do BJP à discriminação positiva em favor das castas mais baixas — que representam mais de 50% da população. O fato principal deste xadrez é que a plebe indiana, finalmente, atinge uma certa dignidade. À democracia política segue-se — através de uma revolução pacífica nas urnas, detonada por 590 milhões de eleitores — uma democracia social, ou pelo menos o seu esboço.

Quanto à agenda chauvinista do ultranacionalista BJP, é um desastre para o futuro do país. Inclui endurecer a repressão no Kashmir, endurecer a confrontação com a "ameaça paquistanesa" e expulsar os imigrantes de Bangladesh. Para estes extremistas, a identidade cultural da Índia resume-se ao hinduísmo. Sua emergência fatalmente reverterá o crescimento econômico impulsionado pelo premiê Rao. Rao, um *brahmin* setuagenário, foi culpado de privilegiar a elite e "perder o contato com as massas". Terminou envolvido em um escândalo de corrupção. Rao nunca teve a estatura de um Nehru ou de uma Indira Gandhi. Mas foi seu governo que recolocou a Índia no mapa global.

Sonho ou realidade? Em nenhum país do mundo encontramos esta mescla de fatores sociais, culturais, econômicos e políticos que parecem confinar a Índia a uma espécie de camisa-de-força cósmica. Para integrar pelo menos 600 milhões de deserdados à sua decolagem econômica, a Índia não pode apenas invocar a vaca sagrada primordial — aquela que "concede todos os nossos desejos". A Bovina Divindade — mesmo sem um doutorado no M.I.T. — diria que a Índia precisa, simultaneamente, investir em infra-estrutura, cortejar os bilhões da diáspora indiana e dos investidores estrangeiros, aplacar os ódios raciais e religiosos, incentivar sua enorme classe média (maior do que toda a população dos EUA) e acima de tudo controlar a voracidade estatal e burocrática. As batalhas serão mais épicas do que Ramayana e Mahabharata juntos. Vejamos uma prévia.

Rádios, relógios, brinquedos e outras centenas de itens de consumo baratos — responsáveis pelo início da ascensão à riqueza de Japão, Coréia e Taiwan — foram reservados desde os anos 40 à chamada indústria indiana de "pequena escala", uma idéia que remonta a Gandhi e suas elegias à economia de vilarejos rurais. Para os economistas socialistas dos anos 50 e 60, a expansão exagerada desta indústria a tornaria capital-intensive, e portanto incapaz de gerar mais empregos. Resultado: provincianismo total, design de produtos primitivo, qualidade nula. A Índia só tem a ganhar se tomar um banho de design nas melhores fontes e começar a exportar suas bugigangas para o mundo.

No pântano das privatizações, a ruidosa oposição hindu-nacionalista ao governo do premiê Rao rejeitou em 95 uma joint venture entre o gigante industrial Tata — um grupo familiar — e a profissionalíssima Singapore Airlines para lançar uma nova linha aérea. Diziam ser uma apropriação do espaço aéreo indiano. Voar pela Indian Airlines — quando e se os aviões decolam — era e ainda deverá ser uma das mais intoleráveis experiências a que pode se submeter um ser humano. Os nacionalistas deveriam perceber que até os militares assassinos de Burma foram atrás da Singapore Airlines para modernizar sua linha aérea. Depois de interminável ziguezague, finalmente a joint venture foi aprovada no início de 97.

O mantra econômico dos nacionalistas hindus é no mínimo curioso — além de flutuante. Para eles, os indianos podem comprar uma Mercedes 220E, mas não uma coxinha da Kentucky Fried Chicken. Quando a Pepsi entrou no mercado, apoiaram uma campanha antimultinacionais lançada por um fabricante local de colas, Parle. Pouco depois, a Parle associou-se à Coca-Cola... Investimento estrangeiro em qualquer área — inclusive para a fundamental melhoria da infra-estrutura — é considerado anátema. Bem, se for realmente inevitável, pode: mas só de países asiáticos "compatíveis culturalmente". Pensando bem, se vier da Alemanha também pode.

Mesmo sob a fumaça de tanta *tandoori* chicken, a Índia é um milagre econômico pronto para acontecer. Um estudo recente de uma fundação do governo indiano revelou que o mercado local é muito maior do que se supunha. Descobriu-se que nada menos que 780 milhões de pessoas consomem, por exemplo, sabonete e óleo de cozinha. "Apenas" 210 milhões de pessoas foram classificadas como totalmente destituídas. 6 milhões foram classificadas como super-ricas (o que na Índia significa um domicílio com renda anual de apenas US$ 28.500). 150 milhões foram classificados como classe consumidora, 275 milhões como subindo na escala social, e 300 milhões como aspirantes. Uma pesquisa como essa é o estofo dos sonhos de corporações globais. O problema é como participar deste mercado sem garantias de que o poder político vá zelar pela manutenção de sua saúde.

O mais importante — do ponto de vista ocidental — é que a base está pronta: na Índia, vigora a Lei, e não o arbítrio — apesar dos inevitáveis escândalos político-econômicos. Não se pode dizer o mesmo da China. Britannia pode ao menos se orgulhar de que o legado colonial hoje funciona em benefício dos ex-súditos: os sistemas jurídico e contábil funcionam com regras claras e sob o império da Lei. Se não vagar pela burocracia, preconceitos socioculturais, protecionismo retrógrado e, acima de tudo, esta sua irredimível tendência autodestrutiva, a Índia será mesmo uma das sociedades mais vibrantes do século 21 — como apostam os executivos da pesquisa suíça, todos potenciais investidores. Poderá inclusive se dar ao necessário luxo de varrer Pamela Anderson, Joan Collins e Bon Jovi da sagrada companhia de Brahma, Vishnu e Shiva.

17

Buda, Confúcio, Lao-Tsé — ou Hamlet?

"A História deve nos servir de espelho; o futuro nela se reflete"
Qianlong, quarto Imperador Qing
(Manchu) de 1736 a 1796

"Eu o aconselho a livrar-se de seu excessivo orgulho e ambição. Não vão lhe servir para nada"
conselho de Lao-Tsé, aos 88 anos,
ao jovem Confúcio, em 516 a.C.

"Caminhamos através de nós mesmos conhecendo ladrões, fantasmas, gigantes, anciãos, jovens, esposas, viúvas, almas-irmãs, mas sempre conhecendo a nós mesmos"
James Joyce, *Ulysses*

"Tudo que tem forma é vazio. Quando você enxergar todas as formas como sem forma, você verá o Buda"
Buda, Sutra do Diamante

"Se você olhar nas sementes do tempo/ e disser que grão vai crescer, e que outro não/ então fale para mim"
Shakespeare, *Macbeth*

A mountain bike estaciona silenciosa na praça circular em torno do *stupa* budista de Bodnath, no Nepal. Centenas de tibetanos circumambulam o templo como sombras da noite antes do amanhecer. Os únicos sons são seus passos e o murmúrio constante e gutural dos mantras. Hipnotizados, entramos no fluxo da "roda da vida". A mountain bike a seguir cruza o vale de Kathmandu até o templo hinduísta de Pashupatinath, onde diante de uma espécie de miniatura do Gânges, *saris* em technicolor fazem suas abluções sagradas, uma família camponesa acompanha uma cremação em uma pira funerária e *saddhus* concentram-se para praticar levitação. A mountain bike escala lentamente os terraços superpostos em verde psicodélico na encosta de uma montanha até um hotel deserto no topo, de onde contemplamos em todo o esplendor de céu azul, vento gelado e cumes nevados a cadeia dos Annapurnas nos Himalaias. A mountain bike desce lentamente para o vale ao crepúsculo até o *stupa* de Swayanbunath, onde caçambas de metal "cantam" quando tocadas por uma vara de madeira, o sol gelado beija os olhos do Buda, e nômades e monges tibetanos permanecem absorvidos em sua eterna circumambulação — acumulando mérito para si e para o próximo.

Se hoje a vida no Ocidente não passa para muitos de um derrisório romance de aventuras, ameaçado a cada página por desamor, dúvida, tragédia, *spleen* e *ennui*, na Ásia nos incita a imaginação fantástica e apaixonada, "olhos e ouvidos que esperam o impossível", como escreveu Yeats em *The Tower*. Um dia nos Himalaias, o longo rio tranqüilo das massas chinesas empinando pipas em forma de dragão em Tiananmen, o lento pudor de uma barcaça entrando em um porto em Burma, ou os odores da terra que penetram pelas janelas de um trem hindu já são suficientes para nos projetar a uma dimensão além do tempo.

O gutural "rugido da eternidade" de monges tibetanos recitando mantras em monastérios nas montanhas nevadas do Nepal — como no Thyangboche, a inadmissíveis 6.187 m de altura — contrasta com os uivos lancinantes do mestre Nusrat Fateh Ali Khan, o Buda canoro paquistanês, "*Sahhen-Shah*" (Rei dos Reis) do *qawwali* ("pronunciamento", em urdu), música sufi devocional que contrapõe poesia mística à instrumentação esparsa de percussão e harmonia em uma estrutura de verso/coro/verso. Nusrat, ao vivo, sob repetição e improvisação, é capaz de nos induzir a um estado de verdadeiro transe devocional.

Mais cedo ou mais tarde, nos surpreendemos "íntimos" do destino de personagens desmesurados como o sedoso Sihanouk, o Dalai Lama, o camarada Ho Chi Minh, o rei da Tailândia ou o mirabolante contraventor Khun Sa — príncipe das trevas do Triângulo do Ópio. Perante intimações de imortalidade, construídas pelo Homem para moldar o caos, inevitavelmente imergimos em reflexões sobre nosso destino, o autoconhecimento e a ordem cósmica.

O que não falta à Ásia são intimações de imortalidade. Os templos da civilização *khmer* em Angkor. A Muralha da China. O Taj Mahal sob a bruma, no inverno, ao amanhecer. O mausoléu do Grande Unificador Qin — protegido por seus guerreiros de terracota em Xian. O templo de Borobudur em Java — uma mandala perfeita em pedra, maior templo budista do mundo. Todo o vale de Kathmandu — encruzilhada de grandes civilizações, com 7 grupos de monumentos hindus e budistas. As ruínas da cidade histórica de Ayutthya, segunda capital siamesa, destruída pelos burmeses no século 18. A Cidadela de Hue, no Vietnã, símbolo do poder feudal no século 19. Os mais de 2 mil pagodes budistas na planície de Pagan, em Burma. O templo de Tanah Lot, em Bali, abençoando o Oceano Índico.

A Ásia que nos atrai como um ímã é também a Ásia que devora a si mesma. Contemplamos em cada nó o suicídio de uma Ásia misteriosa que fascinava os grandes viajantes do passado, e hoje é canibalizada pela globalização como uma Disneylândia exótica para turistas. Não é nada edificante — o espetáculo de grandes civilizações petrificadas em cimento e consumo de massa. Mesmo a heróica Hanói, austera capital da guerra contra o imperialismo americano, não escapa a este destino: hoje tudo está à venda. A escravatura pós-tudo está vigente em fábricas no Paquistão e Indonésia onde crianças exploradas a alguns cents a hora montam tênis vendidos por celebridades em milionários comerciais de 30 segundos.

Paralelos transculturais desmentem a clivagem Oriente/Ocidente. Depois de algumas audições, percebemos como o *Ramayana* e o *Mahabharata* são os equivalentes hindus de *O Anel dos Nibelungos* — esta comédia de situações olímpica que no fundo é um drama doméstico sobre Wotan e sua família estendida disfuncional. Percebemos que o poema "O Velho Marinheiro", de Coleridge, é uma metáfora de nossa vida como uma expedição oceânica, perigosa, solitária, tema comum à poesia mais sublime do século 19 — Shelley, Baudelaire, Rimbaud. Um século depois, a saga do "Velho Marinheiro" condenado a vagar por ter abatido por acidente um albatroz sagrado — "Alone, alone, all, all alone/ alone on a wide wide sea!/ and never a Saint took pity on/ my soul in agony" — inspirou Joseph Conrad a escrever seus dramas de consciência nos "mares mornos" da Ásia. 2 séculos depois, poderia ser uma metáfora do Ocidente buscando no Oriente seu equilíbrio espiritual perdido.

Para Rousseau, o indivíduo era naturalmente bom: a sociedade o estragava. Em *O Declínio do Ocidente*, Spengler dividiu os seres pensantes entre o faustiano — o individualista consciente — e o apolíneo — uma visão Rembrandt, justaposição de luz e sombras. Apólogos digitais — todos faustianos — ameaçam eclipsar os poucos sobreviventes apolíneos. Na Ásia, percebemos que somos todos *Hamlet* — sonhando com a serenidade budista.

Ainda é válida a dúvida de T.S. Eliot expressa em "The Rock": "Onde está a Vida que perdemos vivendo? Onde está a sabedoria que perdemos no conhecimento? Onde está o conhecimento que perdemos na informação?" No soberbo *Myths of Modern Individualism*, Ian Watt — educado em Cambridge, capturado pelos japoneses na queda de Cingapura em 1942, hoje professor em Berkeley — nos traça um percurso do individualismo ocidental nos últimos 4 séculos. Watt desdobra as personalidades de *Hamlet* e analisa 4 de nossos mitos de fundação, criados entre os séculos 16 e 18: Fausto, Don Quixote, Don Juan e Robinson Crusoé.

Em suas versões originais, *Fausto* (1587), *Don Quixote* (1605) e *Don Juan* (1620) são perigosos individualistas punidos pela sociedade. Foram recriados como heróis apenas no século 19, no auge do Romantismo. Devemos nosso fascínio com o individualismo à releitura destas sagas por Rousseau, Goethe, Byron ou Dostoievski — que os transformaram em heróis da mitologia popular, hoje desmultiplicados em mitos de cinema e TV. O narcisismo, como sabemos, é a afirmação do Eu em relação à sociedade. Watt nota como nenhum destes individualistas se casa ou tem relações duradouras com mulheres. Pelo contrário: cada um "tem como seu amigo mais próximo um servo masculino" — Mefistófeles, Sancho Pança, Catalinon e Sexta-Feira. Mais autocentrados do que Narciso, os 4 cavaleiros do Individualismo levam Watt a questionar seu suposto caráter heróico — e a suposta nobreza de ideais da sociedade que refletem.

A Ásia dilui naturalmente nosso individualismo ocidental. Nos ensina paciência, compaixão, solidariedade. Quando começamos a perguntar o que significa este frenesi coletivo de modernização, percebemos que Confúcio parece possuir um segredo que escapa a Buda, Maomé, Shiva — ou à ética protestante.

Para o confucionismo, a grande falha do cristianismo ocidental é sua tendência exacerbada a individualismo e divisionismo. Para o Ocidente cristão, a grande falha do confucionismo é sua tendência ao autoritarismo — nem sempre sutil. Confucionismo é praticamente o oposto de cristianismo. É certamente menos intolerante do que cristianismo — mesmo depois da ofensiva nada diplomática do Ocidente, buscando durante séculos impingir suas idéias ao Oriente, é razão básica de um sutil sentimento antiocidental ainda captável em toda a Ásia.

Quando observamos os diferentes sucessos econômicos asiáticos, o que mais nos impressiona é a disciplina confucionista inerente a todos eles. Japão, Coréia, Taiwan, Cingapura e Vietnã são sociedades, em diversas gradações, acima de tudo confucionistas. Hong Kong funciona em puro laissez-faire — mas com vigorosa intervenção do governo quando necessário: seu sucesso só foi possível pela disciplina confucionista de sua população chinesa. A China é hoje um mix de confucionismo, taoísmo e neomaterialismo. Indonésia e Malásia praticam um Islã soft — mas suas principais áreas de criatividade são controladas por chineses confucionistas. Tailândia, Camboja e Burma são budistas Theravada — mas sob diversos graus de influência confucionista.

A maior parte destas sociedades aprendeu e reciclou rapidamente lições econômicas de potências hegemônicas. O Japão aprendeu dos EUA. Hong Kong, Cingapura e Malásia, da Inglaterra. Taiwan, de Japão e EUA. A Coréia, do Japão. A China, da diáspora internacionalista espalhada pela Ásia e América do Norte. Confúcio — caro aos jesuítas e a Voltaire — era acima de tudo um aristocrata da alma e um peregrino do conhecimento. Tudo que queria era aprender — e retransmitir o que aprendeu para o mundo.

Keats, outro poeta romântico inglês, ecoou Confúcio quase 24 séculos depois.

Para Confúcio, a bondade perfeita é mais importante do que a beleza perfeita, e a arte mais sublime depende de sua qualidade moral. A beleza perfeita é importante porque é o veículo apropriado para denotar a perfeita bondade. Aplicando Confúcio à arte ocidental, observamos que a música perfeita — digamos, *Tristão e Isolda*, de Wagner — pode nos levar à mais absoluta epifania. Apenas quando o Bem funde-se com a perfeita beleza experimenta-se uma alegria transcendental. É quando Confúcio encontra o verso de Keats: "A verdade é beleza, e a beleza, verdade". Da mesma maneira, Wagner encontra o budismo — sob o estímulo de Schopenhauer — ao tentar esboçar um drama budista (um paradoxo, pois o budismo não tem nada de dramático...). Em um colóquio noturno com o mitológico Rei Ludwig da Baviera, Wagner estabeleceu a correlação mágica. Poesia equivale ao dia, a *samsara*. A música equivale ao crepúsculo, *brahma*. E a verdade equivale à noite — o *nirvana*. Ou seja: a verdade, que é filha da noite, coincide com a beleza transcendental.

Verdade, noite, *nirvana*, pressupõem o som da solidão — e do silêncio, e nos levam, na Ásia, a encontrar a surpreendente fórmula da Política como forma de meditação.

O mítico Imperador Amarelo — líder ancestral da confederação de tribos que depois se qualificaram de chinesas — aprendeu a conquistar seus inimigos e prolongar sua vida a partir dos ensinamentos de dois eremitas. Todos os anos, no início da primavera, a elite do poder ainda visita o túmulo do Imperador Amarelo no Noroeste da China para prestar reverência ao homem que fundou não só a cultura chinesa como o taoísmo. O Imperador Amarelo reinou durante 100 anos. Quando perguntou ao sábio Chiang-Tze o segredo da imortalidade, recebeu uma resposta que é puro Tao, ainda hoje no coração de mais de 1 bilhão de chineses: "Deixe sua mente calma e pura. Se você quer viver para sempre, não esgote seu corpo ou sua vitalidade. Seus olhos não devem enxergar nada. Seus ouvidos não devem escutar nada. Sua mente não deve conhecer nada. Deixe seu espírito tomar conta de seu corpo, e seu corpo durará para sempre. Concentre-se no interior. Ignore o exterior. Conhecimento apenas lhe fará mal".

Há mais de 2 milênios histórias de eremitas-soberanos fazem parte essencial da cultura chinesa. Sua audiência principal, por incrível que pareça, é quem detém o poder (não necessariamente funcionários do PC...). As histórias ensinam que a transmissão do poder deve se basear em sabedoria e virtude. O conflito entre virtude e política está no coração da tradição eremita: representa uma espécie de milenar crítica política chinesa. Não se apóia em lendas: textos confucionistas e taoístas referem-se respeitosamente a personagens reais que preferiram a vida selvagem à civilização.

Eremitas sempre mantiveram um status elevadíssimo na sociedade que abandonaram. Os chineses sempre os consideraram como um enorme benefício social — encorajando sua busca do *Tao*, ainda que isso significasse uma reclusão terminal. A História chinesa nos revela uma dialética interminável entre os seguidores do *Tao* — obrigados a escolher entre a reclusão ou uma vida dedicada ao serviço público.

Quando os chineses começaram a formalizar sua compreensão do Universo, todos usaram a mesma palavra: *Tao*, que significa em essência "estrada", "caminho", e, em conseqüência, um modo de vida. Os *xamãs* ancestrais da China, assim como seus seguidores taoístas, consideravam o Sol como uma constante. Em um mundo em constante mutação, todos os segredos concentravam-se na Lua. Portanto, buscar os segredos do *Tao* significava buscar os segredos da Lua.

Ch'ang-an já foi capital de 11 dinastias, centro de um império que se expandia, de Norte a Sul, da Coréia ao Vietnã; e de Leste a Oeste, do Pacífico até a Pérsia. Em seu apogeu, nos séculos 7 e 8, Ch'ang-an era a maior cidade do mundo antigo: o grande mercado — econômico e cultural — do universo chinês, situado na extremidade oriental da Rota da Seda, e visitado por todos os viajantes da Ásia. Hoje a conhecemos como Xian. Grande parte da população é da Ásia Central — islâmica —, convivendo com grandes comunidades mongóis, tibetanas e manchus. Xian ainda é uma cidade de viajantes, peregrinos — e eremitas, seu último contato com a civilização antes de se embrenharem nas montanhas sagradas de Chungnan.

Um monge taoísta nos dirá que tempo, espaço e toda a Criação vieram do nada. Tudo vem do nada. E tudo volta ao nada. Que este suposto niilismo não nos desespere. O primeiro grande sistema metafísico do confucionismo baseava-se na teoria de que nosso mundo de objetos não passa de concentrações transitórias de *ch'i* — ou energia vazia, que forma-se e reforma-se em infinitas variações. Para um recluso confucionista, nada mais natural do que aplicar a teoria a relações entre as pessoas: conclui-se que todos somos produtos do mesmo *ch'i*, e devemos portanto tratar os outros como tratamos a nós mesmos. É nesse ponto que encontramos a grande contradição do *Tao*. Quem busca o *Tao* não pode se divorciar do próximo. Mas para encontrar o *Tao* é preciso se retirar da vida social — ainda que por "apenas" alguns anos — para praticar a autocultivação e a concentração mental. Ainda hoje, na China, quem busca a iluminação interior retira-se para o lugar onde se concentra o mais puro *ch'i*: as montanhas de Chungnan, ao Norte de Xian.

Seguem um padrão de milênios — estabelecido não apenas por monges mas por aristocratas, funcionários, scholars, burocratas, ministros em exílio e até mesmo fugitivos da Justiça — que decidem abandonar a vida mundana para encontrar seu Caminho. Taoístas poderão nos recomendar a leitura do *Tao Te King* — o primeiro livro taoísta, com suas "sentenças sibilinas e simples, dotadas de estranhos prolongamentos", como observou Michel Leiris. Mas logo a seguir nos dirão que o livro mais precioso é o *Hsinyiching*, que contém os ensinamentos transmitidos pelo Imperador de Jade — onde se explica que todos somos universos em miniatura, e temos o Sol, a Lua, as estrelas e o espaço sideral dentro de nós.

Nos explicam como usar nosso *ch'i* para alimentar e proteger nosso corpo mortal, e como concentrar o *ch'i* para criar um corpo imortal. E nos ensinam como cultivar nosso *ch'i* interior. Assim que concentramos nosso *ch'i*, nossa sabedoria brota naturalmente, "tão naturalmente quanto as chamas sobem e a chuva cai" — como diria Mestre Yang, sábio taoísta cego das montanhas de Chungnan.

Como atingir a disciplina interior? Os monges nos dizem que se buscamos a quietude, podemos praticar em qualquer lugar — não necessariamente em um monastério, ou como um eremita nas montanhas. Nossa vida é transitória como um relâmpago ou um sonho. Mas antes de recebermos esta forma, tínhamos uma outra face, a nossa face original. Não podemos vê-la com nossos olhos — mas talvez pressenti-la com nossa sabedoria interior. Aqui o *Tao* encontra o verso do poema de Yeats — "I'm looking for the face I had/ before the world was made". Todos nós procuramos nossa face anterior à criação do mundo. E aqui o *Tao* encontra o budismo. Os *sutras* budistas dizem que o Buda está além da forma. Todos temos esta natureza de Buda. Mas o caminho é longo até percebermos nossa natureza original, nossa face original, nosso Buda interior. Mestre Yang diria que budismo e taoísmo percorrem o mesmo caminho — mas "sonham sonhos diferentes".

Podemos avaliar uma pálida metáfora da iluminação profunda, brilhante, do Buda ao sobrevoarmos os Himalaias. Quando saímos de Kathmandu, o céu invariavelmente está carregado. No lado esquerdo do Airbus da Royal Nepal Airlines, esperamos com ansiedade. De repente, as nuvens se desfazem, e lá está ele, o Everest, cume sublime, imaculadamente nevado sob o Sol e beijando o Céu (Jimi Hendrix, este xamã da sabedoria pop, dizia que uma "névoa púrpura" estava em seu cérebro, e pedia licença para "beijar o Céu"). Além das nuvens, está o Sol: o Buda nos explicou que além das nuvens carregadas de pensamentos interconectados a emoções existe uma inteligência e um amor eternamente brilhantes. E mesmo se a inteligência confunde-se no meio do turbilhão de pensamentos, emoções e hábitos, é esta chama que os torna tão cativantes e alimenta nossa sede de vida. Do ponto de vista do hinduísmo, o melodrama da vida é *Maya* — ilusão. Do ponto de vista do Buda, o melodrama da vida é puro sono. Mantemos nossos melodramas pessoais apenas para cultivar nosso ego.

O *Dharma* — verdade — budista começou com a iluminação do Buda, em aproximadamente 528 a.C., sob uma árvore em Bodhgaya, no estado de Bihar, no Nordeste da Índia. Aos 35 anos, o ex-príncipe Sakyamuni "acordou" deste sono que prende todos os seres a um ciclo infindável de ignorância e sofrimento desnecessários (*samsara*), e com suprema audácia decidiu navegar contra a corrente, transmitindo sua liberação para todos ensinando o *Dharma*. É esta busca da verdade que extravasou a Índia — constrita ao hinduísmo — e imprimiu-se em toda a China, Indochina e Tibet. Quando o Buda morreu, aos 80 anos, em 483 a.C., o *Dharma* já estava estabelecido no Norte da Índia. Logo surgiram ramificações. *Hinayana*, ou *Theravada*, onde a ênfase é no personagem do *arhat* — o professor impecável —, é a escola que prevalece hoje em todo o Sudeste da Ásia. No início do século 2, formalizou-se a escola *Mahayana* (O Grande Veículo), também conhecida como o Caminho do *bodhisattva*. *Bodhisattva* significa "aquele que é suficientemente bravo para traçar o caminho do *bodhi*". "*Bodhi*" significa "desperto". Este caminho envolve 6 atividades transcendentais: generosidade, disciplina, paciência, energia, meditação e conhecimento. É a forma que prevalece no Norte da Ásia, incluindo China, Japão, Coréia, Tibet e Mongólia.

O *Mahayana* substituiu o ideal do *arhat* pelo ideal do *bodhisattva*. Os *arhats* buscavam eliminar a confusão dentro de si para escapar do *samsara*. Os *bodhisattvas* — em um altruísmo ilimitado — faziam um voto de eliminar a confusão dentro de si e mesmo assim permanecer no *samsara* para liberar todos os outros seres sentientes. A vida espiritual extravasou dos monastérios e da rede de comunicação entre os monges para incluir todo o mundo exterior. E a noção de "Buda" deixou de se limitar a uma série de personagens históricos — o último deles sendo o príncipe Sakyamuni. Passou a se referir a um princípio fundamental de iluminação espiritual.

Assim como o *Mahayana*, o *Vajrayana* — o Veículo do diamante — baseou-se em escrituras atribuídas ao próprio Buda: os *Tantras*. Praticantes do *Vajrayana* consideram *Hinayana* e *Mahayana* como estágios sucessivos a caminho do tantrismo. O tantrismo é o budismo como ápice da sofisticação intelectual. *Vajrayana* aceita totalmente o mundo. Todas as experiências — incluindo as sensuais — são manifestações sagradas de uma mente vigilante, o princípio do Buda. O *Vajrayana* enfatiza métodos de meditação onde nos identificamos com divindades que simbolizam diversos aspectos da Mente acordada. O palácio da divindade — idêntico ao mundo exterior — é a mandala. E em vez do *arhat* e do *bodhisattva*, o personagem ideal é o *siddha* — o mestre tântrico.

Nietzsche — este outsider genial que influenciou o século 20 tanto quanto Marx e Freud — estruturou toda a sua filosofia, e a concepção de eterno retorno, a partir do ritmo budista segundo o qual os mundos morrem e renascem. Nietzsche também assimilou a noção da lei do *karma* — fruto de nossos atos mais profundos: daí sua afirmação de que o corpo do homem é "o ato de seu passado tornado visível em uma forma atual". Nietzsche também nos mostrou que "não existem fatos, apenas interpretações". Lamas tibetanos — com seu formidável senso de humor — costumam dizer que nós, ocidentais, vivemos presos a um "congestionamento do pensamento discursivo". Como sabemos, a Velha Ordem caiu e a Nova Ordem ainda não surgiu. As alternativas para o futuro parecem oscilar entre nos alienarmos ao corporativismo totalitário cujo único objetivo é a dominação mundial soft, ou viver uma realidade virtual que exclui qualquer preocupação humanista.

Para o pensador canadense Arthur Kroker — um candidato a Marx do século

21 — estamos vivendo nada menos que o fim da espécie humana: uma convergência entre genética recombinatória, cultura Internet e inteligência artificial. Há sinais patentes de que a tecnologia — a única estética que sobrou no final do século — está nas mãos de quem pretende usá-la para os propósitos mais mesquinhos, totalmente opostos a ideais humanistas: comercialização e controle. O pensador francês Paul Virilio alerta que já vivemos na hipercidade, a grande cidade virtual, composta de áreas das grandes capitais do mundo onde o tempo real venceu o espaço real, tudo se desenrola em um "além do tempo" de velocidade máxima, e o Poder absoluto é a guerra da informação. Para Virilio, a hipertecnologia não passa de um nó de técnicas de condicionamento; e a democracia eletrônica significa o fim da democracia participativa. O mundo, desta maneira, estaria a caminho de ser reduzido a nada — no máximo a uma tela. Para quem não tem acesso à tela — no mínimo 3 bilhões de pessoas — restará nada menos do que a exclusão total.

Nossas vidas, mesmo antes de atingirmos tal estágio, estão em cacos. Por que, nessas condições, o apelo do budismo é tão forte no Ocidente?

O budismo nos propõe uma análise tranquila e radical do desejo. Rejeita qualquer intensidade autodramatizada. Promete uma serenidade sem sentimentalismo — potente e possível. Podemos estar fascinados em demasia com a turbulência de nossas vidas para querermos — ou sermos capazes — de assumir a responsabilidade de viver uma filosofia tão exata e nada elogiosa a nosso ego. É quando a Ásia, mais uma vez, nos dá uma lição de vida.

Em Sarnath, no Nordeste da Índia, a meia hora de Varanasi, o Buda pregou um dos seus mais belos sermões — onde expôs as Quatro Nobres Verdades, pedra filosofal de todo o seu ensinamento. A atmosfera de paz de Sarnath é um contraste brutal com o caos urbano hindu de rigor. É impossível não sofrermos uma transfiguração radical quando seguimos o roteiro do Buda na Índia. Em Bodhgaya, sentamos embaixo de uma árvore derivada da árvore onde o Buda se iluminou. Em Lumbini, no Sudoeste do Nepal, contemplamos a pedra sobre a qual Siddharta Gautama nasceu. No silêncio de Sarnath, absorvemos seus ensinamentos em um cenário de Jardim das Delícias.

A primeira verdade budista é que o mundo vive mergulhado em irreparável sofrimento (*dukkha*): Schopenhauer e Nietzsche entenderam a mensagem — segundo a qual em todas as nossas experiências é pervasiva uma espécie de confusão frustrante e um irritante senso de inadequação. A segunda verdade relaciona-se à origem e a causa do sofrimento. Afirma que a causa é o que definimos como "desejo", ou "apego"; ou seja, estamos sempre querendo aquilo que não temos. A terceira verdade explica como cessar o sofrimento: *dukkha* pode cessar porque a cadeia de causas pode cessar. O que nos leva à quarta verdade: o caminho que leva a cessação do sofrimento, extirpando sua causa através do Nobre Óctuplo Caminho, ao final do qual encontramos paz, iluminação e o *nirvana*.

Percorremos o Nobre Óctuplo Caminho, acordando de nossa pobreza mental, através da meditação. Para isso, precisamos cultivar as corretas Visões, Aspirações, Discurso, Conduta, Modo de Vida, Esforço, Mentalização e Meditação. O Buda ensinou a seus discípulos que podemos viver de 2 maneiras: imersos no império dos sentidos — o que sempre nos produzirá insatisfação e sofrimento; ou mortificando a carne e denegando todos os prazeres. Os extremos devem ser evitados. O Buda pregou o Caminho do Meio, a via áurea para um via sensata. Quando o Buda morreu, Péricles — que deu seu nome ao ápice da civilização grega, base de nossa civilização ocidental — tinha apenas oito anos de idade.

É difícil assimilarmos a idéia de que o sofrimento é uma característica geral da existência. Para nós, não passa de uma qualidade psicológica subjetiva. Com sua extraordinária capacidade de concentração mental, o Buda há 2.500 anos nos revelou que absolutamente tudo que existe exibe as 3 mesmas características — do protozoário ao cientista espacial. São as marcas ou signos impressos na própria face da vida:

— impermanência (*anitya*)
— sofrimento (*duhkka*)
— insubstancialidade (*anatman*)

Só compreendemos a vida se compreendemos estes 3 fatos básicos. É impossível uma compreensão lógica: devemos confrontá-los à nossa própria experiência. Este insight é aprofundado e amadurecido através da meditação. Só assim — nos observando com a mesma imparcialidade de um cientista em um laboratório — veremos as coisas como elas são. E veremos como tudo que encontramos na vida é em última análise o resultado de nossas ações mentais. Sem esta percepção, estamos condenados à ignorância. E a ignorância é uma causa todo-poderosa de sofrimento — trançando sem trégua uma cadeia de falsas esperanças, desejos pervertidos, ideologias delirantes e falsos valores.

25 séculos antes de Freud, o Buda intuiu a existência do inconsciente. Intuiu que na superfície de nossa mente pode existir uma camada de paz e harmonia. Mas que nas profundezas está um Krakatoa de negatividade suprimida pronto para uma violenta erupção sem nenhum aviso.

Estamos condenados à cegueira? Não necessariamente. Resultados kármicos podem ser modificados, o que nos livra do determinismo e de sua conseqüência — fatalismo. Ou seja: o caminho da liberação permanece sempre aberto. No budismo, a doutrina do *karma* — derivada do hinduísmo — é um ensinamento de responsabilidade moral e espiritual para si e para o próximo. Reflete escolhas que fazemos na vida — uma série de opções. A escolha moral de cada indivíduo pode estar seriamente limitada pelos diversos pesos que carrega — ambição, ódio, ganância, megalomania: mas a cada decisão e a cada escolha, ele tem o potencial de se livrar de todo este peso, ao menos por algum tempo. No momento da decisão, ele tem o poder de flutuar acima das pressões de seu complexo passado kármico. A meditação budista nos ensina a enxergar este momento de decisão e fazer a escolha mais sábia.

Nietzsche percebeu como o *karma* não tem nada a ver com o fatalismo antigo, a Providência divina ou as leis naturais modernas. O entrelaçamento de nossas virtudes e pecados em um tecido de causas e efeitos é tão complexo que apenas um Buda é capaz de distinguir o que é recompensa e o que é castigo. Nyanaponika Thera, mestre burmês de insight meditation, nos diz que "o *karma* é o útero de onde saímos, o verdadeiro criador do mundo e de nós mesmos como capazes de experimentar este mundo (...) A roda da Vida está em perpétuo movimento pelo *karma*, especialmente por suas 3 raízes — ambição, ódio e ilusão. O 'fim do mundo' não pode ser alcançado caminhando-se nesta roda; cria no máximo uma ilusão de progresso. Apenas eliminando este vão esforço nosso objetivo pode ser alcançado".

Monges *theravada* — em Burma, Camboja ou Tailândia — costumam comparar nossa mente a um gafanhoto ou uma borboleta, caçando suas fantasias ou impulsos do momento, presa de estímulos e reações emocionais: um comportamento de seres cegos e absolutamente condicionados por uma cadeia de associações de esperanças, medos, memórias, fantasias e lamentos, alimentada pelo contato momentâneo com o mundo exterior através dos sentidos. É assim que tomamos nosso pensamento — meras imagens da realidade — pela própria realidade, e deixamos que fertilizem nossas emoções, que produzam mais pensamentos cujo desejo é satisfazer esta turbulência, e assim por diante, em um círculo vicioso infernal. Isso não significa que o budismo vá qualificar o mundo fenomenal de irreal e irrelevante: seria puro niilismo. Também não vai qualificá-lo de permanente, real é a única coisa que interessa por todos os séculos e séculos: seria um acesso de eternalismo. O budismo os rejeita como extremos: o único caminho é o Caminho do Meio.

O Ocidente desconhece o profundo senso de humor do budismo. Assim como o protobudista Schopenhauer, tende a considerar o Buda como uma espécie de vítima hipersofisticada e entediada de acedia. E tende a considerar o budismo como uma filosofia de triste negação. Nada mais longe da verdade. E.M. Cioran — cuja filosofia fragmentada é um "caminho à iluminação" muito próximo ao budismo — também traçou um paralelo entre a ascese indispensável à exigência de lucidez, e o fato de que devemos estar "despertos" para acedermos a uma grande experiência espiritual. Cioran nos mostrou como todo analista imperdoável, todo PhD em dúvida, todo niilista ainda que ativo, é no fundo um místico bloqueado, em busca de uma "ética da elegância" cujos modelos históricos, no Ocidente, são tanto a Grécia revista por Nietzsche quanto a sofisticação intelectual do século 18 francês. Não por acaso Nietzsche era um budista "escondido no armário".

Cioran — autodenominado um "bárbaro da Europa Oriental" que pensava como um Montaigne — notou como cristianismo e judaísmo são intolerantes: somos obrigados a acreditar em seus dogmas, enquanto o budismo não nos exige absolutamente nenhum voto. Podemos aceitar sem problemas as razões que levaram o Buda a se retirar do mundo. Devemos apenas ter a coragem de meditar suas conseqüências. O Buda retirou-se, mas depois não só voltou ao mundo como viveu uma vida ativíssima. Estava totalmente envolvido com o mundo exterior até sua morte, na posição de *parinirvana* — recostado calmamente de lado, como se estivesse apenas descansando. "*Nirvana*", um estado imutável, inalterável, imperecível, significa não apenas "extinção" como "calma" e "paz". Está além da lógica e da razão: não podemos nem mesmo imaginá-lo...

Que contraste com a Crucificação... Cioran escreveu que Jesus está nos culpando há 2 mil anos porque não morreu em um canapé. Se o cristianismo nos impinge culpa, o budismo nos preenche de serenidade. Antes de morrer, o Buda até se permitiu uma piada. Um de seus discípulos lhe perguntou como gostaria de ser comemorado após a morte. O Buda pegou 2 caçambas de madeira e as colocou uma sobre a outra: "Comemorar qualquer homem significa colocar o vazio da fama sobre o vazio do Ego, empilhar um vazio sobre o outro". O Buda, claro, era onisciente, e portanto previu como seu discípulo tomaria a forma das caçambas para delas extrair a concepção do *stupa* — ou monumento religioso — budista...

O budismo, em essência, é cômico — em um alto senso filosófico. Nos ensinou que todos os fenômenos — sob uma perspectiva "absoluta" — são não-existentes, "vazios", projeções de desejos, criações de um Ego neurótico que apenas pode ser curado ao perceber que não "existe", que sua verdadeira natureza é "vazio", que todas as suas construções mentais, emocionais e espirituais são falsas. Cioran o intuiu com seu pessimismo à la Schopenhauer, Dostoievski e Nietzsche — sem nunca desprezar nem o riso nem o êxtase, sempre cético, "desperto", atento ao humor e ao sofrimento. É acordando para este vazio que atingimos *sunyata* — a liberação do sofrimento.

"Vazio brilhante" é a tradução mais aproximada de *sunyata*. Não é um conceito metafísico — mas uma disposição do espírito, um estado de alma. Em uma teoria do mundo como vontade e representação — Schopenhauer de novo... — que é a síntese de todo o budismo, *sunyata* é o espírito liberado da vontade e da idéia. Esta simplificação absoluta que chega ao coração do vazio poderia ser interpretada — de acordo com a lógica ocidental — como niilismo puro. Mas podemos apenas imaginar como o budista — ou mesmo o hinduísta — que se vê moralmente e intelectualmente livre de todos os apegos e desejos, purificado não só de espírito como também nos sentidos, é capaz de encontrar nesta liberdade absoluta do que chamamos "realidade" a fonte de uma imensa alegria mística, e a razão para um tremendo e renovado élan vital.

É como se descêssemos ao fundo do coração, como se mergulhássemos na

Grande Barreira dos Corais australiana, e em vez de encontrar dor, encontrássemos um abismo submarino, inexplorado, de infinitas transparências. Na superfície, a miragem das coisas brinca com as cores. Mas as coisas não são o que parecem, e quando a miragem se dissipa, encontra-se na pureza inigualável do vazio todas as possibilidades virtuais, todos os nossos poderes. O coração está livre não só do mundo como de si próprio. Destruindo suas próprias mentiras, supera-se finalmente a si próprio.

Esta é a essência do conhecimento contido no *Madhyamika*, a principal doutrina do budismo *Mahayana*: *sunyata*, a liberação de todo sofrimento, ainda nesta vida. É isso que o budismo "vende" no supermercado espiritual. O Buda jamais quis que os homens passassem o resto de sua vida dormindo sob a lamentável claridade de reconhecer a vanidade do mundo e a futilidade de toda percepção. Ele queria que todos fossem "despertos", "Budas", livres de esperanças e medos, lúcidos, além do Desejo e das construções do Desejo. Esta é sem dúvida uma visão cômica do Universo — e ao mesmo tempo nada trágica, pois nega qualquer importância às agonias e vicissitudes do Ego.

Foram os gregos — depois das guerras persas — que criaram a idéia da Europa como separada e oposta à Ásia. E foram os gregos que se atribuíram uma superioridade moral e intelectual em relação aos "bárbaros" — ou seja, a suposta ralé circundante. Em *Criação*, Gore Vidal ridiculariza impiedosamente esta noção, ao configurar como narrador um nobre e debochado esteta persa. Mas o fato é que depois do Renascimento, e da exploração intelectual e científica colonial, velhas civilizações da Ásia e das Américas foram obrigadas por uma série de circunstâncias a sucumbir à avalanche ocidental.

Hoje se esquece que para os gregos, qualificações práticas — *techne* — estavam relegadas a uma esfera muito inferior. O ideal do homem livre na Grécia era o lazer — *schole* — do qual deveria desfrutar para buscar a sabedoria. Este conceito é absolutamente oriental. O capitalismo elevou *techne* a um fim em si. Hoje a única estética vigente é a Tecnologia — já capaz de destruir o planeta ou criar mutantes via engenharia genética. A tecnologia não responde às nossas questões mais profundas porque faz parte do problema — e valores humanos não podem ser quantificados. Continuamos querendo saber o que significa uma boa qualidade de vida, o que é uma boa sociedade, até onde o indivíduo deve obediência ao Estado, até onde o indivíduo pode explorar o Universo sem alterar seu equilíbrio.

Daí a importância crucial de mantermos contato com a perspectiva a longo prazo dos tibetanos — que herdam o maior PIB de sabedoria e as maiores reservas espirituais do planeta.

Um terço do tamanho da própria China, riquíssimo em ouro, urânio, lítio, tungstênio, com pastagens férteis ao Sul e ao Leste, importância estratégica, e — do ponto de vista chinês — espaço, o Tibet é vítima de um dos maiores genocídios já perpetrados por uma nação sobre outra. Desde a invasão maoísta em 1951, morreram mais de 1,2 milhão de tibetanos — 20% da população. Times de "médicos" chineses esterilizam vilas inteiras. Abortos e estupros são indiscriminados. Presos são obrigados a três "doações" voluntárias de sangue por dia. A terra está sendo repopulada por Han chineses, que já superam os nativos: 7,5 milhões contra 6 milhões. Pratica-se uma aniquilação sistemática do povo e da cultura tibetanos. Budistas e pacifistas, os tibetanos não têm nenhuma defesa prática — a não ser sua superioridade moral e filosófica.

Mao queria 3 jóias para seu "Reino do Meio": Taiwan, Coréia e Tibet. Só conseguiu o Tibet — e a um preço horrendo. Enviou o Exército do Povo para "liberar os tibetanos explorados e oprimidos" e protegê-los das "forças do imperialismo" — na época, 1950, constituídas de não mais do que 10 perigosíssimos europeus espalhados pelo imenso platô. O Dalai Lama fugiu para a fronteira indiana no lombo de um yak à frente de outros mil animais lotados de tesouros. Encontrou-se com Mao em 1954: terminou decidindo que o Grande Timoneiro era "um inimigo do *Dharma*". Em 59, os chineses atacaram. O Dalai Lama refugiou-se em Dharamsala, no Norte da Índia — a terra que deu o budismo ao Tibet. As atrocidades já haviam começado em 57, e atingiram o paroxismo durante a Revolução Cultural, entre 66 e 76.

Sobreviveram apenas 40 dos 6.254 monastérios budistas. Seus afrescos foram destruídos. Um fabuloso tesouro avaliado em no mínimo US$ 80 bilhões, entre *thankas* — pinturas budistas — estátuas, instrumentos rituais, ouro e prata, foi embarcado em caminhões para a Mãe-Terra, e daí se espalhou via máfias de Hong Kong para as melhores coleções de arte da Europa. Milhares de escrituras sagradas impressas em tabuinhas de madeira — contendo nada menos que 1.200 anos de pesquisas sobre o funcionamento da mente humana — foram impiedosamente queimadas. As vastas florestas virgens do Leste foram devastadas — acrescentando mais de US$ 50 bilhões em lucro com venda de madeira aos cofres da República Popular, e provocando um desastre ecológico que se manifesta ainda hoje na Ásia via enchentes em Bangladesh e alterações no ritmo das monções.

Os tibetanos, na prática, tornaram-se cidadãos de segunda classe em sua própria terra — assim como, no Ocidente, os índios americanos e os aborígenes australianos. Todo o sistema social passou a funcionar em mandarim. Os chineses aumentaram sua produção de vinho de arroz barato — viciando jovens tibetanos à maneira dos navajos eternamente alcoolizados que encontramos no Arizona e Novo México. A repressão é absolutamente brutal — e recrudesceu em 96: ninguém pode nem mesmo portar fotos do Dalai Lama.

Este estado de coisas só faz aumentar a determinação dos cerca de 120 mil exilados. Notáveis instituições mantêm vivos a história cultural e os estudos tibetanos — entre elas uma inestimável biblioteca para tibetologistas em Dharamsala, com mais de 30 mil manuscritos desde o século 12, e o Instituto de

Altos Estudos Tibetanos em Sarnath, onde monges e leigos salvam textos milenares e traduzem escrituras tibetanas de volta para o sânscrito.

Toda a população parece estar em peregrinação. Tanto no próprio Tibet quanto no exílio em Bodnath (Nepal), em Dharamsala e Darjeeling (Índia), ou no Ladakh, o "Pequeno Tibet" próximo do Kashmir, onde houver um *stupa* haverá uma comoção de tibetanos performando uma circumambulação: ou seja, rodeiam o templo no sentido horário, murmurando milhões de mantras ou o mantra fundamental — Om Mani Padme Hum — girando seus cilindros de rezar, manuseando terços, e gerando *karma* positivo para sua próxima encarnação. Nos monastérios, faces corrugadas e iluminadas pelas lâmpadas de manteiga de *yak* contemplam *thankas* e enormes cilindros de rezar em bronze. As mulheres estão inteiramente adornadas de jóias de turquesa e coral, os longos cabelos negros impecavelmente trançados. Os homens usam seus longos robes negros — as *chubas* — com punhais de prata. Todos se deslocam com os populares tênis verdes ou pastel da China — compráveis a US$ 3. Exibem uma allure de nobres. Muitos vivem literalmente on the road, há dias, meses ou anos, particularmente os cowboys da Ásia Central — nômades do Golok, procedentes de uma vasta e desolada pradaria do tamanho do Colorado conhecida como Changthang, "as solidões gramadas do Norte".

O Dalai Lama, 14ª encarnação da divindade da Compaixão Universal do budismo tibetano, prega uma política de compaixão em relação à China — uma responsabilidade universal de acordo com a noção budista de que todos os seres sentientes são interdependentes. Se aplicada, esta poderia ser A Grande Política Planetária — nossa utopia sobre a Terra. Para o Dalai Lama, o Tibet deve ser transformado em uma zona de paz, os chineses devem abandonar a transferência de população, respeitar os direitos e liberdades dos tibetanos, acabar com a destruição do meio ambiente, e parar de usar o solo tibetano para teste de armas nucleares e depósito de lixo nuclear. Nenhuma dessas reivindicações foi obviamente atendida. O Tibet só teria uma chance de voltar a ser independente caso a China se desintegrasse à maneira do ocaso dos manchus, depostos em 1911. O modelo possível para a autodeterminação seria a Mongólia Exterior — onde o Dalai Lama costuma ministrar o *Kalachakra*, uma crucial iniciação budista. A Mongólia Exterior é um satélite autônomo, tem eleições livres, partidos de oposição, e o budismo floresce sem perseguição — ao contrário da anterior dominação bolchevique.

O Dalai Lama — uma mistura desconcertante de Gandhi e Groucho — costuma dizer que diante da perspectiva de séculos, a dominação do Tibet pela China é um grão de areia. Mas o monge mais famoso do mundo está cansado. Sua inclinação natural seria de levar uma vida totalmente espiritual. Mas sua responsabilidade política é uma tradução de seu *karma*: servir seu povo. Assim cumpre seu *dharma*. Usa sabiamente a mídia. A TibetNet une uma rede global de grupos de apoio. Há até mesmo um Dalai Lama web site. Hollywood, deslumbrada, filma trechos cruciais de sua vida. Ele jamais perde seu senso de humor — e sua gargalhada das esferas. Acompanha todo dia o noticiário da BBC World — e sempre que pode a velha *MASH* na Star TV de Murdoch, sentado em uma almofada de meditação. Ri quando os chineses o qualificam de "cabeça de serpente" ou "lobo em pele de monge": acredita que um dia vão ver a luz. No verão, retira-se para Leh, capital do Ladakh, em um cenário lunar e espetacular que lhe lembra o Tibet. E realiza, ainda que por algumas semanas, seu ideal de vida: um eremita das montanhas.

Bodnath, a 6 km de Kathmandu, na velha rota da seda com destino a Lhasa, no Tibet, está em um *siddhi* — uma zona de poderes sobrenaturais onde vagam divindades guardiãs que atendem nossos desejos. A força da terra é impressionante. É a Babel do Tibet em exílio desde a ocupação chinesa há quase meio século. No centro de Bodnath está o maior *stupa* budista fora do Tibet — um monumento de tijolo e gesso em 4 estágios — cada um simbolizando diferentes estágios de iluminação que deságuam na experiência da liberação. A base massiva assemelha-se a uma caçamba invertida na qual os monges recolhem suas doações diárias. Acima, está um quadrado revestido de dourado, encimado por uma espiral também revestida de dourado com uma coroa no topo, onde uma Lua crescente aninha o Sol. Bandeiras usadas em preces ondulam sob o vento gelado dos Himalaias.

Nas 4 faces do quadrado dourado estão olhos gigantes que tudo vêem, pintados de negro, ocre e branco, com as íris em azul pálido. Os olhos estão no centro da união de Sol e Lua — símbolo milenar da Consciência Universal e da percepção do *nirvana*. Big Buddha is watching you — alerta, quase ameaçador, certamente além deste mundo, uma gigantesca face no centro do *stupa*, eternamente vigilante, olhando para dentro de nós. O contraste do dourado contra o brilhante céu azul nos induz a uma sensação de transcendência — e nos recorda a insignificância do Eu individual.

Transfigurados, quando finalmente voltamos a olhar para a terra percebemos monges das 4 principais seitas do budismo tibetano entre a comoção de peregrinos e refugiados em perene circumambulação ao som dos mantras e do rolar macio e metálico das rodinhas de rezar — cada uma inscrita com o mantra eterno cuja melhor descrição é de Peter Mathiessen no esplêndido *The Snow Leopard*: OM MANI PADME HUM. Mathiessen nos diz como "o profundo e ressonante *OM* é som e silêncio através do tempo, o rugido da eternidade é também a grande imobilidade do puro Ser... *MANI* é o "diamante" do Vazio — a primordial, pura e indestrutível essência da existência... *PADME* é o mundo dos fenômenos, *samsara*, desabrochando com o progresso espiritual para revelar sob as folhas da ilusão a jóia do *nirvana*. *HUM* não tem um significado literal. Talvez seja uma simples exortação rítmica para completar o mantra".

Murmurando o mantra, circumambulando Bodnath, penetramos no coração espiritual do budismo tibetano. Refazendo o círculo, a princípio percebemos como o *stupa* é um edifício tão simples — mas com uma forma que representa toda uma filosofia. É esta própria filosofia em uma de suas afirmações mais puras, gesso e tijolo descarnados em contraste com pedra e céu. A revolução constante nos deixa hipnotizados. Começamos a nos deter na beleza selvagem do rosto destas pessoas, denotando uma absoluta harmonia interior. E começamos a visualizar o mecanismo do ciclo da Ásia.

Na segunda metade deste século, o Leste da Ásia começou a crescer copiando produtos do mundo industrializado. Ainda hoje os vemos nas capitais em diversos estágios de modernização, de Phnom Penh a Bangkok, de Seul à Hong Kong. O Japão foi o primeiro país a ultrapassar este estágio. Ao mesmo tempo, tanto EUA quanto Europa e outras partes do mundo começaram a aprender com as lendárias técnicas de produção japonesas. Hoje — assim como já o fazem Cingapura e Hong Kong — o Japão vê que para continuar crescendo deve passar a exportar serviços cada vez mais sofisticados. Deve enfrentar 3 desafios cruciais no século 21 — e todos eles envolvem decisões baseadas em experiência e inteligência, ou seja, maturidade. Um desafio social: como sustentar uma população cada vez mais idosa. Um desafio econômico: como administrar um gigantesco império comercial e financeiro. Um desafio político: como se tornar um verdadeiro país-líder, digno de seu papel de segunda maior potência planetária, cuidando de sua própria segurança nacional e oferecendo consultoria a países menos avançados tecnologicamente.

Partes da China serão mais ricas do que a Europa ou os EUA hoje. Mas a maior parte do ex-"Reino do Meio" ainda estará flertando com a Idade Média. EUA, Europa e Japão não vão permitir à China turbinar seu crescimento através de exportações de produtos com alto valor agregado: o crescimento deverá ser impulsionado pelo mercado interno. Nenhum analista consegue imaginar como o abismo interno Norte/Sul permitirá à China funcionar como uma entidade política única. A desintegração poderá ser inevitável — ainda que pacífica, através da autonomia progressiva de diversas regiões. Em vez da hipercentralizada República Popular da China como hoje a conhecemos, poderemos ter uma federação flexível de Estados semi-independentes. Teremos certamente a emergência de uma Grande China: Hong Kong, Taiwan e toda a diáspora espalhada por Ásia e EUA configurando uma poderosíssima zona econômica chinesa. Seu impacto financeiro e cultural será uma das características cruciais do século 21.

A Coréia deverá estar unificada até 2010. O regime stalinista do Norte irá implodir. O processo será muito mais lento do que na Alemanha, porque a Coréia do Sul não tem os bilhões de marcos necessários a uma total reconstrução econômica do Norte. A Coréia unificada será um ator mundial de elite em termos de tecnologia média. A Indonésia será um certificado tigre — a terceira maior economia da Ásia depois de China e Japão. A Malásia — impulsionada pela "Visão 2020" de Mahathir — será um país desenvolvido, aproveitando-se ao máximo de sua conexão com Cingapura, e da intersecção cultural entre chineses, hindus e malaios. Vietnã, Camboja, Laos e Burma poderão seguir o caminho da Tailândia e atingir até 2020 um nível de renda semelhante ao atual em Taiwan. Para a Ásia como um todo, será um resultado no mínimo espetacular. Austrália e Nova Zelândia, pela proximidade geográfica, devem colher benefícios dourados deste processo de desenvolvimento.

O Ocidente, motivado por inevitável auto-interesse, reivindicará acesso irrestrito aos mercados asiáticos, ao mesmo tempo flertando com medidas protecionistas. Asiáticos estarão competindo em ampla escala com o Ocidente em serviços e alta tecnologia. Estarão moldando a nova ordem mundial. O dinheiro da Ásia já influencia o Ocidente. Idéias da Ásia cada vez mais estarão infiltradas no Ocidente. Quanto mais a Ásia se impor, mais irritará um Ocidente atrelado a caducas concepções históricas. Anwar Ibrahim, vice-primeiro-ministro da Malásia, observa que "não se disputa a auto-imagem do Ocidente. Nesse sentido, já pode ter atingido o fim da História. Mas a Ásia ainda não tem uma identidade fixa. O longo e intenso processo de autodefinição e autoconhecimento está apenas começando".

Anwar lembra como "há séculos pensadores muçulmanos expuseram o conceito de *ahadiyyat al-kathra*, que pressupõe uma unidade essencial e uma conexão transcendental da aparente diversidade da superfície. Asiáticos firmemente apegados à suas tradições culturais e espirituais possuem a capacidade intelectual de perceber a unidade cultural da Ásia, sua metacultura. Se continuarmos a exibir esta atual vibração econômica, no meio do próximo século o senso de unidade já estará assentado. Aí, sim, poderemos esperar colher os frutos da Renascença da Ásia". O Século da Ásia não significa dominação da Ásia sobre o resto do planeta: significa a preeminência de vozes da Ásia não apenas econômicas, mas a possibilidade de que suas idéias nos arremessem a uma completa revitalização cultural e espiritual. Não por acaso a emergência da Ásia coincide com o retorno ou reemergência do sagrado no inconsciente ocidental. Esta dimensão vai além de qualquer análise econômica do futuro do capitalismo. É preciso muita hubris intelectual para acreditar que apenas afluência econômica seja um objetivo racional para o futuro. Nesse caso, quase toda a tradição ocidental — riquíssima em ética, filosofia e religião — teria que ser descartada como irracional.

A mandala tibetana é um dos símbolos cruciais da compaixão universal. A mandala no budismo tibetano é um símbolo da ordem do cosmos: um diagrama de um domínio sagrado. Monges dedicam-se durante dias a construir uma mandala de areia. Utilizam água, álcool e areia colorida. Todo o trabalho é supervisionado por um lama que memorizou o extremamente complexo desenho da mandala durante anos de meditação. Finalizada a mandala, ela é consagrada em um ritual de mantras. E depois é simplesmente "apagada". A areia é recolhida em um vaso.

E o seu conteúdo, o círculo sagrado, é jogado em um rio — para que flua e "contamine" a todos com seus bons auspícios.

Como vimos, as 6 atividades transcendentais do *bodhisattva* a caminho da iluminação são generosidade, disciplina, paciência, energia, meditação e conhecimento. Estas virtudes são chamadas de 6 *paramitas* — porque "param" significa "do outro lado", "margem" significa "do outro lado do rio", e "ita" significa "chegou". "*Paramita*", portanto, significa "chegar à outra margem do rio". O *bodhisattva* é capaz de chegar à outra margem do rio porque pratica a compaixão espontânea e tem a visão e a compreensão que transcendem o imobilismo do ego.

Na tradição clássica grega, o *Styx* é o rio que devemos atravessar para chegar ao submundo do Inferno. O símbolo desta travessia seria uma flecha — essência da civilização ocidental, sempre em progressão. Já Conrad usou um rio tortuoso como caminho metafórico até o coração das trevas — onde só resta o supremo vazio moral. O jainismo, culto pré-ariano ainda praticado na Índia, frisa que "atravessar o rio" significa cessar de desejar coisas terrenas, e obedecer às leis eternas. No *Tao*, zen e budismo, a metáfora do rio simboliza a própria travessia. União de opostos. A travessia é a nossa travessia. Apenas quando chegamos à outra margem — completando os 6 *paramitas* — percebemos como o rio está fluindo tranqüilo, e alcançamos nossa paz de espírito. Não é fácil: temos que atravessar muitos rios, e as pontes muitas vezes são impróprias. Daí a necessidade de um ferry boat: o *Tao* ou o budismo. Circumambulando Bodnath, ou navegando com hindus no Gânges, chineses no Yang-Tze, cambojanos e vietnamitas no Mekong e tailandeses no Chao Phraya, percebemos um dia que essas trajetórias são imagens de nossa própria história. O tempo é uma serpente engolindo a própria cauda. E é assim que o rio corrente de James Joyce nos recircula de volta a um *stupa* budista, quando percebemos que para um indivíduo, uma nação ou uma inteira Ásia, é fazendo e refazendo o círculo que um dia finalmente chegamos à outra margem do rio.

Referências Bibliográficas

Este projeto nasceu como uma narrativa de viagem, com ênfase cultural, depois fertilizada por uma série de vetores econômicos e geopolíticos. Os volumes relacionados são apenas as referências absolutamente cruciais. Todos são indispensáveis ao viajante e/ou estudioso de Ásia, e podem servir como ponto de partida para pesquisas futuras.

LITERATURA
BURGESS, Anthony. *The Malayan Trilogy*. Heinemann, Londres.
CONRAD, Joseph. *Lord Jim, Heart of Darkness, The Secret Sharer, Rescue, Victory, Youth, Almayer's Folly*. Penguin, Londres. *The Shadow Line*. Oxford University Press World Classics.
GREENE, Graham. *The Quiet American*. Penguin, Londres.
KIPLING, Rudyard. *Kim*. Penguin, Londres.
ST. JOHN, Spencer. *The Life of Sir James Brooke, Rajah of Sarawak*. Blackwood and Sons, Edimburgo.
SHERRY, Norman. *Conrad's Eastern World*. Cambridge University Press.

ECONOMIA E POLÍTICA
BRAUDEL, Fernand. *La Dynamique du Capitalisme*. Flammarion, Paris
DA CUNHA, Derek (ed.). *The Evolving Pacific Power Structure*. Institute of SouthEast Asian Studies, Cingapura.
FUKUYAMA, Francis. *Trust: The Social Virtues and the Creation of Prosperity*. Hamish Hamilton, Londres.
HUNTINGTON, Samuel. *The Clash of Civilizations and the remaking of world order*. Simon and Schuster, Nova York.
LAU, Lawrence. *Models of Development: a Comparative Study of Economic Growth in South Korea and Taiwan*. Institute for Contemporary Studies, São Francisco.
MCRAE, Hamish. *The World in 2020*. Harper Collins, Londres.
OHMAE, Keinichi. *The End of the Nation State*. Harper Collins, Londres.
THUROW, Lester. *The Future of Capitalism*. William Morrow and Co., Nova York.
THE WORLD BANK. *The East Asian Miracle: Economic Growth and Public Policy*. Oxford University Press.

JAPÃO
FALLOWS, James. *Looking at the Sun*. Pantheon, Nova York.
FINGLETON, Eamonn. *Blindside*. Simon and Schuster, Londres.
MORISHIMA, Michio. *Why Has Japan Suceeded?*. Western Technology and the Japanese Ethos, Cambridge University Press.
SAKAKIBARA, Eisuke. *Beyond Capitalism: The Japanese Model of Market Economics*. University Press of America, Washington.
YOSHIHARA, Kunio. *The Rise of Ersatz Capitalism in SouthEast Asia*. Oxford University Press, Cingapura.
VAN WOLFEREN, Karel. *The Enigma of Japanese Power*. Macmillan, Londres.

CHINA
BARNETT, A. Doak. *China's Far West*. Westview Press, Boulder.
CONFUCIUS. *The Analects*. Penguin, Londres.
EVANS, Richard. *Deng Xiaoping and the Making of Modern China*. Penguin, Londres.
FAIRBANK, John King. *The Cambridge History of China*. 15 volumes. Cambridge University Press.
GRAYLING, A.C. e WHITFIELD, Susan. *China: A Literary Companion*. John Murray, Londres.
GUNGWU, Wang. *A Short History of the Nanyang Chinese*. Eastern University Press, Cingapura.
JENNER, W.J.F. *The Tyranny of History*. Penguin, Londres.
LI, Zhisui. *The Private Life of Chairman Mao*. Arrow, Londres.
PAN, Lyn. *Sons of the Yellow Emperor*. Mandarin, Londres.
PEYREFITTE, Alain. *L'Empire Immobile*. Fayard, Paris.
WU, Harry. Bitter Winds: *A Memoir of my Years in China's Gulag*. John Wiley and Sons, Nova York.

HISTÓRIA E CULTURA
EVANS, Gareth (ed.). *Asia's Cultural Mosaic: an Anthropological Introduction*. Prentice Hall, Cingapura.
HOBSBAWM, Eric. *Age of Extremes: The Short Twentieth Century 1914-1991*. Abacus, Londres.
NAKAMURA, Hajime. *Ways of Thinking of Eastern Peoples*. University of Hawaii Press, Honolulu.
OSBORNE, Milton. *SouthEast Asia: an introductory History*. Allen and Unwin, Sidnei.
SAID, Edward. *Culture and Imperialism*. Knopf, Nova York.
KOTKIN, Joel. *Tribes*. Random House, Nova York.
Toda a série *Images of Asia*, Oxford University Press, Cingapura.

CINGAPURA
ELPHICK, Peter. *The Pregnable Fortress*. Coronet, Londres.
LEESON, Nicholas. *Rogue Trader*. Little Brown and Co., Londres.
MINCHIN, James. *No Man is an Island: A Study of Singapore's Lee Kwan Yew*. Allen and Unwin, Sidnei.

MALÁSIA
MOHAMAD, Mahathir e ISHIHARA, Shintaro. *The Voice of Asia*. Kodansha, Tóquio.
TEIK, Khoo Boo. *Paradoxes od Mahathirism: An Intellectual Biography of Mahathir*. Oxford University Press.

INDONÉSIA
SCHWARZ, Adam. *A Nation in Waiting*. Allen and Unwin, Sidnei.

TAILÂNDIA
PHONGPAICHIT, Pasik e BAKER, Chris. *Thailand's Boom*. Silkworm, Chiang Mai.

CAMBOJA
MOUHOT, Henri. *Travels in Siam, Cambodia and Laos 1858-1860*. Oxford, Cingapura.
SHAWCROSS, William. *Sideshow*. Hogarth Press, Londres.

VIETNÃ
KARNOW, Stanley. *Vietnam: A History*. Pimlico, Londres.
YAMASHITA, Michael. *Mekong*. Takarajima, Nova York.

BURMA
SUU KYI, Aung San. *Freedom from Fear*. Penguin, Londres.

ARTE
ARAN, Lydia. *The Art of Nepal*. Sahayogi Prakashan, Kathmandu.
RAWSON, Philip. *The Art of SouthEast Asia*. Penguin, Londres.

BUDISMO
BERCHOLZ, Samuel e KOHN, Sherab Chodzin (ed.). *Entering the Stream*. Rider, Londres.
GOVINDA, Lama Anagarika. *Les Fondaments de la Mystique Tibetaine*. Albin Michel, Paris.
PORTER, Bill. *Road to Heaven*. Rider, Londres.
LEDI SAYADAW, Mahathera. *The Mannuals of Budism*. Department of Religious Affairs, Rangoon.
TRUNGPA, Chogyam. *Cutting Through Spiritual Materialism*. Shambala, Denver.

A maior parte desta bibliografia pode ser encontrada nas livrarias da cadeia japonesa Kinokuniya — em Cingapura, Bangkok, Jacarta, Kuala Lumpur, ou no Rockefeller Center, em Nova York — e também na cadeia Asia Books, em Bangkok.

Acompanhar o *boom* da Ásia envolve uma gargantual leitura seletiva diária. O cotidiano *Asia Times*, editado em Bangkok e impresso em Bangkok, Cingapura e Hong Kong, representa o ponto de vista asiático sobre política e economia. Os dois principais semanários em língua inglesa, *Asiaweek* e *Far Eastern Economic Review*, ambos editados em Hong Kong, devem ser lidos com cuidado, pois tendem a refletir em excesso pontos de vista de seus proprietários americanos — Time Warner e Dow Jones. *Economist* londrino é sempre uma leitura indispensável — considerando-se certa latitude para seus acessos de ressaca imperial. Entre os jornais globais, o *Financial Times* londrino tende a ser muito mais preciso do que seus concorrentes americanos, o *Asian Wall Street Journal*, editado em Hong Kong, e a edição asiática do *International Herald Tribune*. Também é indispensável a leitura de jornais locais em língua inglesa — como *Bangkok Post* (Tailândia), *Straits Times* (Cingapura), *South China Morning Post* (Hong Kong), *New Straits Times* (Malásia), *Jakarta Post* (Indonésia), *Phnom Penh Post* (Camboja), *The Statesman* (Índia), e o incomparável *People's Daily* (China).

A Ásia tem sido escrutinizada na Europa e EUA por uma parafernália de guias de viagem. Recomendamos sem hesitação toda a série *Travellers World Guides* da Trade and Travel Publications, Bath, Inglaterra, sem dúvida a melhor em qualidade de texto e informações históricas e culturais.

Impressão e Acabamento
Bartira
Gráfica
(011) 458-0255